Wolfgang Gockel

Mexiko

Das zentrale Hochland und Yucatán –
Von den Stätten der Maya zu barocken Kirchen
und Konventen

DUMONT KUNST REISEFÜHRER

In der vorderen Umschlagklappe:
Übersichtskarte Mexiko

In der hinteren Umschlagklappe:
Maya-Stile und Maya-Sprachen

Die wichtigsten Orte auf einen Blick

keine Sterne
sehenswert

☆
Umweg lohnt

☆☆
keinesfalls versäumen

Inhalt

Reiserouten in Mexiko

Die Hauptstadt und ihre Umgebung

Das mexikanische Hochland

Von Mexico City zur Pazifikküste

Von Puebla nach Veracruz

Praktische Reise-Informationen

Verzeichnis der Karten und Pläne

Chichén Itzá, Blick auf den Kriegertempel und die Gruppe der Tausend Säulen ▷

Vorbemerkungen

Mexiko, ein Land der Farben, der Gegensätze, der Geheimnisse und Turbulenzen, schreckt viele häufig zunächst wegen seiner Fremdartigkeit ab, fasziniert sie aber auch aus dem gleichen Grund. Hier soll versucht werden, dieses abwechslungsreiche Land, seine vielfältigen Kulturen, fremden Kunstformen und Bilder zu erklären und durch Vergleiche mit der Alten Welt urtypische menschliche Vorstellungen und Ausdrucksformen aufzuzeigen. Mexikos geographische Form gleicht einem nach Norden geöffneten gigantischen Trichter, in dem zu allen Zeiten unterschiedliche Menschengruppen und Stämme zwangsläufig zusammengeführt wurden, wo sie sich vermischten und friedlich nebeneinander lebten oder gegenseitig auslöschten. Die Natur mit ihren scharfen landschaftlichen Gegensätzen – liebliche Täler, schroffe Gebirgszüge, dornenreiche Steppen, lebensfeindliche Wüsten und undurchdringliche tropische Wälder – und ihren häufigen Katastrophen – Orkane, Erdbeben, Vulkanausbrüche, Dürreperioden und Überschwemmungen – scheint menschliche Gefühle nicht zu dämpfen, sondern eher aufzuputschen.

Zu diesen, durch die Lage bedingten Faktoren kamen dann mit der Eroberung durch die Spanier (spanisch *conquista*, 1521) noch Einflüsse der Alten Welt – also aus einem völlig anderen Umfeld, deren Assimilation Mexikos Ureinwohner oft vor nahezu unlösbare Probleme stellt.

Die letzten 150 Jahre machte sich der große Nachbar im Norden, die USA, unangenehm bemerkbar und veranlaßte den Diktator Porfirio Díaz zum Stoßseufzer: »Armes Mexiko, so weit weg von Gott und so nah an den Vereinigten Staaten.« Die Nähe zu den USA bringt aber auch Vorteile, so daß man die Gefühle der Mexikaner für die Gringos, die US-Amerikaner, am besten mit ›Haßliebe‹ umschreiben kann. Der Nachbar bietet vielen Mexikanern Arbeit, die Hoffnung auf ein besseres Leben, Investitionsmöglichkeiten für schwarzes Geld und – Hamburger. Den Taco, die mexikanische Antwort auf die letzte Errungenschaft des American Way of Life, haben die Gringos übernommen, ebenso wie die Begriffe *xocóatl* (Náhuatl, aus *xoco*, ›bitter‹, und *atl*, ›Wasser‹) für *chocolate* (›Schokolade‹) und *xok* (Maya) für *shark* (›Hai‹).

Seit etwa 30 Jahren zeigen die Mexikaner mehr und mehr Interesse an ihrer vorspanischen Geschichte, allerdings ohne den Indígenas (›Indios‹), den wahren Erben der alten Kulturen, mehr Aufmerksamkeit zu schenken. Die Indígenas hingegen beschwören mit Volkstänzen und Aufständen – wie etwa die Zapatistas in Chiapas – eine eigene Wiedergeburt ihres Selbstverständnisses, das seit der Kolonialzeit unterdrückt worden ist und nur im Geheimen auf Sparflamme gebrannt hat.

Buntes Markttreiben vor der Kathedrale in Mexico City ▷

Stora Mistö, im Juni 1998
Wolfgang Gockel

8

Land und Geschichte

Mexiko als Natur- und Lebensraum

Die Landschaften

Der Popocatépetl, mit 5349 m der höchste Vulkan Mexikos; im Vordergrund der etwas kleinere Ixtacihuatl (5272 m).

Mexiko scheint Gottes Musterbuch für Landschaftstypen gewesen zu sein, denn fast jede Form irdischer Ökosysteme ist hier zu finden. Ursachen dieser außergewöhnlichen Vielfalt sind nach der Wegener-Theorie plattentektonische Prozesse, die zur Auffaltung mächtiger Gebirge und der 1000 bis 2000 m hohen **Mesa Central,** dem mexikanischen Hochland, geführt haben; sie sind auch verantwortlich für die Erdbeben, die die Region nicht selten heimsuchen. Die nördlichen Hochebenen mit ihrer wüstenhaften und steppenartigen Vegetation werden im Osten vom Kalksteinmassiv der **Sierra Madre Oriental** flankiert und im Westen von der **Sierra Madre Occidental**, die größtenteils aus vulkanischem Gesteinsmaterial besteht. Südlich des Tals von Oaxaca vereinigen sich die beiden Kordilleren (Gebirgsketten) zur **Sierra Madre del Sur**. Während die stärkste Erdbebentätigkeit in der westlichen Kette zu verzeichnen ist, findet man die größte vulkanische Aktivität in der östlichen Sierra, wo einige der rund 400 Vulkane 5000 m überragen und noch aktiv sind. Südlich der schmalsten Stelle Mexikos, dem Isthmus von Tehuantepec (200 km), verlaufen die Sand- und Kalksteinketten der **Sierra Madre de Chiapas** von Osten nach Westen, und ihre Flüsse entwässern in den Pazifik oder in den Golf von Mexiko. Den Gebirgsketten sind sowohl zum Pazifik als auch zum Golf hin schmale Küstenebenen vorgelagert, die lediglich bei der flachen Kalksteinplatte der Halbinsel **Yucatán** größere räumliche Ausdehnung haben.

◁ *Der Caracol in Chichén Itzá, Stich von Catherwood, 1839–41.*

Landschaftliche Kontraste: Riesiger Kandelaberkaktus im wüstenhaften Norden …

Die Klimazonen

Das Klima Mexikos – eines tropischen Landes, das auf dem Breitengrad der Sahara liegt – wird durch die tropischen Meere und das Relief, die extrem hohen Randgebirge und Hochebenen, geprägt. Neben den jahreszeitlich bedingten Regen- und Trockenzeiten sind die Höhenlagen, die in fünf Stufen unterteilt werden, entscheidend für das Klima:

Die *Tierra Caliente* ist das heiße, feuchte Tiefland mit tropischer Vegetation und Nutzpflanzen wie Kakao, Vanille, Gummibaum *(zapote)*, Papaya und Ananas. Der große Ceiba- oder Baumwollbaum *(kapok)*, nur im Tiefland gedeihend, gilt den Maya als heilig und steht nach ihren Vorstellungen im Zentrum der Welt. Kleinere Arten des großartigen Baumes wachsen noch in 1800 m Höhe. Als *Tierra Templada* bezeichnet man die gemäßigte Zone zwischen 800 und 1800 m mit tropischen Bergwäldern und Anbauflächen für Kaffee, Avocado *(aguacate)*, Tabak und Zuckerrohr. *Tierra Fría* ist das kalte Land zwischen 1800 und 3200 m über NN, in dessen Nebel- und Höhenwäldern auch Eichen und Kiefern zu finden sind, wo Obstanbau betrieben wird und manchmal Frost auftritt. In den von Gebirgsketten umschlossenen Hochebenen und Tälern dominiert die Wüsten- und Steppenvegetation mit Kandelaberkakteen, Yucca, Feigenkaktus *(nopal)* und Sisalagave *(maguey)*. Dem Maguey, der gleichzeitig Nahrungs- und Werkzeuglieferant ist, ordneten die Azteken eine eigene Gottheit zu. Die *Tierra Helada* erstreckt sich zwischen 3200 m und der Waldgrenze, die in Mexiko bei etwa 4000 m liegt. Hier findet man neben Nadel- und Laubwäldern als Ackerpflanzen Kartoffel und Gerste. Die letzte Stufe, die *Tierra Nevada*, besteht aus Grasland und entsprechend ihrem Namen oberhalb von 5000 m aus ewigem Schnee und Eis.

13

Die Tierwelt

In dieser Landschaftsvielfalt tummelte sich früher eine Unzahl von Tieren; einige sind heute ausgestorben (Leopard) oder extrem selten (Harpyie). Viele Tiere, die eine wichtige Rolle im Leben der Indianer spielten, wurden als Kunstmotive verwendet.

Schon die Tageszeichen des aztekischen Kalenders liefern mit Hirsch, Kaninchen, Hund, Affe, Jaguar, Kojote, Schlange, Eidechse, Krokodil, Geier und Adler Hinweise auf die Bedeutung verschiedener Tiere als Nahrungsmittel oder als Symbol für bestimmte Götter. Kein Mann, sondern ein Kaninchen ist nach Vorstellung der Indianer im Mond zu sehen und für die Azteken mit dem Gott des Schnapses verbunden.

Fünf Katzenarten sind in Mexiko noch heute heimisch: Das größte Raubtier ist der jetzt geschützte Jaguar (250 kg, *tigre*), etwas leichter ist der Puma (Berglöwe) (160 kg, *león);* dann folgen der Luchs (27 kg, *gato montés),* der Ozelot (25 kg, *tigrillo*, Náhuatl *ocelotl*), der Jaguarundi (13 kg, *onaz* oder *leoncillo)* und der Margay (10 kg). Während der Puma ursprünglich in ganz Mexiko heimisch war, sind die anderen Katzen nur in den südlichen Wald- und Küstenregionen zu finden.

Der Jaguar, mexikanisch ›tigre‹, stellte bei fast allen indianischen Kulturen ein besonderes Machtsymbol dar, wie der Löwe in der Alten Welt.

Von den vier wilden Hundearten (Caniden) Mexikos gibt es heute noch drei, denn der Wolf *(lobo)* ist ausgestorben. Der schlaue, anpassungsfähige Kojote (ein Art Schakal) ist im ganzen Land, außer in Yucatán, zu finden oder leichter noch zu hören. Das spanische Wort *coyote* ist außerdem die Bezeichnung für skrupellose Zwischenhändler. Der Silberfuchs *(zorro)* lebt in ganz Mexiko, der größere v*ulpes macrotis* nur im nördlichen Hochland. Das einzige domestizierte Tier in vorkolonialer Zeit war neben dem Truthahn ein Nackthund *(xolo pelón mexicano*, Náhuatl *xoloitzcuintl)*, der von den Indígenas als Heizkissen und als Leckerbissen geschätzt wird. Nach indianischer Vorstellung führen Hunde die Toten über den von Krokodilen bevölkerten Grenzfluß ins Totenreich; außerdem werden kleine Kinder *itzcuintl* (›Hund‹) gerufen. Grabbeigaben in Hundegestalt sind wohl Hinweise auf diesen Glauben.

Auch Wiesel, Biber, Otter und Stinktiere sind in Mexiko heimisch, werden aber kaum, wie Hase und Kaninchen, als Kunstmotive verwendet. Zu den mexikanischen Huftieren gehören wilde Schweine, Pekari (im Volksmund *jabalí),* verschiedene Hirscharten, u. a. der Weißschwanzhirsch *(cola blanca),* und der Tapir *(danta* oder *anteburro,* Maya *tzimin),* der bis zu 325 kg wiegen kann. Er ist nahezu ausgerottet und nur noch in den tropischen Wäldern von Chiapas zu finden; als *sak bob* verbanden die Maya sein Bild mit dem Planeten Mars. Unter den Nagetieren sollte der Paka (Cuniculus paca, Maya *jaleb),* erwähnt werden, dessen Fleisch als Delikatesse gilt. Sein kleinerer Verwandter ist das Aguti *(guatusa).*

Abgebildet findet man in vorspanischer Kunst auch den Ameisenbär *(tamanduá, hormiguero)* und das Gürteltier *(armadillo*, Náhuatl *ayotochtli*, ›Schildkrötenkaninchen‹). Von letzterem gibt es in Mexiko zehn verschiedene Arten, und sein Fleisch taucht z. B. in Oaxaca auch auf der Speisekarte auf.

Unter den über 1000 Reptilienarten sind mehr als 450 Schlangen verzeichnet, von denen die giftige gelbschwarze Seeschlange (Pelamys platurus) nur an der Pazifikküste beheimatet ist. Unter den 22 Arten der kleinen Korallenschlange (Micrurus, *coralillo),* leicht zu erkennen an ihren knallroten Querstreifen, gibt es einige besonders giftige Spezies, aber auch vollkommen harmlose Vertreter. Gefährlich und sehr giftig sind die 24 Arten von Klapperschlangen *(cascabel)* und die 13 Spezies der Lanzenottern. Letztere sind leicht an ihrer Hautzeichnung zu identifizieren: dunklen Rhomben mit hellem Rand vor dunklem Hintergrund. Da der Klapperschlange bei jeder jährlichen Häutung eine Rassel mehr wächst, ist das Tier – oder sein Schwanz – ein hervorragendes Zeitsymbol. Unter den vielen Echsenarten *(lagartija)* sticht die Iguana *(garrobo)* ins Auge, besonders wenn sie, mit zugenähtem Maul und gebundenen Füßen von den Frauen auf dem Kopf getragen, zum Verkauf angeboten wird, da ihr Fleisch hervorragend schmeckt. Zwei Arten sind giftig, die Gila-Krustenechse im Norden und die Heloderma mit gelben Flecken auf schwarzem Grund im Süden.

Die Zeichnung der Klapperschlange gilt im vorspanischen Mexiko als Vorbild für geometrische Ornamente wie Rhomben und Kreuze.

Krokodile *(cocodrilo)* leben nur in Flüssen, die zum Atlantik entwässern, Alligatoren *(caimán)* nur in solchen, die zum Pazifik fließen. Nach Vorstellung der Indígenas symbolisieren die Tiere die Erde, und ihre Charakteristika sind sowohl im aztekischen Erdmonster als auch in Regengottbildern zu finden. Krokodile haben gewöhnlich eine schlankere Schnauze als Kaimane (Náhuatl *cipactli*, Maya *ain),* ihre unterschiedlichen Zahnstellungen sollten Touristen besser nicht untersuchen. Das Fleisch von See- und Landschildkröten (*tortuga, jicotea*, Náhuatl *ayotl,* Maya *ak)* wird noch heute gern gegessen, und bei den Maya waren Schildkrötenpanzer Herrschaftszeichen und sogar Symbole der Jahreszählung.

Unter den vielen wunderbaren und fremden Gegenständen, welche die Spanier bei den ersten Kontakten mit den Kulturen Mexikos zu sehen bekamen, sind Objekte mit Federmosaiken sicher gleich nach solchen aus Edelmetall anzuführen. Tausende bunter Federn oder Federstückchen wurden von den einheimischen Kunsthandwerkern auf Papier, Holz oder Leder genäht bzw. mit Orchideensaft (Cranichis speziosa, *tzauhtl)* zusammengeklebt. Etwa 1 % der rund 9000 Vogelfamilien der Welt ist in der einen oder anderen Art in Mexiko beheimatet. Etwa 200 Spezies von Zugvögeln aus Nordamerika überwintern in Mexiko. Dazu gehören Spatzen, Schwalben, Finken, Ammern, Fliegenfänger, Möwen, Reiher, Gänse und Enten. Die Blau- und Weißschwalben in Chiapas kommen jedes Jahr aus Südamerika. Im Hochland findet man selbst in den größten Städten den 30 cm großen <u>schwarzen Trupialvogel</u> mit weißen Augen. Tenochtitláns Wappenvogel, oft als Adler (Náhuatl *cuauhtli)* bezeichnet, ist der Karakara, der zu den Falken gehört; doch der Adler

Der Tucan, deutsch ›Pfefferfresser‹, lebt in den zentralamerikanischen Urwäldern.

15

*Steinerne Papagei-
enköpfe an Ballspiel-
plätzen symbolisieren
die Sonne, deren Be-
wegung der Ball im
Spiel imitiert.*

war das Sinnbild einer der beiden wichtigsten Kriegergruppen der Azteken, und die Harpyie mit ihrem hohen Schopf wurde schon in vorchristlicher Zeit abgebildet. Kolibris *(huitzitzlin)* unterschiedlichster Größe bewohnen fast alle Regionen des Landes und gehören zum aztekischen Stammesgott Huitzilopochtli (›Linker Kolibri‹). Geier *(zopilote)*, von denen es drei Arten gibt, werden in Maya-Hieroglyphen als Zeichen für Herrschaft *(kuch)* verwendet und heute auch ironisch ›Mexikanische Luftwaffe‹ genannt. In Yucatán ist der blaukronige Motmot heimisch, der leicht an seinen zwei abgesetzten Schwanzfedern identifiziert werden kann.

Papageien *(toznene,* Maya *ix kan, moo)* wurden mit dem Sonnengott in Verbindung gebracht, und der nur noch vereinzelt in Chiapas lebende Quetzalvogel, an seiner smaragdgrünen Farbe und den vier extrem langen Schwanzfedern gut zu erkennen, verkörperte Weisheit und königlichen Status. Eulen *(lechuza)* galten als Boten des Regengottes und nächtliche Dämonen. Die Zapoteken benutzten sogar ein Tageszeichen Eule *(laala)*.

Schmetterlinge *(mariposa,* Náhuatl *papalotl)* symbolisieren Flammen. Sie verkörpern die Venus als Morgenstern und die Seelen toter Krieger; stilisiert bilden sie manchmal das Tageszeichen Bewegung *(ollin)*. Die Azteken assoziierten die Art Papilio multicaudatus mit der Göttin Xochiquetzal (›Kostbare Blume‹), der Schutzherrin der Kunsthandwerker, und Rothschildia orizaba mit der Kriegsgöttin Itzpapalotl (›Obsidianschmetterling‹). Ende Februar bis Anfang März kehren Abermillionen von Monarchfaltern jährlich in riesigen Wolken zum Eierlegen aus Nordamerika nach Michoacán zurück, ein oft unheimlicher Anblick. In den tropischen Wäldern entzückt den Besucher am meisten die metallblaue Oberseite des Morpho montezuma.

Bevölkerung

Die nahezu 100 Mio. Einwohner Mexikos (genaue Zahlen liegen nicht vor) bilden die größte spanischsprachige Nation der Welt. Rund 78 % der Einwohner sind Mestizen, etwa 14 % Indígenas und 10–15 % Weiße, meist spanischer Abstammung. Zu den rund 150 000 Staatsbürgern ausländischer Herkunft zählen auch 60 000 Deutschstämmige. Bei einer allgemeinen Wachstumsrate von rund 2,2 % wird der Anteil von Mestizen, welche die Mehrheit der Bevölkerung bilden, ständig größer. Bei einer Landesfläche von 1 958 201 km² liegt die durchschnittliche Bevölkerungsdichte bei lediglich 43 Einw./km². Wegen der bisher nicht einzudämmenden Landflucht und der teilweise recht menschenfeindlichen natürlichen Umgebung – besonders in den nördlichen Bundesstaaten – ist der Anteil an Stadtbewohnern recht groß. Allein in Mexico City leben heute über 25 Mio. Menschen, es ist damit die größte Stadt der Welt.

Ein von aztekischen Lehnwörtern durchsetztes Spanisch ist Amts- und Umgangssprache. Etwa 3,5 % der Bevölkerung sprechen nur eine der zahlreichen einheimischen Sprachen wie Náhuatl (Azte-kisch), Maya oder Zapotekisch. Rund 76 % der Indígenas (wörtl. ›Eingeborene‹, der Ausdruck ›Indios‹ wird in Mittelamerika herab-setzend gebraucht und daher hier vermieden) sprechen neben ihrer eigenen Sprache auch Spanisch, im Norden liegt dieser Anteil mit 90 % etwas höher.

Indigena-Bevölkerung in Mexiko

17

Ethnien oder Sprachgruppen

In den nördlichen Bundesstaaten werden die Sprachen der dortigen Indígenas wie Tarahumaras, Papagos, Yaquis, Huicholes und Azteken der Familie Yutoazteca zugeordnet, zu der auch die Sprache der nordamerikanischen Comanchen gehört. In den östlichen und westlichen Küstenregionen des Nordens sind früher außerdem die Sprachfamilien Hokano-Coahuilteca, Guaicure und Pericú vertreten gewesen, die beiden Letzteren nur an der Südspitze der Baja California, der niederkalifornischen Landzunge. Im zentralen Hochland gehören die Sprachen der Indígenas neben dem Náhuatl zu den Familien Tarasca und Otopame.

Die Sprachen der Indígenas, die heute an der mittleren Golfküste gesprochen werden, zählen zu den Familien Maya – von den Huaxteken gesprochen –, Náhuatl und Totonaca. Im Bundesstaat Oaxaca findet man heute noch Sprachen wie Mixtekisch und Zapotekisch mit ortsgebundenen Dialekten, die zur Familie Oaxaquena, Chinanteca und Mixe gehören.

Im ganzen westlichen Teil Mexikos werden von den Indígenas dagegen lediglich die verschiedenen Dialekte der Maya-Familie gesprochen, zu denen z. B. Yucateco, Lacandon, Tzeltal, Tzotzil, Chontal und Chol gehören.

Religion

Rund 93 % der Bevölkerung Mexikos bekennen sich zum katholischen Glauben, der in vielen Gemeinschaften der Indígenas aber mehr oder weniger stark mit ursprünglichen Glaubensbestandteilen

Die alten Tänze, hier ein Yaqui beim Hirschtanz, werden heute zwar auch für Touristen aufgeführt, doch haben sich viele überlieferte Bräuche der Indigenas als gelebte Kultur erhalten.

vermischt ist. Zu diesen ursprünglichen Religionsbestandteilen gehört nicht zuletzt auch die kultische Einnahme von Drogen. Besonders bekannt geworden sind der Peyote-Kaktus, der von den Huichol benutzt wird, und die halluzinogenen Pilze, wie sie etwa von den Maya eingenommen werden. Nur 3 % der Bewohner sind Protestanten. In den Dörfern der Indígenas wächst der Anteil von Nicht-Katholiken, weil die nordamerikanischen Sekten und Kirchen den Reiz ihrer Missionierung durch finanzielle Unterstützung erhöhen. Sehr erfolgreich ist etwa die Kirche der Mormonen, die schon mehr als 1 Mio. Anhänger in Mexiko hat und in der Hauptstadt einen Tempel erbaute.

Staat

Mexiko ist nach der Verfassung von 1917 eine Präsidialrepublik auf bundesstaatlicher Grundlage. Das Parlament, der Congreso de la Union, besteht aus zwei Kammern, dem Senat mit 64 Senadores und der Abgeordnetenkammer mit 500 Diputados. Wahlen finden alle drei Jahre statt. Das allgemeine Wahlrecht erhält man mit 18 Jahren, Verheiratete dürfen schon mit 16 Jahren wählen. Das Land ist aufgeteilt in 31 Bundesstaaten mit Parlamenten und Gouverneuren an der Spitze und in den Bundesdistrikt México D.F. (Distrito Federal: Ciudád de México mitsamt Umland), den ein Bürgermeister führt.

Das Land ist in 300 Wahlkreise aufgeteilt und je nach Wahlziel gibt es Mehrheits- und Proporzwahlrecht (z. B. bei den Diputados). Wichtigste Parteien sind die PRI (Partido Revolucionario Institucional, die PAN (Partido Acción Nacional), die PRD (Partido de la Revolución Democrática) und die FND (Frente Nacional Democrático). Die Dominanz der PRI, die während der jahrzehntelangen Alleinherrschaft ausgebaut wurde, konnte bisher mit demokratischen Mitteln nicht gebrochen werden.

Wirtschaft

Wie die letzte Börsenkrise 1996/97 gezeigt hat, ist die Wirtschaft von Mexiko immer noch sehr anfällig. Hauptgrund dafür dürfte nicht, wie viele Mexikaner glauben, eine internationale Verschwörung sein, sondern die erst teilweise und häufig fehlerhaft durchgeführte Liberalisierung der Wirtschaft.

Viele Staatsbetriebe sind unter Wert verkauft worden, und große Summen versickerten ineffektiv, während sich einzelne Personen in unglaublichem Maß bereichern konnten. So ist in den letzten Jahrzehnten der Mittelstand zahlenmäßig immer kleiner geworden und die Differenz zwischen arm und reich immer größer. 41 % der Bevölkerung leben unterhalb der Armutsgrenze nach UNESCO-Definition, und nicht zuletzt hat diese Tatsache zum Aufstand der Zapatisten geführt. Dank jüngerer Regierungsprogramme ist die Auslandsschuld des Landes gesunken und der Landeshaushalt nahezu ausgeglichen worden. Auch die verhängnisvolle Abhängigkeit von dem Hauptexportprodukt Erdöl konnte beendet werden. Heute stellen Erdölprodukte nur noch 14 % des Gesamtexportes, und mehr als 80 % der Exporte stammen aus der verarbeitenden Industrie (vor allem Metall und Textilien). Mehr als 40 % der verarbeiteten Produkte werden allerdings in einer schmalen Zone südlich der Grenze zu den USA von den ›Maquiladores‹ erzeugt, Firmen, die in den letzten 10 Jahren entstanden sind – besonders seit die Nafta (Nordame-

Tortillas, Teigfladen aus Maismehl, zählen schon seit der Frühgeschichte zu den Grundnahrungsmitteln der Mexikaner.

rikanische Freihandelszone) existiert – und hauptsächlich Rohprodukte *aus* den USA weiterverarbeiten für den Markt *in* den USA. Der Lohn der Arbeiter ist geringer als der staatlich garantierte Mindestlohn, es werden aber zusätzliche soziale Hilfen wie Krankenbehandlung und Wohnungen gezahlt. In diesem Zusammenhang beklagen Kritiker eine Art Ghettosituation und eine zunehmende ›Entmexikanisierung‹ der dort arbeitenden Bevölkerung.

Kulturgeschichte: Der Mensch, die Zeit und der Fortschritt

Jäger und frühe Ackerbauern

Da nach bisherigen Erkenntnissen weder Menschenaffen noch Prähominiden auf dem amerikanischen Kontinent gelebt haben, geht man davon aus, daß während der letzten Eiszeit (40 000–25 000 v. Chr.) Menschen von Asien nach Amerika eingewandert sind. Ihrem Jagdwild folgend, gelangten diese Jäger und Sammler über die damals noch vom Eis bedeckte Beringstraße allmählich nach Mittel- und Südamerika. Sie erreichten das Hochtal von Mexiko spätestens um 20 000 v. Chr., als es dort noch sehr viel feuchter und kühler war als heute. Einfachste Steinwerkzeuge dieser Zeit sind im Nationalmuseum (Museo Nacional de Antropología) in Mexico City ausgestellt. Erst ab ungefähr 10 000 v. Chr. fertigten die herumziehenden Menschengruppen – 20 bis 30 Personen fanden in Höhlenlagerplätzen Schutz – feiner bearbeitete Pfeil- und Lanzenspitzen aus Stein oder Knochen an. Annähernd um diese Zeit starben Mammut und Mastodon aus, die man bis dahin durch Feuer getötet oder in Sümpfen oder Fallgruben gefangen und erlegt hatte. Ab etwa 7000 v. Chr. wurde es langsam immer heißer und trockener, bis um 5000 v. Chr. eine warme Feuchtphase folgte, die dann um 3500 v. Chr. in eine 700jährige Trockenphase überging.

Urtiere wie Mastodonten haben in Amerika länger überlebt als in Asien und Europa.

Anfangs lebten die herumziehenden Horden noch vornehmlich von der Jagd auf Kleintiere, von Fischfang und gesammelten Wildpflanzen wie Kürbissen, Bohnen, Chilipfeffer, Wildgras und Kakteen. Später ging man mehr und mehr zum Anbau bzw. zur Domestizierung bestimmter Pflanzen wie Bohnen, Kürbis und Mais über. Die Seßhaftwerdung erfolgte entsprechend diesem Prozeß. Zunächst lebte man nur zwischen Aussaat und Ernte in Grubenhäusern innerhalb kleiner Dörfer, später dann, als bereits 30 % der Nahrung auf Äckern erzeugt wurden, ganzjährig. Steingefäße, Reibsteine, Körbe aus Pflanzenfasern und Keramik (seit etwa 2500 v. Chr.) gehörten zum bäuerlichen Haushalt. Feste Jenseitsvorstellungen dokumentierten sich in sorgfältigen Bestattungen, kleine weibliche Tonfigürchen deuten vielleicht den Kult einer Erdmutter an.

Die neolithische Revolution, der Übergang vom nomadisierenden Jäger und Sammler zum seßhaften Bauern, die man treffender als neolithische Evolution bezeichnen sollte, erfolgte in Amerika später als in der Alten Welt und ohne das Zwischenstadium des viehzüchtenden Halbnomaden. Menschliche Besiedlung ist in nahezu ganz Mexiko seit etwa 2500 v. Chr. nachgewiesen. Natürlich hat die beschriebene Entwicklung leicht zeitlich versetzt und mit lokalen Unterschieden in den verschiedenen Landesteilen stattgefunden.

Vorklassische oder Formative Phase (1500 v. Chr.–100 v. Chr.)

In der sogenannten Formativen Phase entwickelte oder übernahm die seßhafte Bauernbevölkerung die Grundzüge, welche die nachfolgenden klassischen Kulturen kennzeichneten.

Führend war zu dieser Zeit die **olmekische Kultur,** die sogar als Mutterkultur Mexikos bezeichnet wird, und deren Kerngebiet an der Golfküste südlich von Veracruz lag. Auch in den Bundesstaaten Guerrero und Morelos scheint sie sich etabliert zu haben, ihr Einfluß läßt sich im Hochtal von Mexiko, im Gebiet von Chiapas, ja sogar in Guatemala nachweisen. Wer die Träger dieser Kultur gewesen sind, welche Sprache sie gesprochen haben und wer ihre Vorläufer bzw. Nachfolger gewesen sind, ist heute noch umstritten. *Olmeca* ist eine sehr viel jüngere Bezeichnung in Náhuatl und bedeutet ›Die im Land des Gummis leben‹. Ganz eindeutig hatten die vorklassischen Olmeken eine Sozialhierarchie mit Fürsten an der Spitze. Sie bauten große Zeremonialzentren: im Golfgebiet etwa San Lorenzo, El Manatí, Tres Zapotes, Laguna de los Cerros und La Venta, im Westen Teopantecuanitlán, Oxtotitlán und Chalcatzingo. Sie stellten die erste Großplastik Mittelamerikas her und trieben sogar eine Art Fernhandel.

Eine differenzierte Tempel- oder Hausarchitektur konnte noch nicht ausgegraben werden. Ihre Zeremonialzentren weisen Wasser-

La Venta, perspektivische Ansicht mit Hauptfunden:
1 *Köpfe 2-4*
2 *Steinsäulengrab unter Pyramide A*
3 *Pyramide A*
4 *Stele C und Altar*
5 *Steinsäulenumfriedung*
6 *drei Mosaikböden, mehrere Meter tief*
7 *Opferdepot von Jadeobjekten*
8 *Stele B*
9 *Pyramide C*
10 *Altäre*
11 *Kopf 1*
12 *Stele 2*

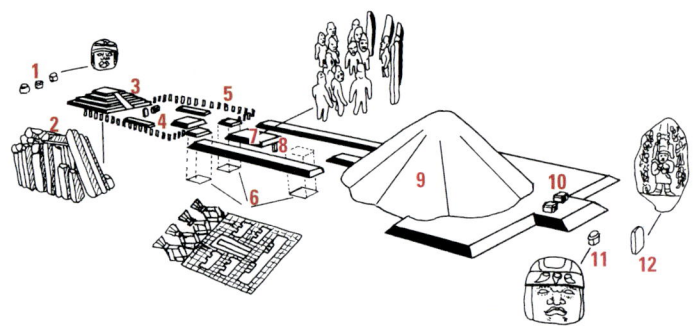

Olmekischer Monumentalkopf im Museum von Jalapa

leitungen, Sammelbecken, Plattformen und Pyramiden auf, die über mit Grünsteinobjekten (Jadeit, Serpentin u. a.) gefüllten Opferdepots errichtet wurden. Dieses begehrte Steinmaterial ist wohl neben Obsidian und Zinnober der Hauptgrund für ihren Handel mit dem Hochland gewesen.

Jaguare, Krokodile, Vögel, Schlangen und die Vegetation standen im Mittelpunkt ihrer religiösen Vorstellungen. Darstellungen von Fürsten mit Kindern auf dem Arm oder im Schoß lassen auf dynastische Übertragung der Herrschaft schließen und Jaguarzüge bei Menschen auf Inzucht und Erbkrankheiten. Steinerne Kolossalköpfe (auch als ›Babyfaces‹ bezeichnet) tragen breitrandige Kappen mit Wangenschutz, die meist mit Quasten, Jaguar- und Vogelsymbolen verziert sind.

Die olmekischen Fürsten scheinen sich, wie manche Darstellungen mit Pflanzen auf dem Kopf oder in der Hand implizieren, als Garanten und Überbringer von Nutzpflanzen verstanden zu haben. Da sie sich auch mit Waffen abbilden ließen und Opfergaben von Steinbeilen, den Symbolen wehrhafter Männer, üblich waren, lebten sie sicher nicht unter einer ganz friedlichen Priesterherrschaft oder Theokratie. Bestattet wurden wichtige Persönlichkeiten in monolithischen Sarkophagen oder in Grabkammern aus Basaltsäulen (La Venta).

Kostbare olmekische Objekte, Keramik- und Steinarbeiten, sind von Zeitgenossen kopiert oder von nachfolgenden Generationen wiederverwendet worden; einzelne Objekte wurden sogar in Costa Rica entdeckt. Olmekische Gesichtszüge findet man auf frühen Steinreliefs im Tal von Oaxaca (Monte Albán, Dainzú) und ihre Keramik nicht nur dort, sondern auch im Hochtal von Mexiko, etwa in Tlatilco, Cuicuilco und Teotihuacán. Anscheinend hatte man auch schon mit der Entwicklung einer Schrift begonnen.

Goldobjekte mit olmekischen Motiven zeigen den Einfluß dieser Kultur selbst in Costa Rica, lange bevor dieses Metall in Mexiko verarbeitet wurde.

23

In den letzten Jahrhunderten vor ihrem Niedergang scheinen sich die etwas gedrungenen Olmeken mit schlanken Maya-Typen, vielleicht nach Frauenraub, vermischt zu haben – eventuell als Folge kriegerischer Konflikte. Vielleicht gab es bei den Olmeken wie bei den Griechen eine ›Schöne Helena‹, die Anlaß für einen ›Trojanischen Krieg‹ war, der in eine etwa 200jährige bedeutungslose Epoche führte, bis sich an der Golfküste die Kultur der klassischen Olmeken herausbilden konnte. Zu dieser Zeit änderte sich das Landesklima nicht mehr in größerem Maße.

Die klassische Phase (100 n. Chr.–800 n. Chr.)

Die Zeit der Hochkulturen und Herrschergeschlechter, der Tempel- und Palastbauten.

Annähernd gleichzeitig mit der olmekischen Klassik entwickelten sich in verschiedenen Gebieten Mexikos die ersten Hochkulturen, unter denen die zapotekische im Tal von Oaxaca, die von Teotihuacán im Hochtal von Mexiko, die der Totonaken an der nördlichen Golfküste und die der Maya im Süden Mexikos führend waren.

Die Zapoteken im Tal von Oaxaca

Waren die Menschen des Vorklassikums in diesem Tal Zapoteken? Die Archäologen streiten sich darüber. Eine kulturelle Kontinuität zwischen den frühen Siedlungen etwa von San José Mogote, Dainzú und Monte Albán (Phasen I und II: 400 v. Chr.–200 n. Chr.) deuten Bodenständigkeit an. Nach einer ihrer eigenen mündlichen Überlieferungen stammen die Zapoteken (aztekisch *tsapotecatle*, ›Menschen des Sapotillbaums‹), die sich selbst *Ben 'Zaa* (›Wolkenmenschen‹) nennen, von den Felsen und wilden Tieren des Tals ab.

Die vorklassischen Bewohner lebten in Dörfern zusammen. Manchmal wohnten mehr als 1500 an einem Ort, in Häusern aus Zweigwänden, die mit Lehm verputzt und geweißt waren und teilweise einfache Steinfundamente aufwiesen. Sie ernährten sich von den Erträgen ihrer Äcker, die, wenn nötig, über Kanäle künstlich bewässert wurden, und zeigten große handwerkliche Fähigkeiten, besonders bei der Bearbeitung von Sandstein, Serpentin und Obsidian sowie bei der Herstellung von Keramik. In den einräumigen Häusern arbeiteten die Frauen rechts der Tür und die Männer links davon. Importprodukte, etwa olmekischen Ursprungs, die in bestimmten Ortsteilen häufiger gefunden wurden, deuten gesellschaftliche Unterschiede an; es scheint sogar so etwas wie Handwerksviertel gegeben zu haben. Schlichte Sakralbauten, Ballspielplätze und Friedhöfe gehörten ebenfalls zu diesen Dörfern. Wuchs die Einwohnerzahl über das erträgliche Maß hinaus, scheinen Teile der Bevölkerung neue Orte gegründet zu haben. So soll auch Monte Albán I entstanden sein.

Aus einer kleinen künstlichen Bergterrasse mit bescheidener Pyramide entwickelte sich Monte Albán (s. S. 236) zwischen 200 und 900 n. Chr. zu einem riesigen Zeremonialzentrum mit Pyramiden, Tempeln, Ballspielplätzen, Palästen und monumentalen Gräbern, an seinen Hängen umgeben von zahllosen Dörfern und Gehöften. Typisch für die Architektur sind die schräge Basis der Wände *(talud)* und die unten offenen, senkrechten Tafelteile *(tablero)* darüber sowie Säulen und Pfeiler in den Räumen. Grabkammern für die Fürsten befinden sich unter dem Boden der Residenzen oder in Tempeln und wurden reich mit Reliefschmuck und Wandmalerei verziert. Um 800 n. Chr. legte man sogar richtige Totenpaläste für die Mitglieder ganzer Dynastien an, etwa in Suchilquitongo. Die meisten der Gräber wurden ausgeraubt oder von den Mixteken nach dem 10. Jh. für eigene Bestattungen wiederverwendet. Weniger Privilegierte schützten das Gesicht ihrer Toten lediglich mit einem Teller und rahmten die Grabwand mit ein paar Steinen.

Zur Notierung der Sterne, zur Berechnung der Zeit und für historische Monumente wurde eine Schrift verwendet, deren Zeichen schon keine reinen Bilder mehr sind, sondern semipiktographisch, d. h. eine Art Lautzeichen (Morpheme). Mit den Maya im Süden und den Bewohnern von Teotihuacán im Norden trieb man Handel und pflegte politische oder religiöse Verbindungen. Die Götter der Zapoteken – am wichtigsten waren der Regen-, der Mais- und ein Vegetationsgott – wurden vor allem als Applikationen auf Tongefäßen, sogenannten Urnen, plastisch dargestellt. Ein beliebter und sehr typischer Brauch war das ›Stiefeltrinken‹, bei dem die Zapoteken Becher in Form von Jaguarpranken benutzten.

Die Fürsten ließen sich und ihre Taten in Steinreliefs verewigen. Siege, Eroberungen, Ehen und Nachfahren waren die Abbildungsinhalte; doch scheinen die Herrscher auch priesterliche Funktionen ausgeübt zu haben. Tierische Züge der Personen oder ihrer Kopfbedeckungen beziehen sich entweder auf Beinamen oder besondere Charaktere. Das Geburtsdatum war gemeinhin der erste Name jeder Person. Bis etwa 100 v. Chr. wurden die Umrisse der Steinreliefs mit einem harten Holz oder Stein herausgeschliffen, danach favorisierte man bis etwa 200 n. Chr feine Ritzlinien, und erst in der Folgezeit

Monte Albán, Relief der Kapelle bei der Nordplattform:

■ *Datumsangaben* (rot)

■ *Menschen* (schwarz)

■ *Himmelsglyphe* (blau)

■ *Altar/Bett* (grün)

▨ *Jahressymbole*

Genauere Erläuterungen s. S. 237.

25

Ein zapotekisches Danzantes-Relief in Monte Albán wird kopiert.

Zapotekischer Herrscher 8-Hirsch mit Sprechvolute vor dem Mund und Gefangenem auf der Steinschmalseite. Monte Albán, Südplattform, östliche Ecke, Relief 4 a/b, ca. 100 n. Chr.

wurde der ganze Hintergrund vertieft, also mit erhabenem Relief gearbeitet.

Die Reliefthemen können verschiedenen Phasen zugeordnet werden: In der ersten Phase wurden die geopferten Gefangenen, die sogenannten Danzantes, dargestellt und die Sieger zunächst nur namentlich erwähnt. Erst in der zweiten Phase stellte man Sieger und Besiegte nebeneinander dar. Gleichzeitig bildete man auch Ballspieler mit ihrer Schutzkleidung ab. Auffällig sind ihre Helme, die dem Kopfschutz amerikanischer Footballspieler ähneln. Kriegsgegner scheinen gegeneinander gespielt zu haben, und erst wenn der Besiegte auch im Spiel verlor, wurde er geopfert. Der Ball symbolisierte die Sonne oder den Tod, und das Blut der Geopferten war die Speise der Götter. In der dritten Phase berichtete man dann von den eroberten Städten und bildete nur die Ortssymbole und die Köpfe der Besiegten ab. Auf den nach 300 n. Chr. entstandenen Reliefs überwogen Familienmotive und tauchten auch Frauenbilder auf.

Hatte man zunächst nur Kriege geführt, um den Gegner zu besiegen und zu opfern, so kämpften die Herrscher später, um den Einflußbereich Monte Albáns zu erweitern, und schließlich mußten die Dynastiemitglieder nur noch die Rechtmäßigkeit ihrer Abstammung dokumentieren.

Abstieg und Verdrängung der zapotekischen Kultur hingen mit der Einwanderung der Mixteken aus dem Norden zusammen, die sich mit Waffengewalt und Ehepolitik auch im Tal von Oaxaca ausbreiteten, ohne allerdings die Zapoteken ganz zu vertreiben. Deren Fürsten, z. B. der von Zaachila, regierten noch im 16. Jh., allerdings in sehr viel bescheidenerer Umgebung.

Teotihuacán – wo die Götter beraten

Nordwestlich von Mexico City liegen die imposantesten Ruinen des Hochlandes, doch die Namen und die Sprache ihrer Erbauer sind unbekannt. In der Vorstellung der Azteken waren Riesen oder Götter für die Errichtung der Pyramiden, Zeremonialhöfe, Palastanlagen, Straßen und Kanäle verantwortlich.

Zunächst war Teotihuacán nur einer von mehreren Hauptorten im Hochtal, um 50 und 150 n. Chr. scheinen jedoch die Götter zugunsten seiner Elite eingegriffen zu haben. Der kleine Vulkan Xitlé in der Sierra de Ajusco brach zweimal aus und bedeckte mit seinen Lavamassen weite Teile der Hochebene und zerstörte den damals wohl führenden Ort Cuicuilco. Nur die Spitze seiner Rundpyramide schaute aus der erkalteten Lava, dem Pedregal, heraus. Für diese Zeit ist außerdem im Hochtal eine zunehmende Entvölkerung festgestellt worden, während gleichzeitig die Einwohnerzahl Teotihuacáns explosionsartig wuchs. Ist dieses Phänomen nur auf eine damals aufgetretene Landflucht zurückzuführen oder auf eine Umsiedlungspolitik, die von der Führung Teotihuacáns betrieben wurde? Noch ist diese Frage nicht definitiv zu beantworten.

Es steht jedoch fest, daß Teotihuacán zwischen 50 und 300 n. Chr. eine gigantische Baustelle gewesen ist, da alle wichtigen Tempel, Pyramiden und Palastbauten an der Hauptachse der Stadt zu dieser Zeit errichtet wurden. Gerahmte Bildfelder *(tablero)* über einer geböschten Wandbasis *(talud)* sind ein Stilelement seiner Architektur. Dazu kommen um mehrere Lichthöfe gruppierte, nach außen geschlossene Wohn- und Residenzgebäude, deren Flachdächer Zinnen *(merlón)* aus Ton oder Stein rahmten. Unter den auf Pfeilern ruhenden Vordächern der häufig sehr dunklen und kleinen Räume spielte sich der größte Teil des täglichen Lebens ab. Meist weisen diese Geschlechterquartiere, deren Bewohner auf bestimmte Handwerke spezialisiert waren, am Haupthof eine oder mehrere kleine Tempelplattformen oder Audienzstätten und einen Altar auf. Da mit Lehmziegeln, Steinverkleidungen und Kalkverputz gebaut wurde, waren unterirdische Entwässerungskanäle für Regenwasser zwingend notwendig, um Wasserschäden und Zerstörung zu vermeiden.

Relief- oder Plastikschmuck aus Stein ist relativ selten in der Metropole gefunden worden; doch Wandmalereien haben die Bewohner der Stadt mit einem wahren Feuereifer geschaffen, ob gezwungen oder freiwillig bleibt offen. Besonders gerne verwendete man für diese in Fresko-Technik *(al fresco)* ausgeführte Kunst eine mineralische rote Farbe, und äußerst wichtig war damals wie heute die Präsentation der prunkvollen Kleidung – ein Hinweis auf hierarchische Gesellschaftsstrukturen. Da die meisten der bemalten Tempel- und Palastwände Themen eines friedlichen Lebens um den Regengott und seinen Kult zeigen, glaubte man lange an eine Theokratie (Priesterherrschaft). Menschenopfer von Frauen, Männern und Kindern unter den Tempeln, Ketten aus Menschenzähnen und Unterkiefern sowie Abbildungen von Kriegern passen allerdings

Die Estela de La Ventilla, eine Stele aus Teotihuacán mit Symbolen des Ballspiels, etwa um 300

Skulptur des Quetzal-
cóatl (›Gefiederte
Schlange‹) am Templo
del Quetzalcóatl in
Teotihuacán

Steinerne Menschen-
masken mit und ohne
Mosaikbelag waren
wohl Bilder der Ver-
storbenen und wurden
mit ihrer gekehlten
Rückseite an Pfosten
zur Ahnenverehrung
befestigt. Das Grün
des Steinmaterials
symbolisierte eine Art
Weiterleben nach dem
Tod, häufig war auch
noch Schmuck aus
Federn oder anderem
Material an den Ge-
sichtern angebracht.

nicht ganz zum Bild einer solchen Idylle. Die Toten wurden hockend oder ausgestreckt in Gruben unter den Haus- bzw. Tempelböden oder neben den Gebäuden bestattet; selbst Brandbestattungen sind vereinzelt üblich gewesen. Spärliche Grabbeigaben sind mit der Vorstellung von einer Vorrangstellung wichtiger Personen nach dem Tod kaum vereinbar. Die berühmten Steinmasken von Teotihuacán, die in einigen Palästen und Residenzen gefunden worden sind, lassen allerdings auf eine Art Ahnenkult schließen, da man anscheinend die idealisierten Abbilder der Vorfahren im Haus der Familie aufstellte. Dynastisches Denken, das sich gemeinhin durch die Identifizierbarkeit der Fürsten ausdrückt, scheint ebenfalls gefehlt zu haben, so daß man von einer Oligarchie ausgehen kann, vielleicht der Herrschaft von Priestern und Elitekriegern, die immer wieder auf den Wandbildern abgebildet worden sind. Ihre kurzen, gedrungenen Gestalten tauchen auch in der Zeit nach 400 in der zapotekischen Kunst auf.

Mehr als 100 000 Einwohner bildeten ein unerschöpfliches Reservoir an erstklassigen Handwerkern, deren Arbeiten aus Ton, Stein, Stoff und Federn die Haupthandelsprodukte der Stadt gewesen sein dürften. Teotihuacán kontrollierte weite Teile des Hochtals, doch sein Einfluß reichte bis an die Golfküste und nach Guatemala City, wo in Kaminaljuyú eine regelrechte Pflanzstadt der Metropole vermutet wird. Der Handel scheint aber nicht die alleinige Antriebsfeder für die Ausbreitung von Teotihuacán-Einfluß gewesen zu sein. Auch hier mögen die Götter oder Priester durch die Etablierung eines berühmten Kults geholfen haben. So werden Kinderopfer in einem Bezirk von Monte Albán (Nordplattform) mit Riten aus Teotihuacán in Verbindung gebracht. Die Riesenpyramiden, die Siedlungen von Fremden innerhalb Teotihuacáns und Sakralzentren der

Teotihuacanos im Ausland nähren den Verdacht, daß dieser ›Ort der Götter‹ der größte Wallfahrtsort Mittelamerikas war – zu Ehren eines Vorläufers der heute so berühmten Jungfrau von Guadalupe.

Wichtigste Handelsgüter waren und sind Obsidianobjekte (das Rohmaterial steht ganz in der Nähe an) und Keramik. Zylindrische Töpfe auf drei brettartigen Füßen, mehrfarbig bemalt oder mit ausgeschabtem flachen Relief verziert, sind am weitesten verbreitet worden und am leichtesten zu erkennen. Typisch sind auch große Räuchergefäße mit applizierten Details, wie bei den Zapoteken in Modeln geformt, mit denen Götter dargestellt wurden. Anders als bei den Zapoteken zeigte man aber meist nur den Oberkörper oder göttliche Symbole und nicht den ganzen Körper.

Auf dem Höhepunkt ihrer Macht scheint die Stadt durch ihre Anziehungskraft aber auch schon den Anfang ihres Endes herbeigeführt zu haben. Die riesigen Menschenmassen an einem Ort sorgten sicher für Probleme bei der Lebensmittelversorgung, und so begann man um 500 n. Chr., wieder kleinere Städte und Siedlungen in der weiteren Umgebung anzulegen. 300 Jahre später scheinen aus dem Norden eingedrungene Nomaden sogar das Zentrum Teotihuacáns erobert und eingeäschert zu haben. Die Spuren der Nachbesiedlung lassen auf fremde Einflüsse (Tolteken) und eine unbedeutende Einwohnerzahl schließen. Nur der Ruhm der Stadt hat vor allem durch ihre Riesenbauten bis heute überlebt.

Die Golfküste und El Tajín

Die Küstenregion am Golf von Mexiko war spätestens ab 3000 v. Chr. von Menschen bewohnt. Anders als im restlichen Mexiko scheint die Seßhaftwerdung nicht mit dem Aufkommen des Ackerbaus verbunden gewesen zu sein: Die Erträge des Fischfangs erlaubten schon früher die Anlage fester Siedlungen. Was für Mexiko als Sonderform gilt, läßt sich an der Nordküste Perus ebenso feststellen wie im Vorderen Orient an den Küsten der Emirate und des Oman. Solche Menschengruppen wurden schon von den alten Griechen als ›Fischesser‹ bezeichnet. Dem Ackerbau kam erst nach 2000 v. Chr. eine größere Bedeutung zu, und der Hauptort El Tajín scheint kaum vor der Zeitenwende gegründet worden zu sein.

Der Altmeister Eduard Seler hielt 1908 die Totonaken für die Erbauer El Tajíns, H. J. Wilkerson postulierte dafür 1976 die Huaxteken. Andere haben, basierend auf Sprachuntersuchungen, den Bau der Stadt den Mixe-Zoque zugeschrieben oder den sogenannten Makro-Maya (›Groß-Maya‹), da das Maya-Wort für Mensch *(uinic)* dem Huaxtekischen *inic* entspricht. Doch wer auch immer die Menschen waren, die ab 300 n. Chr. die Tempel, Paläste und Ballspielplätze erbaut haben, sie hinterließen in einer malerischen Hügelfalte, umgeben von tropischer Vegetation, eine der reizvollsten Ruinenstädte Mexikos.

Geschaffen werden konnte die Anlage nur, weil der fruchtbare Boden in dieser Region über ein weites Kanalsystem bewässert

El Tajin, 2. Relief vom südlichen Ballspielplatz bei Estructura 5: Blutopfer beim Initiationsritus (s. S. 211)

1 A   Knoten-Symbol
1 B-F Sturmgott Huracán
2 A/G Tierkopf-Symbole
2 B/F Krokodilkopf-Symbol
2 C   Berg mit Agaven und Sonne darüber
2 D   Sonnengott oder Priester
2 E   Mann opfert dem Fischgott Blut aus seinem Penis
3   Mäanderband

wurde und daher wetterunabhängig reiche Erträge lieferte. Die ersten Gebäude sind später als Basis oder Kern für Überbauten verwendet worden und scheinen neben Bemalung auch Reliefschmuck getragen zu haben. Eine Sonderform der Architektur entwickelte man dann ab etwa 500 n. Chr., als Tempel, Pyramiden und Paläste über einem Talud tiefe Nischen und kleine, vorgestellte Pfeiler bekamen; das Ganze wurde mit einem weit vorkragenden schrägen Gesims nach oben abgeschlossen.

Die Reliefs der Ballspielplätze geben Auskunft über die religiöse Bedeutung des Spiels und über die Spielkleidung. Die Armschützer (palma), der gepolsterte Hüftgürtel (yugo) und der Knieschutz (hacha) wurden auch als Symbole in Stein nachgebildet und mit herrlichen Reliefs figürlichen Inhalts oder pflanzliche Flechtornamenten geschmückt. Diese floralen Geflechte sind typisch für die klassische Zeit an der gesamten Golfküste und wurden sogar im 2. Jh. in Teotihuacán auf die Wände gemalt. Berühmten Spielern legte man die steinerne Sportkleidung zur Identifizierung mit ins Grab, und auch als Opfergabe fand sie Verwendung.

Weitere Produkte von der Golfküste waren kleine lächelnde Figuren (nopiloa) aus Ton, die in Modeln geformt wurden (600–900) und vielleicht Fetische waren. Trotz ihrer etwas unnatürlichen Proportionen wirken sie ausgesprochen hübsch. Gleichzeitig fertigte man im südlichen Teil des Küstengebiets auch sehr naturalistische, manchmal sogar lebensgroße Tonfiguren von Göttern und Menschen an, die stellenweise mit Bitumen bemalt worden sind – ein sicherer Hinweis auf die Ölquellen in dieser Region.

Im Süden, bei Cerro de las Mesas, erlebten die sogenannten Epi-Olmeken (Mixe-Zoque?) um 200 eine Renaissance, als ihre Fürsten große Stelen mit Inschriften aufstellen ließen, deren Datenangaben dem gleichzeitigen Maya-Stil entsprachen. Zum sonstigen Inhalt der Inschriften gibt es verschiedene Interpretationen und Lesungsversuche, die aber nicht recht überzeugen können. In El Tajín dagegen wurden um 950 in den Säulenreliefs eines Palastes einzelne Personen nach Hochlandstil mit ihren Geburtstagen bezeichnet. So wissen wir, daß ein Fürst 13-Kaninchen mit seinen Mitstreitern 5-Hirsch, 8-Schlange, 2-Haus und 13-Schlange verschiedene Gegner, unter denen auch Maya gewesen zu sein scheinen, besiegte und auch opferte, so daß das Wachstum der Vegetation gesichert war. Neben den Siegern bildete man auch die Tempel und Kochhütten aus Holz und Stroh ab, wie sie um den Zeremonialbezirk von El Tajín herum vom einfachen Volk gebaut und benutzt wurden. Es hat in El Tajín also sicher eine Oberschicht und regierende Fürsten gegeben, die wie bei den Olmeken für das Gedeihen der Vegetation verantwortlich waren, das mit Blut – eigenem oder fremdem – als Speise für die Götter sichergestellt wurde. Neben dem Sturm- oder Regengott Huracán (Hunraken, der Sturmgott aus der Karibischen Inselwelt), vergleichbar mit dem orientalischen Wettergott Hadad oder dem griechischen Zeus, spielten der Todesgott, ein Fischgott und wohl auch der Sonnengott eine große Rolle. Ein Schrein des Todesgottes wurde in El Zapotal in der Nähe von Cerro de las Mesas ausgegraben. Xipe Tótec, der aztekische Vegetationsgott, soll ebenfalls von der Golfküste stammen.

Um 900 beginnt mit Zugezogenen und deren Herrschern die historische Zeit von El Tajin.

Um 1000 wurde El Tajín aufgegeben, wahrscheinlich unter dem Druck einwandernder Nomadenvölker, die sich dann später in der Nähe niederließen, in Orten, die weit weniger attraktiv sind.

Die Maya, die ›Griechen‹ Mittelamerikas

In den letzten 20 Jahren, seit man begonnen hat, die Inschriften der Maya-Kultur zu lesen und nicht nur zu interpretieren wie Eric Thompson, änderte sich das Bild von den Maya als ›friedliebende Götterdiener‹ völlig. Ihre ersten größeren Zeremonialzentren, schon in vorchristlicher Zeit angelegt, wurden bisher im Grenzgebiet von Guatemala und Belize gefunden (z. B. El Mirador, Río Azul, Cerros); doch bereits kurz nach der Zeitenwende hatte sich diese Kultur, deren Träger Maya waren – ihre Sprache wird in etwa 20 Dialekten noch heute in Guatemala, Honduras und Mexiko gesprochen – auch auf der Halbinsel Yucatán in Großbauten verewigt. Ihre historische Zeit begann bereits im 3. Jh., denn soweit zurück reichen die Listen der Maya-Dynastien und einzelne beschriftete Schmuckstücke und Objekte ihrer Herrscher.

Hatte Thompson phantasiereiche, aber leider realitätsferne Interpretationen der Hieroglyphentexte geliefert, so setzte mit dem Rus-

31

Der doppelköpfige Jaguarthron aus dem Palacio del Gobernador (›Gouverneurspalast‹) in Uxmal

Maya-Codices sind in jüngster Zeit in Höhlen, Gräbern und in einem Haus in Ceren (El Salvador) gefunden worden.

sen Yuri Knorosov (1952) und mit Tatiana Proskuriakoff (1960), einer Amerikanerin russischer Abstammung, die wirkliche Entzifferung dieser Schrift ein. Nach dem Tod Thompsons erschienen dann zahlreiche Publikationen zur Maya-Schrift, die mehr und mehr den historischen Inhalt der beschrifteten Stelen und Altäre darlegte. Allerdings hatte schon Diego de Landa, der Zerstörer der meisten Maya-Bücher (der sogenannten Codices; nur drei sind in Wien, Madrid und Dresden erhalten), solches im 16. Jh. berichtet. Heute ist unbestritten, daß die klassische Maya-Kultur der historischen Zeit in Mexiko zugerechnet werden kann.

Viele der Maya-Bauten aus der klassischen Zeit können jetzt neu interpretiert und ihren Bauherren zugewiesen werden. Die Pyramiden und Tempel sind nicht nur zu Ehren der Götter angelegt worden, sondern vor allem als Macht- und Herkunftsmanifestationen regierender Fürsten.

Mitte der klassischen Zeit gab es bereits in ganz Yucatán, im Tal des Río Usumacinta und in Chiapas zahlreiche Maya-Zentren, in denen Dynastien regierten, deren Mitglieder sich untereinander mit kleinen ›Ritterheeren‹ bekämpften und miteinander Handel trieben, und deren Kriegerfürsten *(bakab, batab)* politische Ehen eingingen. Einige der Herrscher *(ahau)*, die sich als Nachfahren und Vertreter der Götter auf Erden verstanden, trieben den Personenkult so weit, daß sie sich in monumentalen Grabbauten, ja sogar Pyramiden, beisetzen ließen (Palenque). Aufgrund des Kinderreichtums der fürstlichen Ehen gab es nach dem Tod eines Herrschers meist mehrere Anwärter auf den Thron, die sich manchmal gegenseitig bekämpften und machmal auf neugegründete Nebenzentren als Fürsten abgeschoben wurden.

Um 800 waren alle Städte und Ländereien endgültig vergeben, und gewaltsame Auseinandersetzungen um das Erbe führten zu einer Schwächung der regierenden Geschlechter. Neuankömmlinge aus dem Norden sorgten für weitere militärische Konflikte, und Naturkatastrophen dürften ebenfalls zum Untergang der klassischen Maya-Kultur beigetragen haben. Genaueres ist bisher nicht bekannt, da die schriftlichen Quellen versiegten. Reliefierte Inschriften wurden immer weniger aufgestellt. Meist wurde der Text nur noch aufgemalt und ist nicht erhalten geblieben, schließlich stellte man den ›Stelenkult‹ ganz ein.

In den relativ kleinen politischen Einheiten schufen die Handwerker im Lauf der Zeit lokale Architekturstile. Während ihre Grundzüge meist auch in größeren Regionen erkennbar sind, gibt es im Detail erstaunliche Unterschiede. So bevorzugte man selbst in spätklassischer Zeit in Palenque und Comacalco noch Stuckverzierungen an den Wänden und verzichtete auf Steinstelen und reliefierte Türstürze, welche z. B. in Yaxchilán überwogen. Typisch für fast das gesamte Maya-Gebiet waren die Mansardendächer oder Attiken, hinter denen sich falsche Gewölbe verbargen, und die großen Steingerüste *(crestería,* ›Kamm‹) auf den Dächern. Die Position dieses Dachkamms war wieder regional verschieden: Im Petén ragte er über den Rückwänden der Gebäude auf, in Palenque, in der Chenes- und in der Puuc-Region (auf der Halbinsel Yucatán) meist in der Mitte des Gebäudes, doch im Puuc-Ort Sayil ist er auch über der Front belegt und in Chichén Itzá sogar einmal sowohl über der Front als auch in der Mitte. Er diente entweder selbst als Firstschmuck eines Gebäudes (in Kabáh) oder als Befestigungsgerüst für Stein- bzw. Stuckschmuck. Um den häufig sehr heftigen Stürmen möglichst wenig Widerstand zu bieten, wurde er mit zahlreichen Winddurchlässen versehen, daher die Gitterstruktur.

Als Besonderheit können bei den Tempeln in Palenque und Toniná auch die extra abgeteilte Innen-Cella angeführt werden sowie die Vielzahl von gut ausgebauten Grabkammern und monolithischen Sarkophagen. Vorklassische Tempel waren meist mit Holz und Stroh gedeckt und standen auf niedrigen, zweistufigen Plattformen, deren geböschte Wände im besten Fall mit riesigen, frontal dargestellten Götterköpfen aus Stuck verziert waren. Diese Dekorationsform wurde auch noch in der frühklassischen Zeit beibehalten; doch bekam das Allerheiligste (Cella) auf der Spitze nun ein falsches Gewölbe aus Stein, Geröll und Kalk mit abschließendem Flachdach (Dzibilchaltún, Acancéh, Kohunlich). Der überall im Maya-Gebiet anstehende Kalkstein war leicht durch Brennen und Löschen zu Kalk zu verarbeiten und als Baumaterial unerschöpflich.

Die ovalen oder rechteckigen Häuser der Bauern und Handwerker besaßen Stockwände, mit Lehm beworfen und geweißt oder völlig unverputzt, und steile Palmblattdächer; sie standen auf niedrigen Steinsockeln oder kleinen Plattformen. Meist waren sie um einen rechteckigen bzw. quadratischen Hof gruppiert; die Grenzen der Grundstücke markierten Mauern aus groben Steinen. Bis in die heutige Zeit ist dieser Bautyp mehr oder weniger unverändert erhalten geblieben. Diese Gebäude sind für das extrem feuchte und heiße

In Maya-Siedlungen der spätklassischen Zeit wie Chicozapote bei Yaxchilán hat man bunte Steinreliefs gefunden, bei denen die Schrift nur aufgemalt war.

Klima so ideal, daß heute noch solche ›Sommerhütten‹ neben den modernen Betonhäusern erbaut und benutzt werden.

Etwa ab 500 begannen die Fürstengeschlechter großzügige Repräsentationsgebäude und Wohnpaläste anzulegen, in einigen Fällen sogar auf einer großen Plattform, die gut mit der Akropolis früher griechischer Städte verglichen werden kann. In Palenque und Toniná sind diese künstlichen Plattformen die Reste früherer Paläste, die teilweise sogar als eine Art Keller weiterbenutzt wurden.

Zum Ausklang der klassischen Zeit wurde im Norden der Halbinsel Yucatán, wo diese Phase erst um 1000 endete, ab etwa dem Jahr 600 der **Puuc-Stil** favorisiert. Raumreihen auf Plattformen mit bis zu fünf Absätzen erzeugen den Eindruck mehrstöckiger Palastgebäude, deren Eingänge häufig noch mit Säulen versehen sind. Typische Puuc-Bauornamentik besteht aus steinernen Regengottmasken an den Fassaden, die in Mosaiktechnik zusammengesetzt sind. Dazu kommen Motive, die als Nachbildungen von Holzgebäuden oder deren Teile angesehen werden können, so wie die griechische Bauornamentik ebenfalls Elemente der älteren Holzarchitektur aufgreift.

Südöstlich der Puuc-Region wurde etwa zwischen 700 und 850 der **Chenes-Stil** bevorzugt, der am leichtesten an seinen typischen Portalen erkennbar ist. Den Rahmenschmuck einer solchen Tür in Form eines umgekehrten T bildet die stilisierte Darstellung des geöffneten Rachens eines Fabelwesens. Regengottmasken und sonstige Bauornamentik sind mit dem Puuc-Stil vergleichbar. Auch mehrstöckige Paläste und Säulen in den Eingängen gehören zum Chenes-Stil. Einige dieser Paläste hinterlassen einen fast barocken Eindruck mit ihrer überreichen Ornamentik, den Vor- und Rücksprüngen an den Fassaden und den Seitenflügeln, die eine zentrale Raumeinheit flankieren. Eine Besonderheit sind die freistehenden Türme, die allenfalls mit dem Palastturm von Palenque zu vergleichen sind und als ›Schauinsland‹ oder Observatorium genutzt wurden.

Die Vielzahl der Orte in Nord-Yucatán und die häufigen Hinweise auf zeitweilige Aufgabe, Wiederbesiedlung, Um- und Erweiterungsbauten in größeren zeitlichen Abständen können vielleicht durch eine Art Halbnomadismus erklärt werden. Die Humusbodenschicht auf der riesigen Kalksteinplatte der Halbinsel ist ausgesprochen dünn, und intensive landwirtschaftliche Nutzung führt bereits nach wenigen Jahren zur Auslaugung des Bodens und geringeren Erträgen, was die Anlage neuer Felder erforderlich macht. Nach einer gewissen Zeit war die unmittelbare Umgebung eines Zentrums ungeeignet für den Ackerbau, und daher zog man in ein neues Zentrum in der weiteren Umgebung um. Der Vorgang kann sich einmal oder mehrmals wiederholt haben. Nach zwei oder drei Generationen (50–75 Jahre) hatte sich der Boden am ersten Ort erholt, und man kehrte zur Wiederbesiedlung zum Ursprung zurück, wo sich der Zyklus dann in der Folgezeit wiederholte.

In Süd-Yucatán blühte gegen Ende des Klassikums der **Rio-Bec-Stil,** der am leichtesten an seinen Scheinpyramiden zu erkennen ist,

Göttermaske aus Stuck am Haupttempel von Kohunlich, mit der Glyphe Uinal (Monat) im Auge, vielleicht ein Hinweis auf den Mond und die Nacht, 5. Jh.

die den Haupttrakt eines Gebäudes betonen und flankieren können. Krönender Abschluß der turmähnlichen Konstruktionen sind rein dekorative Cella-Fassaden.

Eine Besonderheit Yucatáns sind die Straßen der Maya *(sacbe, ›weißer/künstlicher Weg‹)*, die einzelne Gebäudegruppen und auch Zentren teilweise über mehr als 100 km miteinander verbanden. Diese sogenannten Zeremonialwege, die sicher auch profan genutzt wurden, haben manchmal an ihren Endpunkten große Torbögen (Kabáh, Uxmal) und bestehen aus mit Steinrollen festgewalztem Füllmaterial zwischen zwei etwa 80 cm hohen Außenmauern im Abstand von 2–6 m. Warum hier keine Karren verwendet worden sind, obwohl das Rad bekannt war, ist eine noch ungelöste Frage.

Wie bei der Architektur und ihrem Schmuck gab es auch bei zeitgleicher Keramik regionale Unterschiede und spezielle Objekte, die an bestimmten Orten produziert wurden. Am bekanntesten sind sicherlich die kleinen Tonfigürchen, meist Pfeifen, die auf der Insel Jaína als Grabbeigaben in großer Zahl gefunden worden sind. Tönerne Räuchergefäße mit Götterköpfen und riesigen Kronen als Verzierung waren eine Spezialität der Handwerker Palenques. Die wunderbare, im Stil der berühmten Codices bemalte Keramik des späten Klassikums produzierte man dagegen im Grenzgebiet zwischen Guatemala und Belize. Haupthandelsprodukte der Maya an den Küsten Yucatáns waren Meersalz und Muscheln; aus Tabasco kamen Kakao und Felle, aus Guatemala Jade und Obsidian, während Feuerstein in Nord-Yucatán verarbeitet wurde.

Die Stelen waren für die Maya künstliche Bäume bzw. Stammbäume und wurden ›gepflanzt‹ und nicht aufgestellt. Manche zeigen nur bildliche Darstellungen von Herrschern und Herrscherinnen, andere weisen zusätzliche Inschriften auf oder sind reine Textmonu-

Chicanná, Drachenmaul der Estructura II

Statuen

Zähne

Lippen

Zungen

Augen

Regengott

Schlangen

a Schlangenmäuler im Profil
b Chak-Masken:

35

Der besiegte Kriegsgegner, im Ball abgebildet, wird nach seiner Niederlage beim Ballspiel geopfert. Das Relief an der Glyphentreppe 2 am Tempel 33 von Yaxchilán schildert einen Vorgang zur Zeit des Fürsten Schild-Jaguar II. (690-730). Erbaut wurde Tempel 33 von Vogel-Jaguar IV. um 760.

mente. Sie können auf einer, zwei, drei oder allen vier Seiten bearbeitet sein und stehen häufig hinter runden skulptierten Steinscheiben, die als Altar bezeichnet werden, weit eher aber die Nachbildung von Thronpolstern sind. Bis etwa 500 stellte man im Relief die Personen in leichter Schrittstellung wie im alten Ägypten oder bei frühgriechischen Kuroi (Grabstatuen) dar. Danach bevorzugte man für die Beine die frontale Darstellung der Ballettpositionen I und II. Rund 150 Jahre später waren reine Profildarstellungen en vogue oder frontale Abbildungen der Tanzfigur Battement Frappé. In dieser Zeit wurden die Darstellungen auch lebendiger; man stellte historische Ereignisse mit mehreren Personen dar.

Klassische Texte und Abbildungen von Opferungen des eigenen Blutes zeigen, daß auch bei den Maya das ›blaue Blut‹ der Adligen die Speise der Götter war. Die Herrscher ließen sich gerne stehend oder sitzend auf ihren besiegten Gegnern darstellen (Cobá) oder sie beim Haupthaar bzw. am Arm ergreifend. Diese Geste ist vergleichbar mit dem ›Coup‹ bei den nordamerikanischen Indianern: Schon das Berühren des Gegners galt als Sieg. Die negative Bedeutung der Berührung mag auch der Grund für das Fehlen von Stichmessern als Waffe sein, da ein Messerkampf fast immer eine Berührung durch den Gegner einschließt. Gefangene sind meist deutlich an ihren hinter dem Rücken gebundenen Armen zu erkennen. Sonderformen des Stelenkults sind in Copán (Honduras) und Toniná beliebt gewesen, wo am Ende des Klassikums echte vollplastische, beschriftete Statuen angefertigt wurden.

Bei den Maya scheint das Ballspiel direkt mit dem Ausgang von Kampfhandlungen verbunden gewesen zu sein. Nach der Gefangennahme hatten die Führer besiegter Kriegsgruppen vermutlich die

Möglichkeit, durch den Gewinn eines Ballspiels als freie Männer vom Platz zu gehen; im Fall einer Niederlage wurden sie dagegen hingerichtet bzw. geopfert. Klassische Maya-Ballspielplätze weisen meist keine Ringe in der Mitte der Seitenwände des rechteckigen Spielfeldes auf, sondern drei oder fünf runde Markierungssteine auf dem Boden, die als Tore dienten, aber auch als Symbole der Macht oder der Welt interpretiert werden können.

Die nachklassische Zeit (800 bis zur Ankunft der Spanier)

Tolteken, Chichimeken und Mixteken

Zwischen 800 und 1200 gab es in Zentralmexiko eine wahre Invasion von wilden Nomadenstämmen, die in mehreren Wellen aus dem Norden kamen. Zu den ersten Eroberern gehörten wohl die Tolteken und Mixteken, denen später die Chichimeken und andere Náhuatl sprechende Stämme folgten. Die Neuankömmlinge verdrängten die frühere Bevölkerung ganz oder teilweise und lösten in einer Art Domino-Effekt eine Völkerwanderung (z. B. der Quiché, Ah Tza oder Itzá) aus, die auch die Kulturen weiter im Süden berührte. Unsere Kenntnisse über diese Vorgänge stammen aus archäologischen Befunden, wie z. B. das Auftauchen einer neuen Keramik, aus den indianischen Handschriften dieser Zeit, etwa mixtekischen Codices, und den späteren vorspanischen aztekischen Quellen bzw. kolonialzeitlichen Geschichtsbüchern wie dem Popul Vuh der Quiché-Maya im Hochland von Guatemala. Gerade in den später geschriebenen ›Büchern‹ sind die historischen Ereignisse bewußt oder unbewußt verzerrt und manchmal bis zur Unkenntlichkeit mythisch verbrämt worden.

Völkerwanderungen führten in Mittelamerika ebenso wie in der Alten Welt zum Zusammenbruch alter Reiche und zur Entstehung neuer Gesellschaften bzw. Dynastien.

Fest steht, daß die Tolteken, die später als Kulturbringer par excellence gefeiert wurden, um 900 ihre Hauptstadt Tula gründeten. Ihre Monumentalarchitektur zeichnet sich durch die Verwendung von Säulen und Pfeilern in Form menschlicher und tierischer Gestalten aus, durch doppel-T-förmige Ballspielplätze mit Torringen und durch riesige Säulen und Pfeilerhallen, die Tausende von Personen aufnehmen konnten. Gerade diese Versammlungshallen deuten als neuer Gebäudetyp auf eine Militär-Oligarchie hin, an deren Spitze ein Kriegerfürst stand, der auch priesterliche Funktionen ausübte.

Tulas berühmtester Fürst, Unser-Herr-1-Rohr (in Náhuatl Ce Acatl Topiltzin), wurde von den Azteken als Quetzalcóatl (›Gefiederte Schlange‹) und Windgott Ehecatl verehrt. Angeblich hat er die Stadt gegründet und später, kurz vor ihrer Zerstörung durch die Chichimeken um 1165, mit seinen Anhängern verlassen. Entweder war Quetzalcóatl eine Art Herrschertitel der Náhuatl sprechenden Tolteken, oder es hat zwei Fürsten dieses Namens gegeben, den Gründer und einen Namensvetter, der die Stadt verließ. Interne Schwierigkeiten und Streitereien scheinen wie im Fall Teotihuacáns vorausgegangen zu sein und auch durch den Abzug größerer Einwohnergruppen zur Schwächung Tulas geführt zu haben. Ein Quetzalcóatl dürfte mit seinen Anhängern nach Yucatán geflüchtet sein, wo sie sich in Chichén Itzá als herrschende Klasse unter den Maya etablierten. Diese Fremden waren verantwortlich für die Bauten und deren Steinschmuck, welche wie Kopien der Tempel und Paläste von Tula wirken. Toltekische Einflüsse lassen sich vereinzelt auch in der Umgebung nachweisen, etwa in Kabáh. Danach haben die Maya keine bemerkenswerten Bauten mehr errichtet und auch keine besonderen Kunstwerke mehr hergestellt, sieht man einmal von den erhaltenen Codices ab. Die Bauten in Tulum, die wohl um 1400 entstanden, weisen zwar einige interessante Wandmalereien und Stuckverzierungen auf, sind aber insgesamt nur als zweitrangig einzustufen.

Schon vor dem Sturz von Tula hatten sich Tolteken-Gruppen im Becken von Mexiko, in den Städten Culhuacán und Cholula, niedergelassen. Toltekische Prinzessinnen, gern gesehene Bräute in benachbarten Fürstentümern, kamen nicht allein, sondern wie bei den klassischen Maya mit größerem Gefolge, manchmal sogar mit ihrer gesamten Sippe, so daß toltekischer Einfluß auch auf friedlichem Weg außerhalb des ›Reiches‹ verbreitet worden ist. Für spätere Herrscherhäuser war es nahezu zwingend, die Abstammung von toltekischen Fürsten nachzuweisen, um den eigenen Herrschaftsanspruch zu legitimieren.

Das gewaltsame Ende einer Stadt bedeutet für Ausgräber meist eine reiche Ausbeute an Kleinfunden, denn im Rausch der Eroberung wird vieles zerstört und dann unbeachtet zurückgelassen. Seltsamerweise sind in Tula keine umwerfenden kunsthandwerklichen Objekte aus Ton, Stein oder Metall gefunden worden, obwohl die Azteken die Mär verbreiteten, die Bewohner der Stadt seien wahre Meister in jedem Handwerk gewesen. Lediglich einige hohe Tonbecher mit schönem Reliefdekor sind bekannt und eine metallisch glänzende Keramik (im Englischen *plumbate ware* genannt, von *plumbago*, ›Bleiglanz‹), die zu ihrer Zeit in ganz Mittelamerika verbreitet war und wohl im Norden Guatemalas produziert wurde. Viele überlebende Tolteken sollen nach dem Fall ihrer Stadt nach Guatemala, El Salvador und Nicaragua emigriert sein, wo die Pipil als ihre Nachfahren gelten. In bescheidenem Rahmen ist Tula auch nach seiner Zerstörung besiedelt gewesen.

Wahre Meister der Töpferei sind die Chichimeken gewesen, die ab 1200 in und um Cholula seßhaft geworden waren. Besonders die vielfarbige Bemalung ihrer Keramik mit geometrischen Motiven hebt sich wohltuend von späterer aztekischer Tonware ab.

Etwa um die gleiche Zeit, als die Tolteken in Tula ansässig waren, siedelten sich die Mixteken nach ihren eigenen Codices im Hochland nördlich des Tals von Oaxaca an. Entsprechend lokaler Überlieferungen kletterten die mythischen Gründer ihrer ältesten Dynastien aus der Erde, eine Umschreibung für die Wohnhöhlen von Nomaden, aus Flüssen, eine Anspielung auf Lagerplätze mit Frisch-

Metallisch glänzende Bleiglanz-Keramik (plumbate) eignet sich gut als Datierungsmittel, denn sie wurde nur zwischen 1000 und 1200 im nördlichen Hochland von Guatemala angefertigt.

Rekonstruktion des ›Morgensterntempels‹ von Tula, der Hauptstadt der Tolteken

wasser wie Apoala, und – ein übernommener zapotekischer Ursprungsmythos – aus Pflanzen hervor. Sie gründeten mit Hilfe der vom Himmel herabsteigenden Götter ihre neuen Herrschaftszentren an verschiedenen Orten, die heute nur relativ bescheidene Architektur aufweisen. Die mixtekischen Dynastien gediehen, manchmal sogar unter außergewöhnlichen Frauen, und die Zapoteken wurden mehr und mehr nach Süden abgedrängt. Mixteken-Fürsten heirateten meist mehrmals, mit Vorliebe Toltekinnen, Zapotekinnen und Prinzessinnen aus eroberten Orten, denn erst die Kinder aus diesen Ehen konnten offiziell Anspruch auf die Herrschaft über die eroberten Gebiete erheben.

Einige der Dynastiengründer wurden später im Rahmen einer intensiven Ahnenverehrung zu Göttern erhoben, so etwa die streitbare Dame 9-Gras-Steinschädel, deren Orakel gerne in Fragen der Herrschaft konsultiert wurde. Kontrollierten mixtekische Fürsten größere Gebiete, mußten sie ihren Herrschaftsanspruch vom Tolteken-Herrscher in Tula bestätigen lassen und dafür mit kostbaren Geschenken bezahlen. Äußeres Zeichen dieser Großfürsten war ein in Tula eingesetzter Nasenpflock *(nariguera)*. Lediglich dem berühmten Herrscher 8-Hirsch-Jaguarkralle gelang es im 11. Jh., ein echtes Reich zu kontrollieren, das aber unter seinen Nachfolgern wieder auseinanderbrach. Partikularismus blieb bis zur heutigen Zeit die vorherrschende Haltung zwischen den Bewohnern mixtekischer Orte und erleichterte späteren Eroberern und Zentralregierungen (und auch der heutigen Partei PRI) die Kontrolle über diese Indígenas.

Pfeiler und Säulen in Tiergestalt sind eine genuine Entwicklung der Tolteken.

Zum großen Ahnenkult der Mixteken gehörten Mumienbündel berühmter Verstorbener in Ahnentempeln und großartige Bestattungen in Grabanlagen, die oft zapotekischen Ursprungs waren und einfach wiederbenutzt wurden. Auch Brandbestattungen waren üblich. Die reichen Grabbeigaben legen beredtes Zeugnis von mixtekischer Kunstfertigkeit ab. Unvergleichlich sind die Tongefäße mit ihrer viel-farbigen Bemalung im Codex-Stil, deren hochpolierte Oberfläche fast wie glasiert wirkt. Glasur war vor der Kolonialzeit in ganz Ame-rika unbekannt. Mixtekische Knochenschnitzer schufen vielfigurige Miniaturreliefs, die nur unter der Lupe ihre volle Schönheit offenba-ren. Mixtekischer filigraner Goldschmuck, gegossen oder getrieben, mit Perlen, Muschelmaterialien und Halbedelsteinen kombiniert, wurde selbst von den Azteken aufs höchste geschätzt und fand spä-ter mit den spanischen Goldtransporten auch seinen Weg nach Europa. Ende des 15. Jh., kurz bevor die Spanier auf der Bildfläche erschienen, wurde das Gebiet der Mixteken dem aztekischen Reich einverleibt, und seine Bewohner mußten wie alle Besiegten hohen Tribut an Tenochtitlán zahlen oder dort arbeiten.

Azteken oder México und ihr Reich Anáhuac

Die Azteken, die auf ihrem Weg ins Hochland von ihrem Stammes-gott Huitzilopochtli in México umbenannt wurden, gehörten zu einem der letzten und armseligsten Nahua-Stämme, der sich im Hochtal am Texcoco-See um 1350 niederließ. Ihre Überlieferung der vorausgegangenen 200jährigen Wanderung und die Entstehungsge-schichte ihres Stammesgottes weisen verblüffende Parallelen zur Frühgeschichte der Juden im Orient und der Inka in Peru auf. Tatsächlich hat Pater Durán im 16. Jh. die Indianer für die Nachfah-ren eines der verlorenen Stämme des Volkes Israel gehalten. Diese Idee versuchten noch in jüngster Zeit Forscher der Mormonen zu beweisen. Doch die Ähnlichkeit der Ursprungslegenden ist lediglich auf vergleichbare Umstände zurückzuführen, bzw. auf die Ge-schichtsfälschung des aztekischen Herrschers Itzcóatl (›Stein-schlange‹), der um 1430 alle älteren Geschichtsbücher im Hochland vernichten und an ihrer Stelle eine aztekische Propagandaversion verfassen ließ.

Nach dieser offiziellen Version starteten die México 1111 mit sie-ben Sippen und ihrem heiligen Bündel, vergleichbar mit dem Wam-pun nordamerikanischer Indianer oder dem mit magischen Kost-barkeiten vollgestopften Herrschaftsbündel der Maya, von der idyllischen Seeinsel Aztlan, die wohl nur ein in die Vergangenheit projiziertes Abbild der späteren Hauptstadt Tenochtitlán war. Über den Hügel Chicomoztoc mit sieben Höhlen – ein Hinweis auf Höhlenwohnungen und ihren Status als Jäger und Sammler – gelangten sie nach endlosen inneren Querelen und Streitereien ins Hochtal von Mexiko. Um die existenzbedrohenden Abspaltungen zu unterbinden, erfanden die Priester einen Stammesgott, der mögli-cherweise ein vergöttlichter früherer Anführer war. Ähnlich wie der jüdische Jahwe oder der inkaische Sonnengott Inti erzeugte das gött-liche Wesen innerhalb seines auserwählten Volkes den notwendigen Zusammenhalt, der es den México erlaubte, Vertreibungen, Söldnerdasein, Versklavung und Niederlagen beim Kontakt mit den Stämmen des Hochtals zu überstehen.

Schließlich, nach einer Niederlage gegen die Bewohner Culhuacáns 1323, zog sich der kleine Stamm auf ein unbeanspruchtes Gebiet zwischen den Grenzen der führenden Staaten bei Chapultepec (›Heuschreckenhügel‹) zurück. Der Herrscher Culhuacáns hatte seine Tochter Nopaltzin, einem Stammesfürsten der Méxica, zur Frau gegeben, nachdem dieser versprochen hatte, sie wie eine Göttin zu ehren. Nopaltzin hielt Wort und opferte seine Frau bei dem vergeblichen Versuch, sie zur Kriegsgöttin zu erheben. Der erboste Vater und seine Untertanen vertrieben daraufhin die Barbaren.

Die Méxica gründeten auf einer kleinen, unbewohnten Insel im See, die erstaunlicherweise eine Süßwasserquelle besaß, ihre Hauptstadt Tenochtitlán, den taktisch klug gewählten Ausgangspunkt ihrer späteren Eroberungen. Die Insel war nur schwer angreifbar und leicht zu verteidigen; außerdem konnte man per Boot relativ schnell die besiedelten Küstengebiete des Sees erreichen. Natürlich hatte Huitzilopochtli ihnen den Ort durch einen Raubvogel angezeigt, der auf einem Nopal-Kaktus eine Schlange verspeiste. Das Motiv findet sich heute noch im mexikanischen Staatswappen. Innerhalb von nur 100 Jahren gelang es acht Méxica-Fürsten, das Herrschaftsgebiet des Stammes zunächst auf nahezu das gesamte Hochtal und später auf die angrenzenden Regionen im Osten, Westen und Süden auszuweiten. Der Aufstieg der Méxica zur führenden Macht des Landes begann, als 1427 Itzcóatl (›Steinschlange‹) zum *tlatoani* (›Sprecher‹) des Stammes gewählt wurde. Zuerst eroberte er mit Nezahualcóyotl von Texcoco als Verbündetem Atzcapozalco, die Hauptstadt der benachbarten Tepaneken. Die begrenzten Möglichkeiten des Stammes erkennend, gelang es dem genialen Führer und seinem glänzenden Berater Tlacael, mit Texcoco und Tlacopán einen Drei-

Rekonstruktionszeichnung der Azteken-Hauptstadt Tenochtitlán im Texcoco-See, die Keimzelle der heutigen Stadt Mexiko. Hier waren die Azteken nicht nur räumlich von ihren Nachbarn im Hochtal getrennt, die Insel im See symbolisierte auch die göttliche Auserwähltheit des Stammes.

41

städtebund unter Führung Tenochtitláns zu schließen. Der Pakt schuf die Voraussetzung für alle weiteren Eroberungen, bei denen man später die Küsten des Atlantiks und des Pazifiks erreichte. Auch bei der Ankunft der Spanier kontrollierten die Azteken noch kein zusammenhängendes Territorium, sondern hatten sich lediglich die einzelnen Regionen durch Einrichtung von Militärposten mehr oder weniger tributpflichtig gemacht; außerdem gab es mitten in ihrem Einflußgebiet noch unabhängige Regionen wie Tlaxcala. Der aztekische Staat befand sich zum Zeitpunkt des spanischen Eindringens in einer Phase des Umbruchs zum Territorialstaat. Der damit verbundene labile Zustand wurde noch durch die Schwäche des damaligen Azteken-Herrschers Moctezuma II. verstärkt. Diese besondere politische Situation und die Überlegenheit ihrer Waffen waren die Hauptgründe für den unglaublichen Erfolg der spanischen Eroberer, der wenig später unter ähnlichen Bedingungen bei den Inka in Peru wiederholt werden konnte.

Wie aber konnte aus einem armseligen Strohhüttendorf innerhalb von nur 100 Jahren eine prachtvolle Stadt entstehen, welche die Spanier bewundernd als ›neues Venedig‹ bezeichneten? Wichtige Voraussetzungen dafür waren ein uneingeschränkter Behauptungs- und Überlebenswille, ein brutal strenges Verhalten gegen sich selbst und untergeordnete Stämme sowie eine festgefügte Gesellschaft.

Die unterste Klasse der aztekischen Gesellschaft bildeten die Sklaven *(tlacotin)*. Sklave war man nicht von Geburt an, sondern wurde man durch Verkauf. Materiell in Not geratene Familien konnten ihre Kinder als Sklaven verkaufen. Der Besitzer war verpflichtet, für Unterhalt und Kleidung seiner Sklaven zu sorgen. Über den Sklaven standen die ungelernten Arbeiter. Diese sippen- und landlosen *mayeque* schufteten als Landarbeiter und Pächter auf den Gütern der Adligen oder als Diener in ihren Haushalten. Sie hatten einen Teil ihrer Erträge an den Landbesitzer abzuführen und mußten Wehrdienst leisten. In den Städten konnten sie als Maurer, Salzsieder und in ähnlichen Berufsfeldern arbeiten, entweder auf eigene Rechnung oder für Auftraggeber.

Die zahlenmäßig größte Klasse bildeten die *macehualli,* Bürger mit Landrecht und Sippenzugehörigkeit. Gewöhnlich stammten beide Elternteile aus der gleichen Sippe *(calpulli).* Man konnte aber auch in eine Sippe aufsteigen bzw. aus ihr absteigen, wenn man das zugeteilte Sippenland nicht oder nur ungenügend bearbeitete. Die Mitglieder eines *calpulli* lebten unter der Führung eines Gouverneurs *(tecutli)* in Stadtteilen *(tlaxillacalli)* zusammen; etwa 80 soll es in Tenochtitlán gegeben haben. Der *tecutli* residierte im Haus der Alten *(huehuecalli)* und die anderen Sippenmitglieder als Großfamilien in den Häusern eines Gehöfts, zu dem auch Ackerland auf dahinterliegenden künstlichen Inseln *(chinampa)* gehörten. Jeder Stadtteil hatte seine eigenen Tempel auf niedriger Plattform, einen Marktplatz und eine Schule *(telpochcalli).* Viele *calpulli* hatten sich auf bestimmte Handwerke spezialisiert, und die Kenntnisse ihrer

Die nach toltekischen Vorbildern hergestellte aztekische Reliefkeramik zeigt meist Szenen aus dem Leben von Göttern oder Menschen.

Profession wurden in den Schulen weitervermittelt. Die Mitglieder *(toltecatl)* der Kunsthandwerks-*calpulli*, zumindest bedingt mit europäischen Zünften vergleichbar, waren meist keine Azteken, sondern zwangsumgesiedelte Spezialisten, z. B. mixtekische Gold-schmiede, Holz- und Knochenschnitzer und Federarbeiter oder Codices-Schreiber. Als besonderes Privileg brauchten diese *calpulli*-Mitglieder keinen Kriegsdienst zu leisten.

Die oberste Schicht der aztekischen Gesellschaft bildeten die Adligen *(pipiltin*, Einzahl *pilli)*. Wahre Adlige konnten ihre Abkunft zumindest von einer Elternseite her auf den ersten historischen Az-teken-Herrscher Acamapichtli zurückführen. Bis etwa 1500 konnte man aber auch durch besondere Erfolge auf dem Schlachtfeld in den Rang eines Adligen aufsteigen. Als die Zahl der *pipiltin* bedrohlich anstieg, erfolgte die Anerkennung als Adliger nur noch beim Adels-status beider Elternteile. *Pipiltin* fungierten als Gouverneure in eroberten Gebieten oder Stadtteilen, als Richter, als Lehrer oder als

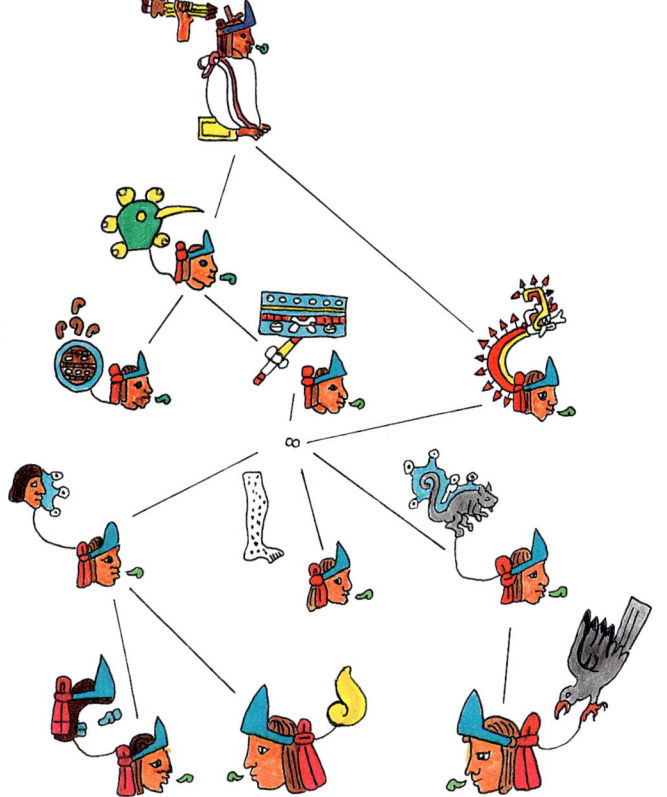

Stammbaum der Azteken-Herrscher: Die Glyphen geben den Namen an, die Sprechvoluten vor dem Mund beziehen sich auf ihren Titel Tlatoani (›Sprecher‹).

Acamapichtli (1376–96)

Huitzilihuitl (1397–1417)

Von links: Chimalpopoca (1417–28) Itzcóatl (1428–40) Moctezuma Ilhuica-mina (1440–69)

Von links: Axayácatl (1469–81) Tizoc (1481–86) Ahuitzotl (1486–1502)

Von links: Moctezuma II. Xoco-yotzin (1502–20) Cuitlahuac (1520) Cuauhtémoc (1520-25)

43

Offiziere in der aztekischen Armee. Sie wurden in Hochschulen *(calmecac)* ausgebildet, wo Recht, Politik, Astronomie und Schreiben auf dem Stundenplan standen. Adlige durften in zweistöckigen Häusern wohnen, besaßen Landgüter, empfingen Geschenke vom Herrscher und trugen besondere Insignien. Um in ihrem Stand zu verbleiben, mußten sie mindestens einen Kriegsgefangenen vorweisen können. Bei öffentlicher Trunkenheit wurden sie wie Priester, die ebenfalls von adligem Stand waren, sofort zum Tode verurteilt, während geringere Bürger zunächst verwarnt, kahlgeschoren und erst im Wiederholungsfall hingerichtet wurden.

Handel und Wirtschaft waren auch bei den Azteken eng mit kriegerischen Handlungen verknüpft.

Bei den Eroberungen der Azteken spielten neben den Kriegern auch die Händler *(pochteca)*, die eine eigene Klasse bildeten, eine entscheidende Rolle. Diese waren für den ständigen Zufluß exotischer Produkte nach Tenochtitlán verantwortlich, die von fremden Stämmen häufig nur unter Druck und Erpressung gegen ungenießbare Wurmkuchen, eine aztekische Spezialität, oder relativ wertlosen und unerwünschten Tand eingetauscht wurden. Außerdem provozierten die bewaffneten Händler, die meist mit vielen Trägern reisten und gleichzeitig als Spionagetruppe Tenochtitláns fungierten, bewaffnete Überfälle, zu deren Vergeltung dann später eine aztekische Armee ausgeschickt wurde. Wegen ihrer besonderen Bedeutung hatten die Händler das Privileg, bei Festlichkeiten besonders kostbare Kleidung zu tragen. Ihr Zentrum, wo auch der Tempel ihres langnasigen Schutzgottes Yacatecutli stand, war Tlatelolco.

Oberster Führer der México war der *tlatoani* (›Sprecher‹) der von Tenoch, dem mythischen Urführer der México, abstammen mußte. Die Würde des *tlatoani* vererbte sich nur in dieser Familie, ging aber nicht immer vom Vater auf den Sohn über. Je nach ihrer Qualifikation wurden häufig Brüder, Neffen oder Enkel des verstorbenen Herrschers von einem Wahlgremium der *calpulli*-Vorsteher zum neuen *tlatoani* erwählt, der danach noch von den Regenten der anderen Städte des Dreierbundes anerkannt werden mußte. Um sich zu etablieren, mußte der neue Herrscher nach seiner Krönung zunächst einen Krieg führen und den Haupttempel vergrößern. Ähnliche Sitten gab es auch bei den Assyrern im Vorderen Orient. Die Stellung des Herrschers war nahezu göttlich: Kein Normalbürger durfte ihn ansehen, und bis auf wenige Ausnahmen hatten alle Menschen barfuß vor ihm zu erscheinen.

Dem Herrscher standen ein als *cihuacóatl* (›Weibliche Schlange‹) bezeichneter Wesir und ein Ältestenrat aus den Reihen der *tecutli* helfend zur Seite. Zu militärischen Belangen wurde ein Kriegsrat einberufen, dem die adligen Elitekrieger der Adler und Jaguare sowie die nichtadligen Mitglieder der Quachic- und Otomí-Kriegerorden angehörten. Elitekrieger wurde man nach Ergreifung seines vierten Kriegsgefangenen. Eine solche Klassengesellschaft war natürlich auf Rangabzeichen in Form von Kleidung oder Schmuck angewiesen. Hochstapelei durch das Tragen falscher Insignien wurde mit dem Tod bestraft.

Aztekisches Relief auf einer Steinscheibe mit der Darstellung der Mondgöttin Coyolxauhqui (s. S. 66)

Der Glanz und Reichtum Tenochtitláns und besonders seiner Herrscher und Adligen beruhte auf der schier unglaublichen Menge von Tributen, die *just in time* täglich aus allen Teilen des Reiches in die Hauptstadt flossen. Die riesige Warenmenge konnte nur mit Tributlisten wie dem berühmten Codex Mendoza eingefordert und überwacht werden.

Neben den Eroberungen und der Erfindung eines Stammesgottes kann man die Schaffung dieses sozialen Systems als eine der aztekischen Hauptleistungen ansehen. In Kunst und Kultur waren die México nicht besonders innovativ. Sie verstanden es aber meisterhaft, die Kenntnisse und Fähigkeiten ihrer Vorgänger und Zeitgenossen zu nutzen. Nicht einmal der imposante Doppeltempel des Regen- und Stammesgottes war eine Erfindung der México, denn Vorläufer dafür gab es schon in Tenayuca und Chile (ein Ort im Usumacinta-Tal). Steinerne aztekische Götterbilder und -symbole mit menschlichen und tierischen Zügen, teilweise in Form von Vexierbildern zusammengesetzt, sind die eindrucksvollsten unter den erhaltenen materiellen Hinterlassenschaften der Azteken.

Die Rückkehr Quetzalcóatls und die Kolonialzeit

Schon 1492, als die Azteken noch auf dem Weg zu ihrer größten Macht waren, landete Kolumbus, von seiner eigenen Goldgier oder der des Herrscherpaars Ferdinand I. von Aragonien und Isabella von Kastilien getrieben, auf der Insel Haiti und nahm sie unter dem Namen La Española für die spanische Krone in Besitz. Unter den

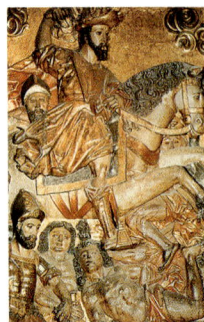

*Der hl. Santiago, der
›Maurentöter‹ und
Schutzpatron der
Conquistadoren, auf
einem Relief in der
Kirche Santiago de
Tlatelolco (Anfang
17. Jh.), Mexico City.*

vielen Spaniern, die in der Folgezeit ihr Glück in den entdeckten Ländern suchten, war auch Hernán Cortés, Sohn einer Adelsfamilie aus Medellín in der Estremadura. Nach zwei wenig erfolgreichen spanischen Stippvisiten auf Yucatán landete eine Flotte unter dem Kommando Cortés' nach einem kurzen Zwischenstopp auf der Halbinsel, bei dem man den schiffbrüchigen und bereits Maya sprechenden Spanier Jerónimo de Aguilar aufgenommen hatte, an der Golfküste in Tabasco. Hier schenkte man Cortés die Náhuatl und Maya sprechende Prinzessin Doña Marina, die für ihn später als Kennerin des Landes und Dolmetscherin unersetzlich wurde. Bei einer weiteren Landung etwas nördlich des heutigen Veracruz kam es 1519 zu einem ersten Kontakt mit Abgesandten von Moctezuma II. (Motecuhzoma) und zur Gründung der ersten spanischen Siedlung auf dem Festland. Nachdem Cortés Bürger der neuen Stadt geworden war, erklärte er sich unabhängig von Diego de Velázquez, dem Gouverneur von Kuba, der die Expeditionsflotte mitfinanziert und ausgeschickt hatte. Aztekische Tributeintreiber ließ Cortés gefangenehmen, einige wurden hingerichtet, andere nach Tenochtitlán zurückgeschickt. Aus Angst vor aztekischer Rache schlossen sich die Totonaken von Cempoala den Spaniern als Verbündete an.

Mit etwa 360 Mann, 14 Pferden, einigen Bogenschützen und Musketieren sowie 400 Totonaken als Hilfstruppen und Träger machte sich der selbstbewußte Cortés, obwohl oder weil Moctezuma ihn davon abzuhalten versuchte, auf den Weg nach Tenochtitlán. Über Xalapa (Jalapa) gelangten die Spanier nach Tlaxcala, wo sie nach einigen Gefechten freundlich aufgenommen wurden und dann mit 1000 Mann tlaxcaltekischer Hilfstruppen nach Cholula weiterziehen konnten. Nachdem man ein Gemetzel unter den Bewohnern Cholulas angerichtet hatte, angeblich wegen eines geplanten Hinterhalts, zogen die Spanier und ihre Verbündeten in die Hochebene von Mexiko. Moctezuma machte gute Miene zum bösen Spiel und empfing Cortés persönlich vor den Dämmen der Stadt. Als Gäste des Herrschers wurden die Ankömmlinge im Palast seines Vaters einquartiert. Zum Dank dafür nahm ihn Cortés später als Geisel, angeblich weil ein aztekischer Vasall die in Veracruz verbliebenen Spanier angegriffen hatte.

Als im Auftrag des verratenen Gouverneurs von Kuba neue Truppen in Veracruz landeten, eilte Cortés mit einem Teil seines Heers zur Küste zurück, besiegte die Neuankömmlinge und brachte sie mit Beuteversprechungen auf seine Seite. In der Zwischenzeit hatten die in Tenochtitlán verbliebenen Spanier die Teilnehmer eines religiösen Festes getötet und ausgeraubt, was zum Aufstand der México führte. Cortés gelangte mit seinen neuen Truppen unbehelligt in die Stadt zurück, wurde dann aber in seinem Quartier belagert, wobei der vorher gefangene Moctezuma den Tod gefunden haben soll. Als die Situation unhaltbar geworden war, zogen sich die Spanier aus der Stadt zurück, verloren dabei aber mehr als 800 Spanier und Tausende von einheimischen Hilfstruppen *(Noche Triste*, 30. Juni 1520).

Die Indianer unter Kreuz und Peitsche, den Spaniern winkt der Profit. Wandgemälde von Diego Rivera (s. S. 75) im Palacio Nacional in Mexico City.

Nachdem man bei Otumba nur durch Cortés' persönliche Tapferkeit ein großes Azteken-Heer besiegt hatte, flüchteten die Reste der spanischen Truppen nach Tlaxcala.

Im nächsten Jahr, als Cortés wieder mehr als 1000 Spanier unter seinem Kommando hatte, wurde Tenochtitlán mit Hilfe einer kleinen Flotte spanischer Schiffe eingekreist. Nach monatelanger Belagerung – die Bewohner waren durch Hunger und Seuchen stark dezimiert – gelang die Eroberung der Stadt und die Gefangennahme ihres letzten *tlatoani* Cuauhtémoc (›Herabstürzender Adler‹) in Tlatelolco. Die Spanier rissen Tenochtitlán ein und errichteten auf den Trümmern die Stadt México, die neue Hauptstadt von Nueva España.

Etwas zögernd ernannte Karl V. den Eroberer Cortés zum Gouverneur von Neuspanien. Dieser befriedigte die Gier seiner Gefolgsleute, die mit dem wenigen erbeuteten Gold unzufrieden waren, mit der Vergabe von Encomiendas, dem Recht, Tribute, auch in Form von Arbeitsleistungen, von den Bewohnern eines bestimmten Gebiets einzufordern. Die Encomenderos mußten verheiratet sein und mindestens acht Jahre im Land bleiben. Sie mußten Kirchen bauen und die Einheimischen im christlichen Glauben unterweisen, durften aber die Dörfer ihrer Untertanen nicht ohne staatliche Erlaubnis betreten. Dörfer mit Ländereien (Ejido), die nicht an Ecomenderos vergeben wurden, erklärte man zu spanischem Kronbesitz.

Cortés ließ aus der Alten Welt Nutzvieh und Nutzpflanzen einführen und Mönche kommen. Den bescheiden auftretenden Dominikanern, Franziskanern und Augustinern liefen die Einheimischen zu Tausenden zu, um sich taufen zu lassen, feierten aber weiterhin ihre alten religiösen Feste. Gleichzeitig ging die Eroberung des restlichen Mexikos und Mittelamerikas weiter. Während der Expedition nach Honduras, die Cortés persönlich leitete, ließ er den mitgeschleppten Cuauhtémoc foltern und hinrichten, ohne allerdings von ihm das Versteck des hektisch gesuchten aztekischen Goldes zu erfahren. Bei seiner Rückkehr von der Expedition war Cortés abgesetzt und mit der Grafschaft des Tales von Oaxaca abgespeist. 1535 ernannte Karl V. Mendoza zum Vizekönig.

Vizekönige waren allmächtig, wurden aber nach ihrer Amtszeit vom königlichen Rat *(residencia)* überprüft. Ähnlich mächtig war nur noch der Erzbischof von Mexiko, der wie seine Kleriker vom spanischen König ernannt wurde. Die Räte *(audiencias)* der Städte México und Guadalajara hatten beratende Funktion. Im Land herrschten die Gouverneure *(corregidor)*, in den Städten die Bürgermeister *(alcalde mayor)*. Letztere wurden von den Stadträten *(cabildo, ayuntamiento)* unterstützt, von denen sie zuerst noch gewählt worden waren. Später erbte man das Amt oder kaufte es sogar. In den Dörfern hatten wie früher die lokalen Fürsten *(cacique)* das Sagen.

Die Gesellschaft Neuspaniens teilte sich in vier Klassen: aus Spanien kommende Beamte und Händler *(gachupín)*, die in Mexiko geborenen Spanier (Kreolen, span. *criollo*), die Mischlinge *(mestizo)* und die Indianer *(indígenas)*. Die spanische Krone konnte sich mit ihren Absichten, die Encomiendas aufzulösen und die Versklavung der Indígenas zu verbieten, bei den Kreolen nicht durchsetzen. Auch die kirchlichen Schulen mit höherer Ausbildung für Indígenas mußten wieder geschlossen werden oder verkamen zu einfachen Grundschulen; lediglich die Jesuiten bildeten weiter Indígenas auf höchstem Niveau aus.

Im Lauf der nächsten 200 Jahre verloren die Dörfer immer mehr von ihrem Land. Gouverneure bereicherten sich maßlos und unrechtmäßig, oft mit Hilfe der Inquisition. Die Kirche wurde durch die Bezahlung von Taufe, Ehezeremonie und Begräbnis immer reicher; außerdem besaß sie das Monopol im Schulwesen. Der größte Teil der in Mexiko im Umlauf befindlichen Geldmenge war von der Kirche zu hohen Zinsen verliehen worden, und die Gewinne erlaubten den Ankauf von immer mehr Land, bis schließlich beinahe 50 % der nutzbaren Fläche in ihrer Hand waren. Die Encomenderos und die Nachfahren der Eroberer auf ihren Kleinbesitzen *(peonía, caballería)*, die ihnen vom König verliehenen worden waren, eigneten sich Ejido-Ländereien an, indem sie auf Gewohnheitsrecht pochten und die Unkenntnis spanischer Gesetze bei den Indígenas ausnutz-

Karl V. brüstete sich, daß im Reich der spanischen Könige die Sonne niemals unterginge; sie schien jedoch nur zum Gedeihen des Mutterlandes.

ten. Den von Europäern eingeschleppten Krankheiten erlagen die Indígenas zu Tausenden. Geringer Landbesitz führte zu Mangelernährung und zur Flucht in den Agavenschnaps *(pulque)*.

Der gesamte Im- und Export Mexikos hatte über die Häfen Acapulco und Veracruz zu laufen und über Spanien; direkter Handel mit anderen Ländern war verboten. Neben Edelmetallen wurden vor allem Koschenille *(cochinilla)* und Indigo exportiert. Die meisten der großen Landbesitze *(hacienda)* produzierten jedoch für den lokalen Bedarf, ihre Besitzer führten sich wie Landadlige auf.

Erstaunlich ist, daß trotz dieser negativen Bedingungen in Kunsthandwerk und Architektur Erstaunliches geleistet wurde. Im Rahmen der Missionierung errichteten die Orden allerorts festungsartige Kirchen und Klöster, meist auf den Ruinen zerstörter Tempel. Gotische Gewölbe (bis 1580) und Renaissancebauschmuck (bis etwa 1630) entsprachen der mönchischen Geisteshaltung. Die indianischen Bildhauer kannten die Dekorationsmotive nur aus den Architekturbüchern von Serlio, Palladio oder Vignola. Wen wundert es da, daß Details oft falsch oder verzerrt, aber in liebenswürdiger Naivität nachgebildet wurden. So mancher Löwe grinst wie ein freundlicher Haushund. Die Kirchenglocken hingen meist erst ab 1560 in Türmen; bis dahin bevorzugte man Durchbrüche in den hochgezogenen Fassaden. Da die Indígenas keinen Zutritt zur Kirche hatten, waren hier die Eingänge wie Altäre *(retablo)* gestaltet. Offene Kapellen *(capillas abiertas)* vor den Kirchen und Kreuze ohne den Körper Christi gehören ebenfalls zu diesem Brauch.

In der Regel erschienen neue Stile in der Neuen Welt erst 50 Jahre nach ihrer Einführung in Europa. Die mexikanische Lebensfreude, die sich in der Liebe zu Blumen und Musik am deutlichsten zeigt, führte zur Bevorzugung des Platereskenstils (ab etwa 1550). Nach Vorbildern von Silberarbeiten *(platería*, daher auch der Name) wur-

Architekturstile begannen in Mexiko meist etwa 50 Jahre, nachdem sie sich in Spanien und Europa etabliert hatten.

Fassadenfeld der Klosterkirche von Yanuitlán, ein Beispiel des Platereskenstils.

49

Fassade der ehemaligen Klosterkirche von Tepotzotlán nördlich von Mexico City, ein typisches Beispiel des churrigueresken oder ultrabarocken Stils.

den die Triumphbogenmotive der Renaissance wie in Spanien mit Blumengirlanden, Putten und Phantasiesäulen angereichert. Bei Arbeiten in Holz oder Stuck, besonders bei Inneneinrichtungen, griff man auch in Mexiko gerne auf arabische Motive und Techniken zurück, die von den nach der Reconquista (1492 abgeschlossen) in Spanien verbliebenen Mauren und ihren Nachfahren *(mudéjares)* verwendet wurden, und daher als Mudéjarstil bezeichnet werden.

Nach dem Vorbild der Kirchenarchitektur wurden auch Paläste und andere Profanbauten in den Städten dekoriert, der Bauschmuck konzentrierte sich auf Fenster- und Türrahmen. Ein schachbrettartiges Straßennetz mit einem quadratischen Platz im Zentrum – ein aus der griechischen Antike stammendes System, das aber auch in Tenochtitlán von den Azteken verwendet worden war – wurde nach einem entsprechenden Gesetz von Philipp II. (1573) bei allen kolonialen Städten eingehalten, wenn es das Terrain erlaubte. Die öffentlichen Gebäude an der Plaza sollten im Erdgeschoß schattenspendende Arkaden aufweisen, und in den Privathäusern öffneten sich die Räume auf einen oder mehrere Innenhöfe.

Schon Michelangelo (1475–1564) hatte in späten Entwürfen versucht, die strengen Regeln der Renaissance zu umgehen, und dabei den Weg zum Barockstil (von *barrueco,* ›unregelmäßige Perle‹) vorbereitet, der um 1630, vielleicht sogar als Ausdruck der Rebellion gegen den Despotismus der Gachupines, auch in Mexiko Fuß faßte. Zu erkennen ist der Stil an seinem Dekorationsreichtum, der keine glatten oder ornamentlosen Flächen erlaubt. In Mexiko kam noch eine Vorliebe für Kombinationen von Vergoldung mit kräftigen Farben hinzu, der sogenannte Indianerbarock, der sich bis 1680 in bestimmten Regionen (Puebla) zu Lokalstilen ausbildete. Nach einschiffigen Hallenkirchen (bis 1600) bevorzugte man später das lateinische Kreuz als Grundriß, wobei das Kreuz oft allein durch eingebaute Pfeiler oder Seitenkapellen in einer Halle entstand; nur die großen Kathedralen wurden als dreischiffige Hallen oder Basiliken mit erhöhtem Mittelschiff ausgeführt. Eine Kuppel, meist mit Puebla-Kacheln verkleidet, betonte ab 1640 den Schnittpunkt der Kreuzarme, das Zentrum der Kirche, wo häufig ein Hochaltar stand.

Den Höhepunkt ihrer Entwicklung erreichte die koloniale Kirchenarchitektur mit der Einführung des Churriguerismus, auch ›Ultrabarock‹ genannt. José Benito Churriguera (1650–1723) war ein Madrider Architekt, dessen größtes Werk, ein Katafalk für die Gemahlin Karls II., in Salamanca steht. Das Meisterwerk dieses Stils und sicher das Vorbild für alle späteren Bauten in Mexiko ist die Fassade des Sagrario in Mexico City. Seine auffälligsten Merkmale sind die auf den Kopf gestellten Obelisken *(estípite)*, die als Pfeiler einer Scheinarchitektur dienen. Wie beim Rokokostil (von französisch *rocaille*, ›Steinwerk‹, und *coquille*, ›Muschel‹) wechseln überreich verzierte Zonen mit ruhigen, glatten Flächen ab, in die man gerne ovale oder mehreckige Fenster setzte.

Abgelöst wurde dieser Stil um 1770 durch den Klassizismus, den Manuel Tolsá einführte, der spanische Architekt der Kathedrale von Mexico City. Lediglich der in Mexiko hoch geschätzte Francisco Eduardo de Tresguerras hat in Guanajato und Celaya noch bis 1807 mit dem Ultrabarock gearbeitet. Mit der Abdankung Karls IV. und dem Verschwinden Ferdinands VII. in einem französischen Gefängnis (1808) begann die Regierung Joseph Bonapartes in Spanien – und damit die Zeit der Befreiungskriege in Mexiko. Bis 1876 war in Mexiko alles andere wichtiger als Großbauten und Kunst.

Barocke Ornamentik und christliche Ikonographie entsprachen der Vorliebe der Indigenas für Symbolik. Kachel- und Stuckverzierungen – maurische Elemente in der spanischen Architektur – erlebten in Mexiko eine eigene Blüte. Besonders schön an Kirchenfassaden: Stuckstatuen über einer Ziegelarmierung.

Die Zeit des Chaos, der Befreiung und der sozialen Erneuerung

Nach einigen kurzen, erfolglosen Aufständen begann der Kampf um die Befreiung von der spanischen Kontrolle am 16. Sept. 1810, als der Priester Miguel Hidalgo y Costillo (s. S. 72) seine Gläubigen in Dolores Hidalgo (Bundesstaat Guanajuato) mit Glockengeläut zusammenrief und durch eine flammende Rede *(Grito de Dolores)* in die Rebellion gegen den Despotismus der Gachupines und gegen Joseph Bonaparte als König von Spanien führte. Die Glocke wird heute noch am Vorabend des Unabhängigkeitstages *(Día de la Independencia)*, dem 15. September, am Präsidentenpalast geläutet.

Nach Hidalgos Hinrichtung (1811) setzte José María Morelos y Pavón den Kampf um die Unabhängigkeit fort, bis er von Agustín de Iturbide gefangen und 1815 ebenfalls hingerichtet wurde. Iturbide ließ sich 1822 von seinen Truppen zum Kaiser von Mexiko ausrufen. Die Hilfe der Kirche, die Unterstützung der Armee, deren Offiziere nur vor Militärgerichten angeklagt werden konnten, halfen dem Kaiser nicht; 1823 wurde er von General Antonio López de Santa Ana abgesetzt. Bis 1855 folgten 49 verschiedene Regierungen, davon allein acht unter Santa Ana.

Unter der Ägide des selbsternannten ›Retters des Vaterlandes‹ (der seinem amputierten Bein immerhin ein Staatsbegräbnis gab) machte sich Texas selbständig (1836), besetzten die Franzosen zur Eintreibung von Kriegsentschädigungen große Teile Mexikos (1838–39) und marschierten amerikanische Truppen unter General W. Scott in Ciudad de México ein, nachdem sie das von Kadetten *(Los Niños Héroes)* verteidigte Schloß von Chapultepec erobert hatten. Nach Kriegsdrohungen, Schuldenerlassen und Zahlung von 15 Mio. Dollar fielen die heutigen Bundesstaaten Arizona, Utah, Nevada, California und New Mexico 1847 an die USA. Im gleichen Jahr begannen in Yucatán die Kastenkriege, als sich die Maya gegen die unmenschlichen Lebensbedingungen zu wehren begannen.

Erst der Zapoteke Benito Juárez konnte dem unseligen Treiben Santa Anas ein Ende bereiten und 1861 als Präsident in Ciudad de México einziehen. Als er 1862 die Zinszahlung der Auslandsschulden wegen drohenden Staatsbankrotts einstellte, landeten Spanier, Engländer und Franzosen in Veracruz. Nur die Franzosen blieben, und auch ein Sieg der Mexikaner bei Puebla (1862) konnte nicht verhindern, daß sie im gleichen Jahr die Hauptstadt eroberten. 1864–67 regierte Maximilian als Kaiser das Land. Als die französischen Truppen nach dem Ende des amerikanischen Bürgerkriegs Mexiko verließen, ließ Juárez den Kaiser ergreifen und hinrichten. Juárez hatte eine neue Verfassung verabschiedet, die die Wiederwahl des Präsidenten verbot und allen Kirchen- und Gemeindebesitz enteignete.

Im Jahr 1877 wurde Porfirio Díaz, ein verdienter General der Juaristas, zum Präsidenten gewählt (bis 1880). 1884 erneut gewählt, regierte er bis 1911 als Diktator. Er sorgte mit eiserner Hand für Ruhe im Land, zahlte die Staatsschulden, lockte ausländisches Kapital ins Land, ließ Eisenbahnen und Straßen bauen. Kurz, er brachte die Wirtschaft zum Blühen. In dieser Zeit schossen zahllose Großbauten wie Pilze aus dem Boden. Bevorzugt wurden der klassizistische Stil und der Jugendstil. Die gleichzeitig ständig wachsende Armut des größten Teils der Bevölkerung und die brutale Unterdrückung jeglicher Opposition führten in verschiedenen Regionen Mexikos zu Aufständen unter so bekannten Führern wie Pancho Villa und Emiliano Zapata und der Parole ›Land und Freiheit‹ *(Tierra y Libertad)*. Schließlich dankte der Diktator 1911 ab und ging nach Paris ins Exil.

Der neue Präsident Madero wurde 1913 vom Rebellenführer Huerta, den die Amerikaner unterstützten, erschossen. Ein Jahr spä-

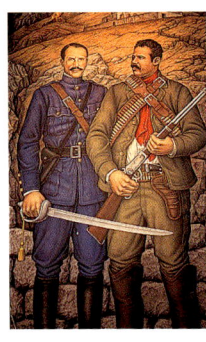

Der skrupellose Revolutionär und Banditenführer Pancho Villa (rechts) verbündete sich auch mit der Armee, wenn es ihm vorteilhaft erschien. Darstellung auf einem Wandgemälde von Diego Rivera im Schloß Chapultepec.

ter eroberten die Amerikaner Veracruz und Ciudad de México. Huerta floh und General Venustiano Carranza übernahm die Regierung. Unter ihm wurde die Verfassung von Querétaro (1917) erlassen, der Großgrundbesitz aufgeteilt und die allgemeine Schulpflicht eingeführt. Zugleich führte er eine schärfere Trennung zwischen Kirche und Staat ein, legte die Grundlagen der modernen Sozial- und Arbeitsgesetzgebung und verstaatlichte die Bodenschätze. Doch als Carranza versuchte, die Wahlen zu manipulieren, kam es zum Aufstand, und er wurde ermordet.

Präsident Álvaro Obregón (1920–24) beendete den Bürgerkrieg. Ihm folgte Präsident Plutarco Elías Calles (1924–28), der die Prinzipien der ›permanenten Revolution‹ festlegte, welche die Grundlage der bis heute regierenden Staatspartei PRI sind. 1928 wurde Obregón, als er erneut für die Präsidentschaft kandidierte, ermordet.

Unter Präsident Lázaro Cárdenas setzte man eine neue Agrarreform durch: Der enteignete Großgrundbesitz ging in Staatsbesitz über und wurde Einzelpersonen oder Kollektiven *(Ejido)* zur lebenslänglichen Nutzung überlassen. Schließlich ließ Cárdenas 1938 die ausländischen Erdölgesellschaften enteignen. Cuauhtémoc, der Sohn des geschätzten Präsidenten führt heute die Oppositionspartei PRD (Partido de la Revolución Democrática) und ist vor kurzem zum Bürgermeister der Hauptstadt gewählt worden. Doch dann folgte ab 1940 eine lange Reihe von mehr oder weniger korrupten Präsidenten, unter denen sich eine unvorstellbare Vetternwirtschaft in den Reihen des PRI etablieren konnte. Präsident Carlos Salinas de Gortari flüchtete 1995 über die USA nach Irland, als man begann, die Unterschlagungen während seiner Dienstzeit (1988–94) zu untersuchen.

Das Wandbild ›Vision der Unabhängigkeit‹ im Schloß Chapultepec (Mexico City) von Juan O'Gorman, gemalt um 1950, feiert den Aufbruch in eine gerechtere Gesellschaft. Eingelöst ist der Anspruch bis heute nicht.

53

1942 erklärte Mexiko den Achsenmächten Deutschland und Japan den Krieg. Seit dieser Zeit hat das Land politische Flüchtlinge aller Couleur aufgenommen, und 1945 war Mexiko Gründungsmitglied der Vereinten Nationen. Um 1960 erhielt Mexikos Wirtschaft einen zusätzlichen Schub durch den Erdölexport und die hohen Gewinne, die damit erzielt werden konnten. Diese Gelder erlaubten es dem Staat, großzügige Bauprogramme einzuleiten. Damals entstanden die prachtvollen Universitätsgebäude, Museen und Kirchen. Diese Gelegenheit nutzten Mexikos Architekten, um mit modernen Materialien Traditionelles neu zu interpretieren, was der Architektur des Landes Weltruf einbrachte. Andererseits kam es wegen der Kosten der Olympischen Spiele 1968 in Mexiko City zu Studentenunruhen, die mit Gewalt niedergeschlagen wurden.

Erst 1977 erließ Präsident José López Portillo ein Parteiengesetz, das der Opposition etwas mehr Spielraum gab. Der gefallene Ölpreis war der Grund für den wirtschaftlichen Zusammenbruch 1982, der zur Verstaatlichung der Banken führte. Als Mitglied der Contadora-Gruppe bemühte sich Mexiko zusammen mit Kolumbien, Venezuela und Panama um eine Beilegung der Konflikte in Zentralamerika (Nicaragua, El Salvador, Guatemala), scheiterte aber am Widerstand der USA.

Mexiko gehört seit 1994 zur NAFTA (North American Free Trade Agreement), bildet also eine Zollunion mit Kanada und den USA, von der man einen neuen wirtschaftlichen Aufschwung erhofft. Im gleichen Jahr gingen die Meldungen über einen neuen Indianeraufstand in Chiapas um die Welt. Die Maya dieses armen Bundestaates kämpfen und verhandeln seitdem unter der Führung ihres Subcomandante Marcos (vermutlich Rafael Sebastián Guillén Vicente, ein Kreole) um eine Verbesserung ihrer Lebensbedingungen. Bis heute hat es die Armee nicht geschafft, die indianischen Rebellen des EZLN (Ejército Zapatista de Liberación Nacional) zu besiegen.

Emiliano Zapata, eine der schillerndsten Figuren der mexikanischen Geschichte zwischen Rebellenchef und Nationalheld.

Zeittafel: Daten zur Kulturgeschichte

Synopse	Jahr	Mexiko	Architektur
Sumerer bauen Tempel in Uruk	**3114 v. Chr.**	Ausgangspunkt der Langen Zählung bei den Maya	
Mittleres Reich in Ägypten	**2000**	Beginn des Ackerbaus	
753 Gründung Roms	**750**	Höhepunkt der olmekischen Kultur	La Venta
510 Vertrag zwischen Rom und Karthago 470 Zeus-Tempel von Olympia erbaut	**500**	Erste Zentren im Hochtal von Mexiko	Cuicuilco
333 Alexanders Sieg bei Issos Vitruv schreibt sein Buch über Architektur	**300**	Phase Monte Albán I	San José Mogote Danzantes
Christi Geburt	**0**		
	50	Ausbruch des Vulkans Xitlé; Entstehung des Pedregal	bis 150 Sonnenpyramide in Teotihuacán
70 Die Römer erobern Jerusalem			
	100	Beginn des Klassikums	
Erste allgemeine Christenverfolgung im Römischen Reich Kaiser Diokletian (284–305) Frühchristliche Kirchenbauten Zeit der Völkerwanderung	**250**	Phase Monte Albán III	Mondpyramide in Teotihuacán
	300	Beginn der Dynastie von Yaxchilán Dynastie in Bonampak	
532–37 Bau der Hagia Sophia in Konstantinopel	**500**	501–524 Chakal I. Herrscher von Palenque Dynastien in Toniná und Edzná Die Itzá setzen sich in Chichén fest	Monte Albán Nordplattform Maskenpyramide in Kohunlich
570 Geburt Mohammeds 613–629 König Chlothar II. einigt das Frankenreich Erste Moscheen in Arabien	**600**	603 Geburt Pakals II. 614 Fürstin Sak Kuk regiert in Palenque 615 Ihr Sohn Pakal II. besteigt den Thron 681 Schild-Jaguar II. wird Herr von Yaxchilán 684 Chan-Bahlum II. (auch Bolchakal)	Nischenpyramide von El Tajín Rio-Bec-Stil Xochicalco Palast von Palenque Gebäude 23, 44 in Yaxchilán

		besteigt den Thron von Palenque	690 Kreuztempel Palenque
711 Spanien fällt an die Araber	**700**	Die Itzá ziehen nach Campeche	Puuc-Stil Uxmal
732 Karl Martell schlägt die Araber bei Tours und Poitiers		742 Tod von Schild-Jaguar II.	
756 Gründung des Emirats von Córdoba (ab 929 Kalifat)	**750**	Mixteken dringen in Gebiet der Zapoteken ein 752 Vogel-Jaguar herrscht in Yaxchilán	756 Gebäude 33 in Yaxchilán
	770	Fürst 2-Bewegung empfängt Immigranten in Xochicalco	Pirámide de las Serpientes Emplumadas in Xochicalco
ab 790 Wikinger plündern an den europäischen Küsten			
800 Kaiserkrönung Karls des Großen	**800**	›Olmeken‹ kontrollieren Region von Puebla um 810 letzter Herrscher Yaxchiláns 832 Beginn der 1. Dynastie der Mixteken in Tilantongo	Las Monjas in Chichén Itzá
874 Wikinger siedeln auf Island	**850**	856 Gründung des toltekischen Tula, Ende Teotihuacáns	El Tajín Chico
	900	Tolteken kommen nach Yucatán, Fremdeinfluß in Palenque und Toniná	Palacio del Gobernador in Uxmal
955 Sieg Ottos des Großen über die Ungarn	**950**	Reliefstelen-Kult der Maya wird eingestellt König 1-Rohr in Tula ab 977 Quetzalcóatl	Tula Castillo in Chichén Itzá, 1. Teil Palast von Yagul (Baubeginn)
Wikinger entdecken Amerika	**1000**	1011–1063 lebt der Mixtekenfürst 8-Hirsch-Jaguarkralle	Castillo in Chichén Itzá, 2. Teil
1031 Beginn der Reconquista in Spanien	**1050**	Die ersten Chichimeken erreichen das Hochtal von Mexiko	
1096 1. Kreuzzug			Paläste von Mitla
1122 Ende des Investiturstreits durch Wormser Konkordat	**1100** **1150**	Xochicalco aufgegeben 1168 Zerstörung Tulas; Tolteken besetzen 1170 Cholula	

Beginn der Gotik in Frankreich	Azteken verlassen ihre Urheimat 1185 oder 1194 Chichén Itzá wird zerstört	Pyramide von Cholula (letzte Bauphase)
1215 Beginn der Inquisition	**1200** Azteken erreichen Tula	Doppelpyramide von Tenayuca
Französische Hochgotik in Spanien	**1250** Cobá wird aufgegeben Mayapán neu gegründet Zaachila wird Hauptstadt der Zapoteken	
Backsteingotik in Nordeuropa	**1300** 1323 Azteken verlieren gegen Culhuacán	Bauten in Tulum
1356 Goldene Bulle	**1350** Azteken erreichen den See von Mexiko (Texcoco-See) Acamapichtli 1376–96 erster Fürst der Azteken	Teotenango
Konzil von Konstanz	**1400** Pariser Maya-Codex wird geschrieben	Hauptpyramide Tenochtitlán Calixtlahaca
	1420 1428–30 Der Azteke Itzcóatl läßt die Geschichte neu schreiben	
Ausbreitung des Inka-Reichs in Peru 1450 Beginn der Renaissance in Italien	**1440** 1451 Untergang Mayapans	Tlatelolco
	1480	Malinalco
1492 Eroberung Granadas, Abschluß der Reconquista in Spanien	1492 Kolumbus entdeckt die Neue Welt **1500** 1502 Moctezuma II. kommt an die Macht	
1519–56 Karl V.	1519–21 Cortés zerstört **1520** das Azteken-Reich	Cortés' Palast in Cuernavaca
1535 Serlios Bücher über Architektur werden gedruckt	**1540** 1535–50 Mendoza Vizekönig Neuspaniens	
1556–98 Philipp II. König von Spanien	Yucatán wird erobert **1560** Piratenplage beginnt	Kloster von Acolman
1576–84 Il Gesù in Rom, Vignolas Architekturtraktat	1571 Inquisition in **1580** Mexiko	Kathedrale in Cuernavaca
1588 Vernichtung der spanischen Armada	Holländische Piraten in der Karibik	

1598–1621 Philipp III., Frühbarock	**1600**	1598 Neu-Mexiko von den Spaniern erobert	Baubeginn der Kathedrale in Mexico City
1621–65 Philipp IV.			
1648 Ende des 30jährigen Kriegs	**1640**		Kathedrale in Morelia
	1660	1655 Engländer besetzen Jamaica	Kathedrale in Puebla Klosterkirche Santo
1665–1700 Karl II. König von Spanien	**1680**	1683 Holländische Piraten erobern	Domingo in Oaxaca
1701–1746 Philipp V. aus dem Geschlecht der Bourbonen König von Spanien	**1700**	Veracruz	Capilla del Rosario in Puebla
1701–14 Spanischer Erbfolgekrieg	**1720**	1713 Staatliche Aufsicht des Überseehandels wird gelockert	Sagrario Metropolitano in Mexiko D. F.
	1740		Kirche San Francisco de Acatepec Kirche Santa Prisca y San Sebastián in Taxco
1756–63 Preußen kämpft um Schlesien	**1760**	ab 1759 Karl III. Reformen in Neu-Spanien	Jesuitenkirche in Tepotzotlán Hafenfestung San Juan de Ulúa in Veracruz
1789 Französische Revolution	**1780**	1767 Vertreibung der Jesuiten Manuel Tolsá arbeitet in Mexiko	Kirche La Valenciana in Guanajuato Schloß Chapultepec
1796 Spanien kämpft gegen England	**1800**		Hospicio Cabañas in Guadalajara
1808 Aufstand in Spanien gegen Napoleon		1810 Beginn des Freiheitskampfs unter Hidalgo	Santuario de Guadelupe in Pátzcuaro
	1820		
	1840	1846–48 Krieg mit den USA; Mexiko verliert das Gebiet von Arizona, Utah, Nevada, New Mexico 1847 Beginn des ›Kastenkriegs‹	
			Theater in Querétaro
1865 Ende des Bürgerkriegs in den USA	**1860**	1867 Maximilian wird exekutiert 1876 ›Porfiriat‹ beginnt	
	1880		

1895 Aufstand in Kuba gegen Spanien		Theater in Guanajuato
1910 Gründung der Panamerikanischen Union	**1900** 1911 Porfirio Díaz wird gestürzt 1913 Beginn des Bürgerkriegs	
1914 Eröffnung des Panamakanals	1914 Venustiano Carranza wird Präsident	Palacio de Bellas Artes
1919 Gründung des Völkerbundes	1919 Zapata wird ermordet	Fresken der Muralisten
	1920 1923 Pancho Villa wird ermordet	
	1927 Cristeros kämpfen gegen die Regierung	
	1929 Gründung des PRI (Partido Revolucionario Institucional)	
	1934 Präsident Lázaro Cárdenas	
1936–39 Spanischer Bürgerkrieg	**1940**	
Zweiter Weltkrieg, Mexiko aktiv ab 1945	1946 Miguel Alemán wird Präsident	
	1958 Präsident Adolfo López Mateos fördert den Straßenbau	
	1960	
	1968 Olympiade	Museo Nacional de Antropología (MNA) in Mexico City
	1976 José López Portillo wird Präsident	Basílica de Nuestra Señora de Guadalupe
	1979 Erstmals Oppositionsparteien zugelassen	
Ölpreise sinken	**1980**	Museo de Antropología in Jalapa
	1985 schweres Erdbeben	
	1988 Privatisierung des Staatsbesitzes Salinas de Gortari wird Präsident	
	1990	
NAFTA Freihandelsabkommen	1994 Aufstand der Zapatistas	

Zeitrechnung und Mythos

Die Welt, die Zeit und die Schrift

Soweit das bis heute anhand archäologischer Objekte und vorspanischer Schriftquellen festzustellen ist, haben die Menschen aller Hochkulturen Mexikos mit ähnlichen Weltvorstellungen gelebt.

Für die Maya und Azteken war die Erde ein Schildkrötenpanzer oder Monster zwischen 13 Himmelsschichten und neun Unterweltsebenen, und ähnliche Vorstellungen gab es auch bei anderen Stämmen. Die Ebenen und Schichten symbolisieren die Hierarchie in der Götterwelt. Weltliche Zustände waren also wie bei den Griechen in die Glaubenswelt übertragen worden. Außerdem verstanden die Indígenas die Geschichte als kreisförmige Bewegung, in der sich Schlüsselereignisse wiederholen. Nach den Schriftquellen, die besonders aus der aztekischen und der Maya-Kultur bekannt sind, glaubten sie, im 5. Weltzeitalter zu leben, und daß die früheren Zeitalter und Menschen jeweils durch von Göttern gesandte Naturkatastrophen zugrunde gingen.

Am Ende des 1. Zeitalters wurden die Menschen, Riesen des Tezcatlipoca, der sich zur Sonne gemacht hatte, von Jaguaren seines Bruders Quetzalcóatl gefressen. Das 2. Zeitalter, das Qetzalcóatl regierte, beendeten die Stürme des Tezcatlipoca, und die neuen Menschen wurden in Affen verwandelt. Die Welt des 3. Zeitalters, unter der Herrschaft des Regengottes Tláloc, zerstörten Vulkanausbrüche. Die Menschen verwandelten sich in Schmetterlinge und Vögel. Über das 4. Zeitalter herrschte die Wassergöttin Chalchiuhtlicue. Eine große Flut überschwemmte die Erde, und die Menschen wurden zu Fischen. Im 5. Weltzeitalter, der Ära der Kriege, leben wir heute.

Die fünf Weltzeitalter entsprechen den vier Hauptrichtungen der Welt und ihrem Zentrum. Die vorspanische mexikanische Welt war durch die vier Himmelsrichtungen, denen jeweils eigene Farben, verschiedene Bäume und Aspekte einzelner Götter zugeordnet waren, und das Zentrum (grün) gegliedert. Ihr Norden (weiß) hatte eine Abweichung von etwa 15° zum magnetischen Pol; der Osten (rot), wo die Sonne aufgeht, wurde oben abgebildet, und dem Westen war die Farbe Schwarz zugeordnet. Glyphen oder Symbole mit fünf Punkten können daher als Zeichen der Welt, des 5. Zeitalters oder schlicht als Glyphe mit der Bedeutung *kal* (›Macht‹) verstanden werden.

Von der Zeit waren die Menschen ebenso abhängig wie von den Göttern. Wundert es da, daß die Beobachtung und Berechnung der Gestirnsbewegungen eine wichtige Aufgabe der Priester war und diese Tätigkeiten wohl auch zur Entwicklung der Schrift geführt haben, anders als im Vorderen Orient, wo die Entwicklung der Schrift auf Verwaltungsarbeit innerhalb der Tempelwirtschaft zurückgeführt werden kann?

Skulptur des Regengottes Tláloc, der über das 3. Zeitalter herrschte.

Alle Kulturen, deren Daten nahezu vollständig identifiziert werden konnten (Azteken, Mixteken, Maya und Zapoteken), haben mit einem Fest- oder Wahrsagekalender von 260 Tagen (Mondjahr) gearbeitet, der auch heute noch benutzt wird. Hierbei kombinierten sie 20 Tagesnamen mit den Zahlen 1–13. Da die Abfolgen der Zahlen und Namen kontinuierlich durchlaufen, erhält jeder Name nach genau 260 Tagen (im aztekischen Náhuatl *tonalpohnalli*) wieder die gleiche Vorzahl. Daneben benutzte man auch das Sonnenjahr mit 365 Tagen, welches für die Bauern besonders wichtig war, weil sich nach ihm Aussaat und Ernte richteten. Dieses Sonnenjahr war in 18 Zyklen (Monate) à 20 Tage unterteilt und wurde durch fünf ›schlechte‹ Tage am Ende ergänzt. Da 52 Jahre à 365 Tage insgesamt 18 980 Tage ergeben, was 73 Zyklen à 260 Tagen entspricht, muß nach 52 Jahren das Jahr wieder mit der gleichen Kombination von

Der Kalenderstein der Azteken im MNA (Anthropologisches Nationalmuseum in Mexico City)

61

Tageszeichen und Namen der Maya, Mixteken, Zapoteken und Azteken

angegeben sind nur Namen und Übersetzungen für Maya (links) und Aztekisch (rechts)

Maya						Aztekisch
imix – Brust		M		A		cipactli – Krokodil
ik – Wind						ehecatl – Windgott
akbal – Nacht						calli – Haus
kan – gelb						cuetzpallin – Eidechse
chikchan – Schlange						coatli – Schlange
kimi – Tod						miquiztli – Tod
manik – gekauft						mazatl – Hirsch
lamat – Zentrum (?)						tochtli – Kaninchen
muluk – Berg						atl – Wasser
ok – Fuß / Hund						izquintli – Hund
chuen – Affe						ozomatli – Affe
eb – Leiter						malinalli – Gras
ben – gehen (?)						acatl – Rohr
ix – Frau						oceotl – Jaguar
men – Beruf						cuauhtli – Adler
kib – Kerze						cozcacauhtli – Geier
kaban – Erdbeben						ollin – Bewegung
etsnab – Besitz						tecpatle – Steinmesser
kawak – Donner						quiahuitle – Regen
ahau – Herr						xochitl – Blume

Zahl und Tagesname beginnen. Wenn also für die Azteken das Jahr 1519 mit dem Tag 1 Rohr begann, hatte das Jahr 1467 ebenfalls mit 1 Rohr begonnen. Ist ein Datum bei den Azteken gerahmt, dann handelt es sich um einen Jahresbeginn. Wegen der fünf ›schlechten‹ Tage (Náhuatl: *nemontemi*, ›überflüssige Tage‹) des 365-Tage-Jahrs (18 x 20 + 5) kann das aztekische Jahr nur auf den Tagen Haus, Kaninchen, Rohr und Steinmesser (3., 8., 13. und 18. Tag) beginnen, die immer einen Abstand von fünf Tagen haben.

Auf dem sogenannten Kalenderstein der Azteken im MNA (s. Abb. S. 61), für den es bisher keine vollständige Interpretation gibt, ist am oberen Rand als Datum das Jahr 13 Rohr (1011) angegeben, an dem die Sonne geschaffen wurde (Beginn des 5. Sonnenzeitalters). Im Zentrum umschließt das Datum 4 Bewegung, an dem das 5. Zeitalter (die 5. Sonne) durch Kriege enden soll, das Gesicht des Sonnengottes. Auch hier ist der Osten oben angesetzt. In den quadratischen Flügeln des Bewegungszeichens sind angegeben: 4 Jaguar, das Ende des 1. Zeitalters, 4 Wind, das Ende des 2. Zeitalters, 4 Regen, das Ende des 3. Zeitalters und 4 Wasser, das Ende des 4. Zeitalters. Die Krallen mögen die Zerstörung der Zeitalter andeuten oder sie halten geopferte Herzen, die Lieblingsspeise der Götter, was durch die Zungen in Form von Steinmessern angedeutet wird. Die Mittelachse teilt das Relief bis auf die Tagesnamen in zwei symmetrische Hälften, womit auf die Dualität von Tag und Nacht oder Gut und Böse verwiesen wird.

Um das Zeichen Bewegung sind drei weitere Daten angeordnet – 1 Steinmesser, 7 Affe, 1 Regen – und die Namensglyphe von Moctezuma, die auch als Bedeutungsträger des Wortes ›Held‹ interpretiert wird. Das Monument wurde also im Jahr 1 Steinmesser (1506) an den Tagen 1 Regen und 7 Affe geweiht und/oder vollendet, ein Abstand von 32 Tagen. 1 Steinmesser ist außerdem das Geburtsdatum Huitzilopochtlis und das Inthronisationsdatum des ersten Toltekenherrschers. Am Tag 1 Regen brachte man Opfer dar, um die Kraft des Herrschers zu stärken.

Im ersten inneren Ring sind die 20 Tagesnamen des aztekischen Kalenders abgebildet, oben rechts mit Rohr beginnend. Im zweiten Ring von innen sind zwischen vier Pfeilspitzen, die Symbole sowohl für ›Ende‹ als auch für die vier Haupthimmelsrichtungen sein können, Segmente von zehn Zeichen mit fünf Innenmarkierungen abgebildet. Wenn diese Zeichen, wie vermutet, Symbole für den Planeten Venus sind – er hat einen Zyklus von 584 Tagen –, dann hat man 46 720 Tage notiert, was 129 Sonnenjahren entspricht und zurückführt in das Jahr 2 Haus (1377), das 52. Jahr (eine Kalenderrunde) nach der Gründung von Tenochtitlán und das 2. Jahr des Herrschers Acamapichtli. Die fehlenden 52 Jahre sind wohl durch die schon erwähnten vier Pfeile angegeben, die den vier *tlalpilli*-Unterteilungen eines 52-Jahre-Zyklus (die vier Tagesnamen der Jahresanfänge jeweils einmal mit den Zahlen 1–13 kombiniert) entsprechen, so daß man von einem Datum *ab urbe condita* (ab Gründung der Stadt wie

Die Datierungsglyphen des Kalendersteins: oben: Jahr 13 Rohr, Beginn des 5. Zeitalters; darunter: Name Moctezuma (oder Held); unten: Jahr 1 Steinmesser, Tage 1 Regen und 7 Affe. Die kleinen Kreise stellen die Zahlen dar.

bei den Römern) sprechen kann, welches symbolträchtig durch Zahlenspielereien mit den Daten der Weltschöpfung verknüpft worden ist.

Im dritten Ring ist die Distanz von 10 x 584 Tagen in jedem Viertel des zweiten Rings durch eine weitere Spitze halbiert. Diese Hälften sind in 10 Einheiten aufgeteilt. Der Raum über den Einheiten wird von zwei Feldern mit Wolken- oder Regensymbolen und einem Venus- oder Sternzeichen mit drei Einheiten zwischen ihnen eingenommen. Wenn diese Einheiten für die 260 Tage des Ritualkalenders stehen, dann ist in Verbindung mit dem Sternzeichen die Periode des Mars mit 780 Tagen angegeben. Die Spitze hat dann den Wert von 640 Tagen, und die beiden Wolkenfelder entsprechen jeweils 4 x 455 = 1820 Tagen oder 7 x 260 Tagen, also sieben Mondjahren.

Der äußere Ring besteht aus zwei antithetisch angeordneten Türkisschlangen *(xiuhcóatl)*, die aber wegen der Vorderbeine hinter den Köpfen eher eine Mischung aus Krokodil und Schlange sind. Sternsymbole auf den Nasenbögen deuten die Verbindung zu den Gestirnen an. In den geöffneten Rachen sind die Köpfe des Sonnen- und des Feuergottes abgebildet. Ihr Schwanz ist als Pfeil- oder Endsymbol gestaltet und trägt an der Wurzel vier Bündel/Schleifen, die jeweils für 4 x 13 Jahre stehen. Die Körper sind mit zehn Feuersymbolen und zehn Punkten in Rechtecken verziert. Mitternacht vor einer neuen 52-Jahre-Periode, wenn das neue Feuer angezündet wurde, nannten die Azteken ›Sturz der Feuerschlange‹.

Die Maya und die Epi-Olmeken hatten zu diesen bei Azteken, Mixteken und Zapoteken üblichen Daten auch noch 18 Namen für Perioden von 20 Tagen (›Monat‹, *uinal*), die durchgezählt wurden, und eine Einheit von fünf Tagen am Ende des Jahres, was insgesamt 365 ergibt. Außerdem verwendeten sie in der klassischen Zeit eine ›Lange Zählung‹ in fünf Stellen, die ab einem fiktiven Anfangsdatum 4 Ahau 8 Kumku (3114 v. Chr.) gerechnet wurde. Die erste Stelle dieser Angabe enthält den Wert *baktun* (zu 400 x 360 = 144 000 Tagen), die zweite Stelle, *katun* genannt, entspricht 20 x 360 = 7200 Tagen, die dritte Stelle *tun* enthält 360 Tage, die vierte Stelle *uinal* rechnet mit bis zu 18 x 20 Tagen, und die letzte Stelle liefert bis zu 20 *kin* (›Tage‹). Es gibt auch einige Sonderfälle mit höheren Distanzangaben, die allerdings nur religiöse und keine historische Bedeutung haben. Den Langzeitangaben fügte man noch Angaben über die Stellung des Mondes bei, in Monaten und Tagen. Mondmonate wurden mit 29 oder 30 Tagen gerechnet. Als letztes findet man in klassischen Texten auch noch Angaben über einen Zeitraum von 819 Tagen, was sieben Merkur-Zyklen entspricht.

Die berühmten Tafeln des Codex Dresdensis zeigen ebenso wie die klassischen Texte, daß den Maya nicht nur die Position der einzelnen Gestirne wichtig war, sondern auch die Kombination der verschiedenen Gestirnsbewegungen am Himmel. Gerade die Stellung der verschiedenen Gestirne zueinander war ausschlaggebend für die Deutung als schlechtes oder gutes Omen.

Die Monate des Maya-Kalenders:
18 Uinal zu je
20 Tagen:
Pop
Uo
Sip
Sots
Tsek
Xul
Yaxkin
Mol
Chen
Yax
Sak
Keh
Mak
Kankin
Muan
Pax
Kayab
Kumhu
Dazu kamen 5 Uayeb,
um die 365 Tage des
Sonnenumlaufs zu
erreichen.

Die wichtigsten Götter

Lediglich über die Götterwelt der Azteken, Mixteken und Maya weiß man heute dank der vorspanischen Bücher *(Codices)* und der kolonialzeitlichen Bilderhandschriften *(lienzo* oder *mapa)* etwas genauer Bescheid. Das Pantheon der Zapoteken ist dagegen durch ikonographische Untersuchungen nur sehr rudimentär erschlossen.

Der wichtigste Gott in Mesoamerika, der in den meisten Kulturen nachweisbar ist, war der Regengott Chak (Maya), Tláloc (aztekisch), der außerdem besonders in der frühen Zeit auch noch eine Erdgottheit (aztekisch *tlalli,* ›Erde‹) gewesen war und eine Verbindung zum Kaiman/Alligator zeigt. Bei Maya und Azteken sind die vier Manifestationen dieses Gottes den vier Hauptrichtungen der Welt zugeordnet. Als Regenbringer hat er sowohl positive als auch negative Aspekte, z. B. Überschwemmungen. Man erkennt ihn an seinen brillenartigen Augenrändern (hauptsächlich im Hochland), der rüsselartigen Nase und den bartähnlichen Zähnen. Weiter wird er gerne

Rekonstruktion des Regengott-Paradies-Freskos von Teotihuacán

mit blauer Farbe gemalt und mit Wassersymbolen – Kreisen und Rhomben – verbunden. Nach Vorstellung der Maya sitzen seine Manifestationen zu bestimmten Zeiten auf den Bäumen der vier Weltrichtungen und essen von deren Früchten.

Der Hauptgott aller Nahua-Stämme war der Schöpfergott Tezcatlipoca, der erste Gott, den das Urpaar geboren hat, und Bruder von Quetzalcóatl. Seine schwarze Manifestation verband ihn mit dem Norden; als Roter gehörte er zum Osten, als Weißer zum Westen und als Blauer wie Huitzilopochtli zum Süden. Dieser Gott hat viele Beinamen und Aufgaben, u. a. als Beschützer der Krieger und Zauberer; sein Name bedeutet ›Rauchender Obsidianspiegel‹. Solch ein Spiegel ist seine Hauptinsignie und häufig für einen seiner Füße abgebildet; im Jaguarkostüm ist er mit den Gestirnen und der Erde verbunden. Als Gegner seines Bruders Quetzalcóatl hat er starke negative Aspekte. Bei den Maya scheint er in der Form des Gottes Bolon Tsakab vertreten zu sein, der für die menschliche Fortpflanzung verantwortlich ist. Er trägt meist ein Stirnemblem mit Rauchvoluten und wird als Zepter (Amerikanische Schule: *manikin*) mit einem Fuß als Schlange dargestellt.

Quetzalcóatl, die ›Gefiederte Schlange‹ (Abb. S. 28), war der zweite Schöpfergott, Patron der Künste und Kulturbringer par excellence. Die nachklassischen Maya kannten ihn als Kukulcán. Bei den Azteken ist er als Windgott Ehecatl meist mit einem langen Schnabel ausgestattet, trägt einen mit Jaguarfell besetzten kegelförmigen Hut und wurde in runden Tempeln verehrt. Das Motiv der gefiederten Schlange, schon bei den Olmeken bekannt, mag aus den Worten für die Farbe Grün des Quetzalvogels (Maya *kuk*) als Symbol für Leben/Kostbarsein und die Schlange (Maya *can*, ›Himmel‹) als Symbol für Fruchtbarkeit, Himmel und Zeit zusammengesetzt sein.

Huitzilopochtli, der Stammesgott der Azteken, war ein Sohn der Erdgöttin Coatlicue (›Schlangenrock‹). Er besiegte als Sonne täglich die Sterne, seine 400 Brüder, und den Mond. Seine Schwester, die Mondgöttin Coyolxauhqui (›Die im Gesicht mit Glöckchen Bemalte‹, s. Abb. S. 45), die ihre Mutter umbringen wollte, zerriß er beim Kampf um die Vorherrschaft über den Stamm der Azteken. Er war der Gott des Krieges, und seine Priester schrieben ihm im Lauf der Zeit mehr und mehr Aufgaben anderer Götter zu. Seine Waffe war die gefürchtete Feuerschlange, und ein ›Quetzal des Südens‹ (= linker Kolibri = Huitzilopochtli) wurde mit ihm assoziiert.

Sehr wichtig waren für die Azteken noch Chalchiuhtlicue (›Die mit dem Jaderock‹), die Göttin des irdischen Süßwassers, und Centeotl, der Maisgott, der in zahlreichen Manifestationen auftreten konnte. Bei den Maya war der Maisgott ein junger Mann, Uaxac Yum Kauil genannt, der heute häufig in der Gestalt von Jesus verehrt wird. Eine seiner Manifestationen war Yum Kíaax, der Herr des Ackerbaus und der Waldes. Die Maya haben auch den Glauben an ihre junge Mondgöttin Ix Cheel nicht verloren und verehren sie heute in der Gestalt der Jungfrau Maria.

Xochipilli, der aztekische Gott der Freude, des Gesangs und des Tanzes, 15. Jh.

Galerie bedeutender Persönlichkeiten

Dame Sak Kuk (›Weißer Quetzal‹) von Palenque

Zu einem Zeitpunkt, als es der Dynastie in Palenque nicht gerade besonders gut ging, trat eine Dame auf den Plan, die die Geschicke des Stadtstaates für nahezu 100 Jahre vornehm zurückhaltend aus dem Hintergrund beeinflußt hat. Im Kampf mit den Herrschern von Toniná hatten die Fürsten von Palenque den kürzeren gezogen. Im Rahmen dieser Kämpfe war Pakal (›Schild‹), der Vater der Dame Sak Kuk, gefallen, noch bevor er selbst die Herrschaft antreten konnte. Daraufhin übernahm seine knapp 40jährige Tochter Sak Kuk, deren Mann nicht aus der Fürstenfamilie stammte, die Regierung. Sak Kuk litt an Akromegalie und auch ihr gerade neun Jahre alter Sohn Pakal II. hatte unter der dauernden Inzucht (Vetternheirat) etwas zuviel mitbekommen: Er besaß sechs Zehen (Polydaktylie). Um die sonstigen Thronprätendenten nicht auf dumme Gedanken zu bringen, setzte Sak Kuk Pakal II. schon 615 im reifen Alter von zwölf Jahren auf den Thron. Sie selbst hielt sich im Hintergrund und wirkte als graue Eminenz noch bis zu ihrem Tod im Jahr 640. Die nachfolgenden Fürsten bezogen sich in ihren Abstammungsangaben auf diese Dame und überlieferten ihr Geburtsdatum lediglich in einer verschlüsselten Form, die ihr beinahe göttlichen Status gab.

Namensglyphe der Palenque-Herrscherin Sak Kuk (570–640)

Fürstin 6-Affe-Kriegshemd von Tijaltepec

Die mixtekische Fürstin 6-Affe-Kriegshemd (6 Affe war der Tag ihrer Geburt) wurde im Jahr 1014 als Tochter des ersten Fürsten der dritten Dynastie des Ortes Tijaltepec (›Sandsteinberg‹ oder ›Spuckender Berg‹ geboren. Ihr Vater war 10-Adler-Steinjaguar und ihre Mutter die Fürstentochter 9-Wind-Steinhemd. Die beiden hatten 989 geheiratet. Unter ihren drei Söhnen und zwei Töchtern war 6-Affe das Nesthäkchen. Ihre Brüder fielen schon 1021 bei der Verteidigung des wichtigen Orakel- und Ahnentempels Chalcatongo (›Totenort‹). Ihre ältere Schwester 4-Tod hatte 5-Bewegung-Himmelsrauch, den letzten Fürsten der ersten Dynastie von Tilantongo, geheiratet.

Nach dem Tod ihrer Brüder besuchte Dame 6-Affe zunächst den Tempel und das Orakel der berühmten Vorfahrin 9-Gras-Steinschädel und beriet sich mit dem Priester 10-Eidechse-Jadeaxt. Im Zusammenhang mit den Thronstreitigkeiten in Tilantongo (›Ort schwarzer Erde‹), wo ihr Schwager Ansprüche auf den Thron anmeldete, mußte ihr Vater 10-Adler gegen 3-Eidechse-Jadehaar kämpfen, der ebenfalls Ansprüche erhob. Der Vater scheint bei den Kämpfen zwar zunächst gesiegt zu haben, und seine Tochter setzte in Chalcatongo den Totenwurm auf den besiegten Gegner an, doch dann unterlag 10-Adler wohl, und die Situation wurde gefährlich. Seine Tochter 6-Affe mußte sich auf den Rat ihrer alten Freunde 10-Eidechse und 6-Geier im Jahr 1031 in einer Höhle verstecken, wo sie von 11-Wind-Jaguarblut gefunden wurde. Der Witwer, der 22 Jahre zuvor eine Tochter

6-Affe-Kriegshemd weiht den Totenwurm. Ganz oben der Name: rechts der Tag Affe mit 6 Zahlzeichen, links das Symbol für Kriegshemd. Nachzeichnung aus dem Codex Nuttal, um 1450.

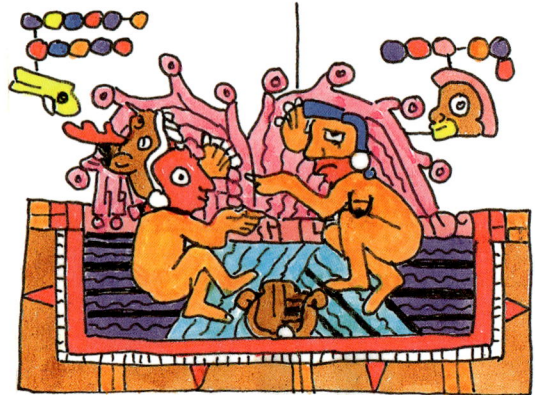

6-Affe-Kriegshemd im Schwitzbad mit 11-Wind-Jaguarblut. Nachzeichnung aus dem Selden Codex, Anfang 16. Jh.

des Fürsten von Tilantongo geheiratet hatte, brachte 6-Affe mit Geschenken zum Tempel und Orakel der Vorfahrin 9-Gras-Steinschädel. Zwei Jahre später, nach einem Reigentanz und gemeinsamem Schwitzbad, heirateten die beiden und bekamen im Lauf der nächsten fünf Jahre zwei Söhne und drei Töchter (1035–43).

Zunächst aber hatte 6-Affe noch wichtiges zu erledigen. Auf ihrer Flucht war sie von den treuen Gefolgsleuten 2-Blume und 3-Krokodil zu ihrem alten Freund 10-Eidechse getragen worden. Am ›Mond- und Bienenberg‹ (bei Tlaxiaco) hatten die Fürsten der Orte 6-Affe verhöhnt und beleidigt, was sie nun mit ihrem Leben bezahlten. Dabei nahm 6-Affe den Mann 10-Bewegung persönlich gefangen und eroberte sein Gebiet. Im Jahr 1047 starb ihr Ehemann und sie mußte sich allein gegen alle Feinde behaupten.

8-Hirsch-Jaguarkralle, der größte Fürst von Tilantongo, hatte damals die meisten mixtekischen Städte unter seine Abhängigkeit gebracht. Er nutzte die Gelegenheit 1049, nahm 6-Affe und weitere Mitglieder ihrer Familie gefangen und ließ ihnen das Herz herausreißen. Ihr erster Sohn, 4-Wind-Feuerschlange, wurde als Fürst vom Ort ›Bündel des Xipe‹ eingesetzt, da der Vater hier regiert hatte. Der zweite Sohn, 1-Krokodil, bestieg den Thron des mütterlichen Fürstentums ›Spuckender Berg‹. Im Jahr 1053 brachte ein Jäger den Schädel von 6-Affe zu ihrem Sohn 4-Wind-Feuerschlange.

8-Hirsch-Jaguarkralle, Schöpfer eines Mixteken-Reiches

Als Sohn von 5-Krokodil-Regensonne, der bereits die Fürstentümer von Tilantongo und Tututepec unter seine Herrschaft gebracht hatte und die zapotekische Zeitrechnung der mixtekischen anpaßte, schien 8-Hirsch bei seiner Geburt (1011) einer großen Zukunft entgegenzusehen. Ganz makellos war sie aber nicht, da er nur der Sohn der zweiten Frau seines Vaters war und zahlreiche Halb- und Vollgeschwister hatte. Sein Kriegszug im zarten Alter von acht Jahren ist entweder ein Schreibfehler im Codex Nuttal oder der Versuch, ihn zum Wunderkind zu erheben. Wahrscheinlicher ist, daß er im Jahr 1027 als 16jähriger unter der Anleitung seines älteren Bruders seine ersten Eroberungen machte. Nachdem er als Einsiedler in einer Höhle zu sich selbst gefunden hatte, ging er auf Wanderschaft, um Erfahrungen zu sammeln, Ball zu spielen und weitere Siege an seine Fahne zu heften.

Als sein Vater 5-Krokodil 1030 starb, etablierte sich 8-Hirsch-Jaguarkralle als Fürst in Tututepec an der Küste; anschließend ging er auf Kriegsfahrt. Mit Hilfe der Fürstin 6-Affe-Kriegshemd gelang es ihm, den Konkurrenten 3-Eidechse im Tempel von Mitlatongo zu opfern. Anschließend reinigte sich 8-Hirsch-Jaguarkralle durch ein Opfer von aller Blutschuld. Dann gingen die drei Brüder 12-Bewegung, 8-Hirsch und 9-Blume auf einen gemeinsamen Eroberungszug. 8-Hirsch holte sich außerdem in Apoala, einem mythologischen Ursprungsort der Mixteken, von 1-Tod-Sonnenschlange seine Bestätigung als Fürst.

Über die nächsten zwölf Jahre seines Lebens berichten die Quellen dann mit widersprüchlichen Daten von zahlreichen weiteren Siegen. Nach kleineren Eroberungen im Jahr 1039 opferte er 1043 gemeinsam mit seinem älteren Bruder 12-Bewegung-Jaguarblut verschiedene Tiere. Im folgenden Jahr gingen die Eroberungen weiter, und so hatte er im Jahr 1045 vor dem Tempel in Mitlatongo erneut Abbitte zu leisten. Nachdem 8-Hirsch eine Art Pilgerfahrt mit mehreren Bewährungsproben absolviert hatte, erhielt er von der Dame 9-Rohr die Insignien der Feuerschlange und des Schildkrötenpanzers. Noch im gleichen Jahr heiratete 8-Hirsch und empfing weitere Ehrengeschenke von den Boten des Königs 4-Jaguar von Tula, mit dem er sich im Jahr davor getroffen hatte.

Zusammen mit seinem Bruder eroberte 8-Hirsch dann den ›Mond- und Bienen-Berg‹ bei Tlaxiaco, dessen Fürsten er dem König von Tula als Opfergeschenke präsentierte. Zum Dank für diese Kostbarkeit verpaßten ihm die Priester von Tula einen Nasenpflock aus

Eine Spezialität von 8-Hirsch-Jaguarkralle scheinen Wetten gewesen zu sein: Bundesgenossen für seine Kriegszüge gewann er häufig durch einen Ballspielsieg über den zukünftigen Partner.

8-Hirsch-Jaguarkralle (linke Seite) heiratet im Jahr 1051 Frau 12-Schlange-Blütenschwanz. Darstellung aus dem Codex Nuttal, um 1450

Jade, der 8-Hirsch zum *tecutli* (›Fürst‹, ›Herr‹) erhob. Auf dem 300 Tage währenden Rückweg wurden weitere Orte erobert, und schließlich empfingen die beiden Brüder Gesandte aus 118 eroberten Ortschaften in ihrer Residenz.

Im nächsten Jahr gingen die Eroberungen weiter: Jedes Dorf und jede Hütte am Wegrand scheinen notiert worden zu sein, selbst Freunde von Freunden wurden nicht verschont, und schließlich stürmten 8-Hirsch-Jaguarkralle und 4-Jaguar von Tula sogar eine Insel im Pazifik. Dann, im Jahr 1048, wurde 12-Bewegung-Jaguarblut in der Sauna ermordet. Nach Verbrennung, Totenfest und Sieg über 4-Wind konnte 8-Hirsch die Mörder seines Bruders festnehmen. Die beiden, 10-Hund und 6-Haus, wurden 1050 öffentlich hingerichtet, in dem man sie mit Pfeilen spickte.

Auch ohne seinen Bruder setzte 8-Hirsch-Jaguarkralle seine Siegeszüge fort; doch jetzt heiratete er die Töchter oder Witwen der wichtigsten besiegten Fürsten. Schließlich besaß er einen Harem von fünf Frauen, mit denen er mehr als 10 Kinder zeugte. Bei einem weiteren Kriegszug im Jahr 1063, als er die Heimat seiner Frau 6-Adler angriff, ereilte ihn sein Schicksal. Er unterlag im Kampf und wurde anschließend geopfert. 8-Hirsch-Jaguarkralle scheint genügend Durchsetzungswillen, ausreichende Fähigkeiten und die nötige Skrupellosigkeit gehabt zu haben, um als Herrscher alle seine Zeitgenossen zu übertreffen. Keiner seiner Nachfahren hatte das Format, die eroberten Gebiete zu halten, und so zerfiel das Reich des großen ›mixtekischen Alexanders‹ nach seinem Tod. Die Codices, die lange nach seiner Regierung geschrieben wurden, weisen einige Fehler und auch bewußt verbrämte Informationen auf, die A. Caso, der große mexikanische Archäologe, als einer der ersten erarbeitet hat.

Nezahualcóyotl, ein Genie auf dem Herrscherthron

Seine Zeitgenossen suchten seinen Rat, zitierten seine Gedichte und munkelten über seinen Glauben; seine Anhänger besangen ihn in ihren Liedern.

Nezahualcóyotl wurde im Jahr 1-Kaninchen (1402) als Sohn des Fürsten Ixtlilxochitl (›Vanillegesicht‹) von Texcoco und seiner aztekischen Frau Matlacihuatzin geboren. Er war gerade 16 Jahre alt, als Tezozomoc von Azcapotzalco seine Heimatstadt eroberte und seinen Vater tötete; nur die Flucht in die Berge bewahrte ihn vor dem gleichen Schicksal. Mit wenigen Getreuen flüchtete er auf geheimen Wegen ins Tal von Puebla. Vier Jahre später durfte er auf Vermittlung seiner Tanten in Tenochtitlán mit eingeschränkter Bewegungsfreiheit leben. Unter Anleitung seines treuesten Anhängers Coyohua machte er seinen ersten Gefangenen, den er dem Mörder seines Vaters schenkte, um nach Texcoco zurückkehren zu können. Von dort mußte Nezahualcóyotl erneut flüchten, als Tezozomoc mehrmals versuchte, den jungen Prinzen umbringen zu lassen. Von Tlaxcala aus führte der junge Nezahualcóyotl einen echten Guerillakrieg gegen den Tepaneken. Als Tezozomoc starb, machte sein Sohn

»Über den Teppich der Blumen malst Du Deinen Gesang, Dein Wort, unser Fürst Nezahualcóyotl. In den Büchern der Bilder liegt Dein Herz, mit den Blumen aller Farben malst Du Dein Lied und Dein Wort, unser Fürst Nezahualcóyotl.«

Maxtla (›Kleine Schambinde‹) einen entscheidenden Fehler: Statt wie sein Vater Tenochtitlán gegen Texcoco auszuspielen, stieß er durch den Mord an ihrem Fürsten Chimalpopoca auch die Azteken zurück. Der neue Fürst von Tenochtitlán, Itzcóatl, war ein Onkel von Nezahualcóyotl, und mit Unterstützung der Huexotzinco, bei denen der heimatlose Prinz Zuflucht gefunden hatte, konnten die Verbündeten Azcapotzalco nach 114 Tagen Belagerung im Jahr 1428 einnehmen. Zwei Jahre später tötete Nezahualcóyotl den Fürsten Acoltzin von Culhuacán, und erst danach, im Jahr 1431, saß der ›Fastende Kojote‹ endlich auf dem Thron von Texcoco, für den ihn sein Vater schon 1414 bestimmt hatte.

Nachdem das Bündnis mit seinem Onkel Itzcóatl in das stabilere Dreistädtebündnis umgewandelt war, zu dem auch der Ort Tlacopán gehörte, konnte sich Nezahualcóyotl mit seinen friedlichen Fähigkeiten auszeichnen. Zunächst entwarf und baute er mit 20 000 Arbeitern den 16 km langen Damm, der Tenochtitlán vor Überschwemmungen aus dem Texcoco-See schützen sollte. Als Landschaftsarchitekt legte er zwischen 1455 und 1467 die Gärten von Chapultepec und den Bosque del Contador (heute zerstört) an, und schließlich entwarf er auch die berühmte Doppelrohr-Wasserleitung, die Tenochtitlán mit Trinkwasser versorgte. Angeblich hat er auch einen Turm mit neun Stockwerken erbauen lassen, bei dem es sich aber wohl um eine normale Pyramide handelte.

Sein gerechter Sinn, sein Widerwille gegen unnötiges Blutvergießen und seine persönliche Zurückhaltung sorgten für die goldene Friedenszeit seiner Regierung, von der noch Jahrhunderte später geträumt wurde. Im Jahr 1472 schließlich, als ihm bereits alle seine alten Mitstreiter vorausgegangen waren, starb Nezahualcóyotl, der den Tod mit folgenden Worten beschrieben hatte:

> »Wie bei einem Gemälde werden unsere Umrisse verblassen, wie eine Blume werden wir verblühen.
> Denkt daran, Krieger der Adler und Jaguare,
> auch wer aus Jade geschnitzt oder aus Gold gegossen ist,
> wird dorthin gehen, wo die Verblichenen wohnen.
> Wir alle müssen vergehen, keiner kann bleiben.«

Gonzalo Guerrero, ein Spanier unter den Maya

Ende des 15. Jh. in Spanien geboren, nahm Gonzalo Guerrero 1511 an einer Schiffsreise des Núñez de Balboa von Panama in Richtung Kuba teil, die mit einem Schiffbruch in der Nähe von Yucatán endete. 21 Mann konnten sich an Land retten. Ihr Leiter und fünf Begleiter wurden von den Maya sofort geopfert, die anderen ereilte das gleiche Schicksal etwas später. Lediglich Jerónimo de Aguilar und Guerrero überlebten als Sklaven der Häuptlinge H'Kinkuta von Xamancaan (›Nordhimmel‹) und Nachancaan von Chetumal.

Während Aguilar später Cortés als Dolmetscher diente, weigerte sich Gonzalo Guerrero, zu seinen Landsleuten zurückzukehren. Als Chef einer örtlichen Kriegstruppe hatte er ein gewisses Ansehen

Gonzalo Guerrero, der Spanier, der mit den Maya gegen die Conquistadoren kämpfte; Statue in Mérida.

›Hidalgo erhebt die Fackel der Freiheit‹, Wandgemälde von Orozco im Regierungspalast von Guadalajara

An seine Zellenwände schrieb Hidalgo: »Mexiko ist noch nicht reif für die Unabhängigkeit, das Resultat wäre Anarchie und Despotismus.«

gewonnen, bereitete seine Truppen auf die Kriegskunst der Spanier vor und heiratete eine Maya-Prinzessin, mit der er zwei Söhne hatte. Er kleidete sich wie ein Indianer, verweigerte jeden Kontakt zu Spaniern und starb am 13. August 1536 bei einem Kampf seiner Maya-Truppen gegen die Spanier. Der Maler Castro Pacheco hat ihn in seinen Fresken im Regierungspalast von Mérida verewigt, und sein Denkmal schmückt auch einen Platz in Akumal (Quintana Roo).

Hidalgo (1753–1811)

Der Kreole Miguel Hidalgo y Costillo fiel schon während seiner Ausbildung zum Priester durch seinen brillanten Verstand auf. Als Dekan der Hochschule San Nicolás in Morelia hatte er die Möglichkeit, sich mit liberalen Ideen auseinanderzusetzen. Als Pfarrer von Dolores, einer kleinen Gemeinde nordöstlich von Querétaro, versuchte er durch die Einführung neuer Pflanzen und Anbaumethoden den Lebensstandard der Bauern zu heben. Die spanischen Beamten zerstörten die jungen Obstbaumplantagen und Weingärten, um den Indígenas jede Aufstiegsmöglichkeit zu nehmen. Kein Wunder also, daß der idealistische Priester sich einem politischen Klub anschloß, dessen Ziel die Entmachtung dieser Gachupines war. Als die revolutionäre Zelle verraten worden war und einigen ihrer Mitglieder die Einkerkerung drohte, appellierte Hidalgo mit seiner feurigen Ansprache, dem *Grito de Dolores* (1810), an die Indígenas, die ihm zu Tausenden zuliefen. Sein Wunsch nach Unabhängigkeit und sozialer Gerechtigkeit wurde von seinen Mitstreitern Allende und Celaya nicht ganz geteilt. Standesdünkel und Eifersucht führten zu Zwietracht unter den Anführern.

Hidalgo, von der Kirche exkommuniziert, führte seine wilden Indianerhorden bis vor die Tore der Hauptstadt, kehrte ihr dann aber gegen den Willen Allendes den Rücken, wohl aus Angst vor den zu erwartenden Exzessen. Danach trennten sich die Rebellen, und Hidalgo marschierte mit seinen Anhängern nach Guadalajara, wo sie von Regierungstruppen geschlagen wurden. Hidalgo floh nach Zacatecas. Auf dem Weg in die USA wurde er dort von seinem einstigen Offizier Elisonde gefangengenommen. Im Gefängnis sprach man Hidalgo zunächst die Priesterwürde ab, mit seiner Hinrichtung 1811 endete die viermonatige erste Phase des Freiheitskrieges. Sein Kopf war noch bis 1821 in Guanajuato öffentlich ausgestellt.

José María Morelos y Pavón (1765–1815)

Nach dem Tod Hidalgos hielt vor allem Morelos die Fahne des Freiheitskampfes hoch. Mit nur 25 Anhängern und ohne Waffen hatte ihn Hidalgo nach Guerrero geschickt, und schon 1811 folgten ihm 9000 bewaffnete und gut ausgebildete Kämpfer, die Vicente Guerrero und dem Dorfpriester Mariano Matamoros, seinen loyalen Unterführern, unterstanden. Sie kontrollierten am Ende des Jahres bis auf Acapulco den ganzen Westen des Landes und im nächsten Jahr den gesamten Süden Mexikos, allerdings ohne Veracruz, Puebla und

Ciudad de México. Morelos setzte eine Verwaltung in den eroberten Gebiete ein, erhob Steuern und organisierte in Chilpancingo einen Kongreß mit anderen Rebellenführern (1813). Als er im nächsten Jahr an der Spitze seiner Leute nach Norden marschierte, um Morelia zu erobern, wurde er von Iturbide überrascht und geschlagen. Auf der Flucht in den Süden nahm ihn einer seiner früheren Leutnants gefangen und lieferte ihn in der Hauptstadt aus. Nachdem er ein Fluchtangebot mit den Worten »Ich kann nicht auf Kosten eines anderen leben« ausgeschlagen hatte, wurde er außerhalb der Stadt hingerichtet. Sein Bezwinger Iturbide stand damals noch am Anfang seiner Karriere, die ihn bis zum Kaisertitel führen sollte, wenn auch nur für ein paar Monate.

Félix Fernández – bekannt als Guadalupe Victoria

Zu den Glanzzeiten Morelos' hatte Félix Fernández mit seinen Gefolgsleuten das Hochland westlich von Veracruz kontrolliert; doch 1818 schlich er allein durch das Land, weil alle seine Gefolgsleute ihn verlassen hatten. In seinem Idealismus für die Sache der Freiheit nahm er den Namen Guadalupe Victoria an und versteckte sich für mehr als zwei Jahre völlig isoliert in den undurchdringlichen Wäldern. Nachdem Vicente Guerrero und Iturbide den Plan von Iguala beschlossen hatten, der allen bestehenden Besitz garantierte, und Rebellen in ganz Mexiko aufgebrochen waren, holten alte Gefolgsleute auch Guadalupe Victoria aus dem Busch, der schließlich zum ersten Präsidenten Mexikos gewählt wurde. Ihm folgte sein alter Kampfgenosse Vicente Guerrero als zweiter Präsident.

Benito Juárez (1806–72)

Als kleiner Steppke kam der Vollblut-Zapoteke aus dem Dorf Ixtlán nach Oaxaca, um im Haushalt eines reichen Kreolen zu arbeiten. Der Arbeitgeber war angetan von dem intelligenten Jungen und ließ ihn Jura studieren. Als oberster Richter und Advokat heiratete Juárez die Tochter seines Förderers. Schon 1846 war er Kongreßabgeordneter und zwei Jahre später Gouverneur von Oaxaca. Seine ruhige, zurückhaltende Art, seine Integrität und seine Fähigkeit, das bankrotte Land wieder auf die Füße zu bringen, brachten ihm uneingeschränkte Bewunderung ein. Selbst gegen den Standesdünkel seiner Tochter ging er vor. Als Santa Ana 1853 die Macht an sich riß, zog sich Juárez für zwei Jahre ins Exil zurück. Im Jahr 1855 berief ihn der Rebellenführer Álvarez zum Justizminister. Nur zwei Jahre später saß er unter Präsident Comonfort (1855–58) erst dem Obersten Gericht vor und dann im Gefängnis.

Als Comonfort von den kirchlichen Parteigängern unter Zuluaga aus Mexikos Hauptstadt vertrieben wurde, wählten die Abgeordneten Juárez zum neuen Präsidenten. Nachdem Juárez die Kirchlichen geschlagen hatte, kehrte er von Guanajuato zurück und setzte eine neue Verfassung mit strenger Trennung von Staat und Kirche, Einziehung aller Kirchengüter und völliger Religionsfreiheit durch.

Denkmal für Benito Juárez in Mexico City

73

Nach dem Rückzug der amerikanischen Invasionstruppen erkannten die USA Juárez 1861 als Präsidenten an. Wegen Geldmangels stellte Juárez die Rück- und Zinszahlung ins Ausland 1862 ein. Vor den vordringenden Franzosen zog er sich mit seiner Regierung nach Norden zurück, äußere Umstände zwangen ihn 1867, den gefangenen Kaiser Maximilian erschießen zu lassen. Nach seiner Wiederwahl 1871 brachen Aufstände aus, deren Niederwerfung Juárez noch erlebte. Doch dann starb er unvermutet am 18. Juli 1872.

Emiliano Zapata, der wilde Stiefel (1879–1919)

Unter ärmlichsten Bedingungen wuchs der Landarbeitersohn Emiliano Zapata in seinem Geburtsort Anenecuilco im Zentrum von Morelos auf. Einige seiner sieben Geschwister starben aus finanzieller Not schon als Kinder, und so zog der junge Emiliano als Pferdezureiter von Hacienda zu Hacienda. Nach dem Tod seiner Eltern bewirtschaftete er das ererbte Land und wurde, des Lesens und Schreibens mächtig, zum Leiter des Dorfrats gewählt.

Als 30jähriger begann er während der Aufstände gegen den Diktator Porfirio Díaz, landlose Saisonarbeiter um sich zu sammeln und die Haciendas der Zuckerbarone zu überfallen, die sich 80 % des fruchtbaren Ackerlandes angeeignet hatten. Noch im gleichen Jahr griff er auch die Jefes Políticos an, opportunistische Bürokraten des Diktators. Der ruhige und besonnene Zapata hatte seine wilden Anhänger, Indígenas und Mestizen, gut unter Kontrolle, ging aber gemäß dem Schlachtruf »Land und Freiheit« äußerst brutal mit seinen Gegnern um. Die so herrenlos gewordenen Ländereien wurden sofort an landlose Bauern vergeben. Nach mehreren Siegen der verschiedenen Rebellenfraktionen dankte Díaz am 24. Mai 1911 auf Drängen des Straßenmobs ab und ging nach Paris ins Exil, wo er 1915 starb. Dank tatkräftiger Intrigen des amerikanischen Botschafters Wilson konnte sich Francisco Madero als Präsident nicht halten und wurde von General Victoriano Huerta erschossen. Da auch Huerta umstritten war, begann jetzt der eigentliche Bürgerkrieg, in den auch Zapata verwickelt war, welcher als einziger Revolutionär nicht auf seinen eigenen Vorteil aus war. Im trüben Wasser der unter-

Emiliano Zapata auf einem Wahlplakat der 90er Jahre. Wie kaum ein anderer verkörpert der Revolutionär die Opferbereitschaft und Hingabe der Mexikaner für eine Idee.

schiedlichen Interessen kämpfte im Norden die Kavallerie des Bandenchefs ›Pancho‹ Villa gegen die Maschinengewehre von General Venustiano Carranza um den Präsidentenstuhl, während die USA Veracruz beschossen und besetzten. Carranza übernahm 1914 die Regierung und konnte die Amerikaner überreden, Veracruz zu verlassen. Pancho Villa ritt gemeinsam mit Emiliano Zapata in die Hauptstadt ein. Die Rebellen benahmen sich und tranken bei Sanborns Kaffee; dafür wüteten die 1915 einrückenden Truppen Carranzas unter General Obregón wie die Mongolen. Während sich die Regierungstruppen im Norden siegreich gegen Pancho Villa schlugen, kontrollierte Zapata das Umland der Hauptstadt. Die Regierungstruppen griffen 1916 Zapata an, konnten Cuernavaca erobern, den Rebellenführer aber nicht besiegen.

Da Zapata mit militärischen Mitteln nicht zu schlagen war, versuchte man es mit Täuschung. Coronel Jesús Guajardo setzte sich mit Zapata in Verbindung und gab vor, mit seinem Regiment überlaufen zu wollen. Zum Beweis griff er eigene Truppen an, nahm sie gefangen und ließ sie erschießen. Als Zapata zum Treffpunkt kam, einer Hacienda in San Juan Chinameca, starb er mit seinen zehn Begleitern im Kugelhagel (1919). Der Preis der guten Tat waren 50 000 Pesos und ein Generalstitel. Emiliano Zapata wurde zur Legende und soll heute noch auf seinem Rappen gesehen werden. In *La Vida Guerrera* wird sein Heldenleben besungen.

Octavio Paz (1914–98), Mexikos Gewissen

Einer der herausragenden Dichter, der für die Zeitschrift Taller (1938–41) arbeitete, ist Octavio Paz. Er ist ein tragischer Dichter, der sich von der Realität mit einer eigenen Sprache und einem eigenem Universum löst. *Raíz del Hombre* (1937), *A la Orilla del Mundo* (1942) und *Piedra del Sol* (1958) kann man als seine Hauptwerke bezeichnen. Neue Ausdrucksformen suchte er in *Blanco* (1968). Sein Werk ›Das Labyrinth der Einsamkeit‹, für das er 1990 den Nobelpreis erhielt, wurde 1974 in Frankfurt in Deutsch verlegt. Das ›Gewissen Mexikos‹ starb im Frühjahr 1998.

»Wir sind Zeit und können ihrer Herrschaft nicht entfliehen, wir können sie verformen, aber nicht verleugnen oder zerstören.«
Octavio Paz,
»Die doppelte Flamme«

Die Muralisten

Als José Vasconcelos 1921 Minister für Kunst und Erziehung wurde, rief er die Künstler seines Landes auf, die Geschichte und das Leben der Vergangenheit zu malen, da viele Mexikaner nicht lesen konnten. Im Manifest von 1923 versprachen die unterzeichnenden Arbeiter, Techniker, Maler und Bildhauer, zur Erhaltung des indianischen Erbes beizutragen.

Diego Rivera (1886–1957)

Nach 14 Jahren Auslandsaufenthalt kam er 1921 nach Mexiko zurück und schuf sein erstes Wandbild, ›Die Schöpfung‹ im Anfiteatro Bolívar der Escuela Nacional Preparatoria in Mexico City, zusammen mit Mérida, Guerrero und Charlot. Im Jahr 1930 vollendete er ›Die Eroberung Cuernavacas‹ im Cortés-Palast, danach folgten die Wandgemälde im Palacio Nacional in Mexico City (bis 1935), zunächst im Treppenaufgang ›Die Geschichte Mexikos‹, dann bis 1945 die Idylle vorspanischer Kulturen in der Galerie. Sein ›Traum eines Sonntagnachmittags im Alameda-Park‹, 1947 gemalt, zierte das Foyer des Hotel del Prado, ist aber nach dem schweren Erdbeben vom 19./20. September 1985 ausgelagert worden.

Bei den Indigenas bestand die Schrift aus Bildern, die Muralisten, moderne Künstler, benutzen Bilder als Mittel der Geschichtsvermittlung und Weitergabe ihrer ideologischen Vorstellungen.

Rivera war wie seine zwei Künstlerkollegen den kommunistischen Idealen zugeneigt und stellte die Spanier daher ebenso wie Rockefeller und Konsorten in übertriebener Form mit all ihren Begierden dar. Sein Bild ›Der Mensch am Scheideweg‹ (1934), im Palacio de Bellas Artes, ist seine zweite Ausführung des Themas; die erste war im Rockefeller Center in New York sofort zerstört worden, weil sie ein Porträt Lenins zeigte. Auf der zweiten Fassung tauchten nun neben Lenin auch noch Marx und Trotzki auf. Ein wenig scheint in seinen Bildern auch der kommunistische Realismus durch, ebenso wie etwas Art déco. Technisch sind seine Werke Kaltwachsmalerei, da er mit Baumharz als Bindemittel gearbeitet hat, und echte Fresken. Er hat aber auch mit Polyesterfarben für Unterwasserbilder experimentiert.

Rivera malte die menschlichen Schwächen, seine eigenen bekam er aber Zeit seines Lebens nicht unter Kontrolle. Er war ein unverbesserlicher Frauenheld, ging sogar mit der Schwester seiner Frau Frida Kahlo ins Bett. Nach der Scheidung von seiner Frau heiratete er sie ein zweites Mal.

José Clemente Orozco (1883–1949)

Für ihn war die Überwältigung des Einheimischen durch die Fremden, die Spanier, das dominierende Thema. Sein Bild im Dartmouth College (USA) zeigt die indianische Welt, regiert von Magie, Sternen und gnadenloser Religion. Er malte 1930 einen ›Prometheus‹ im Pomona College und reiste 1932 nach Europa. Der Künstler war sehr auf sich bezogen, dynamischer und gefühlsbetonter als Rivera. Er formulierte seinen künstlerischen Auftrag so: »Die guten Bilder sind gemalte Bibeln, die das Volk braucht, da viele nicht lesen können.« Sein Hauptwerk ist die Ausmalung des ehemaligen Hospicio Cabañas (Guadalajara), die den Zusammenprall von indianischer und europäischer Welt zeigt. Sein ›Hidalgo‹ im Palacio del Gobierno in Guadalajara (s. Abb. S. 72) stürmt dem Betrachter geradezu auf der Treppe entgegen (1937).

David Alfaro Siqueiros (1896–1974)

Er war am stärksten von den formalen Aspekten der indianischen Kunst geprägt und drückte gleichzeitig seine Erwartung für die Rolle des indianischen Erbes in der Zukunft aus. »Es gibt keinen anderen Weg als unseren«, war seine Maxime. Er bemalte Wände im Schloß

Chapultepec, z. B. in der Galería de Historia (1966–67). Siqueiros arbeitete mit synthetischen Harzen (Zaponlack), fotografischer Projektion und der Spritzpistole, weshalb er 1935 in Streit mit Rivera geriet, konnte so aber auch auf Hartfaserplatten malen. Sein letztes großes Werk war das Polyforum in Mexiko City (1965–69). Der Bauentwurf, die Verzierung der Außenwände und das größte Gemälde der Welt in der Kuppel, ›Der Marsch der Menschheit‹, sind umwerfend. Hier arbeitete er wie bei dem Revolutionsbild an der UNAM sowohl im Relief als auch malerisch.Siqueiros war dogmatischer Kommunist und kannte nur Gut und Böse. Mehr als einmal landete er wegen Agitation und Verdacht auf Schlimmeres im Gefängnis oder im Exil, zuletzt 1962, wurde allerdings später begnadigt.

Rufino Tamayo (1899–1991)

Rufino war gegen die großen Flächenbilder, doch am Ende malte er auch an die Wand, z. B. im MNA den ›Kampf des Jaguars gegen die Federschlange‹ oder in der nationalen Musikhochschule. Er malte abstrakt und mit etwas weniger aggressiven Farben als die Muralisten. Wie Rivera sammelte er mexikanische Antiquitäten. Diese sind in Oaxaca in einem Museum, das seinen Namen trägt, ausgestellt.

Bau des Tempels der Tlahuizcalpantecuhtli (des ›Morgensterntempels‹) von Tula, Ausschnitt aus dem Fresko im MNA ▷

Wandgemälde ›Conquista‹ von José Clemente Orozco im Schloß Chapultepec in Mexico City

77

Reiserouten in Mexiko

Die Hauptstadt und ihre Umgebung

Mexico City

Man kann sie lieben oder hassen, die Hauptstadt des Landes, wo alles größer, prunkvoller, häßlicher oder aggressiver als in der Provinz ist; aber beeindruckt ist jeder. In Mexico City wird nicht nur die Politik gemacht, hier schlägt auch das wirtschaftliche Herz des Landes und wird über Erfolg und Akzeptanz kultureller und künstlerischer Neuerungen entschieden. »Solange die Welt besteht – niemals werden Ruhm und Ehre von México-Tenochtitlán vergehen.« Diese aztekische Maxime hat immer noch Gültigkeit.

Am späten Nachmittag, mit dem Flugzeug von Westen kommend, kann man am besten die Ausmaße und die Form der Krake Mexico City, offiziell Ciudad de México, als autonomer Regierungsdistrikt México Distrito Federal (México D. F.) genannt, erkennen. Nachdem die schneebedeckten Gipfel der zwei Vulkane Ixtacihuatl (5272 m) und Popocatépetl (5349 m) passiert sind, fesseln im Lichtermeer der Hauptstadt die sich wie Schlangen windenden Scheinwerferketten einiger Millionen Autos. Deren Abgase verdichten sich zusammen mit dem Qualm aus den zahllosen Fabrikschloten in den Außenbezirken der Stadt zu einem häufig sehr gefährlichen Smog in der rund 2200 m hoch gelegenen Ebene zwischen den himmelhohen Bergketten. An die Höhe und die Luftverschmutzung muß man sich erst gewöhnen; aber dann fasziniert dieser Moloch mit seinen bunten Farben, pittoresken Gestalten, alten Kirchen, modernsten Hochhäusern und idyllischen Villenvierteln.

Mehr als 25 Mio. Menschen sollen in der ständig wachsenden Stadt leben. Einige ihrer Außenbezirke *(ciudades perdidas)*, die zunächst aus Blech- und Bretterhütten ohne Wasser und Strom bestehen, später mühsam mit Beton- und Ziegelbauten gefüllt werden, sind längst über die Ränder des Hochtals hinausgewachsen. Noch gibt es kein Heilmittel gegen den Wildwuchs. Selbst als fliegende Händler und Straßenakrobaten leben die Landflüchtigen *(paracaidistas, ›Fallschirmspringer‹)* mit mehr Hoffnung als in ihren ärmlichen Dörfern.

Die 16 Stadtbezirke *(delegación)*, mit alten Städtenamen wie Coyoacán oder Tlatelolco und den Namen berühmter Mexikaner wie Benito Juárez oder Hidalgo, sind in zahlreiche Unterbezirke *(colonia)* unterteilt, die man bei der Suche nach einer bestimmten Adresse unbedingt wissen muß, da identische Straßennamen in verschiedenen Wohnbezirken keine Seltenheit sind.

Am Anfang saß ein Raubvogel, eine Schlange fressend, auf dem Nopal-Kaktus einer kleinen Felseninsel im Texcoco-See. So zeigte Huitzilopochtli seinen Méxica ihren zukünftigen Wohnort an. Dann wuchs unter den Händen aztekischer und fremder Arbeiter und Baumeister – viele waren sogar Sklaven – innerhalb von 200 Jahren auf den künstlichen Inseln um den Felsenkern ein ›Venedig‹ Amerikas heran, dessen Anblick den spanischen Eroberern den Atem ver-

Besonders sehenswert:
Casa de los
  Azulejos ☆
Palacio Nacional ☆☆
Catedral Metropoli-
  tana, Sagrario ☆
Templo Mayor ☆☆
Museo Nacional de
  Antropología ☆☆
Coyoacán ☆
Universität ☆☆
Basilica de
  Guadalupe ☆☆

◁ *Der Zócalo, der Hauptplatz von Mexico City, mit Blick auf den Palacio Nacional*

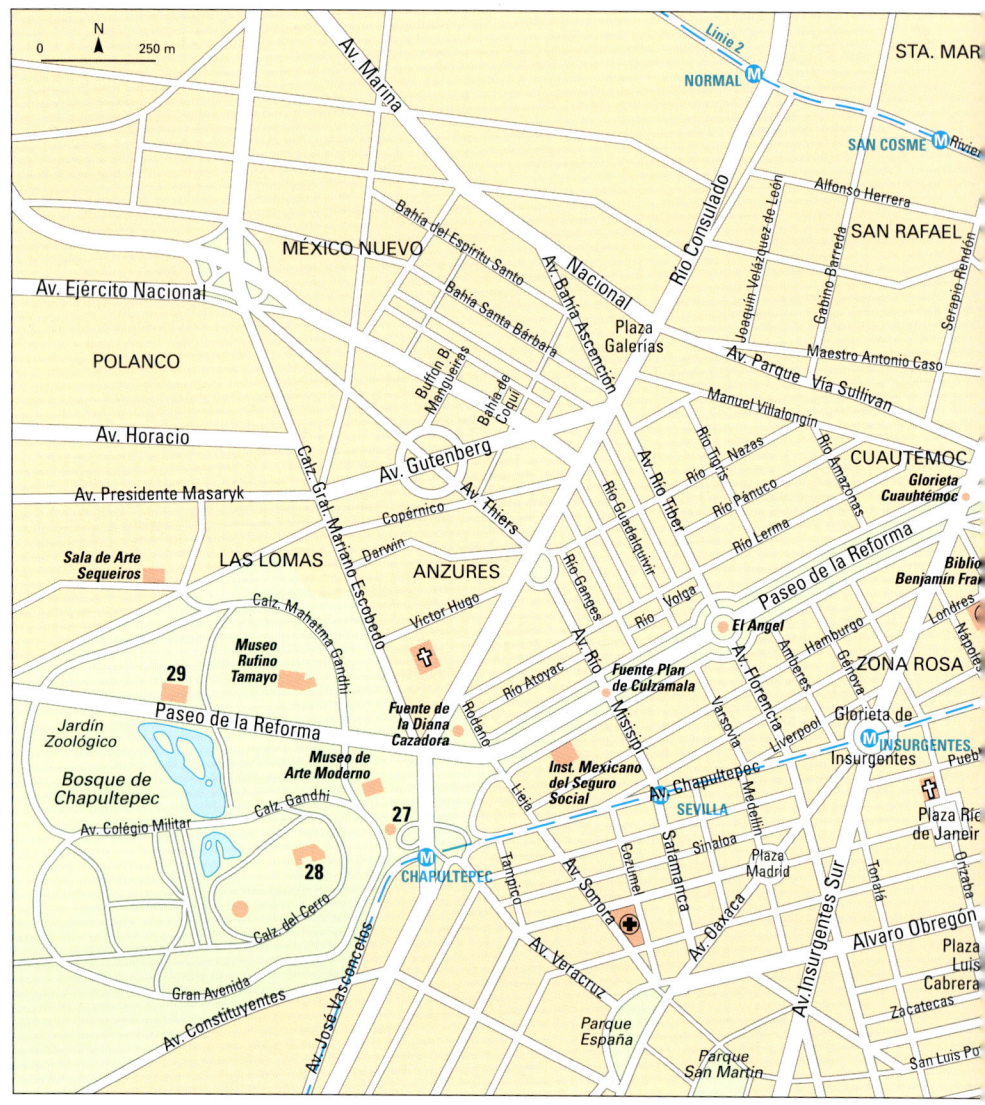

Das Stadtzentrum von Mexico City:
1 Museo Mural 2 San Juan de Dios 3 Museo Mayer 4 Santa Vera
Cruz 5 Hotel de Cortés 6 Palacio de Bellas Artes 7 Hauptpost
8 Torre Latinoamericana 9 Casa de los Azulejos 10 Iglesia de San
Francisco 11 Palacio de Iturbide 12 Casa Marques de San Mateo de
Valparaiso 13 Casa José de la Borda 14 Casa Prado Alegre
15 Iglesia de la Profesa 16 Gran Hotel Ciudad de México

17 Palacio del Ayuntamiento   18 Suprema Corte de Justicia
19 Palacio Nacional   20 Sagrario Metropolitano/Catedral Metropolitana
21 Monte de Piedad   22 Templo Mayor/Museo del Templo Mayor
23 Escuela Nacional de Preparatoria   24 Secretaria de Educación Pública
25 Santo Domingo   26 Tribunal de la Inquisición   27 Monumento a
los Niños Héroes   28 Castillo de Chapultepec   29 Museo Nacional de
Antropologia (MNA)

Blick über den von modernen Hochbauten gesäumten Paseo de la Reforma, die erste Prachtstraße der Stadt.

schlug. Am 13. August 1521 standen diese Conquistadoren auf der letzten erstürmten Pyramide von Tlatelolco und starrten auf ein riesiges Trümmerfeld hinab.

Auf dem Schutt der aztekischen Hauptstadt Tenochtitlán bauten die Spanier La Ciudad de México, die Kapitale ihres Vizekönigreichs Nueva España (›Neuspanien‹). Über einen Kanal wurde der See von Texcoco nach Norden zum Río Pánuco hin entwässert, was aber auch zu einer starken Klimaveränderung führte. Den alten Zeremonialplatz im Zentrum funktionierte man zum Exerzier- und Appellplatz um, und auf den Grundmauern aztekischer Tempel und Paläste errichtete man katholische Kirchen und Kolonialhäuser. Die Straßen, auf Befehl König Ferdinands II. im Schachbrettmuster angelegt, folgten teilweise in ihrem Verlauf den alten aztekischen Dammwegen und aufgefüllten Kanälen. Wie zur Zeit der Azteken brachte man das Trinkwasser über eine Wasserleitung und einen Aquädukt von den Bergen ins Zentrum.

Die erste Prachtstraße, der Paseo de la Reforma, war schon unter Kaiser Maximilian begonnen worden, der eine direkte Verbindung von seiner Residenz, dem Schloß von Chapultepec, zur Stadtmitte haben wollte. Im 20. Jh. entstanden dann die Avenida Insurgentes, die fast die gesamte Stadt durchschneidet, und die Autobahnabschnitte der noch unvollendeten Ringstraße (Circuito Periférico).

Schließlich begann man mit dem Bau einer U-Bahn, deren erste Strecke rechtzeitig zur Eröffnung der Olympischen Sommerspiele

1968 fertig war. Der mexikanische Unternehmer Bernardo Quintana hatte die Pläne erarbeiten lassen und die genial einfache Lösung für den Bau der Tunnel im instabilen Schlammboden gefunden: vorgefertigte Betonsegmente. Da die archäologischen Funde, die bei den Schachtarbeiten entdeckt wurden, in den einzelnen Metrostationen im Original oder in einer Kopie ausgestellt sind, rollen die Züge auf ihren Gummireifen und Schienen entlang einer Kette von Minimuseen.

Zwischen Alameda-Park und Zócalo: von Kirchen und Palästen

Hier, im Kern der Stadt, konzentrieren sich die meisten der kunsthistorisch interessanten Gebäude. Wo die Azteken auf dem Markt *(tianguis)* um Preise gefeilscht haben – diese alte Tradition lebt beim Weihnachtsmarkt wieder auf –, ließ der Vizekönig Luis de Velasco (1592) Pappeln pflanzen, denen der kleine Park seinen Namen **Alameda Central** verdankt. Zur Kolonialzeit pflegte die Inquisition hier ihre Opfer zu verbrennen oder für die Prügelstrafe zu entblößen; später (1910) enthüllte der Diktator Porfirio Díaz dort das Denkmal für den Franzosenbezwinger Benito Juárez (Hemiciclo Juárez), im neoklassizistischen Stil von französischen Künstlern geschaffen. Beim großen Erdbeben im September 1985 wurden viele Gebäude rund um den Park aufgrund ihres minderwertigen Baumaterials zerstört oder beschädigt, u. a. auch das Hotel del Prado. Sein berühmtes Gemälde, *Sueño de una Tarde Dominical en la Alameda Central* (s. S. 76) von Diego Rivera (1947), befindet sich jetzt im **Museo Mural,** Avenida Juárez 47.

Wo einst das Herz der Stadt schlug, tummeln sich heute Touristen unter kauflustigen Bürgern des unteren Mittelstandes.

Die Kirche **San Juan de Dios** an der Nordseite des Parks fällt durch ihre Fassade mit der riesigen Muschelkalotte auf. Nischenportale dieser Art – ihre Vorläufer dürften an islamischen Bauten in Persien zu suchen sein – findet man nur ganz vereinzelt in Mexiko, und ihr ältestes Beispiel bietet diese Kirche von 1727, welche nach Bränden und Erdbebenschäden immer wieder restauriert wurde (1766, 1800). Acht Statuen von Aposteln und Ordensgründern flankieren zwischen den Pfeilern und Halbsäulen, deren wellenförmige Schäfte gedrehte Säulen darstellen sollen, das Portal, über dem San Juan de Dios mit einem Granatapfel abgebildet ist. Diese Frucht ist das Symbol der Stadt Granada, wo der Heilige sein erstes Hospital gründete. Sie gilt aber mit ihren vielen Samenkernen auch als Zeichen für die Verbreitung des christlichen Glaubens. Zusammen mit dem Krankenhaus (1582), das heute das **Kunstmuseum Franz Mayer** beherbergt, und der churrigueresken Kirche **Santa Vera Cruz** (1730) umschließt San Juan de Dios auf drei Seiten einen kleinen Platz, auf dem vor den Freiheitskriegen Kirchspiele aufgeführt wurden.

Die große Muschelkalotte der Kirche San Juan de Dios

Westlich davon offeriert das **Hotel de Cortés,** die ehemalige Hospedería San Nicolás de Tolentino (1780), koloniales Ambiente. Der

Im Restaurant des Hotel de Cortés kann man die Hektik der Großstadt vergessen.

wunderschöne Innenhof ist besonders für ein Mittagessen eine Oase des Friedens in der Hektik der Stadt.

An der Ostseite des Parks entstand bis 1934 nach Plänen des italienischen Architekten Adamo Boari der Jugendstilbau **Palacio de Bellas Artes** (›Palast der Schönen Künste‹). Die unruhigen Zeiten der Revolution verlängerten die Bauzeit auf fast 30 Jahre. Wenn auch Material (weißer Carrara-Marmor) und Stil nicht gerade mexikanisch sind – Spötter behaupten, daß Gott den Bau deswegen im weichen Boden versinken läßt –, so sind in den Details doch zahlreiche Hinweise auf die vorspanische Kunst zu finden: Köpfe von Adler- und Jaguarkriegern als Schlußsteine von Türbögen, Jaguar- und Kojotenmasken als Konsolenschmuck und Regengottmasken als Wandzier. Der Zeitgeist der Revolution, die Hinwendung zum indianischen Erbe, manifestiert sich hier erstmals. Im Innern sind Werke der bekanntesten Künstler Mexikos ausgestellt, im ersten Stock Künstler des 19. Jh. und im zweiten Stock Riveras ›Mensch am Scheideweg‹, Siqueiros ›Cuauhtémoc‹, sein Zyklus ›Die neue Demokratie‹ und Werke von Tamayo, O'Gorman und Camarena. Das berühmte Glasmosaik, den Bühnenvorhang im Theaterraum, fertigte der New Yorker Juwelier Tiffany an. Inzwischen finden hier auch wieder die Vorstellungen des Nationalballetts statt; am besten erkundigt man sich an der Hotelrezeption.

Annähernd zur gleichen Zeit entstand die **Hauptpost** an der Ecke Tacuba/Avenida Lázaro Cárdenas. Der Außenschmuck mit neugotischen Dekorationen erinnert mit Blütenmotiven an englisches Maßwerk. Im Innern ist das Jugendstil-Treppenhaus mit seinem Glas- und Eisenschmuck mehr als einen kurzen Blick wert. Außerdem sieht man vom Eckeingang aus auch die berühmte Reiterstatue **El Caballito** des spanischen Königs Karl IV. von Manuel Tolsá (1803), die vom Zócalo 1852 zur Reforma gebracht wurde und schließlich hier landete. Der spanische König ähnelt in Haltung und Kleidung dem römischen Kaiser Marc Aurel, und der Schmeichler Tolsá wäre bei der Aufstellung beinahe zusammen mit Alexander von Humboldt von dem Standbild erschlagen worden.

Einen Block weiter südlich markiert die **Torre Latinoamericana** den Beginn der Avenida Madero, der ehemaligen Calle de San Francisco. Das Hochhaus, das seit seiner Einweihung 1958 für Jahrzehnte das höchste Gebäude der Stadt war, schwimmt mit seinem unterirdischen Betonfuß wie eine Boje im Schlamm des alten Seebodens, schwingt an der Spitze bis zu 5 m aus und übersteht sogar die schlimmsten Erdbeben. Bei guter Sicht lohnt die Auffahrt zum Dachrestaurant dieses technischen Meisterwerks (171 m).

Schräg gegenüber steht an der Avenida Madero eine architektonische Kostbarkeit, die **Casa de los Azulejos** (›Kachelhaus‹). In dem ehemaligen Palast der Grafen des Tals von Orizaba hat sich im 20. Jh. das Kaufhaus Sanborns etabliert. Die reichen Landadligen residierten hier, wenn sie in der Stadt weilten. In Sälen und malerischen Innenhöfen wurden rauschende Feste gefeiert und prestigeträchtige

Die Casa de los Azulejos, heute Kaufhaus Sanborns, ist außen wie innen mit Kacheln verkleidet. Solcher Kachelschmuck hatte durch die Mauren Verbreitung in Spanien gefunden. In der Neuen Welt produzierten die Brennereien von Puebla Wandschmuck nach dem Vorbild des Mutterlandes.

Empfänge abgehalten; selbst Taufen, Hochzeiten und Totenmessen konnten in eigenen Hauskapellen zelebriert werden. Die Fassade mit dem reichen Kachelschmuck aus Puebla und tiefen Reliefrahmen an Türen und Fenstern ist wahrscheinlich auf Wunsch der fünften Gräfin von Orizaba ausgeführt worden. Sie hatte nach Puebla geheiratet und kehrte als Witwe zurück in ihr Vaterhaus, das allerdings weitreichend restauriert werden mußte (1708–37). Neben Kaffee und sehr gutem Kuchen im überdachten Hof kann man im Treppenhaus Orozcos Gemälde ›Allwissenheit‹ von 1925 sowie die ›arabischen‹ Kacheldecken genießen.

Auf der Südseite der Avenida Madero hat vom einst berühmten Franziskanerkloster nur die Kirche **Iglesia de San Francisco** die Enteignung von 1860 überstanden; sie diente damals als Zirkusstall. Das schon 1524 begonnene Kloster gehörte zu den frühesten kolonialen Sakralbauten, doch aus dieser Zeit ist im Inneren der Kirche nichts mehr zu finden. Das Seitenportal der Kirche aus dem 18. Jh.,

Eine grandiose Komposition im Stil des Pariser Art Nouveau: die Eingangshalle des Gran Hotel Ciudad de México.

Eine grandiose Komposition im Stil des Pariser Art Nouveau: die Eingangshalle des Gran Hotel Ciudad de México.

eine der besten churrigueresken Retablo-Fassaden im Land, schaut auf ein Atrium (Vorplatz), das früher von zwei Kapellen flankiert war. Das verschwundene Kloster war der Hauptsitz des Ordens in Mexiko, und die Kirche hatte man im 16. Jh. sogar eine Zeitlang zur Kathedrale erhoben.

Weiter ostwärts zum Zócalo hin findet man auf der Avenida Madero (Nr.17) den **Palacio de Iturbide,** von dessen Balkon sich Agustín de Iturbide seine von ihm selbst eingefädelte Ausrufung zum Kaiser Mexikos anhörte (1822). Der in Mexiko geborene Architekt Francisco Guerrero y Torres, der auch den Palast des Grafen von San Mateo de Valparaíso (1772) an der Straße Venustiano Carranza baute, hatte mit dem Brautgeld einer der Grafentöchter diese Residenz im Jahr 1780 für den Schwiegervater Marqués de Jaral de Berrio fertiggestellt. Iturbide übernahm den Palast 1821, mußte ihn aber schon im übernächsten Jahr nach seiner Absetzung wieder verlassen.

Die prachtvolle Residenz wurde 1972 von der mexikanischen Nationalbank übernommen und hervorragend restauriert. Bei Ausstellungen im Innenhof ist sie für Publikum geöffnet. Bei allen Bauten von Francisco Guerrero y Torres sind Ornamente nicht flächendeckend angewendet, sondern auf Zonen wie Fenster- und Türrahmen oder Sockel beschränkt. Der Palast ist weitläufig und großzügig wie italienische Renaissanceresidenzen in Mailand oder Florenz angelegt, und wie dort befindet sich das Piano Nobile (Repräsentationsräume) im ersten Stock hinter dem Balkon. Sehr originell sind die in jedem Stockwerk anders gewölbten Fenster- und Türstürze, die ihre Entsprechung in den Bögen der Hofarkaden finden und eine Art Nachahmung antiker Ordnungen sind. Weder die Heiligenmedaillons der Fassade noch die beiden Riesen des Wappens über dem Portal konnten Iturbide vor seinem Sturz bewahren.

Avenida Madero Nr. 27 ist die **Casa José de la Borda** (1775), das Haus eines Silberminenbesitzers, der in Taxco sein erstes Vermögen erwarb. Die **Casa Prado Alegre** ist die Nr. 39 in der gleichen Straße. Der Palast des Grafen von Prado Alegre ist so oft umgebaut worden, daß eine Stilzuweisung schwierig ist. Die Lavasteine *(tezontle)* der Fassade sind jedenfalls wiederverwendete aztekische Quader, wie die reliefierte Sonnenscheibe am Eckstein in 2 m Höhe beweist.

In der Avenida Madero wetteifert kolonialer Bauschmuck mit den imponierenden klassizistischen Fassaden vom Anfang des Jahrhunderts.

An der nördlichen Straßenseite ist als nächstes die **Iglesia de la Profesa,** eine barocke Jesuitenkirche (1720), zu erwähnen. Die dazugehörigen Klosterbauten wurden schon 1861 zerstört, und ihr Hochaltar, von Manuel Tolsá angefertigt, ist leider vor etwa 20 Jahren verbrannt.

An der Westseite des **Zócalo**, bei den Handelsarkaden, wo man den Stein des Tizoc (MNA) fand, endet die Avenida Madero. Vom Dachrestaurant des Hotels Majestic hat man den besten Blick über den größten Platz Mexikos. Seine vielen Namen spiegeln die mexikanische Geschichte wider: Unter den Azteken war er der Tanzplatz, dann wurde er Plaza Real, gleichzeitig Plaza Mayor und Plaza de Armas, ab 1812 Plaza de la Constitución (›Platz der Verfassung‹) und, als von einem geplanten Unabhängigkeitsmonument lediglich der Sockel fertig wurde, Zócalo. Im Lauf der Jahrhunderte hat sich am Zweck der Gebäude und am Aussehen des Platzes nicht sehr viel geändert. Erst baumelten am Galgen in seiner Mitte die Schwerverbrecher, dann wurde 1803 Manuel Tolsás Reiterstatue von König Karl IV. aufgestellt und nach 50 Jahren wieder entfernt, später verschwanden dann auch die Bäume an seinen Rändern, und heute weht über dem Zentrum eine riesige Nationalflagge.

An seiner Südwestecke befindet sich das **Gran Hotel Ciudad de México.** In der hohen Art Nouveau-Empfangshalle schweben schmiedeeiserne Aufzüge zur farbigen Glaskuppel hinauf. Bei Musik und Vogelgezwitscher werden in der Lobby wie in der Belle Époque unter einem tonnenschweren Lüster aus böhmischem Glas Margarita, Tequila und anderes serviert.

Die Südseite des Platzes, wo noch zur Kolonialzeit ein alter aztekischer Kanal verlief, wird vom **Palacio del Ayuntamiento,** dem dritten Rathausbau (erster Bau 1532, zweiter 1692–1724, dritter 1948), eingenommen: links der neue Palast und rechts der ›alte‹ (der zweite) mit schönen Wappen im Kachelschmuck der Arkaden.

An der Südostecke, wo der aztekische Markt *(tianguis)* nach 1523 durch den kolonialzeitlichen Markt *(volador)* ersetzt wurde, errichtete man nach etlichen älteren Vorgängerbauten 1940 die **Suprema Corte de Justicia** im Neokolonialstil. Ihr bedeutendster Schmuck sind die Fresken ›Gerechtigkeit‹ und ›Nationaler Wohlstand‹ von Orozco im Treppenhaus (meist für Touristen gesperrt) und das Monument der Azteken vor dem Haupteingang. Den Kalenderstein, den ›Stein des heiligen Krieges‹ und die große Coatlicue (alle im MNA) hat man hier entdeckt.

Die ganze Ostseite des Platzes wird vom **Palacio Nacional** eingenommen. Wo einst Moctezuma II. residierte, ließ Cortés seinen Palast bauen, ein Symbol der Eroberung. Später verkaufte der Sohn des Conquistadoren das Gebäude an die Krone. Seit 1562 haben hier 62 Vizekönige residiert, und bis heute ist es der Amtssitz des Präsidenten. Nach dem Brand von 1692 errichtete man zunächst nur einen zweistöckigen Palast. Umbauten erfolgten 1820 und 1864 unter Maximilian; schließlich ließ Präsident Calles 1927 das dritte Stockwerk aufsetzen. Seit 1896 läutet der Präsident jedes Jahr am 15. September die Unabhängigkeitsglocke über dem Mittelportal unter dem Wappen Mexikos, zur Erinnerung an Hidalgos Aufruf zum Kampf in Jahr 1810 (s. S. 51).

Im östlichen, hinteren Teil des Palastes, wo der erste Stierkampf der Neuen Welt beklatscht wurde, befinden sich heute die Säle und Büros der Abgeordneten *(deputado)*. Im Nordflügel, wo Benito Juárez verstarb, gibt es für diesen Präsidenten ein kleines Museum. Unbedingt gesehen haben muß man die Fresken Diego Riveras im mittleren Hof hinter dem Haupteingang. Binnen sechs Jahren (bis 1935) hatte der Künstler im Treppenhaus ›Mexiko durch die Jahrhunderte‹ gemalt, und nach archaischer Erzählweise wichtige Szenen der Landesgeschichte in einem Bild vereinigt. In der Mitte unten stellt es die spanische Eroberung dar, darüber Inquisitionsszenen, Freiheitskampf und Revolutionen *(Tierra y Libertad)*. Auf der linken Wand wird das 20. Jh. mit Karl Marx als Symbol für Sozialismus, Streiks *(huelga)* und Technisierung abgehandelt. Über dem ›paradiesischen‹ aztekischen Reich auf der rechten Wand schwimmt friedvoll der Gott Quetzalcóatl in einem Schlangenboot. Die ganze Bildkomposition, mit zwei Seitenflächen an Altarflügel erinnernd, ist politische Propaganda; noch 1927 hatten die Cristeros gegen die antikirchliche Haltung der Regierung gekämpft, und Vertreter der Kirche wurden von Rivera wie alle Spanier sehr negativ dargestellt. In der Galerie im ersten Stock malte der Künstler dann zwischen 1945 und 1951 Szenen aus vorspanischer Zeit. Am bekanntesten ist sicher ›Das große Tenochtitlán‹, eine gute Rekonstruktion der Inselstadt im Texcoco-See.

Die mehrfarbigen Hauptbilder sind von kleinen Rahmenszenen in Brauntönen umgeben, wohl ein Hinweis auf frühe koloniale Wandmalereien. Ein Bild hat den Maisanbau im Hochtal zum Thema und zeigt einen Bauern mit Grabstock *(coa)*, einem mexikanischen Spaten, der heute noch benutzt wird, neben dem Standbild des Maisgottes Centeotl, der sowohl männlich als auch weiblich sein konnte.

Diego Riveras Fresko ›Mexiko durch die Jahrhunderte‹ vereinigt die gesamte Landesgeschichte ab der Conquista in einem Bild. Nebenbilder behandeln die ›paradisische‹ Zeit davor: So zeigt der Ausschnitt hier eine dörfliche Szene aus einer Siedlung der Zapoteken.

Am auffälligsten in der Darstellung der Totonaken-Kultur sind die Nischenpyramide von El Tajín und die fliegenden Menschen *(voladores)*, die zu Ehren der Götter um einen hohen Mast rotieren. Details der Kleidung hat Rivera von antiken Reliefs kopiert.

Ein weiteres Bild befaßt sich mit der Herstellung und dem Färben von Baumwollstoffen. Außerdem wird die Bemalung von Codices vorgeführt. Nach einem Abstecher in die Küstenregionen, wo Gold aus den Flüssen gewaschen, Kautschuk an den Bäumen abgezapft wurde und wo man Vögel wegen ihrer Federn für die brillanten Mosaiken jagte, folgt auf dem letzten Bild die Darstellung der Grausamkeit und Gier der spanischen Conquistadoren.

Nördlich des Nationalpalastes schließt sich das Palais des Erzbischofs an, in dem die erste Universität untergebracht war. Unter dem Palais ist der Stein Moctezumas II. (MNA) gefunden worden, der zum Tempel für den schwarzen Tezcatlipoca gehörte.

Westlich davon führen fast täglich Nachfahren der alten Azteken in prächtigen Kostümen bei der Reliefkarte Tenochtitláns traditionelle Tänze vor, direkt vor den Augen der christlichen Heiligen am Portal des erzbischöflichen Sakramenthauses, des **Sagrario Metropolitano.** Der für Mexiko ungewöhnliche Zentralbau mit einem griechischen Kreuz als Innengrundriß wurde ab 1749 in 18 Jahren nach Plänen des spanischen Architekten Lorenzo Rodríguez errichtet. Erstmals in Mexiko sind hier nach unten spitz zulaufende Wandpfeiler *(estípite)* als Fassadenschmuck verwendet worden; sie tauchen

Das Sagrario Metropolitano mit dem Modell des aztekischen Tenochtitlán, der Vorgängerstadt von Mexico City

91

Portal der Ostfassade
des Sagrario Metropo-
litano:
1 Unbefleckte
  Empfängnis
2 Joseph mit dem
  Kind
3 Petrus
4 Paulus
5 Zacharias
6 Abraham
7 Noah
8 Jakob
9 David
10 Salomon
11 Hl. Ludwig, König
  von Frankreich
12 Moses
13 Samson
14 Jesaja
15 Simeon
16 Josua
17 Jeremias
18 Erzengel Gabriel
19 Johannes der
  Täufer
20 Schutzengel
21 Hl. Johannes Nepo-
  muk
22 Mattheus
23 Johannes
24 Lukas
25 Markus
26 Unbefleckte
  Empfängnis
27 Erzengel Gabriel
28 Wappen von
  Spanien
29 Erzengel Raphael
30 Kreuz

schon früher beim Königsaltar in der Kathedrale und an italienischen Renaissancebauten auf. Bei Renaissance- und Barockarchi-
tektur erzeugen die Pfeiler, Säulen und Nischen der Dekorationen,
in mehreren Ebenen angeordnet, eine illusionistische Raumtiefe;
diese Elemente wurden hier rein als flächendeckende Schmuckelemente verwendet. Diese Galerie der Heiligen wirkt wie ein Bilderbuch der Kirchengeschichte vor der pyramidenförmig zur Mitte
ansteigenden Frontwand, die den Vorrang des Neuen über das Alte
Testament symbolisieren soll. Die Südseite weist ein ganz ähnliches
Portal auf, doch fehlen dort die Seiteneingänge an den Ecken, die
hier mit den Darstellungen der hl. Barbara, Palmzweig und Turm tra-
gend, und der hl. Katharina von Alexandria geschmückt sind. Das
Innere mit dem Hochaltar des indianischen Bildhauers Ixtolinque
(1829) ist seit Jahren wegen Reparaturen gesperrt.

Direkt westlich des Sagrario schließt sich die **Catedral Metropolitana** an, die den Platz des aztekischen Tempels für den Sonnengott Tonatiuh und des Schädelgerüsts einnimmt. Der Baubefehl für die Kathedrale, die eine kleine frühere Kirche ersetzen sollte, wurde schon 1536 erteilt; doch Schwierigkeiten verzögerten die Arbeiten immer wieder.

Schließlich akzeptierte Philipp II. 1572 die Pläne von Claudio de Arciniega, der kurz vorher aus Spanien nach Mexiko gekommen war und als ›Vater der Kirche‹ gilt. Damals hatte man bereits einen Kanal für den Transport des Baumaterials angelegt. 1619 wurden die Pläne nach Vorschlägen des Architekten Juan Gómez de Mora noch einmal geändert, dann stoppte die Überschwemmung von 1629 alle Arbeiten für sechs Jahre. Der Vorgängerbau war bis 1626 genutzt worden, ehe er wegen der fortschreitenden Bauarbeiten abgerissen werden mußte. Erst 1656 konnte die neue Kathedrale zu Mariä Himmelfahrt eingeweiht werden; allerdings wurde das Innere erst 1667 vollendet, die Türme 1793 und die Zentralkuppel noch einmal 20 Jahre später.

Viele namhafte Architekten und Künstler haben an der größten Kirche Lateinamerikas gearbeitet. Die bekanntesten sind Manuel Tolsá, der einige Fassadenfiguren und die Hauptkuppel schuf, und Jerónimo de Balbás aus Sevilla, der den ›Altar der Könige‹ (1718) in der Hauptapsis anfertigte.

Die breite Fassade wird ebenso wie die flankierenden Türme durch volutenbekrönte Pfeiler abgestützt, was ein wenig an alte Wehrkirchen erinnert. Typische Barockelemente sind die gedrehten (salomonischen) Säulen über den Seitenportalen. Über dem Hauptportal ist in einem Marmorrelief die Taufe Christi unter dem Wappen von Mexiko dargestellt, und über die Uhr setzte Tolsá seine Statuen von Glaube, Hoffnung und Nächstenliebe.

Das Aussehen des Innern, in der Form eines lateinischen Kreuzes, wurde von den mächtigen Pfeilern zwischen Haupt- und Seitenschiffen geprägt; heute ist alles von stählernen Stützgerüsten überwuchert, die vorläufig noch einen Einsturz verhindern.

Direkt hinter dem Eingang befindet sich im Mittelschiff die Capilla del Perdón, deren Altar Jerónimo de Balbás 1737 schuf. Trotz seiner teilweisen Zerstörung durch einen Brand ist er für die Indígenas noch immer einer der wichtigsten Altäre. Entlang der Seitenschiffe findet man zahlreiche Kapellen und Altäre, die meist aus anderen Kirchen hierhergebracht wurden. Im Mittelschiff steht der große Chor mit herrlichen Holzschnitzereien, die Juan de Rojas zwischen 1695 und 1712 schuf. Zwei Orgeln sind über dem Chor untergebracht, eine war in Europa angefertigt worden, die andere etwas später in Mexiko. Seit ihrer Installierung 1736 erfreuen sie die Gläubigen durch Spezialeffekte wie Vogelgezwitscher. Hinter dem Hauptaltar findet man in der Hauptapsis den schon erwähnten ›Altar der Könige‹ (1718).

Daneben, im rechten Seitenschiff, gelangt man in die Sakristei mit gotischem Rippengewölbe und dem Gemälde ›Triumph der Kirche‹ von Cristóbal de Villalpando (1684). Im linken Seitenschiff steht in der nördlichsten Kapelle das Grabmal des Kaisers Iturbide. Alle Erzbischöfe sind in der Krypta unter der Kirche beigesetzt, deren Eingang links neben dem Hauptportal liegt.

Vom Seiteneingang im Westen hat man einen guten Blick auf den **Monte de Piedad,** ein Pfandhaus, das bis 1775 ein Palast war. Während der spanischen Eroberung hat hier Cortés im Palast des aztekischen Herrschers Axayácatl (›Wassergesicht‹) gewohnt.

Das Erbe der Azteken

Nordöstlich der Kathedrale traf die Schaufel von Mario Alberto Espejel Pérez bei Ausschachtungsarbeiten für Elektrokabel am 24. Februar 1978 auf Gold, d. h. auf das Relief der Coyolxauhqui (s. S. 45, 66). Er alarmierte seine Vorgesetzten, und damit begann eine der sensationellsten Ausgrabungen Mexikos, in deren Verlauf zwei ganze Häuserblocks abgetragen wurden. Der Stein der Mondgöttin lag zu Füßen des **Templo Mayor** von Tenochtitlán. Die Reste dieses einstigen Haupttempels der aztekischen Stadt wurden in den folgenden vier Jahren ausgegraben und steigen seitdem ständig weiter der Sonne entgegen. Das Gewicht der Nachbarhäuser drückt den weichen Schlammboden mit den darauf befindlichen Ruinen immer weiter nach oben.

Vom Eingang, der über den Ruinen des Versammlungshauses der Jaguarkrieger liegt, blickt man auf den mehrfach gepflasterten Hof des Templo Mayor und die Mauerstümpfe der letzten Ausbauphase des Tempels. Trotz Tausender von Holzpfosten, die als Fundamente in den weichen Seeboden getrieben worden waren, mußten die Azteken wegen des unsicheren Untergrundes und der häufigen Überschwemmungen ihr Hauptheiligtum ständig restaurieren und wegen

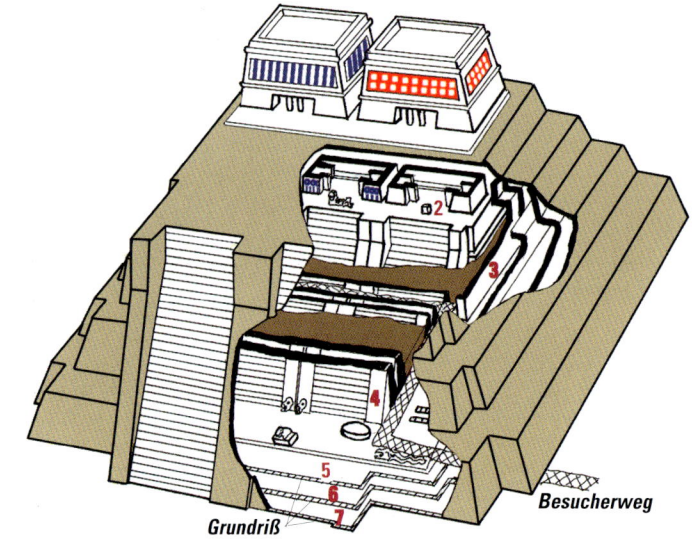

Templo Mayor, perspektivische Rekonstruktion:
2 älteste sichtbare Cellae mit Chac Mool links und Altar rechts
3–7 zeitlich folgende Ausbauphasen (Phasen III bis VII)

Grundriß

Besucherweg

der wachsenden Bedeutung auch des öfteren vergrößern. Um Material und Zeit zu sparen, sind diese Erweiterungen wie die Schalen einer Zwiebel immer über den Kern der Vorgängertempel gelegt worden. Der eiserne Besuchersteg führt durch die Pyramidenschalen zum fast vollständig erhaltenen Tempel der Phase II im Innern. Die Basis der Pyramide von Phase IV ist wie in Tenayuca mit Schlangenköpfen verziert, die wie der ganze Tempel mit Stuck überzogen und vielfarbig bemalt waren.

Eine zweiteilige Treppe führte auf die Pyramidenplattform, an deren Ostseite der Doppeltempel für den Stammesgott Huitzilopochtli (südliche Hälfte) und den Regengott Tláloc (nördliche Hälfte) standen. Die Dualität symbolisiert die Machtgrundlagen des aztekischen Staates: Krieg und Ackerbau. Nach Osten zur Rückseite ist die Pyramide im Lauf der Zeit nur ganz geringfügig ausgebaut worden, nach Westen an der Front dagegen in sieben Phasen am stärksten. Das bedeutet auch, daß die späten Tempel *(teocalli)* auf der mehr als 50 m hohen Pyramide direkt über den Tempeln der ersten beiden Phasen standen. Von dort oben stießen die Priester gefangene Indígenas und Spanier, als Krieger geschmückt und mit herausgeschnittenem Herzen, die steilen Stufen hinab, um an den Tod der Mondgöttin zu erinnern und die Götter zu speisen.

Von den Bauphasen VI und VII (1486–1521) sind nur an der Rück- und der Nordseite Mauerreste erhalten; sie müßten aber die heute sichtbaren Skulpturen der Phase IV überdeckt haben. Der Besuchersteg verläuft über die Frontplattform der Phase V; die schönen gemauerten Schlangen mit den vollplastischen Köpfen gehören ebenso zur Phase IV wie der kleine Krötenschrein und der Stein der Mondgöttin, der als Kopie an seinem Fundplatz liegt. Zahlreiche Statuen und rund 7000 Kleinfunde aus den Opferdepots an den vier Ecken und an anderen wichtigen Stellen sind im dazugehörigen Museum ausgestellt.

Entlang des Abwasserkanals von 1900 führt der Weg dann zum ältesten gut erhaltenen Bau, vorbei an den Kopien der steinernen Standartenträger, die Tempel und Pyramide der Phase III schmückten. Die Originale waren beim nächsten Ausbau von den Azteken rituell bestattet worden. Die sehr niedrige Pyramide der Phase II war unter dem immensen Gewicht der Überbauten im Schlamm versunken. Da die Spanier nur die oberirdischen Bauteile zerstörten, ist von den beiden Tempeln der Phase II bis auf das Dach alles erhalten geblieben. Auf der Bank an der Rückwand des rechten Schreins (im Süden) stand die Statue des Huitzilopochtli, die mit dem Blut der Geopferten gesalbt wurde. Davor ist der Opferstein erhalten, über den die ›Speise der Götter‹ von vier Priestern gespannt wurde, während der Opferpriester den Brustkorb mit einem Obsidianmesser öffnete, das noch schlagende Herz herausriß, gen Himmel streckte und damit den Göttern als Mahl anbot. Die Überlieferung von 20 000 Menschenopfern für die Einweihung eines Tempels ist schlicht Übertreibung: Diese Anzahl von Menschen hätte während

Die Mondgöttin Coyolxauhqui, die Schwester des Stammesgottes, wollte Coatlicue, ihre Mutter, vor der Geburt des Halbbruders umbringen, da sie die Empfängnis des Kindes für unsittlich hielt. Durch einen anderen Bruder vorgewarnt, beruhigte der noch im Mutterleib heranwachsende Huitzilopochtli die werdende Mutter und wurde voll bewaffnet geboren. Er riß seiner Halbschwester mit seiner gefürchteten Waffe, der Feuerschlange, das Herz heraus und zerteilte ihren Körper, was die aztekischen Priester beim Menschenopfer nachvollzogen.

Aztekische Kriegerfiguren am Templo Mayor

95

der viertägigen Festlichkeiten nicht auf einem Stein getötet werden können – wahrscheinlich muß man hier eine oder zwei Nullen abstreichen. Vor dem nördlichen Tempel, der noch die farbigen Symbole des Tláloc trägt – Wasserstreifen und Augenringe –, liegt ein bemalter steinerner Chac Mool, ein Götterbote, der die Opfer in seiner Schale auf der Brust den Göttern brachte.

Beim Weitergehen sieht man an der Nordseite der Pyramide die Reste eines Räucherbeckens mit den Zügen des Tláloc; ein ähnliches Becken befand sich auch auf der Südseite. Hier wurde Kopalharz, der Weihrauch Mittelamerikas, verbrannt, um die Luft von allem Bösen zu reinigen, was auch der ursprüngliche Sinn des Pfeiferauchens war.

Der nächste Hof, hinter einer Reihe von kleinen Adoratorien, (kleine Tempelplattformen, von spanisch *adoratorio*, ›Göttertempel‹) weist Säulenbasen eines kolonialzeitlichen Palastes auf und einen Adlerkopf am Treppenaufgang, hinter dem sich das **Versammlungshaus des Adlerkriegerordens** befand. Die Bänke an den Wänden sind mit bemalten Steinreliefs von Kriegern und gefiederten Schlangen verziert.

Der rote Tempel dahinter ist meist mit Planen verdeckt, damit das rot aufgemalte Flechtwerk nicht verblaßt. Der Stahlweg endet vor dem Eingang zum Museum; der letzte Teil der Ausgrabungsfläche zeigt mit Holz verstärkte Pfeiler, einen Brunnen und eine steinerne Meeresschnecke (*caracol*, Strombus gigas), die wohl mit dem Kult des Tláloc zu verbinden ist.

Das **Museo del Templo Mayor,** nach Plänen des Architekten Ramírez Vázquez (s. S. 100) errichtet, wurde 1987 eröffnet. Die Funde vom Haupttempel Tenochtitláns werden hier hervorragend präsentiert. Man muß dem vorgeschriebenen Rundgang folgen, der rechts beginnend in den zweiten Stock führt und von links oben absteigend wieder beim Eingang endet. Das Modell am Eingang hilft den Besuchern, die Anlage des heiligen Bezirks von Tenochtitlán, der die Tempel der wichtigsten Götter des Landes barg, zu verstehen.

Im ersten Stock ist direkt an der Treppe eine bemalte steinerne Schlange zu finden. Wegen der schalenförmigen Höhlung im Zentrum wird das Werk als Opferschale oder Behälter für Dornen zum Blutopfer interpretiert. Zum Abzapfen des eigenen Blutes aus Nase, Zunge oder Ohren benutzte man Kaktusdornen, die in dem Behälter aufbewahrt worden sein könnten. Da aber die Bemalung im Innern keine Abnutzungsspuren zeigt, ist das Reptil wohl eher der Fuß einer Standarte gewesen, die vor dem Tempel stand.

Die aztekischen religiösen Kunstwerke wurden nicht nur für die Gläubigen geschaffen, sondern vor allem für die Götter; deswegen sind häufig nichtsichtbare Flächen wie Böden oder Schafthüllen genauso sorgfältig wie die sichtbaren Teile gestaltet. In den Vitrinen dieser Etage sind Ohrpflöcke (eine Form von Ohrschmuck), Zermonialgefäße und Geräte sowie Schmuck aus dunklem Obsidian, Bergkristall, Kalzit und Muscheln ausgestellt. Moderne Hinterglasmale-

Die Elitekrieger des Adlerkriegerordens waren verantwortlich für die ›Einbringung‹ von Gefangenen, damit die Götter genügend Opfer speisen konnten, um die Fortsetzung der Zeitalter sicherzustellen. Nachdem die Zahl der Eroberungskriege kurz vor der Ankunft der Spanier abgenommen hatte, mußten die Vasallenvölker zu ›Blumenkriegen‹ antreten, damit die Azteken genügend ›Götterspeise‹ erhalten konnten.

Schädeldarstellung am Tzompantli. Waren die Schädel in vorspanischer Zeit ein Symbol des Menschenopfers und damit ein Hinweis auf den Fortbestand der Welt, so sind die Zuckerschädel (unten), die heute Kindern und Freunden am Tag der Toten geschenkt werden, ein Symbol für die Dahingeschiedenen, die den Fortbestand der Familie durch ihre Kinder gesichert haben.

reien im Stil aztekischer Codices erzählen die Geschichte der aztekischen Wanderung von der Urheimat Aztlan und dem ›Berg der sieben Höhlen‹ (Chicomoztoc) bis Tenochtitlán.

Es folgen Masken des Regengottes – in unterschiedlichen Stilen, aber immer mit den Ringaugen und den bartähnlichen Zähnen abgebildet –, die zum größten Teil von besiegten Völkern stammen. Einige sehr schöne Steinmasken im klassischen Teotihuacán-Stil und sogar im olmekischen Stil zeigen, daß die Azteken auch antike Objekte zu schätzen wußten und ihren Göttern schenkten – oder sich auch nur Arbeit ersparen wollten.

Ungeheuer beeindruckend ist im zweiten Stock der lebensgroße Adlerkrieger aus Ton, dessen Herstellung wegen der beim Brand auftretenden Spannungen eine besondere Technik erforderte. In nachklassischer Zeit waren die Bewohner der Golfküste darauf spezialisiert, solch riesige Tonfiguren herzustellen. Eine reliefierte Bank vom Versammlungshaus der Kriegerorden ist genauer in Augenschein zu nehmen, weil ihre Krieger und Schlangen toltekischen Vorbildern ähneln. Neben sehr schönen Keramikgefäßen mit Reliefschmuck im toltekischen Stil sieht man unzählige Opfermesser aus Feuerstein, zum Teil mit aufgeklebten Augen und Zähnen, die Symbole für Menschenopfer sein sollten. Steinreliefs mit Götterbildern oder Daten gehören ebenso zu den Exponaten, wie die Teile eines Schädelgerüsts *(tzompantli)*. Die Schädeldarstellungen an der Basis sollen an Opfer vergangener Zeiten erinnern; auf dem Holzgerüst darüber wurden die Schädel jüngerer Opferzeremonien ausgestellt, um zu dokumentieren, daß der Fortgang des Zeitalters gesichert war, da die Götter gespeist hatten.

Im oberen Stockwerk hat man einige Opferdepots, so wie sie gefunden wurden, wiederaufgebaut und außerdem Nachbildungen

97

von Musikinstrumenten zusammengestellt, die ebenfalls als Opfergaben abgelegt worden sind. Neben Flöten und Trommeln findet man Schrappknochen, über die man mit Hartholzstäben rieb, wodurch Kratzgeräusche erzeugt wurden. Durch einen runden Bodendurchbruch hat man den besten Blick auf den Reliefstein mit dem zerrissenen Körper der Mondgöttin Coyolxauhqui (s. S. Abb. 45). Aztekische Künstler setzten seltsame Mischwesen aus Symbolen und Piktogrammen zusammen. Der Schlangengürtel kann also das Zeichen für ein flexibles Seil sein, und die Fratzen an den Gelenken symbolisieren die Hautfalten an diesen Körperstellen. Zungen in Form eines Opfermessers deuten den Genuß von Opferblut an.

Als letztes ist oben eine Cella des Regengottes nachgebaut und mit Gefäßen und anderen Opfergaben für Tláloc ausgestattet worden. Beim Hinuntergehen passiert man eine zweite fragmentarische Reliefplatte der Mondgöttin und eine ethnologische Abteilung mit Kostümen sowie ausgestopften Tieren des Hochtals.

Zwischen Kolonialzeit und Moderne

Frühe sozialkritische Bilder von Orozco und geschichtliche Themen von Jean Charlot schmücken Hofarkaden und Treppen in der **Escuela Nacional Preparatoria.** Diese Schule zur Vorbereitung auf den Universitätsbesuch wurde 1867 von Juárez im ehemaligen Jesuitenkolleg San Ildefonso eingerichtet, das 1568 gegründet und 1767 aufgelöst worden war. Außerdem findet man in der **Secretaría de Educación Pública,** dem Erziehungsministerium, die frühesten Werke der größten Muralisten Orozco, Rivera und Siqueiros (Revolutionsgeschichte 1922–27 und 1923–28).

Etwas weiter nordwestlich hat sich die Plaza 23 de Mayo ein wenig vom Charme des 19. Jh. erhalten. Das Denkmal der Josefa Ortiz de Domínguez, einer Mitstreiterin Hidalgos, in der Platzmitte wird gerahmt vom **Tribunal de la Inquisición** (1736), heute ein Museum für die Geschichte der Medizin und den Westarkaden gegenüber. Unter den Arkaden werkeln Schreiber *(mecanográfos)* und Drucker, die auf vorsintflutlichen Pressen Karten aller Art drucken oder auf klappernden Vorkriegsmodellen Liebesbriefe schreiben – bei den vielen Analphabeten im Land ein fast krisensicherer Job.

Das Hauptportal der Barockkirche **Santo Domingo** (1737) an der Nordseite des Platzes wird von den Heiligen San Agustín und San Francisco flankiert. Im Relief darüber ist die Taufe Christi dargestellt. Darüber empfängt Santo Domingo von Petrus den Wanderstab und von Paulus den Predigtbrief; über allem schwebt der Hl. Geist als Taube. Im Innern der schon 1526 gegründeten Klosterkirche, die mehrmals erneuert wurde, sind der neoklassizistische Hauptaltar von Manuel Tolsá (um 1800) zu beachten und die beiden churrigueresken Altäre in den Querschiffen rechts und links davon (1754).

Mariachi-Bar an der Plaza Garibaldi. Nicht nur der Inhalt der meisten Mariachi-Lieder bezieht sich auf die Zeit des 18./19. Jh., auch die Reiter-Kostüme (Charro) der Musiker gehen auf diese Zeit zurück. Enge, mit Silber verzierte Hosen, bestickte Bolero-Jacken und große Hüte (Sombreros) mit glänzenden Bändern gehören zur Ausstattung einer zünftigen Band.

Das Marienbild im linken Altar wurde von Miguel Cabrera gemalt, einem der besten Künstler der Kolonialzeit.

Zwei Straßenzüge weiter westlich kann man sich am Abend auf der **Plaza Garibaldi** bei Tequila und Sangrita von Mariachis von Abend vertonen lassen. Die Mariachis (Musikgruppen mit sechs oder sieben Blech- und Saiteninstrumenten) besingen vor allem die Schönheit Mexikos und die Großherzigkeit seiner Helden aus der Revolutionszeit. Eines der bekanntesten Lieder ist *La Cucaracha* (›Die Küchenschabe‹), das von einen Bauernjungen erzählt, der die Revolutionäre bekochte.

Beim Denkmal des südamerikanischen Befreiungshelden, der **Glorieta Simón Bolívar,** stößt man wieder auf den Paseo de la Reforma, der sich Richtung Südwesten zum Chapultepec-Park hinzieht. An der Prachtstraße passiert man neben den Büsten internationaler Berühmtheiten aus Kultur und Geschichte nacheinander die **Glorieta Cristóbal Colón** mit dem Denkmal des Entdeckers Amerikas, das Monument des heldenhaften letzten Azteken-Herrschers Cuauhtémoc (wo die Insurgentes nach Süden abzweigt) und **El Ángel,** alle in der Straßenmitte. Die Basis des Engels, dem Sinnbild des Unabhängigkeitskampfes, schmücken Bronzereliefs mit historischen Szenen aus dem Leben von Hidalgo, Morelos, Guerrero und Bravo.

Die Parallelstraßen südlich davon, Hamburgo und Londres, bilden die Achsen der **Zona Rosa,** des Vergnügungs- und Einkaufsviertels betuchter Mexikaner. Erstklassige Hotels und Restaurants reihen sich hier zwischen Boutiquen und guten Antiquitäten-, Kunst- und Schmuckgeschäften ein.

Weiter westlich, beim Brunnen der römischen Jagdgöttin Diana, biegt die Reforma nach Westen ab. Hier beginnt der **Bosque de Chapultepec** (›Wald des Heuschreckenhügels‹), den der Texcoco-Fürst Nezahualcóyotl anlegen ließ und der heute Spiel- und Sportplätze, einen Zoo, einen botanischen Garten, mehrere Museen und Auditorien beherbergt. Den Eingang des Parks (Metro 1) schmückt das **Monumento a los Niños Héroes** (1952). Eine Mutter mit einem gefallenen und einem kämpfenden Sohn, hier als Verkörperung Mexikos fungierend, wird von sechs hohen Säulen flankiert, welche die sechs Kadetten symbolisieren, die 1847 das Schloß von Chapultepec vergeblich, aber heroisch, gegen anrückende Amerikaner verteidigten. Mit ihrer Niederlage endete Santa Anas Kampf um die Oberherrschaft über Texas.

›Mehr Schein als Sein‹ könnte die Überschrift zum Glanz der späten Kolonialzeit lauten. Denn sie basierte auf unhaltbaren Zuständen, die letztlich zu ihrem Untergang in blutigen Kämpfen führten.

Das 1793 unter Vizekönig Revilla de Gigedo als Sommerpalast erbaute **Castillo de Chapultepec** thront auf einem Felsen inmitten des ehemaligen aztekischen Parks. Nachdem es eine Zeitlang als Kadettenschule gedient hatte, nutzte es Kaiser Maxmilian 1864 als Residenz für sich und seine Frau Charlotte. Der spätere Präsidentenwohnsitz wurde 1944 in das **Museo Nacional de Historia** (Nationalmuseum für Geschichte) umgewandelt. Die Exponate – Möbel, Kleidung, Schmuck, Staatskarossen und Dokumente – vermitteln einen guten Einblick in das höfische Leben der späten Kolonialzeit. Mexikos Muralisten haben an den Wänden in bewegten Bildern die Geschichte des Landes festgehalten.

Das Anthropologische Nationalmuseum

Das 1964 eröffnete **Museo Nacional de Antropología** (MNA) wurde unter der Leitung von drei Architekten nach Plänen des Pedro Ramírez Vázquez erbaut. Der Bau gilt als ein Meisterwerk moderner Museumsarchitektur und verbindet neue und alte Elemente in modernstem Material. Die Zufahrt dieser ›Schule der Nation‹ bewacht eine riesige unfertige Tláloc-Statue aus der frühen Teotihuacán-Zeit (Gewicht: 65 t).

In der Eingangshalle findet man links Büros, Geschäfte und die Garderobe, im Keller Toiletten, oben die Bibliothek und rechts einen Raum für Sonderausstellungen nebst einem Vortragssaal mit dem Wandbild Rufino Tamayos, ›Der Kampf der Gefiederten Schlange (Tag) gegen den Jaguar (Nacht)‹. Der Rundbau in der Mitte, einem Schneckenhaus nachempfunden, dient als Informationskiosk.

Der Innenhof mit einem Wasserbecken und einem riesigen Brunnen wird auf drei Seiten von den Ausstellungstrakten eingefaßt. Den Brunnen schmücken Metallreliefs mit Darstellungen eines Ceiba-Baums auf einer Erdmonstermaske, umgeben von Göttern, Tieren und Menschen – das aztekische Symbol für das Zentrum der Welt.

Die im Erdgeschoß gelegenen Bereiche der Museumsflügel sind den archäologischen Exponaten vorbehalten, während im ersten

Stock die Ethnographie präsentiert wird. Der erste Raum rechts führt in die allgemeine Menschheitsgeschichte ein. Der zweite Raum dient zur Erklärung der Anthropologie Mittelamerikas. Modelle, Objekte und Bilder veranschaulichen im dritten Saal Einwanderung und Entwicklung der Indígenas.

Der vierte Saal enthält Funde aus Mexikos vorklassischer Zeit, vor allem Keramiken und Geräte aus dem **Gräberfeld von Tlatilco** im Hochland, das auch teilweise nachgebaut worden ist. Eine Nachbildung des olmekischen Felsreliefs (800 v. Chr.) von **Chalcatzingo** (s. S. 181) zeigt eine Prozession von Fürsten mit Göttermasken. Kleine, meist weibliche Figuren, wegen ihrer starken Hüften als Fruchtbarkeitssymbole gedeutet, wurden wie die Gefäße und Geräte als Grabbeigaben gefunden, die den Toten im Jenseits ihre gesellschaftliche Stellung erhalten sollten. Besonders faszinierend sind der tönerne Akrobat und die einfachen, aber ausdrucksvollen Tierformen in der Keramik. Tonmasken, die Gefäße bedeckten oder neben den Toten lagen, sollten wohl magischen Schutz vor Üblem bieten, denn der starre Blick einer Maske hat einen gewissen hypnotischen Effekt.

Die **Teotihuacán-Kultur** ist das Thema im nächsten Saal. Die typischen zylindrischen Keramikgefäße mit drei brettartigen, flachen, aber hohen Füßen zeigen, daß die Vorbilder der Form aus Holz gewesen sind. Die Tongefäße sind auf verschiedenste Art verziert: mit ausgekratztem Relief, mit aufmodellierten Szenen, mit vor oder nach dem Brennen aufgetragenen Bemalungen und im Fall der ›Ver-

Das Museo Nacional de Antropología im Chapultepec-Park ist ein Meisterwerk moderner Museumsarchitektur. Hier werden die wichtigsten Funde aus der vorkolonialen Epoche Mexikos ausgestellt.

101

rückten Henne‹ (Gefäß in Vogelform) sogar mit echten Muscheln und Schneckengehäusen. Themen mit Bezug zum Regengott überwiegen bei den Motiven. Auf den Holzkohlenpfannen *(brasero)*, deren Deckel mit applizierten Vogel- und Göttermotiven verziert sind, scheinen die Vorfahren abgebildet zu sein.

Besonders beachtenswert ist die **Estela de La Ventilla,** die als Torpfosten eines Ballspielplatzes gilt (s. Abb. S. 27). Der Ball, das Zeichen der Sonne, zeigt das Symbol für Bewegung (ähnlich Yin und Yang), die Bewegung des Balles symbolisiert also den Lauf der Sonne über das Firmament. Die verschlungenen Pflanzenornamente deuten Einflüsse von der Golfküste an. Die steinernen Menschenmasken, mit und ohne Mosaikbelag, mit olmekoiden oder klassischen Zügen, sind wohl Zeichen einer besonderen Ahnenverehrung. Die Wände des Saals sind mit Repliken von Fresken aus Teotihuacán bedeckt, z. B. dem ›Paradies des Regengottes‹ (s. S. 65) aus dem Tepantilla-Palast und Szenen vom Tempel der mythischen Tiere.

Antike Farbbehälter mit mehreren Unterteilungen, die von den Freskenmalern benutzt wurden, sind ebenfalls ausgestellt. Die mächtige Statue in der Saalmitte wird wegen der Verzierungen auf dem Rock als Göttin des Wassers (Chalchiuhtlicue, ›Die mit dem Jaderock‹) gedeutet. Bucklige alte Männer, die auf dem Kopf eine Feuerschale tragen, werden als Darstellungen des Feuergottes Huehuetéotl (Náhuatl) interpretiert.

Der erste Teil des Eckraums rechts ist den Funden von **Xochicalco** gewidmet. Ein steinerner Papageienkopf war am Ballspielplatz als Opfergabe vergraben worden. Der rote Papagei war wie der Ball das Symbol der Sonne. Die Reliefs von drei Stelen werden mit dem Gott Quetzalcóatl und der Venus (Stele 1 und 3) sowie dem Regengott (Stele 2) in Verbindung gebracht; doch die Daten scheinen sich auf die Hochzeit des Herrschers 6-Bewegung und seiner Frau 9-Haus im Jahr 876 zu beziehen, auf ihren Sohn 5-Rohr sowie weitere Nachfahren (Stele 1). Neben zapotekischen wurden auch mixtekische Datenzeichen verwendet (s. S. 63). Eine besondere Kostbarkeit ist das Kalzitgefäß mit dem aufgemalten abstürzenden Quetzalvogel.

Im Hauptraum dahinter sind Objekte aus **Tula** ausgestellt. Die Steinkrieger mit Sonnenscheiben auf den Rücken zieren Schmetterlingssymbole auf Brust und Kopfbedeckung. Sie trugen einst eine Thronplatte, während die steinernen Standartenträger Tempeleingänge flankierten. Der große Atlant, mit Federn am Türkishut und dem Wurfbrett für Kurzspeere in den Händen, trug mit drei Kollegen und reliefverzierten Pfeilern das Dach des Morgensterntempels in Tula (s. Abb. S. 39; S. 130). Die metallisch glänzende Plumbate-Keramik ist typisch für das 10.–12. Jh.; man findet sie in ganz Mittelamerika. Sie kam wahrscheinlich aus dem nördlichen Hochland von Guatemala. Eine besondere Kostbarkeit ist der bärtige Krieger mit dem ›Kojotenhelm‹, der ganz mit einem Perlmuttmosaik beklebt ist. Am Ende des Raums sind Objekte aus Cholula neben dem Modell der Pyramide ausgestellt. Die polychrome Keramik gilt

Xochicalco, Stele 1
rosa: Vorfahre/Festdatum 7 Krokodil (Auge)
lila: Quetzalcoatl
braun: Himmelsopfer
pink: Zeichen für Hochzeit oder Ehe
gelb: Mann 6-Bewegung
orange: Frau 9-Haus
grün: Zeichen für Sohn/Tochter
blau: Sohn 5-Rohr

Kopfplastik eines Tolteken-Kriegers aus Tula. Die gesamte Figur ist mit mit Perlmutt-Plättchen belegt; der Kopf schaut aus dem Rachen eines Koyoten heraus.

ebenso wie die tönerne Räucherschale mit Griff und durchbrochenen Wänden als eine Meisterleistung der Chichimeken.

Die Haupthalle an der Schmalseite des Museums ist der **aztekischen Kultur** in ihrem Reich Anáhuac gewidmet. In der Rückenhöhlung des steinernen Jaguars am Eingang wurden wohl die Dornen aufbewahrt, die für das Abzapfen des eigenen Blutes aus Ohren, Lippen oder Zunge verwendet wurden. Der mächtige Reliefblock in Form eines Throns bzw. einer Pyramide wurde unter Moctezuma II. (1502–20) angefertigt, um den Göttern (Tezcatlipoca und Huitzilopochtli, oben kämpfend abgebildet) für Siege im Krieg, dessen Symbol ein mit Feuer verbundener Wasserstrom ist, zu danken.

Vor der Kopie der berühmten Krone aus Quetzalfedern, ein Geschenk Moctezumas II. an Cortés – das Original befindet sich in Wien –, liegt der Stein des Tizoc. Die Reliefs der riesigen Scheibe zeigen den Sieg über 14 Gegner; die Glyphen der eroberten Städte sind oben rechts zu sehen. Allerdings gibt ein ähnlicher Stein Moctezumas I. (1440–69) die gleichen Siege an – entweder hat sich der Herrscher Tizoc (1481–86) mit fremden Federn geschmückt oder die Orte müssen zweimal erobert worden sein. Auf solchen Scheiben wurden Opfer, mit Papierwaffen gegen wohlgerüstete Krieger kämpfend, zum Wohle der Götter abgeschlachtet.

Bei einem Modell Tenochtitláns sind ein Boot und Tribut-Codices ausgestellt; außerdem gibt es noch ein Modell des Marktes von Tlatelolco. Neben Schlangen- und Götterstatuen findet man aber auch Bildwerke, die Einblick in menschliche Gefühle geben, z. B. ein Ehe-

Feuer und Wasser, die beiden gegensätzlichen Elemente, waren das Zeichen des Krieges und einer Zeit, die mit der Herrschaft der Tolteken-krieger begann, mit den Azteken seine herausragenden Streiter stellte und unter den Hufen der spanische Kavalleristen ihr Ende fand.

Die Prunkstücke des Anthropologischen Museums: der Kalenderstein und die Kolossalfigur der Göttin Coatlicue.

paar in liebevoller Umarmung. Unter den Götterbildern sticht die Riesenfigur der Coatlicue, der Mutter des Stammesgottes Huitzilopochtli, hervor. Ihr Beiname ›Die mit dem Schlangenrock‹ wird durch den Kleiderschmuck deutlich. Ihr Gesicht ist als Vexierbild gearbeitet: Teilt man es in der Mitte, setzt es sich aus zwei Schlangenköpfen im Profil zusammen, ein Symbol für die Dualität; gleichzeitig ist auch die Frontansicht eines Schlangenkopfes erkennbar.

Der sogenannte Kalenderstein (s. S. 61ff.) bildet das Zentrum der Ausstellung; aber die hölzernen, reliefverzierten Zungentrommeln und der kostbare Schmuck sind ebenso bemerkenswert wie Gründungsdepots mit Steinbündeln von Stäben, welche Jahre symbolisieren, und die Statue des Xochipilli, des Gottes der Freude, des Gesangs und des Tanzes.

Im Eckraum auf der linken Seite sind Funde aus dem Oaxaca-Tal ausgestellt. Am Eingang hinter dem Teilstück einer Fassade aus Mitla (s. S. 246) sind vor allem die zahlreichen ›Urnen‹ mit plastischen Götter- und Menschenstatuen zu beachten, die in den Gräbern aufgestellt waren. Das Grab 104 aus Monte Albán wurde mit all seinen Funden nachgebaut. Besonders beeindruckend sind neben der Jadeitmaske des Fledermausgottes ein vergrabenes Weihgeschenk von der Plaza Monte Albáns, der mixtekische Goldschmuck und die phantastische vielfarbige Keramik der gleichen Kultur, bemalt wie der ausgestellte mixtekische Codex Nuttal, der die Lebensgeschichte des Herrschers 8-Hirsch-Jaguarkralle (11. Jh.; s. S. 68) erzählt.

Im nächsten Raum links sind Objekte von der **Golfküste** untergebracht. Olmekische Riesenköpfe wetteifern mit Beilen und Statuen
aus Jadeit. Zur Kultur der Totonaken gehören die steinernen Nachbildungen der Schutzkleidung von Ballspielern: *palmas* (Armschützer), *hachas* (Knieschützer) und *yugos* (gepolsterte Gürtel), die mit
Reliefs von Pflanzenornamenten, Kröten, Jaguaren oder Menschen
verziert sind. Diese Objekte wurden berühmten Spielern als Statussymbole mit ins Grab gelegt oder als Geschenke den Göttern
geweiht (4.–9. Jh.). Hinweise auf die bekanntesten Ausgrabungsorte
sind durch Fotos oder Modelle gegeben, und auch die nachklassi-
sche Zeit ist durch einige huaxtekische Statuen repräsentiert.

Der vorletzte Raum ist mit **Maya-Werken** gefüllt. Stuck- und
Steinreliefs von Tempel- und Palastwänden erzählen in Bildern und
Hieroglyphentexten von den städtischen Dynastien und den Göttern
der klassischen Zeit. Daneben findet man Tonfigürchen und bemalte
Gefäße aus Gräbern, deren zahlreiche Details Auskunft über Kleidung und die soziale Hierarchie der Maya geben. Eine ganze stuck-
verzierte Tempelwand konnte im letzten Moment, schon von Dieben
verpackt, aus dem Laderaum eines Schiffs gerettet werden.

Stelen aus Bonampak, Yaxchilán und das große Relief aus dem
Kreuztempel von Palenque beschließen die klassische Zeit, zusammen mit der Nachbildung des Grabs von Fürst Pakal II. aus dem
Inschriftentempel von Palenque, dessen Beigaben schlichtweg umwerfend sind. Die zweite Raumhälfte enthält Objekte der nachklassischen Maya-Zeit, vornehmlich aus Yucatán, und moderne Wandmalerei, deren Thema die Schöpfungsgeschichte aus dem Popul
Vuh, dem heiligen Buch der Quiché-Maya, ist. Berühmt ist der Menschenkopf in einem Schlangenmaul, ›Königin von Uxmal‹ genannt,
der als Fassadenschmuck diente. Im Garten dahinter sind einige
Puuc- und Chenes-Fassaden von Yucatán und die bemalten Räume
aus Bonampak (s. S. 275) nachgebaut.

Der letzte Raum enthält Funde aus dem Westen und Norden
Mexikos. Hier sind vor allem die naturalistischen Tongefäße in tierischer und menschlicher Form zu erwähnen (klassisch) und Tonfi-
gurgruppen, die Szenen aus dem täglichen Leben wiedergeben.

In der **Volkskundeausstellung** im Obergeschoß wiederholt sich
die geographische Anordnung der archäologischen Abteilung.
Neben Kostümpuppen, Geräten und nachgebauten Unterkünften
geben vor allem die Gemälde moderner Künstler wie Bustos (Oaxaca), Coronel (Maya) und O'Higgins (Purépecha) Auskunft über die
heutigen Indígenas und ihre Gedankenwelt. Vor dem Museum wird
oft die Akrobatik der Voladores (›Flieger‹) von der Golfküste vorgeführt.

Im Viertel **Las Lomas**, nordöstlich des Museums, kann man sich
bei einem typisch mexikanischen Essen von der Fülle der Eindrücke
erholen und gleichzeitig Beispiele neokolonialer Villenarchitektur
(20. Jh.) bewundern. Die deutsche Botschaft ist allerdings in einem
nichtssagenden modernen Betonbau untergebracht.

*Nicht über Götter und
Glauben, wie früher
angenommen wurde,
berichten die Maya-
Reliefs mit ihren
Glyphenbeischriften,
sondern über Herr-
scher, Kriege, Ehen
und Intrigen.*

Im Süden der Stadt: Wege durch Mittelstand und Upper Class

Auf der Insurgentes Sur oder der Avenida Revolución kommt man am leichtesten zu den südlichen Stadtteilen. Auf der ersten passiert man zunächst das **Hotel México,** den höchsten Wolkenkratzer der Stadt, und dann das **Polyforum Siqueiros.** Den pilzförmigen Bau hat der Maler Siqueiros entworfen und ausgeschmückt. Im Innern sind Decken und Wände mit seinem letzten und größten Wandgemälde, ›Schicksalsweg der Menschheit‹ (2700 m², 1971), bedeckt.

Weiter südlich liegt rechter Hand die **Ciudad Deportivo** (›Sportstadt‹) mit der größten Stierkampfarena der Welt. Bleibt man auf der Insurgentes, liegt weiter südlich rechts das **Teatro Insurgentes** mit dem Fassadenmosaik nach einem Gemälde von Diego Rivera. Dargestellt ist im Zentrum der Schauspieler Mario Moreno oder Cantinflas, auf dessen Kostüm im Original die Jungfrau von Guadalupe abgebildet war, was zum Skandal und zur Weglassung beim Mosaik führte.

Über die Avenida Río Mixcoac erreicht man den Ortsteil **Coyoacán** (Metro 3: Station Viveros; Metro 2: Station General Anaya). Der antike ›Kojotenort‹ war eine von zwei Hauptstädten der Tepaneken, einem Stamm der Chichimeken, die von den Azteken unter Itzcóatl ihrem Reich Anáhuac einverleibt wurden. Cortés und sein Waffenbruder Pedro de Alvarado leiteten von Coyoacán aus die Belagerung Tenochtitláns und bauten hier auch ihre ersten Häuser.

Im Zentrum der ehemaligen kolonialzeitlichen Kleinstadt, an der Plaza Hidalgo (›Ritterplatz‹), liegen der **Palacio Municipal,** das Rathaus aus dem 16. Jh., dessen Errichtung manchmal Cortés zugeschrieben wird, und die **Parroquia de San Juan Bautista** (Pfarrkirche Johannes des Täufers). Diese Kirche ersetzte 1582 das Oratorium eines bereits 1528 gegründeten und längst zerstörten Dominikanerklosters. Der schlichte Triumphbogenschmuck der Fassade paßt nicht ganz zu dem mächtigen Turm, der wohl später hinzugefügt wurde. Die Portale (16. Jh.) des ehemaligen Atriums, von denen eines heute zum Friedhof führt, tragen tiefen Reliefschmuck im Platereskenstil. In der dreischiffigen Hallenkirche trugen Reihen mächtiger Pfeiler eine flache Balkendecke. Nur im Ambulatorium des Klosters ist etwas von dieser kostbaren Kassettendecke erhalten geblieben.

Straßencafés erhöhen den kolonialen Charme des Vororts. Außerdem kann man hier **Trotzkis Wohnhaus** besichtigen, einen festungsähnlichen Komplex, in dem er nach seiner Affäre mit Frida Kahlo wohnte. Hier auch wurde er 1940 mit einem Eispickel erschlagen. Das **Museo Frida Kahlo** (Calle Londres), wo die durch einen Unfall behinderte Künstlerin viele Jahre mit ihrem Mann Diego Rivera gelebt und gearbeitet hat, ist ebenfalls eine Besichtigung wert. Im schreiend bunten Haus und im Garten sind archäologische Objekte und Arbeiten Frida Kahlos ausgestellt. In ihren Bildern setzte sich

In den Stierkampf-arenen Mexikos zeigen nicht nur Torreros ihre Kunst sondern auch Reiter (Charros) führen in den Charreadas (Reiterspielen/Rodeos) ihre Geschicklichkeit mit Pferden, Lasso und Rindern vor.

Sonntagsmarkt im Viertel San Ángel. Nur während der Wochenmärkte werden die südlichen Vorstädte von Mexico City – die eher kolonialen Kleinstädten ähneln – kurzzeitig aus ihrem Dornröschenschlaf geweckt.

die Künstlerin hauptsächlich mit ihrem eigenen Schicksal auseinander – nach eigener Aussage, weil sie sich selbst am besten kannte.

Im Churubusco-Kloster, 1524 von Franziskanern gegründet und im 17. Jh. umgebaut, kämpften 1500 Mexikaner unter General Anaya gegen die Amerikaner (1847). Heute ist hier das **Museo Nacional de las Intervenciones** untergebracht, in dem an die Abwehr ausländischer Mächte wie Spanien, die USA und Frankreich erinnert wird.

Weiter im Süden befindet sich das **Museo Anahuacalli** (›Haus von Anáhuac‹). Den pyramidenförmigen Bau aus dem Lavagestein des Pedregal hat Diego Rivera entworfen. Im Innern zieren seine Deckenmosaiken einige der 20 Räume, in denen ein Teil seiner Privatsammlung an vorspanischen Antiquitäten Mexikos ausgestellt ist. Die ausgewählten, meist kleinen Objekte stammen aus allen Teilen des Landes. Besonders gut ist der Westen mit Gefäßen und Figuren vertreten (Raum XIV–XIX). Raum XI, im ersten Stock, ist als Atelier das Künstlers ausgestattet, und die beiden nächsten Räume enthalten seine graphischen Arbeiten, meist Entwürfe zu seinen Wandbildern.

Genau westlich von Coyoacán liegt rechts der Insurgentes der Stadtteil **San Ángel**, das aztekische Tenanitla (›Am Fuß der Steinmauer‹). Im Restaurant **San Ángel Inn** an der nach links abzweigenden Avenida La Paz serviert man exzellente Küche in stilvollem Ambiente. In diesem Bau, der ehemaligen Hacienda Goicoechea (18. Jh.), hat schon General Santa Ana gelebt.

An der nächsten Straßenecke (Avenida Revolución) findet man, meist von zahllosen Blumenständen verdeckt, das Kloster der Karmeliterinnen, das heutige **Museo del Carmen.** Das Kloster, dem Märtyrer San Ángel geweiht und 1615 gegründet, enthält einige Fresken des 17. und 18. Jh., Kachelschmuck am Brunnen und an den

Stadtplan der südlichen Viertel von Mexico City ▷

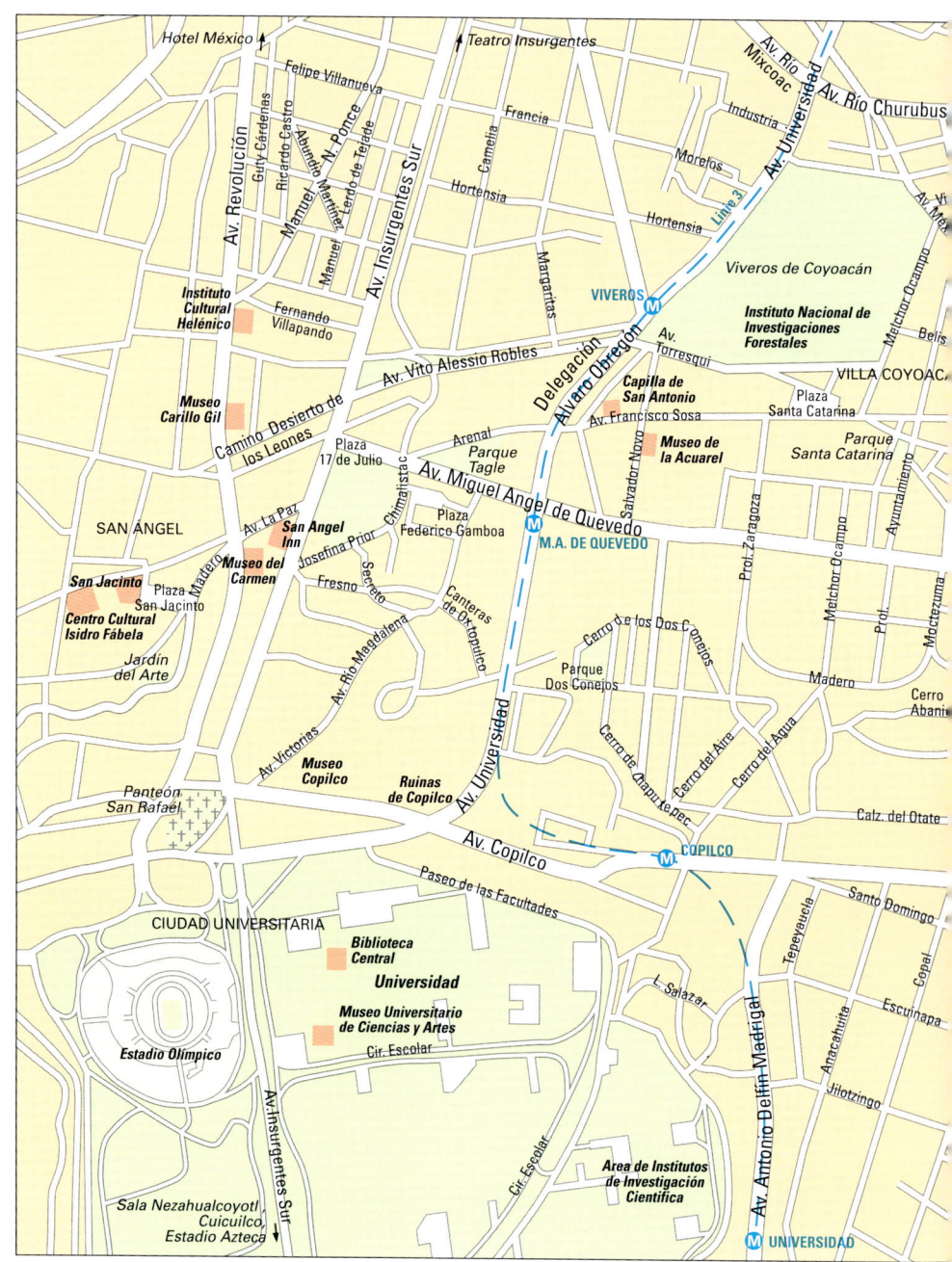

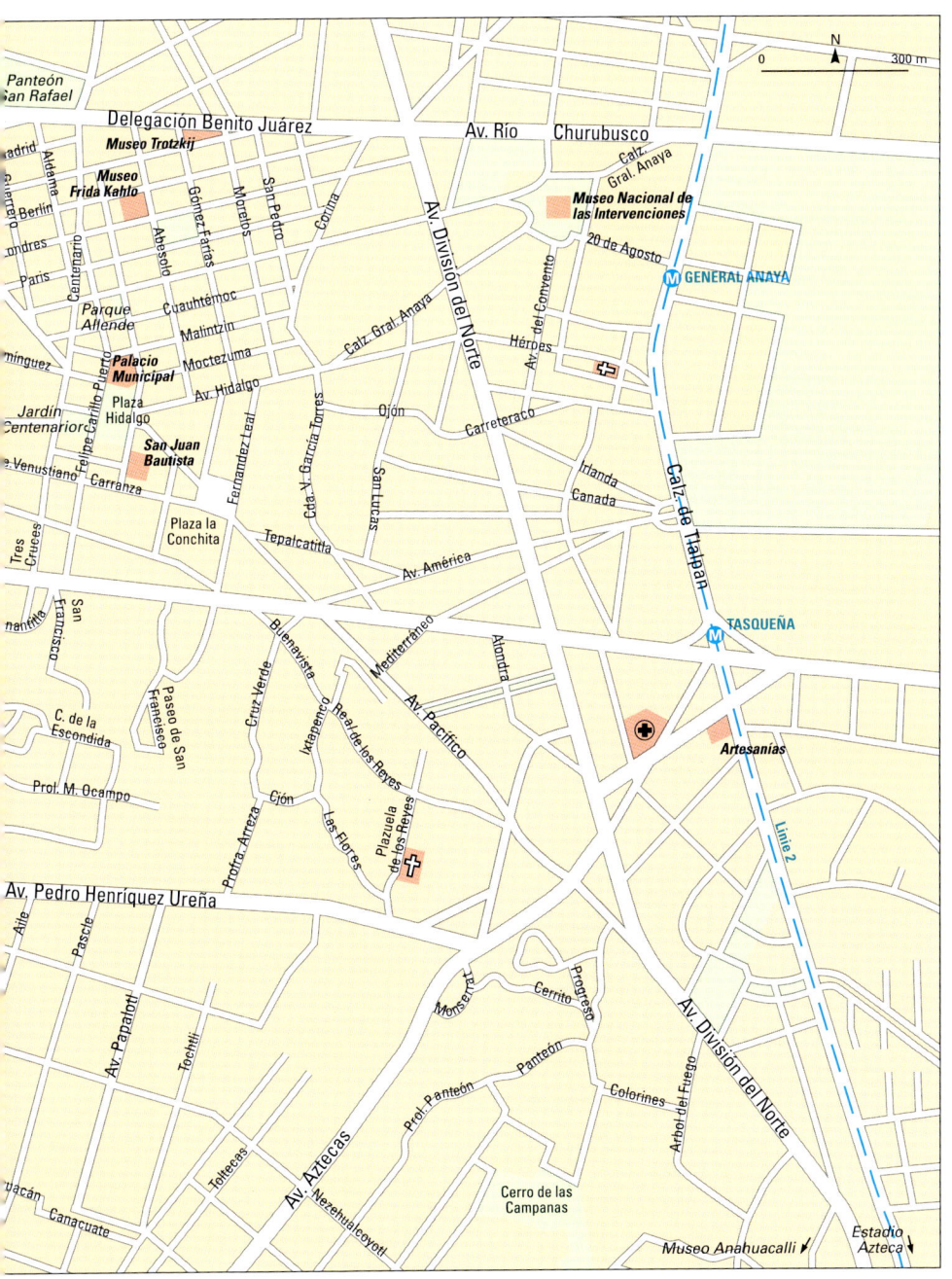

Panteón San Rafael

Delegación Benito Juárez

Museo Trotzkij

Av. Río Churubusco

Calz. Gral. Anaya

Museo **Frida Kahlo**

Museo Nacional de las Intervenciones

20 de Agosto

Madrid

Aldama

Pierre

Berlin

Londres

Paris

Centenario

Gómez Farías

Morelos

San Pedro

Corina

Abasolo

Cuauhtémoc

Malintzin

Av. División del Norte

Calz. Gral. Anaya

Av. del Convento

Ⓜ **GENERAL ANAYA**

Parque Allende

Mínguez

Palacio Municipal

Moctezuma

Av. Hidalgo

Plaza Hidalgo

Hérpes

✚

Jardín Centenario

Felipe Carillo Puerto

Fernández Leal

Cda. V. García Torres

Av. García Torres

Ojón

San Lucas

Carreteraco

San Juan Bautista

Av. Venustiano Carranza

Plaza la Conchita

Tepalcatitla

Av. América

Irlanda

Canada

Tres Cruces

San Francisco

Paseo de San Francisco

Buenavista

Cruz Verde

Ixtapango

Real de los Reyes

Mediterráneo

Av. Pacífico

Alondra

Calz. de Tlalpan

Ⓜ **TASQUEÑA**

C. de la Escondida

✚

Artesanías

Prol. M. Ocampo

Cjón

Las Flores

Profra. Arrea

Plazuela de los Reyes

✚

Av. Pedro Henríquez Ureña

Arte

Pascle

Linie 2

Av. Papalotl

Tochtli

Monserrat

Cerrito

Progreso

Panteón

Prol. Panteón

Colorines

Arbol del Fuego

Av. División del Norte

Toltecas

Av. Aztecas

Av. Nezahualcoyotl

Cerro de las Campanas

Canacuate

Museo Anahuacalli ↘

Estadio Azteca ↘

N

0   300 m

109

Waschbecken, eine Krypta und Bilder des vielleicht besten mexikanischen Malers, Cristóbal de Villalpando (1644–1714).

Einen Block weiter westlich bildet die Plaza San Jacinto das Zentrum von San Ángel. Samstags sind Platz und Straßen mit den Ständen der Künstler und Kunsthandwerker gefüllt, die hier ihre zum Teil hervorragenden Werke verkaufen. An der Nordseite der Plaza kann man im Innenhof des **Centro Cultural Isidro Fábela** einen mit Kacheln, Keramikgefäßen und selbst chinesischem Porzellan verzierten Brunnen (18. Jh.) besichtigen. Ähnliche Verwendung von Porzellan findet man in etwa 100 Jahre älteren Bauten auf der Arabischen Halbinsel.

Im Norden schließt das kleine Dominikanerkloster **San Jacinto** (Hl. Hyazinthus) die Plaza ab. Der Eingang liegt etwas weiter westlich in der kleinen Seitengasse mit sehr schönen restaurierten Häusern aus der Kolonialzeit, die heute meist von Künstlern bewohnt werden. Im idyllischen Vorgarten des Klosters stehen drei Steinkreuze des Typs Tequitqui. Solche Kreuze, ohne den Körper Christi, waren im 16. Jh. üblich, da man eine Darstellung des Gekreuzigten für gefährlich hielt; die Verbindung zum vorspanischen Menschenopfer war zu naheliegend. Symbole und Ornamente wie Schwamm, Speere und Schädel symbolisieren ganz zweifelsfrei den Tod Christi. Die Kirchenfassade weist barocken Stuckschmuck auf, und der kleine Klosterhof ist sehr gut restauriert. Sehr praktisch hat man das Regenwasser vom Kirchendach gesammelt und in den Brunnen eingespeist. Während der Woche ist der Vorort eine Oase der Ruhe, und man fühlt sich in die Kolonialzeit zurückversetzt.

Die Ausstellungsräume des Museums von Copilco sind einmalig: sie vermitteln einen guten Eindruck von den Arbeitsbedingungen, unter denen die Ausgrabungen stattgefunden haben.

Weiter südlich passiert die Insurgentes links bei der Avenida Copilco das **Museo Copilco,** das in den Tunneln der Ausgräber, unter den Lavamassen des sogenannten Pedregal (s. S. 27), die dort entdeckten Funde aus der vorklassischen Zeit präsentiert.

Im Süden schließt sich dann die **Universidad Nacional Autónoma de México** (UNAM) an, während auf der rechten Straßenseite das Stadion der Olympiade 1968, das **Estadio Olímpico,** liegt. Der aus gefärbten Lavasteinen geschaffene Mosaikschmuck des Stadions zeigt Bilder des Sports aus dem alten Mexiko nach Entwürfen Diego Riveras. Die Universitätsgebäude (Metro 3: Endstation) von 1955 liegen auf einem parkähnlichen Campus, der **Ciudad Universitaria,** den Armee und Polizei wegen der 1929 gewährten Autonomie nicht betreten dürfen. Sie besetzten das Gelände aber bei den Studentenunruhen vor der Olympiade. Die schon 1553 gegründete Universität, damals noch am Zócalo, hat heute mehr als 500 000 Studenten, und viele Fakultäten sind in andere Stadtteile umgezogen. Die Gebäude auf dem Campus – sie gelten als Paradebeispiele moderner mexikanischer Architektur – sind an den Fassaden mit den Werken der berühmtesten Künstler des Landes geschmückt worden. Gleich rechts beim Eingang erinnert Siqueiros an der Nordfassade des Rektorats in einem Mischwerk aus Mosaik, Betonrelief und Farbe mit einer gepanzerten Faust und Zahlen an die blutigen Revolutionen

Astronomisches Mosaik auf der Süd-wand der Univer-sitätsbibliothek. Die Tierkreiszeichen der Alten Welt über den Namen ihrer beiden berühmtesten Astro-nomen werden gleich-berechtigt neben die indianische Astrono-mie gesetzt, die durch die Symbole des Mondes und der Son-ne jeweils darüber an-gedeutet ist.

des Landes. Der große Block der Hauptbibliothek wurde auf allen vier Seiten von Juan O'Gorman mit Mosaiken gestaltet. Die Süd-wand hat die Kolonialzeit, die Astronomie und den Glauben zum Thema. Über der Kathedrale im Zentrum ist ein griechischer Tempel mit dem Auge Gottes unter dem Doppeladler der Habsburger abge-bildet. Er wird flankiert von zwei Scheiben mit den Tierkreiszeichen und den Namen der beiden größten Astronomen der Alten Welt, Ptolemäus und Kopernikus. In den oberen Ecken sind die Symbole der Sonne und des Mondes untergebracht. Die Ostwand mit dem Atommodell im Zentrum gibt die Vorstellung des Künstlers über die Zukunft des Landes wieder. An der Südwand hat O'Gorman The-men aus der Weltvorstellung und dem Pantheon der Azteken zusam-mengestellt. Fische, Muscheln und den Regengott hat er nach Teo-tihuacán-Vorbildern gestaltet. Auf der Westseite ist das 20. Jh. behandelt, mit Hinweisen auf moderne Architektur, Landvermes-sung und die Olympiade sowie dem Wappen der Universität.

Im Hof nördlich der Bibliothek stehen mehrere Skulpturen um ein Wasserbecken; eine stellt Prometheus beim Diebstahl des Feuers aus dem Himmel dar. Nur 1 km südlich der Bibliothek hat man 1977 die große, runde Kulturhalle **Sala Nezahualcóyotl** mit einem Konzert eingeweiht.

Im Süden, an der Kreuzung mit der Ringautobahn Periférico, liegt die freigesprengte runde Tempelpyramide von **Cuicuilco** (›Farbig

Die Bootrestaurants von Xochimilco sind eines der beliebtesten Ausflugsziele der Bewohner von Mexico City. Nirgendwo zeigt sich ihre Blumenliebe und Lebensfreude deutlicher.

schillernder Ort‹). Die letzte Ausbauphase dieser ältesten Pyramide im Hochtal wird etwa ins 5. Jh. v. Chr. datiert. Der dazugehörige Ort ist immer noch, wie einst die Pyramide, von den Lavamassen des Vulkans Xitlé, dem Pedregal, bedeckt. Die Bewohner hatten den Ort aber schon nach früheren Ausbrüchen aufgegeben. Die vierstufige Pyramide mit Erdkern und Steinverschalung hat ihre Außenhaut bei der Grabung verloren. Im Museum sind einige Objekte aus der Formativen Phase ausgestellt. Etwas weiter östlich liegt links des Periférico das 100 000 Zuschauer fassende **Estadio Azteca,** wo 1970 die wichtigsten Spiele der Fußballweltmeisterschaft stattfanden.

Über den Periférico gelangt man nach **Xochimilco** am Südrand der Hauptstadt (Metro 2: Endstation). Tolteken hatten den ›Ort der Blumenfelder‹ gegründet, der später von Náhuatl sprechenden Chichimeken übernommen wurde. Da sie hier, am Rand des gleichnamigen Süßwassersees, nicht nur ihre Göttin Chantico (›Feuer im Haus‹) in Schmetterlingsgestalt verehrten, sondern außerdem mit Erde bedeckte Holzflöße *(chinampa)* als Felder benutzten, nannte man sie auch Chinampanecas. Die zunächst schwimmenden Felder wuchsen sehr schnell mit den Wurzeln ihres Baumbestandes am flachen Seeboden fest. Die Kanäle zwischen den Blumenfeldern, auf denen an Wochenenden zahllose überdachte Flachboote *(trajinera)* gestakt werden, sind der letzte Rest des alten Sees. In den Nachen wird für zahlende Gäste, hauptsächlich Mexikaner, gesungen, musiziert, gebraten, fotografiert und verkauft. Das bunte Treiben sollte man wenigstens einmal genossen haben, die Speisen der zahllosen Garküchen besser nicht.

Kunsthistorisch interessant ist die kleine Kirche **San Bernardino** (1590), die ursprünglich zu einem 1525 gegründeten Franziskanerkloster gehörte. Neben dem plateresken Schmuck an Haupt- und Seiteneingang und dem Hauptaltar (16. Jh.) ist vor allem ein Christus zu erwähnen, der aus zusammengeklebten Maiskolben geschnitzt und bemalt worden ist und wohl in Pátzcuaro angefertigt wurde.

Die nördlichen Stadtteile

Auch nördlich des Zentrums beherbergt Mexico City eine ganze Reihe von Sehenswürdigkeiten, unter denen die **Plaza de las Tres Culturas,** das aztekische Tlatelolco, wohl am häufigsten erwähnt wird. Das Nebeneinander von Moderne, Kolonialzeit und vorspanischer Zeit, also dreier Kulturen, findet man an vielen Stellen in der Stadt; doch hier, am ›Erdhügelort‹, der Schwesterstadt Tenochtitláns, schlug das wirtschaftliche Herz des Azteken-Reiches. Reine Zuneigung herrschte allerdings zwischen den beiden Städten nicht. Tlatelolco ist entweder etwas früher oder etwas später (1338?) als Tenochtitlán gegründet worden; die elf übereinandergesetzten Schalen des Haupttempels sprechen eher für einen früheren Ansatz der Händlerstadt (Metro 3: Station Tlatelolco; Weg ist vorgeschrieben und Erläuterungen sind vorhanden).

Am Platz der drei Kulturen wurden und werden Geschäfte und Geschichte gemacht, hier zeigen sich aber auch die verhängnisvollen Folgen menschlichen Versagens, sei es im Zusammenbruch von Reichen – oder im Einsturz von Häusern.

Moquihuix, Tlatelolcos letzter Fürst und Neffe Moctezumas I., wurde 1473 von Axayácatl, dem Herrn Tenochtitláns, besiegt und die Treppe seines eigenen Haupttempels hinabgestürzt. Angeblich begann der Kampf, weil Mädchen aus Tlatelolco von Männern aus Tenochtitlán vergewaltigt worden waren oder weil Moquihuix seine Frau, eine Schwester Axayácatls, schlecht behandelt hatte. Nach der Niederlage blieb Tlatelolco mit seinen Händlern *(pochteca)* das Wirtschaftszentrum von Anáhuac. Auf seinem Markt sollen sich täglich 60 000 Käufer im Schatten der Arkaden und der großen Doppelpyramide getummelt haben. Fast alles, was die *pochteca* auf ihren weiten Handelsreisen, die immer an einem Tag 1 Affe oder 1 Schlange begannen, zusammenrafften, konnte auf diesem Markt eingetauscht werden, wobei Kupferbeile, Kakaobohnen, Federkiele voller Goldstaub und Baumwollmäntel die Rolle das Geldes spielten.

Bei den Studentenunruhen vor der Olympiade 1968 oder als hier die Zeltlager der Erdbebenopfer von 1985 standen, wachte die mexikanische Polizei längst nicht so gut über die Einhaltung der Gesetze wie in früheren Zeiten die aztekische Marktpolizei. Händler, auch gleichzeitig als Spione arbeitend, konnten nur von eigenen Richtern abgeurteilt werden. Die Händler trugen ihre Insignien, Bambusstäbe und Fächer mit Waldhuhnfedern, und verehrten ihren Schutzgott Yacatecutli. Ihr Führungsrat aus drei bis fünf Händlern diente auch Moctezuma II. als Berater, und sie wurden wie Adlige behandelt. Von dieser besonderen Stellung zeigen die Reste des Haupttempels, die runde Plattform des Windgottes Ehecatl, meist mit Entenschnabel dargestellt, und die kleine Kultplattform mit den bemalten Steinreliefs der Tageszeichen allerdings wenig. Auf dem Haupttempel

113

waren noch kurz vor der spanischen Eroberung ein paar Spanier geopfert worden, die sich aus Goldgier zu weit vorgewagt hatten. Immerhin: Ihre Schädel gehörten ja vielleicht auch zu den 150 Exemplaren, die man bei den Ausgrabungen am Schädelgerüst gefunden hat.

Neben den staatlich geförderten Apartmenthäusern, die wegen der Verwendung minderwertigen Baumaterials beim letzten Erdbeben (1985) teilweise sehr stark beschädigt wurden, und dem Außenministerium steht an der Plaza auch die kleine Kirche des 1535 gegründeten Franziskanerklosters **Santiago de Tlatelolco,** dessen Königliches Kolleg des Hl. Kreuzes so berühmte Lehrer wie Benardino de Sahagún, einen spanischen Chronisten der mexikanischen Geschichte (16. Jh.), vorweisen kann und Schüler wie die aztekischen Prinzen Tezozomoc und Ixtlilxochitl, welche ebenfalls über heimische Geschichte und Gebräuche geschrieben haben. Während das Portal an der Längsseite mit den etwas ungelenken Engeln noch zum ersten Kirchenbau gehören könnte, ist die Ehrenbogenfassade an der Schmalseite zwischen den beiden Türmen erst nach 1609 in einem etwas ärmlichen Barockstil erbaut worden. Im Innern der Kirche beeindrucken vor allem die heutige Schlichtheit und zwei Fresken des hl. Santiago in den Zwickeln (17. Jh.).

Den Schriften der adligen Azteken, die Schüler der Klosterschule waren und sehr schnell spanische Sprache und Schrift lernten, verdanken wir einen Teil unserer Kenntnisse über die vorspanische Geschichte des Landes.

Pilger aus dem gesamten spanischsprachigen Amerika verehren das Gnadenbild der Señora von Guadalupe. Standbilder der Ortsheiligen werden von Dorfgesandtschaften zur Basilika gebracht, um sie dort segnen zu lassen, da die Jungfrau als große Kraftspenderin gilt.

Auf der Insurgentes weiter nordwärts fahrend, erreicht man nach etwa 2 km die **Basílica de Nuestra Señora de Guadalupe** (Metro 3: Station Basílica). Hier, am Hügel von Tepeyac, wo die Azteken Tonantzin, die Mutter der Götter, verehrten, soll die Jungfrau Maria dem getauften Azteken Juan Diego am 9. Dezember 1531 auf dem Weg zur Kirche erschienen sein und um die Errichtung einer Kapelle gebeten haben. Der in einer Audienz angesprochene Bischof Zumárraga verweigerte zunächst seine Zustimmung. Maria erschien dem Juan Diego ein zweites Mal und schüttete ihm als Beweis ihrer Existenz Rosenblätter in den Poncho. Als der Indianer bei einer zweiten Audienz die Blätter zeigen wollte, hatten sich diese in das Bild einer dunkelhäutigen Maria (La Morena, von spanisch *moreno*, ›braun‹) auf dem Mantel verwandelt. Nach diesem Ereignis wurde die gewünschte Kapelle erbaut und 1533 geweiht.

Über die Authentizität des Wunders wird gestritten: Das Bild ist auf keinen Fall im frühen 16. Jh. von einem Mexikaner gemalt worden, und der Name Guadalupe (›Tal des Wolfs‹) bezieht sich auf eine dunkelhäutige Marienstatue in Spanien. Der Bischof und die Einheimischen sahen und sehen in La Morena das Gegenstück zur Virgen de los Remedios von Colula, die von den Spaniern 100 km weiter westlich besonders verehrt wurde. Die gesellschaftspolitische

Die Capilla del Pocito ist einer der ganz wenigen Sakralbauten des Landes, der deutliche Merkmale des Rokoko-Stils zeigt, was zum Beispiel am ovalen Grundriß des Baus zu erkennen ist.

Botschaft nahm der Rebellenführer Hidalgo auf, als er das Bild der Jungfrau auf seine Fahne heftete (1810), und auch heute streiten die Priester der Kirche zumindest verbal wieder für die Rechte der Indígenas. Das Heiligenbild hat die Kirche zum größten Wallfahrtsort Amerikas gemacht, und die Indígenas verehren ihre Maria, die in Mexiko allgegenwärtig ist, mit einer Inbrunst, die sie auf Knien zum Hügel rutschen läßt – besonders wenn die Töchter ein unsittliches Leben führen oder die dörflichen Heiligenbilder zur Weihung hergebracht werden. Am Feiertag der Jungfrau, dem 12. Dezember, wird die Nacht durch die Kerzen von 100 000 Pilgern erhellt.

Der moderne Rundbau mit seinem zeltartigen Dach, mit den an das Nordlicht erinnernden Hauptleuchtern, dem Rollband, auf dem die Pilger vor dem Heiligenbild hinter dem Hauptaltar vorbeifahren, den Privatlogen und den zahlreichen Kollektenbehältern gilt als glänzendes Beispiel moderner Kirchenbaukunst. Die anfängliche Kapelle wurde später durch eine größere Kirche ersetzt (1709), die trotz weiterer Ausbauten (1895, 1952) wegen Erdbebenschäden aufgegeben werden mußte und den Neubau von Pedro Ramírez Vázquez notwendig machte. Die alte Kathedrale mit ihrer breiten Barockfassade, den mächtigen Türmen und dem gekachelten Kuppeldach soll nach ihrer Restaurierung die Schatzkammer für die unzähligen Spenden an die Jungfrau werden.

Ganz rechts schließt sich die Capilla del Pocito (1791) an, die Francisco Guerrero y Torres entwarf und deren Kirchenschiff, eine Seltenheit in Mexiko, aus einem Rund-, einem Oval- und einem Oktogonalraum, jeweils mit Kuppeldach, besteht. Die weißblauen Puebla-Kacheln stehen in schönem Kontrast zum dunkelroten Vulkangestein *(tezontle)* mit seinem reichen Barockschmuck. Davor sprudelt eine Quelle, deren Wasser Wunder wirkt, und außerdem werden hier Weihgeschenke des Marienheiligtums aufbewahrt.

Das Innere der kleinen Kapelle auf dem Berg dahinter – die Treppen beginnen rechts des modernen Baptisteriums –, wo man auch gerne Hochzeiten zelebriert, ist mit Fresken bemalt, die die Erscheinung der Maria zum Thema haben. Allein der Blick von oben lohnt den Aufstieg.

Etwas weiter nordwestlich liegt in **Tenayuca** eine gut erhaltene chichimekische Doppelpyramide. Auch hier sind sechs Neubauschalen über den ältesten Kernbau gesetzt worden, den man mit Hilfe von Tunneln untersucht hat. Die Pyramide wurde alle 52 Jahre zum Neu-Feuer-Fest, wenn sich die Kalenderdaten wiederholten, wenn neue Tempelfeuer entzündet wurden und man die häusliche Keramik zerschlug und durch neues Geschirr ersetzte, runderneuert, zuletzt 1507. Sie ist auf den Untergangspunkt der Sonne im Zenit, am Tage ihres Höchststandes, ausgerichtet. Ihre Basis schmücken gemauerte und (früher bemalte) Schlangenplastiken, 138 an der Zahl. Auf kleinen Altären findet man auch Türkisschlangenbilder *(xiuhcóatl)*, Symbole der Jahre, mit dem Türkisbogen über dem Maul.

Tenayuca, ›Ort der Steinmauern Besitzenden‹, hat, wie der Name schon sagt, die nomadisierenden Azteken bei ihrer Ankunft im Hochtal von Mexiko mächtig beeindruckt. Im 13. Jh. war es eines der führenden Zentren der Region.

Vor der Treppe aus der letzten Phase – die Wände der beiden ersten Bauten waren noch senkrecht und nicht mit Neigung aufgemauert worden – hat man eine mit Schädeln und Knochen bemalte Opferkammer gefunden und Spuren schattenspendender Pfeiler- oder Säulenhallen. Die Pyramide ist sicher das Vorbild gewesen, an dem sich die Azteken bei der Erbauung ihres Haupttempels in Tenochtitlán orientiert haben, und im kleinen Museum sind ein paar aztekische Objekte ausgestellt.

Tenayuca war im 13. Jh. von Chichimeken gegründet worden, die vorher unter ihrem sagenhaften Führer Xólotl das alte Tula zerstört hatten. Drei Fürsten regierten ihr Reich von Tenayuca aus, der vierte Quinatzin verlegte die Hauptstadt nach Texcoco, wo er 1298–1317 regiert haben soll.

Noch etwas weiter nördlich (5 km) steht die kleine Pyramide von **Santa Cecilia Acatitlán.** Der kleine aztekische Kultbau ist vollständig restauriert worden, mit Dach, Opferstein sowie Räucher- oder Feuertöpfen rechts und links der Treppe. Dieses Dorfheiligtum war der Sonne geweiht. Ein kleines Museum in einem hübschen Bauernhäuschen aus dem 19. Jh. beherbergt nicht nur einige Möbel dieser Zeit, sondern auch Geräte zur Pulque-Herstellung und aztekische Steinplastik.

Im Steppengürtel nördlich der Hauptstadt

Acolman

Auf dem Weg von Mexico City nach Teotihuacán im Norden der Hauptstadt sieht man links der Straße, kurz vor der einstigen Metropole, das mächtige, festungsähnliche Kloster von **Acolman** liegen. Das unabhängige Fürstentum Acolman war mit den Tepaneken verbündet und zahlte nach der Niederlage von Azcapotzalco (1428) den Azteken in Form von Geweben aus Sisalfasern *(henequén)* und Arbeitern Tribut. Der Ort lag, von Deichen geschützt, an oder sogar in einem See, und seine Bewohner opferten den Göttern Tezcatlipoca und Quetzalcóatl.

Nach der spanischen Eroberung gehörte Acolman (›Schulter mit Arm‹) zu sechs Farmen und Dörfern, die dem Encomendero Pedro de Solís verpflichtet waren. Die 1324 Ehepaare, 280 Witwer und 28 Witwen hatten mit 630 anderen Personen jede Woche 154 Pesos und zwei Wolldecken als Steuer zu entrichten; außerdem mußten sie darüber hinaus Lebensmittel und Arbeitskräfte für den Haushalt der Solís stellen.

Fassade der Kirche des Klosters von Acolman

Von den ersten Bauten des Klosters (1539) sind nur die offene Kapelle *(capilla abierta)* und der erste Klosterhof erhalten geblieben, die in die Neubauten von 1560 integriert wurden. Das Kreuz vor der Kirche mit dem Kopf Christi, der Leiter, dem Schwamm und der Magdalena war typisch für das frühe 16. Jh. Die Triumphbogenfassade des mächtigen Kirchenbaus wird links von der offenen Kapelle für die Gottesdienste der Indígenas flankiert und rechts vom Kloster mit Vorhalle, Küche und Speisekammer (heute Museum, s. S. 120).

Zwischen den reichgeschmückten Halbsäulen an der Fassade stehen Peter und Paul in ihren Nischen mit dekoriertem Dach unter dem Gebälk mit Pegasos-, Engel- und Löwenreliefs. Darüber tragen Atlanten Fruchtkörbe zwischen Fackelhaltern. Unter dem Bogenfenster des Chors wird San Agustín von musizierenden Engeln flankiert. Die rechte Frontseite schmückt das Wappen Acolmans, die linke das Wappen der spanischen Krone, und die Engel unter der Papstkrone bekränzen das Wappen der Augustiner, ein von drei Pfeilen durchbohrtes Herz. Die gesamten Verzierungen im plateresken Stil bezeugen eine meisterhafte Beherrschung der Materie, die zur Bauzeit kein einheimischer Steinmetz erreicht haben konnte.

Das gesamte Kloster war nach Errichtung eines neuen Damms im Texcoco-See mehrere Jahre überflutet und mit Schlamm zugeschwemmt worden, den man erst 1920 vollständig entfernte. Das Kirchenschiff, in dem das Wasser 1,5 m hoch stand (man beachte auch den Erosionsrand an der Fassade), hatte 1735 ein Tonnengewölbe bekommen, dessen Druck auf die Außenwände zur Anlegung der mächtigen Stützpfeiler zwang. Das feine gotische Sternrippengewölbe über der polygonalen Apsis stammt aber ebenso wie die zweifarbigen Wandmalereien noch von 1558, Hauptaltar und Nebenaltäre dagegen aus dem 17. und 18. Jh.

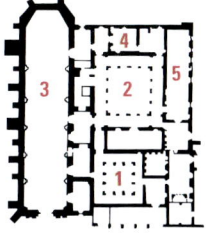

Grundriß des Klosters von Acolman:
1 *erster Klosterhof*
2 *zweiter Hof*
3 *Kirche*
4 *Schokoladen-*
*   zimmer*
5 *Refektorium*

119

Zweifarbigkeit ist typisch für Fresken des 16. Jh. Erst rund 100 Jahre nach der Conquista wurden wieder polychrome Wandmalereien geschaffen, und das in einem Land, das eine 1000-jährige Tradition in der Anlegung vielfarbigen Wandschmucks hatte.

Um den zweiten Klosterhof (1558) mit seinen kuriosen Säulenbasen und Kapitellen, eindeutig die Arbeit von Einheimischen, gruppieren sich im Erdgeschoß die Sakristei, das Schokoladenzimmer, in dem spanischen Besuchern heißer Kakao angeboten wurde, und das Refektorium. Die Zellen befinden sich im ersten Stock, dessen Arkadenwände einige sehr schöne Fresken des 16. Jh. aufweisen, u. a. eine Kreuzigung. Plaketten an den Arkaden zeigen die Wunden Christi, wie blutende Muscheln gearbeitet, und ein Kreuz, das eine Dornenkrone mit Granatäpfeln umgibt, die wegen ihrer vielen Samenkerne Zeichen erfolgreicher Verbreitung des Glaubens sind. Ein anderes Medaillon zeigt Golgatha mit einem indianischen Christuskopf und einem spanischen Römerhaupt. In den Räumen um den schlichten Pfeilerhof des alten Klosters sind archäologische Objekte ausgestellt, die bei den Untersuchungen nach 1920 in Acolman entdeckt worden sind.

Teotihuacán

Nur 10 km weiter erreicht man den Haupteingang und die Ruinen-Ringstraße Teotihuacáns. Die grundlegenden Züge der Teotihuacán-Kultur sind bereits angesprochen worden (s. S. 27); die bis heute erschlossenen Ruinen datieren zwischen 100 und 600 n. Chr. Man beginnt den Besuch in der modernen Eingangspassage, wo heute wie vor 1500 Jahren Souvenirs aus Stoff, Ton und vor allem Obsidian angeboten werden. An dieser Stelle hat einst der **Markt** des größten Wallfahrtsortes Amerikas gelegen, und Pilgern scheint auch hier besonders an Devotionalien als Beweis für das Erreichen ihres Zieles gelegen zu sein.

Direkt östlich erreicht man den **Camino de los Muertos** (›Straße der Toten‹, Náhuatl *miccaotli*), denn nach aztekischer Vorstellung sollen hier Menschen durch ihr Selbstopfer zu Göttern geworden sein. Außerdem glaubten die Azteken, daß in der Stadt, die von Riesen errichtet worden sein soll, auch die Könige erschaffen wurden. Auf der anderen Seite liegt die **Ciudadela** (um 200 erbaut), eine quadratische Hofanlage, deren vier Seitenplattformen von kleinen Adoratorien wie Türme gekrönt werden. Den Namen erhielt die Anlage, weil sie aus der Ferne fast wie eine Festung wirkt.

Im Osten des Hofes flankieren zwei große Palastbezirke die bekannte Pyramide **Templo del Quetzalcóatl** (s. Abb. S. 28), vor deren späterem Treppenanbau (350) eine kleine Plattform *(adoratorio)* für Tänze, Reden oder andere Zeremonien liegt. Mit prächtig, schreiend bunt gekleideten Zuschauern auf den Außenbauten und schwitzenden Tänzern vor der bunten Fassade des großen Tempels dahinter muß die Ciudadela einen umwerfenden Eindruck gemacht haben. Die **Paläste,** heute gesperrt, dienten als Wohn- und Arbeitsräume für Priester und Handwerker: Spuren handwerklicher Tätigkeit hat man genügend gefunden, und es gab wohl eine Art Tempelwirtschaft wie

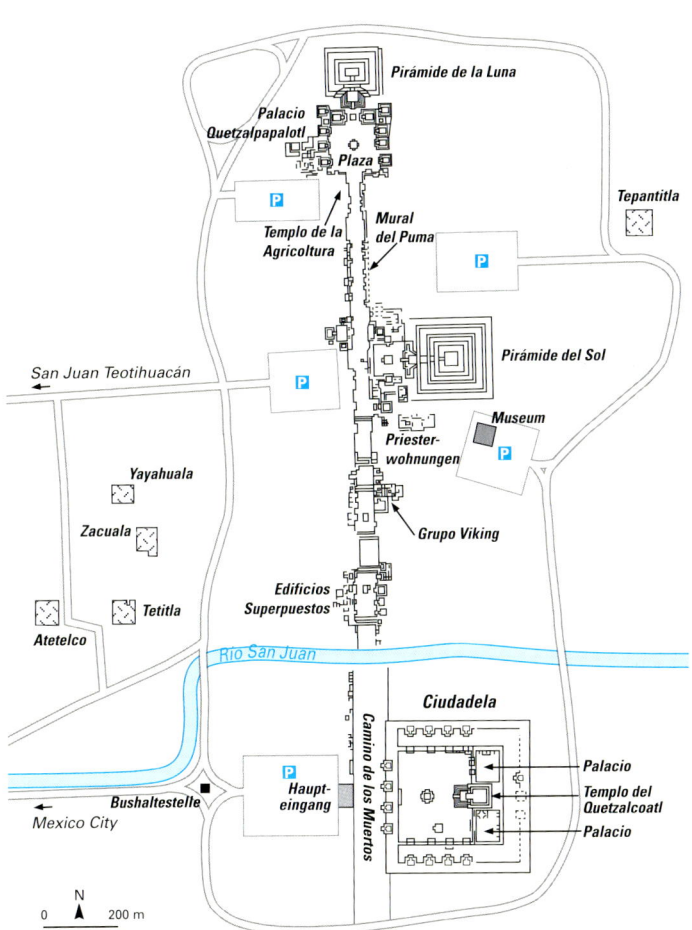

im Vorderen Orient. Im Grundriß entsprechen sie mit Innenhöfen, Adoratorien, erhöhten Hauptzimmern und Nebenräumen den in der Stadt allgemein üblichen Residenzen.

Die Untersuchungen sind noch nicht beendet, und vor einigen Jahren entdeckte man Gräber, zunächst am Fuß der Pyramide und in den Palästen, später auch unter der Pyramide. Da man im Westen eine vergrößerte Plattform mit Treppe vor die Urpyramide gebaut hatte, blieben an der Front die bunt bemalten Steinreliefs der Außenschale erhalten. Nach den Schlangen- und Regengottmotiven erhielt die Anlage den Namen ›Tempel der Gefiederten Schlange‹.

Die Schlangenkörper winden sich zwischen Schnecken, Fischen und Muscheln; abwechselnd mit einem Schlangenkopf erscheint wie

121

Teotihuacán, Blick von der Mondpyramide über den Camino de los Muertos

ein Medaillon aufgesetzt ein Regengottkopf, der mit seiner gemusterten Haut, dem starken Nasenhöcker und den Zähnen sehr an einen Alligator erinnert. Die Federschlange scheint hier ein Symbol für Regenwolken oder himmlisches Naß zu sein, während der Alligatorkopf das Symbol für Erde und irdisches Wasser bzw. Quellen ist.

Die Bedeutung des Tempels wird durch neu entdeckte Gräber betont; die Illusion einer friedlichen Priesterherrschaft ist damit allerdings zerbrochen. Neben den Opferdepots mit Obsidianklingen und kleinen Figürchen sind bisher 118 Skelette in Gräbern à 1, 4, 8, 9, 18 und 20 Personen vor und unter der Pyramide gefunden worden. Die Gräber sind nach den vier Hauptrichtungen, dem Zentrum und den Gebäudeecken ausgerichtet. Den meisten Toten waren die Hände auf dem Rücken zusammengebunden. Alles spricht also für ein oder mehrere Menschenopfer, die bei Baubeginn und Fertigstellung vorgenommen worden sind, und sicher mit der Weltvorstellung und dem Kalendersystem (entsprechend den Zahlen) in Verbindung standen. Man hat dann um 400 einen Tunnel gegraben und einige der Skelette und Beigaben herausgeholt, vielleicht weil der Tempel seine Bedeutung verloren hatte. Die Mehrzahl der Opfer waren Männer (82 %) unterschiedlichen Alters. Die neun Bestatteten im

Norden und Süden trugen Halsketten aus menschlichen Zähnen und ganzen Unterkiefern. Dabei handelt es sich sicher nicht um Zahnfetischisten oder Zahnärzte, sondern eher um erfolgreiche Krieger, die mit der Zahl ihrer Siege prahlten.

In den Riesenbauten sammelte sich bei Regen sehr viel Wasser an, das die Strukturen unterspülen konnte; deswegen wurden Kanalisationen angelegt und Kästen gemauert, die mit Schutt aufgefüllt die Masse der Pyramidenkörper bildeten. Die Tableros über dem schrägen Talud ragen ebenso wie die Nagelköpfe des plastischen Wandschmucks weit in den Kern hinein und halten wie Anker die Bauteile zusammen. Die ästhetisch wirkenden kleinen Steinchen in den Mörtelfugen waren früher wegen des Verputzes nicht zu sehen, doch sparte man mit dieser Konstruktionsweise viel kostbaren Mörtel aus gebranntem Kalk.

Die Straße, eher eine Kette von Höfen (2 km), steigt dem natürlichen Gelände folgend nach Norden an und ist auf Bergspitzen der Umgebung oder einen bestimmten Sonnenstand ausgerichtet. Nach etwa 1 km kreuzt sie eine Nebenstraße und den Bach San Juan, der Teil eines antiken Be- und Entwässerungssystems war, im rechten Winkel. Dahinter beginnen links die **Edificios Superpuestos**, im Lauf der Jahrhunderte übereinander gebaute Residenzen, die teilweise noch ihre Originalbemalung an den Wandbasen aufweisen und außerdem durch ihre Farbschichten die ständige Renovierung dokumentieren. Jeder Komplex ist in sich völlig geschlossen und durch Eingangshallen mit der Hauptstraße verbunden. Die Räume mit Pfeilervorhallen sind um quadratische Lichthöfe mit Wasserauffangbecken und Sickerschächten angeordnet. Im Haupthof steht meist ein Altar in Form eines Minitempels, Plattformbauten scheinen als Repräsentationsräume oder Audienzhallen gedient zu haben.

Die frühen Bauten der Edificios Superpuestos tragen Wandmalereien mit Floralmotiven, die stilistisch mit El Tajin an der Golfküste zu vergleichen sind. In den späteren Bauten fehlen solche Verbindungen.

Alles spricht dafür, daß diese Baukomplexe Geschlechterquartiere waren, in denen ganze Großfamilien oder Pilger aus den verschiedenen Heimatorten zu bestimmten Zeiten zusammengelebt haben. Teotihuacán soll zu seiner Blütezeit geschätzte 250 000 Einwohner beherbergt haben, was wohl etwas übertrieben ist; außerdem müssen es nicht ständig dort lebende Menschen gewesen sein. Wie bei anderen Baugruppen weiter nördlich zu sehen ist, waren die Seitenränder der Treppen vor allem zur Hofstraße hin häufig mit steinernen Schlangenköpfen und Schwanzrasseln verziert. Im Fall der **Grupo Viking** – benannt nach der Stiftung, die die Ausgrabung finanzierte, und nicht nach der Theorie vorkolumbianischer Kontakte mit Nordeuropa – hatte man regelrechte Logen zur Straße angelegt und sehr aufwendige Propyläen, während der Bediensteteneingang an der Rückseite lag. Die schräge Basis der Wände *(talud)* ist an einigen Stellen mit Steinplatten aus Glimmer *(mica)* verkleidet, deren Sonnenreflexionen geradezu blenden konnten (Schutzkästen werden vom Wächter geöffnet).

Etwas nordöstlich des Palastbezirks befinden sich der zweite Parkplatz und das hübsche neue **Museum,** in dem u. a. die Opfer und Grabbeigaben aus der Ciudadela sowie Fragmente der Fresken aus den verschiedenen Palästen der Stadt ausgestellt sind.

Weiter nördlich passiert man noch einen kleinen Wohnbezirk, in dem vermutlich die Priester des erwähnten Kultbaus lebten, bevor man die große Pyramide erreicht. Seit den Azteken wurde sie **Sonnenpyramide** (Pirámide del Sol, um 100) genannt, und tatsächlich ist ihre Fassade auf den Untergangspunkt der Sonne am Tage ihres Zenits ausgerichtet. Die zweitgrößte Pyramide Mexikos (nur die von Cholula ist größer) bleibt mit 65 m nur etwas unter der Höhe der Cheops-Pyramide in Ägypten. Sie ist in einem Zug aus einem Lehmziegelkern *(adobe)* mit einer Steinverkleidung errichtet worden. Die Böschungen der Pyramide sind die Rekonstruktion eines mexikanischen Archäologen, der ursprüngliche Neigungswinkel ist nicht mehr zu klären. Tunnelgrabungen zeigten, daß es im Innern, unter dem heutigen Bodenniveau, eine teils künstliche und teils natürliche kleeblattförmige Höhle gab, die als älteste Kultstätte des Ortes gilt.

Das Allerheiligste auf den Pyramiden durfte nur von wenigen ausgewählten Personen betreten werden; religiöse Handlungen für die Allgemeinheit wurden deswegen in den Vorhöfen abgehalten. Die Gebäude vor der Sonnenpyramide mit ihrem später (um 250) angebauten Treppenvorbau dienten als Warteräume (Pfeilerhallen), Zeremonialpodien (Plattformen) und Paläste der Priester (Höfe mit mehreren Räumen). Wegen der herrlichen Aussicht sollte man die Pyramide besteigen, auch wenn oben noch kein Bier verkauft wird, wie von deutschen Touristen schon gewünscht. Die extrem steilen und schmalen Treppen können am besten im Zickzack bezwungen werden. Auf diese Weise wendet man den Göttern in der Cella beim Weggehen nicht respektlos den Rücken zu, ein Zwang zum Wohlverhalten, der auch in der Alten Welt zu finden ist.

Von der Sonnenpyramide führt der Camino de los Muertos wie eine echte Straße nach Norden zum Zeremonialplatz vor der Mondpyramide. Rechts ist an einem Tablero die seltsam unsicher wirkende Darstellung einer Großkatze bewahrt, links sind die Reste eines Tempels der mythologischen Tiere und eines Tempels des Ackerbaus erhalten bzw. zu Zuschauertribünen für die Ton- und Lichtschau umgebaut worden. Kopien der Fresken des ersten Tempels befinden sich im MNA; die Wandbilder des zweiten Tempels, der so etwas wie eine offene Kapelle an der Front gehabt hat, sind leider zerstört.

Tierköpfe, die sowohl Schlangen- als auch Jaguar-Züge tragen, sind typisch für die olmekische Kunst gewesen und scheinen besondere religiöse Bedeutung in Verbindung mit einem Fruchtbarkeitskult gehabt zu haben.

Um 250 war mit der Errichtung der **Pirámide de la Luna** (›Mondpyramide‹) die Bebauung der Hauptstraße abgeschlossen. Die große Plaza davor wirkt wie ein Theater mit Tribünen und ist auch so genutzt worden. Der kleine quadratische Bau vor der Pyramidentreppe weist im Innern eine merkwürdige Raumaufteilung auf, die dem Symbol der Venus oder des Weltbildes ähnelt.

In der Südwestecke des Platzes führt eine mit Jaguarköpfen (?) verzierte Treppe zu einer offenen Eingangshalle, deren Decke authentisch aus Holzbalken, Zweigwerk und Schotter rekonstruiert worden ist. Die sichelförmigen Ornamente der Wandsockel stellen stili-

Die Sonnenpyramide von Teotihuacán ist trotz der falsch rekonstruierten Außenhaut eines der imposantesten Gebäude des Landes. Mit den ursprünglich glatten, bemalten Wandflächen dürfte sie einen geradezu atemberaubenden Eindruck gemacht haben.

sierte Klapperschlangenschwänze dar, und die tönernen Zinnen *(merlón)* auf den Dächern das spätere Symbol für ein Jahresende.

Im anschließenden rekonstruierten Audienzhof, dem **Palacio del Quetzalpapalotl** (›Palast des kostbaren Schmetterlings‹), sind die Steinpfeiler mit Reliefs von Raubvögeln geschmückt und nicht, wie der Name vermuten läßt, mit Schmetterlingen. Die mit Kreisen und Fransen verzierten Ränder der Bildfelder sollen wohl Stoffe oder Wandteppiche andeuten. Die Augen der Vögel und die Zentren der Kreisornamente waren ursprünglich mit schwarzen Obsidianscheiben eingelegt. Manche Vögel sind rein frontal, manche mit Köpfen im Profil, aber alle mit Schultern oder Flügelkanten als große Voluten dargestellt. Die Hallen des Hofes konnten durch Stoffe, die an Ösen in den Pfeilern befestigt waren, vor Sonneneinstrahlung geschützt werden. Der ganze Palastbezirk ist auf einer schon im 5. oder 6. Jh. teilweise zugeschütteten älteren Residenz errichtet worden, die man über eine Treppe neben der Rückwand der Eingangshalle erreicht. Das Gebäude scheint eine Residenz für offizielle Audienzen gewesen zu sein.

Durch abgewinkelte Gänge und Höfe, ein wahres Labyrinth, gelangt man zum zentralen Palasthof mit Resten einer kleinen Pyramide, der Hauskapelle, an der Ostseite. Die Sockel der nördlichen Räume sind mit den Darstellungen Caracol-Muscheln blasender Pumas mit Federkronen bemalt, daher der Name **Palacio de los Jaguares.** Die Häuser der Meeresschnecken wurden bei wichtigen Zeremonien wie Fanfaren eingesetzt. Ein kleiner Gang führt in den teils freigelegten älteren Palastteil unter dem Palacio del Quetzalpapalotl, dessen Türrahmen Steinreliefs von Kleeblättern oder Venussymbolen und federgeschmückten Meeresschnecken zieren. Die Schneckenhäuser wurden als Instrumente gerne mit solchem Feder- oder Fransenschmuck verziert; ihre natürlichen Dornen sind außerdem durch Kreisornamente betont worden. Den Tablero der Hauptplattform schmücken Fresken von herzenfressenden Raubvögeln, so die gängige Interpretation. Tatsächlich breiten die Raubvögel eine Schwinge – die sogenannten Blutstropfen sind die Unterseite des Flügels – schützend über einem Pflanzensproß aus, während der andere Flügel am Körper anliegt, was deutlich durch die Schultervolute angezeigt wird.

Westlich das Palastes führt eine Souvenirgasse zum nächsten Parkplatz der Ringstraße, über die man die wichtigsten Palastbezirke mit ihren phantastischen Wandmalereien erreichen kann, alle noch innerhalb des alten Teotihuacáns.

Östlich der Sonnenpyramide liegt der Palast von **Tepantitla** (›Ort der dicken Mauern‹), wo das berühmte polychrome Fresko ›Paradies des Regengottes‹ (Tláloc) gefunden wurde. Die Sockel der Wand zieren verflochtene Wasserbänder mit Regengottbüsten dazwischen. Türrahmen sind mit Friesen von sprossen Bohnen geschmückt, und links neben der Tür wird der wasserspendende Regengott mit einer Vogelkrone von Priestern und Pflanzen flankiert. Rechts der Tür spielen, tanzen und singen Menschen zwischen Schmetterlingen an den Ufern eines Sees (Wasserberg) und Flusses (Wellenband), in einem echten Paradies. In den Hofarkaden dahinter sind an der Wandbasis Reste einer Prozessionsdarstellung erhalten. Die reichgekleideten Priester mit vogelähnlicher Kopfbedeckung scheinen Wasser zu versprengen und tragen Beutel in der Linken. Man kann Tepantitla auch durch den Eingang hinter der Sonnenpyramide erreichen.

Am westlichen Teil der Ringstraße führt ein Schotterweg zu den Palästen von Tetitla (›Ort der Steine‹) und Atetelco (›Ort des künstlichen Hügels beim Wasser‹). **Tetitla,** ein typisches Geschlechterquartier, war wohl einst in allen wichtigen Räumen mit Fresken geschmückt, von denen aber nur die Sockelzonen erhalten sind. Ein vorgezeichneter Weg führt vom Eingangshof durch schmale Gänge zum Haupthof, wo an der Hauskapelle ein wasserspendender Regengott mit Vogelkrone abgebildet ist. In den Wohnräumen des nördlichen Palastteils sind in Rot und Weiß Frontaldarstellungen eines Raubvogels und mehrfarbige Bilder von herzenfressenden Pumas mit Federkrone erhalten. Weitere Freskenteile mit Fischer- und Vogelbildern machen den Besuchsgang zu einer Entdeckungsreise der Malerei.

Im Zeremonialhof von **Atetelco** sind ganze Wände mit roten Netzmotiven bedeckt, in deren Feldern Kojoten- und Adlerkrieger mit Wurfbrett und Kurzspeeren abgebildet sind. Eine Sockelzone scheint mit vielen willkürlich angeordneten Fußspuren den Tanz eines Kriegers mit Jahreskrone zu zeigen, wahrscheinlich handelte es sich bei diesem Palast um ein Kriegerquartier.

Die Wandmalereien von Tepantitla, besonders das Paradies des Regengottes (s. Abb. S. 65), sind im Teotihuacán-Raum des MNA rekonstruiert worden und dort besser zu erkennen.

Kloster von Epazoyucan

Fährt man weiter nach Nordwesten in Richtung Tulancingo oder Pachuca, kann man über eine Seitenstraße das einsame, dem hl. Andreas geweihte Augustinerkloster von **Epazoyucan** (›Saftiger Fuchs‹) erreichen. Die zur Zeit der spanischen Eroberung noch zahlreichen Bewohner des Ortes Teotlalpan wurden von Franziskanern bekehrt, die hier auch die erste Kirche errichteten. Im Jahr 1540 übergab der Vizekönig das gesamte Gebiet den Augustinern, die unter der Leitung des Bruders Antonio de Aguilar den Klosterbau mit der Kirche in nur acht Monaten fertigstellten.

Das Kreuzabnahme-Fresko in der Klosterkirche von Epazoyucan

Den riesigen Vorhof auf einer künstlichen Terrasse rahmten einst vier kleine Kapellen *(posa)*, die Stationen für Prozessionen, und die Mitte wurde durch einen schönen Brunnen (1567) betont. Ein Teil des Vorhofs wurde als Friedhof genutzt. Die schlichte Fassade des mächtigen Kirchenblocks ist nur mit gedrehten oder kannelierten Halbsäulen und dem Giebelfenster des Chors verziert. Links der Tür befindet sich die große, einst bemalte, offene Kapelle für den ›Indianergottesdienst‹. Der Turm darüber bekam zwischen 1882 und 1907 seine Pfefferbüchsen, Türmchen für Scharfschützen, die laut Inschriften unter dem Schutz von Heiligen (Antonio, Andreas, Guadalupe) gestellt waren. Im Kircheninnern ist von der alten Ausstattung nichts mehr erhalten; auch der kostbare Hauptaltar (1556), der 6000 Pesos gekostet hat, ist verschwunden.

Dem Kloster war eine sehr schöne Bogenhalle vorgelagert. Am Säulenhof liegt im Erdgeschoß eine Kapelle und das Refektorium; darüber befanden sich die Zellen, die heute eine Fotoausstellung zur Revolutionszeit beherbergen. Die Fresken (um 1560), u. a. eine Kreuzabnahme, sollen von Johann Gerson, einem Nordeuropäer, gemalt worden sein, der auch in Cuernavaca und Yanhuitlán gearbeitet hat. Vorbilder seiner Fresken waren Kupfer- und Holzstiche von Hieronymus Bosch, Patenier und italienischen Künstlern.

Tepotzotlán

Verläßt man Mexico City in Richtung Querétaro, erreicht man nach etwa 40 km links die Abzweigung nach **Tepotzotlán,** ein Dorf voller Charme mit einer einmaligen Klosterkirche.

Tepotzotlán, der ›Ort der Buckel‹, verdankt seinen aztekischen Namen den Hügeln an seiner Südseite.

Die Jesuiten, der letzte Orden der nach der spanischen Eroberung in der Neuen Welt zu arbeiten begann, etablierten hier in einem Kloster ihr Novizienkolleg (Colegio Noviciado y Casa de Probación). Von 1585 bis zu ihrer Vertreibung im Jahr 1767 wurden hier die Jesuiten Mexikos ausgebildet, und um 1670 errichtete man eine Kirche, deren Schönheit der Bedeutung der Ausbildungsstätte entsprach. Indígenas wurden hier auf das Priesteramt vorbereitet und spanische Priester in Otomí und Náhuatl, den wichtigsten Hochlandsprachen, unterrichtet.

Über und über mit vergoldetem Stuck bedeckt ist das Innere der Kirche von Tepotzotlán. Im Hauptschiff wird dieses dichte Geflecht nur durch die polychromen Statuen etwas aufgelockert, in der Kapelle des hl. Hauses von Loreto sorgen Vielfarbigkeit und fast ikonenhafte Darstellung von Heiligen für eine gewisse Abwechselung.

Die churriguereske Fassade der Kirche mit ihren Estípites, ihren vielen Heiligen, Engeln und Ornamenten hebt sich von der ruhigen Fläche des Rustikamauerwerks ab, und der Turm mit seiner pfeilerverbrämten Spitze wirkt wie ein Ausrufungszeichen dazu. Das Selbstverständnis der Jesuiten, Streiter und Beschützer der Kirche zu sein, ist im Bildprogramm der Fassade ausgedrückt: Ordensmitglieder bilden unten eine schützende Reihe vor den Heiligen und der Gottesmutter darüber. Mit der Bibel in der Hand bewacht unten links der Ordensgründer Ignatius von Loyola (1491–1556) das Portal, und rechts steht San Francisco de Borja (1510–72), ein weiterer Ordensheiliger. Jesus als Kind mit der Erdkugel in der Rechten schmückt das Medaillon direkt über dem Portal. Rechts neben dem Chorfenster steht der hl. Stanislaus Kostka (polnischer Jesuit, 1550–68) in einer Nische und links mit dem Kreuz in der Hand der Jesuitenheilige Luis Gonzaga (1568–91). Über dem Fenster ist der hl. Nikolaus im Bischofsornat abgebildet. An der Fassadenspitze wurde Maria mit Kind vom Wappen Mexikos und dem der Jesuiten flankiert. Nach der Vertreibung des Ordens aus Mexiko, er war trotz des Verzichts auf Minen- und Sklavenbesitz zu reich und mächtig geworden, hat man das Ordensemblem entfernt.

In die Kirche gelangt man durch den Klostereingang. Im Kloster mit seinen vier Höfen ist heute ein Museum für religiöse Kunst und Archäologie untergebracht. Die vielfarbigen Fresken an den Klosterwänden sind schon für sich eine Besichtigung wert, dazu sind Bilder fast aller großen Maler der Kolonialzeit hier zu finden.

Das vergoldete und bemalte Kircheninnere mit seinen Prunkaltären (1757, Zugang durch die Sakristei) sucht seinesgleichen in der Welt. Zentralfigur des Hauptaltars ist der hl. Franz Xaver, ein Freund Loyolas, unter dem Bild der Unbefleckten Empfängnis. Auf dem Altar des rechten Querschiffs ist Loyola von den Gründern der anderen Orden umgeben: San Francisco, San Domingo, San Agustín und San Pedro Nolasco, dem Begründer des Mercedarier-Ordens. Der Altar gegenüber ist der Jungfrau von Guadalupe geweiht, deren Bild hier von Miguel Cabrera 1756 gemalt wurde.

Weitere Kostbarkeiten sind die Kapellen des ›Hl. Hauses von Loreto‹ und des Hl. Joseph, links des Hauptportals. Zentrum der ersten Kapelle (1773) bildet die Reproduktion des Wohnhauses der Gottesmutter in Nazareth, das von Engeln nach Dalmatien gebracht worden sein soll. Über lückenlos verzierten Wänden scheinen die Engel in der Kuppel zu tanzen. Kirchenbewunderer sollten auch noch einen Abstecher in die Hauskapelle im ersten Klosterhof und in die Bibliothek machen. Im Klostercafé oder in den Restaurants an der Plaza kann man über das Geschick der Anlage meditieren, die ab 1775 als Priestergefängnis und Korrekturanstalt genutzt wurde und von 1818 bis zur Revolution 1917 wieder den Jesuiten gehörte.

Tula

30 km weiter in Richtung Norden führt rechts eine Straße nach Tula de Allende, wo ein Franziskanerkloster mit Kirche (1550–61) steht. Viel interessanter aber sind die Ruinen des toltekischen **Tula** (›Ort der Binsen‹), nördlich der Kleinstadt, wo einst der Fürst Ce Acatl Topiltzin (Unser-Herr-1-Rohr) regierte (947–999) und nach ihm sein Sohn Mactlaxochitl (10-Blume). Besiedelt war die Region schon in vorchristlicher Zeit, wie Keramikfunde im Bereich der Plaza de Armas gezeigt haben. Auch die Tolteken hatten sich bei ihrer Stadtgründung mit bereits ansässigen Stämmen auseinanderzusetzen.

Der Eingang zu den toltekischen Ruinen befindet sich am Nordostrand ihrer Stadtanlage. Im neuen Museum sind auf hervorragende Weise einige der schönsten Funde von Tula ausgestellt: steinerne Stelen, Statuen, Keramik und Schmuck. Gleich hinter dem Eingang liegen die armseligen Grundmauern eines Wohnbezirks. Die auf den Steinsockeln fußenden Lehmziegelwände sind verschwunden; doch kann man noch die generelle Ausrichtung erkennen und die Anordnung um zentrale Höfe. Drei große Bauphasen sind festzustellen: Zuerst hat man die Straßen und Häuser genau von Norden nach Süden ausgerichtet (um 900), dann wurde die Hauptrichtung wie in Teotihuacán mit einer Abweichung von 18° nach Osten verlegt (um 1000) und zuletzt ist eine Abweichung um 17° nach Westen zu verzeichnen. Die sichtbaren Grundmauern lassen sich der dritten Phase (11. Jh.) zuordnen, als die Stadt ihre größte Ausdehnung (16 km²) hatte. Die Häuser scheinen zu einem Handwerksviertel gehört zu haben, es fehlt die Regelmäßigkeit der Paläste von Teotihuacán.

Der Besucherweg führt über die trockenen Hügel am Ufer des Tula-Flusses, die von den Tolteken mit zahllosen Kanälen bewässert wurden. Weiter südlich findet man zunächst den **Ballspielplatz 1**

Eine der großen Herrscherstelen im Museum von Tula wirkt fast wie ein Werk der Maya und zeigt auf jeden Fall fremde Stileinflüsse, ebenso wie viele der kleinen Jadeit-Schmuckstücke, die als Opfergaben oder Schmuck dienten.

(juego de pelota) aus der dritten Bauphase. Vielleicht hat der Mixtekenfürst 8-Hirsch-Jaguarkralle dort 1067 ein Freundschaftsspiel gegen seinen Förderer 4-Jaguar von Tula ausgetragen (s. S. 69).

Südlich davon krönen Querschnitte von Meeresschnecken *(caracol),* auch Windjuwelen genannt, die **Schlangenmauer** *(coatlepantli),* auf der zwischen Zierbändern mit Treppenmotiven Schlangen eingearbeitet sind, die halbskelettierte Menschen verschlingen. So wie die Pyramidenrückwand dahinter war einst der ganze **Morgensterntempel** (Templo de Tlahuizcalpantecuhtli) geschmückt. Steinreliefs zeigen unter Berglöwen und Kojoten mit buschigem Schwanz herzenfressende Adler oder Geier und federgeschmückte Erdmonster, aus deren Rachen Menschen schauen. Der kleine Pfeilerhof an der Ostseite dürfte den Priestern vorbehalten gewesen sein.

An der Westseite der Pyramide schließen sich die drei Höfe und Pfeilerhallen des wohl um 1165, als Chichimeken die Stadt einnahmen, verbrannten Palastes **(Palacio Quemado)** an. In den weitläufigen Hallen waren die Wandbänke und Podeste mit Reliefs von Kriegern und Schlangen verziert gewesen. War hier der Versammlungsort der Elitekrieger, die das Rückgrat der toltekischen Macht bildeten und als Oligarchen mit dem Fürsten über das Staatsgebiet herrschten? Die zur Plaza hin offene Halle setzt sich auch vor der Südseite des Morgensterntempels fort, und aus ihrem Schatten führte die Treppe hinauf zur Cella auf der Pyramidenspitze. Die hier oben z. T. in Kopien wieder aufgestellten **Atlanten** waren von Tolteken mühsam über Erdrampen, die man später wieder abtrug, hinauftransportiert und später von den siegreichen Chichimeken wieder hinabgestürzt worden. Die Atlanten und Pfeiler trugen das Dach der Cella, und zwei Schlangensäulen stützten das Portal der Vorhalle. Bei den wenigen Säulen in Tiergestalt, die man in Mexiko findet, bildeten die Schlangenköpfe eine Art Basis, auf den abknickenden Schwänzen ruhten die Türbalken. Die Atlanten tragen mit Federn und Jadeplättchen geschmückte zylindrische Kopfbedeckungen. Die linke Hand umschließt Wurfbrett und Kurzspeere. Die Sonnenscheibe auf dem Rücken und das Pektoral in Form eines Schmetterlings auf der Brust sind wohl als Hinweise auf Götter zu verstehen. Die Reliefs auf den Pfeilern dahinter zeigen neben Pfeilbündeln unter dem Tageszeichen Krokodil Kriegerfürsten mit dem charakteristischen Nasenpflock.

Nach ihrer Ausrichtung zu urteilen, scheinen alle Gebäude an der großen **Plaza,** bis auf die aztekische Schädelplattform *(tzompantli),* aus der zweiten Phase der Stadt zu stammen; eine Reliefplatte vom Morgensterntempel trägt sogar das Datum 4 Rohr (1003). Von der **Hauptpyramide** an der Ostseite ist kaum etwas erhalten, so daß eine Zuweisung an eine Gottheit nicht möglich ist. Der Ballspielplatz an der Westseite hat die gleiche Form wie der erste Platz, war aber noch mit einer kleinen Halle ausgestattet, in der vielleicht die besiegten Spielführer geopfert wurden. Nach der Größe der Spielfelder gehörten mindestens vier bis sechs Spieler zu einem Team. Der Ball aus Kautschuk mußte mit Oberschenkel, Hüften und Armen ins gegneri-

Atlantenkopf, Detailansicht. Offensichtlich handelt es sich um einen standardisierten Idealtyp und nicht um die Darstellung einer bestimmten Person.

sche Feld getrieben werden, durfte den Erdboden jedoch nicht berühren. Beim Treffer durch den Ring galt das Spiel als gewonnen, sonst bestimmten wohl Ballbesitz und Spielanteil über den Sieg. Auf der kleinen Plattform in der Plaza haben die Herren Tulas wohl überregionalen Fürsten wie 8-Hirsch-Jaguarkralle den Nasenpflock als Rangabzeichen einsetzen lassen.

An einer Bergwand **(Cerro de la Malinche)** am Westufer des Flusses gibt es zwei schlecht erhaltene Felsreliefs; das eine zeigt eine Wassergöttin, das andere, unter dem Datum 1 Rohr, einen Mann vor einer Federschlange, also wohl den berühmten Fürsten und späteren Gott Quetzalcóatl.

Mehrmals hat es wärend der Glanzzeit der Tolteken interne Schwierigkeiten gegeben, die einzelne Bevölkerungsgruppen in die Emigration getrieben haben, z. B. nach Cholula und wohl auch nach Yucatán; deswegen findet man in Chichén Itzá die gleichen Gebäudetypen wie hier in Tula. Es ist noch umstritten, wann genau die Auswanderung nach Yucatán stattgefunden hat, vielleicht erst nach der Niederlage gegen die Chichimeken, als Tula nur noch von einer kleinen Gruppe weiterbewohnt wurde. Sogar ein Einfluß von Chichén Itzá nach Tula wird manchmal postuliert. Viele Errungenschaften, die später Tolteken zugeschrieben wurden, scheinen von Mixteken oder Teotihuacanos eingeführt worden zu sein. Manche Archäologen glauben sogar, daß es mehrere Tula gegeben hat und eines davon Teotihuacán gewesen sei.

Die berühmten Atlanten von Tula stellten vermutlich die Krieger-Herrscher mit dem Titel Quetzalcóatl dar. Atlanten als Dach-, Altar- und Thronträger sind typische Bestandteile der toltekischen Baukunst.

131

Das mexikanische Hochland

Pilgerfahrt zur Wiege des Staates

Die Schnellstraße 57 D durchschneidet in nordwestlicher Richtung das ehemalige Siedlungsgebiet der Otomí (heute etwa 300 000 Menschen), die sowohl den Durchmarsch der Tolteken als auch den der Chichimeken überlebten und nach 200 Jahren der Unabhängigkeit im 15. Jh. teilweise dem Azteken-Reich einverleibt waren. Als Verbündete der Spanier befriedeten sie die rebellischen Chichimeken. Traditionell lebend, ernähren sich die Otomí hauptsächlich von Mais, Bohnen und Wildtauben, leider schauen sie gern zu tief in den Pulque-Becher. Ihre Häuser errichten sie aus Zweigen, Baumstämmen oder Ziegeln und decken sie mit Ried oder Magueyblättern.

Hinter der Fassade des katholischen Glaubens sind häufig die Spuren der vorchristlichen Religion zu erkennen. Gern stellen sie kleine Idole hinter ihren Heiligenbildern oder an Feldrändern auf und opfern der Erdgöttin auf Bergspitzen oder in Höhlen. Zum Schutz vor Übersinnlichem wenden sie sich nicht nur an Priester, sondern auch an ihre Zauberer, die Fetische verteilen, Teufel austreiben und Krankheiten kurieren.

Der Tod kleiner Kinder wird freudig gefeiert, da ihre Seelen direkt ins Paradies eingehen. Bestattet werden die Kleinen in Papierkleidern. Bei der Beisetzung von Erwachsenen betrinkt man sich ausgiebig, und der Tote wird erst beerdigt, nachdem ein Tier beim Aufbahrungshaus gesehen wurde. Das Tier gilt als Inkarnation des Verstorbenen und als sein Schutzengel. Mit lautstarker Totenklage wird die Leiche dann, in einem Sarg oder eingerollt in einer Matte, beigesetzt. Epidemien, Stürme und Sonnenfinsternisse werden mit der Rückkehr von Toten in Verbindung gebracht.

Querétaro

Querétaro, die Hauptstadt des gleichnamigen Bundesstaates, gilt als Geburtsstätte des mexikanischen Freiheitskampfes und hat sich in der Altstadt den Flair dieser Zeit des Wandels erhalten. Die Vorgängersiedlung der Otomí wurde 1531 nach fünf Jahren Widerstand endgültig von den Spaniern erobert, und die Ruinen vorspanischer Siedlungen – heute Las Ranas und Toluquilla, die antiken Namen sind unbekannt – liegen östlich der Stadt beim Dorf San Joaquín. Im 17. und 18. Jh. wurde Santiago de Querétaro durch seine Händler, die Nähe der Minengebiete im Norden und die Herstellung grober Stoffe reich. Laut Alexander von Humboldt arbeiteten die indianischen Arbeiter in den städtischen Webereien unter menschenunwürdigen Bedingungen und in fast sklavenartiger Stellung. Die Kreolen steckten einen großen Teil ihres unermeßlichen Profits in die Errichtung palastartiger Residenzen und prunkvoller Kirchen, die noch heute das Stadtbild prägen.

◁ *Blick über Guanajuato, die ›Silberstadt‹ Mexikos*

133

Als Napoleon Spanien besetzte, begann eine Gruppe dieser reichen Kreolen, als literarischer Klub getarnt, Pläne für eine Unabhängigkeit zu schmieden. Der drohenden Verhaftung durch die Schergen des Vizekönigs entgingen die Umstürzler nur durch die Warnung der Corregidora Josefa Ortiz, der Frau eines spanischen Handelsüberwachers. Während der amerikanischen Invasion im Jahr 1847 diente Querétaro als Hauptstadt des Landes. Hier wurde der Vertrag über die Abtretung der nördlichen Landesteile an die USA unterzeichnet. 20 Jahre später fiel vor den Toren der Stadt Kaiser Maximilian unter den Kugeln eines Exekutionskommandos. 1917 versammelte sich noch einmal der Kongreß in der Stadt und arbeitete eine neue Verfassung aus.

Heute werden hier Halbedelsteine aus den Minen der Umgebung verarbeitet und Touristen bewirtet. Der vielleicht schönste Platz der Stadt, der **Jardín Obregón** an der Plaza de la Constitución, liegt ziemlich genau im Zentrum und eignet sich hervorragend als Ausgangspunkt einer Besichtigungstour. Beginnen kann man mit dem **Museo Regional** im ehemaligen **Convento de San Francisco,** der zwar schon 1540 gegründet worden war, 1698 aber vollständig erneuert wurde und 1817 als Krankenhaus diente. Nur das Relief des hl. Santiago über dem Chorfenster der barocken Fassade stammt noch aus der Gründerzeit. Der Architekt des Neubaus, Bayas Del-

Stadtplan Querétaro

gado, hat nicht im Stil des damals üblichen Hochbarocks bauen lassen, sondern versucht, den Renaissancestil des Vorgängerbaus neu darzustellen; lediglich die gekachelten Dächer über dem Glockenstuhl im Turm und die zentrale Kuppel sind der Bauzeit entsprechend. Im Museum sind archäologische Objekte aus verschiedenen Kulturen Mexikos ausgestellt, Bilder berühmter Maler wie Villalpando, Cabrera und Juan Correa (17.–19. Jh.) und die Urne der Corregidora Ortiz. Selbstverständlich fehlen auch die historischen Dokumente zum Freiheitskampf nicht.

Nach Westen gehend, erreicht man zunächst die **Casa de la Marquesa** (um 1750), von deren roten Putzwänden sich die hellen, barockverzierten Steinrahmen der Fenster und Türen deutlich abheben. In diesem Haus der Frau des Marqués de la Villa del Villar del Águila wohnte 1827 auch für kurze Zeit der spätere Kaiser Agustín de Iturbide. Die Kacheln, die damals die Wände des Innenhofes schmückten, sind allerdings längst durch Fresken ersetzt worden.

Die Kirche **San José de Gracia,** ganz in der Nähe, gehörte zum Hospital und Kloster La Limpia Concepción (um 1650) und erhielt im 19. Jh. ihren Glockenturm. Etwas weiter westlich schmückt der **Neptunbrunnen** einen kleinen Park. Die Bronzestatue des Meeresgottes über dem Delphin wird vom steinernen Ehrenbogen des Architekten Tresguerras (1797) überspannt. Die vielen Brunnen in den Parks und an den Straßen wurden aus dem Aquädukt im Osten der Stadt gespeist (1726–35). Der Park hier war ursprünglich der Vorhof des Klosters **Santa Clara,** so wie der Jardín Obregón das Atrium von San Francisco war. Hinter der schlichten Fassade (um 1750) verbirgt sich eine der reichsten Kirchen des Landes. Überwältigend ist die reiche Ornamentik der hochbarocken, vergoldeten Altäre mit ihren bunten Statuen, den herrlichen geschmiedeten Gittern und Spiegeleinlagen nach französischen Vorbildern. Die plastischen Architekturteile der Altäre heben sich deutlich von den flachen Ornamentflächen ab, die an Treibarbeiten in Gold oder Silber erinnern.

Etwas weiter südlich findet man in der Calle Allende auch die Rückseite des **Palacio Federal,** ein ehemaliges Augustinerkloster (1731–43). Die Kirchenfassade im Osten zeigt mit ihren gedrehten salomonischen Säulen, den Karyatiden in der oberen Ordnung und den Statuennischen klare Barockformen mit einigen eigenwilligen Details wie menschlichen Büsten mit den flachen Kappen (Gebende) verheirateter Frauen im Rahmen des Kreuzes oder drei Nägeln in der Muschel über dem Christusrelief. In diesem Zusammenhang müssen auch die musizierenden Steinengel an der gekachelten Kuppel erwähnt werden. Der dekorative Höhepunkt des Prachtklosters sind aber sicher die Arkaden im Hof. Karyatiden oder Hermen, menschliche Büsten auf Pfeilern, verwendete man zwar schon in der Renaissancearchitektur als Bauschmuck, doch nicht in dieser ungewöhnlichen Form mit wechselnder Kopfhaltung im Erdgeschoß und besonderen Handsymbolen im ersten Stock. Die Hände, welche die

Die Fassade der Casa de la Marquesa in Querétaro, heute ein Luxushotel, vermittelt durch ihre durchbrochenen Bögen über den Fenstern und die wellenförmige Dachkante mehr den Eindruck von Bewegung als von Statik.

Die flache Retablo-Fassade der zum ehe-maligen Augustiner-kloster gehörenden Kirche San Agustín zeigt salomonische Halbsäulen sowie Schmuckfriese aus Akanthusblättern und Weinranken. Sie wur-de sicher von anderer Hand entworfen als der Schmuck des Hofs des heute als Palacio Federal dienenden Klosters.

Gebälkzone zu tragen scheinen, deuten mit vier erhobenen Fingern die Evangelisten an, mit drei Fingern und dem Okay-Zeichen das Mysterium der Dreifaltigkeit und durch die Wunden in den Hand-flächen auch die Kreuzigung. Die Schlußsteine in den Arkadenbö-gen zeigen nicht nur Nonnen, Mönche und Heilige, sondern auch Muschelsymbole und in den Zwickeln die Taube als Hinweis auf den Hl. Geist. Die Wasserspeier, als Flöten im Mund der Karyatiden gear-beitet, lassen auch ein wenig Humor durchschimmern. Zusammen mit dem großen Brunnen bilden die Arkaden einen der imponie-rendsten Höfe Mexikos.

Die **Casa de los Perros** verdankt ihren Namen den Hundekonso-len an der Fassade zur Calle Allende, wo sie neben dem Kreuzwap-pen und der Muschel über der Tür den einzigen figürlichen Schmuck darstellen. Im Innenhof des Kolonialhauses tragen Sphingen den Brunnen, und Grotesken bilden die Zier der Arkaden (17. Jh.).

In der nächsten Straße im Westen, der Calle Guerrero, liegt die Kirche **Santo Domingo** (1697), deren Fassade lediglich durch das päpstliche Kreuz mit drei Querbalken über dem Ordenswappen, dem Lilienkreuz, auffällt. Das Chorfenster über dem Eingang zur Rosenkranzkapelle (Capilla del Rosario) dagegen bewachen – ganz ungewöhnlich – zwei Hermen, Abbilder der Conquistadoren. Das Kircheninnere verschönern Lilien, Malteserkreuze und andere Sym-bole im Stil des Art Nouveau.

Ein Abstecher einen Block weiter nach Südosten lohnt sich auf jeden Fall, denn die Kirche **Santa Rosa de Viterbo,** von drei Nonnen 1630 als bescheidener Lehmziegelbau begonnen, ist mit ähnlich prunkvollen Altären wie Santa Clara ausgestattet (1752). Besonders eindrucksvoll sind die Eisengitter der Balkone, hinter denen die Nonnen ungesehen an der Messe teilnehmen konnten, die Ahnen-galerie der Heiligen im unteren Chor und die Versammlung der Apo-stel, als Statuen vor gemalter Architektur in der Sakristei. Als Unikat gilt die Kanzel mit Muscheleinlagen im maurischen Stil, zu der ein Treppengeländer mit aufgemalten Kolibris und Rosen führt.

Weiter im Norden der Calle Guerrero steht der neoklassizistische **Palacio del Gobierno** (18. Jh.) aus grauem und rotem Vulkange-stein. Die **Kathedrale** einen Block dahinter, das ehemalige Oratorio de San Felipe Neri (1770), besitzt eine ganz ungewöhnliche Fassade. Plastische, sehr schlanke Säulen bilden eine Scheinarchitektur vor der Ziegelmauer der Kirche. Die durchbrochene Gebälkzone, die eleganten Doppelsäulen mit tropfenförmiger Verdickung über den Basen und die Medaillons mit den Heiligenreliefs dazwischen sind fast als Rokokostil zu bezeichnen. Das Ganze krönt ein Relief der Dreifaltigkeit, während über der mit trapezförmigem Sturz angeleg-ten Tür ein Relief den hl. Felipe Neri als Beschützer seiner Anhänger zeigt. Im Innern fehlt farbiger Schmuck, die plastische Architektur-dekoration erzeugt aber den Eindruck ungeahnter räumlicher Höhe.

Wendet man sich von hier nach Osten, erreicht man die **Casa del Marqués,** die 1726 der Marqués de la Villa del Villar del Águila

errichten ließ. Der Bauherr, ein Baske, war mit 22 Jahren nach Mexiko gekommen, hatte hier Karriere gemacht und war Ritter des Ordens von Alcántara geworden. Seine Statue steht auf dem Brunnen der wasserspeienden Hunde auf der Plaza de Armas. Im Innenhof erinnern zarte Zackenbögen auf schlanken Säulen an die maurischen Bauten Granadas. Das Wappen des Marqués, das einst die Fassade zierte, wurde herausgeschlagen, und so erinnern nur noch die Löwenkonsolen am Eckbalkon an seine illustre Stellung.

Der Innenhof des Palacio Federal ist einer der schönsten Mexikos. Seine Ausmaße und sein Schmuck lassen ihn monumental und verspielt zugleich erscheinen.

Ganz in der Nähe befinden sich auch die Kirchen der ehemaligen Klöster **Las Carmelitas** (17. und 18. Jh.) und **Las Capuchinas** (1721 gegründet) im neoklassizistischen Stil. Vorbei am **Teatro de la República** (1852), in dem man Maximilian vor seiner Erschießung auf dem Cerro de las Campanas 1867 den Prozeß gemacht hatte, gelangt man ostwärts gehend zur Kirche **San Antonio** (gegründet 1613, 1700 neu errichtet), deren neoklassizistische Wand- und Deckenmalereien im Innern wie Stofftapeten wirken.

Die Plaza de la Independencia oder **Plaza de Armas** säumen die Casa de la Corregidora und die Casa de los Condes de Ecala. Die Türme der Iglesia de la Congregación, einen Block entfernt, erheben sich gut sichtbar über den roten Dächern.

Bei der **Casa de los Condes de Ecala** (um 1780) bilden Korbbögen auf Säulen, welche die Voluten, nicht aber die Proportionen ionischer Kapitelle aufweisen, die Arkaden der Front. Darüber erscheinen die kleinen Balkone mit den Eisengittern und mächtigen Gesimsen über den Türen wie Blumengebinde, vor allem das Baldachinfenster ganz links. Kleeblatt- und Mehrpaßbögen knüpfen wie der Kachelfries im Gesims an maurische Vorbilder an; man gewinnt fast den Eindruck von Theaterarchitektur. Die Muschelornamente

137

Die Kirche La Congregación von Querétaro während einer Kommunionsfeier.

im Hof sind ein versteckter Hinweis auf die Liebe und die schaumgeborene Venus. Beim Bau soll der Graf mit einem Nachbarn im Wettstreit um die Errichtung des schönsten und größten Palastes gelegen haben, bis ihrem Streben von höchster Stelle Einhalt geboten wurde. Der Doppeladler in den Balkongittern, lange nach dem letzten Habsburger auf dem spanischen Thron angefertigt, deutet die Beliebtheit dieses Motivs an, das auch schon in mixtekischen Codices als Zeichen der Dualität zu finden ist.

Das Haus der Corregidora Doña Josefa Ortiz de Domínguez (heute **Palacio Municipal)** wurde als Casa Real 1786 fertiggestellt. Zum Haus des königlichen Aufsehers gehörten das Wappen und das Gefängnis, aber kein Bauschmuck. Die Glocke ist ein Symbol für den Beginn des Unabhängigkeitskampfes 1810. Im Jahr 1669 beschlossen die Priester der Stadt, sich in einer Kongregation zu Ehren der Jungfrau von Guadalupe zusammenzuschließen und eine eigene Kirche, die **Iglesia de la Congregación,** errichten zu lassen (1680).

Die Fassade dieser Bundeskirche, mit dem eingeschlossenen Sechseck im Türbogen und den Lisenen daneben, entspricht weniger dem Barock als dem nüchternen Desornamentado Herreras (1530–97), dem Architekten des Escorial bei Madrid. Die gekachelten Zeltdächer der Türme und der zentralen Kuppel sind sehr viel später angelegt worden, ebenso der neoklassizistische Hauptaltar. Weiter im Osten markiert der **Convento de la Cruz** (1654) die Stelle, wo die Chichimeken den Kampf gegen die Christen einstellten, als sich durch eine Sonnenfinsternis der Himmel verdunkelte.

In der Calle Juárez sind einige interessante Jugendstilhäuser zu finden, die zur Zeit des Diktators Porfirio Díaz erbaut wurden. Beim Bummel durch die Straßen kann man nicht nur herrliche Hausdekorationen aufspüren, sondern auch unzählige Varianten von Brunnen, die ebenso ein Wahrzeichen Querétaros sein könnten wie die Dragoner der Stadt oder das Wappen mit dem Bild des Maurentöters Santiago.

Abstecher in die Sierra Gorda

In der Sierra Gorda im Nordosten Querétaros, wo Chichimeken den Spaniern 1550–1600 erbitterten Widerstand geleistet haben, sind einige Franziskanerklöster erhalten, deren etwas naiver Barock, vor allem beim Fassadenschmuck, einen Lokalstil von großer Eindringlichkeit bildet. Auf dem Weg zu diesen Klosterkirchen kann man auch die Ruinenstätte Las Ranas besuchen.

Initiator und Betreiber der Missionierung in der Region und Bauherr der Klöster war Bruder Junípero Serra aus Mallorca (1713–84), der 1749 nach Mexiko kam und ein Jahr später zu Fuß Jalpan, im Herzen der Sierra Gorda, erreichte. Danach stand er einer Gruppe von fünf Klöstern vor, die bis 1758 erbaut und im Jahr 1770 den Säkularpriestern übergeben wurden. Die schönsten Klosterkirchen sind Santiago in Jalpan, Nuestra Señora de la Luz in Tancoyol und die Misión de la Purísima Concepción in Landa, die alle nach der Unabhängigkeit aufgegeben wurden. Auch die beiden Missionen San Miguel in Concá und Nuestro Padre San Francisco in Tilaco gehören zu dieser Gruppe von Sakralbauten.

Die Kirche Santiago in **Jalpan** zeigt in ihrer Retablo-Fassade aus Stuck und dem reich ornamentierten Glockenturm mit Estípites und Statuennischen die Merkmale des churriguereskens Stils. Die vegetabilen Füllornamente, das kuriose Chorfenster mit den gerafften Vorhängen darüber und der verformte Muschelbogen über dem Portal sind allerdings eine lokale Erfindung. Am Sockel erscheinen unter den Nischen zwei Doppeladler mit Krone; Medaillons mit Reliefs von Stabträgern (Pilger) und Engeln als Karyatiden zieren die Estípites. In den unteren Nischen mit Kielbogen sind San Francisco (ganz rechts) und drei weitere Ordensheilige aufgestellt. In den oberen Nischen mit maurischem Zackenbogen steht links die Jungfrau von

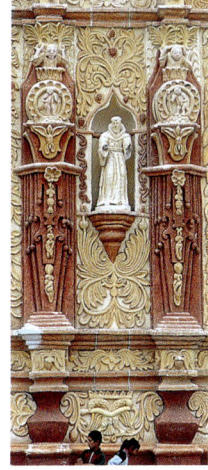

Detail der Retablo-Fassade der Kirche Santiago in Jalpan

139

Regionalplan:
Das mexikanische
Hochland

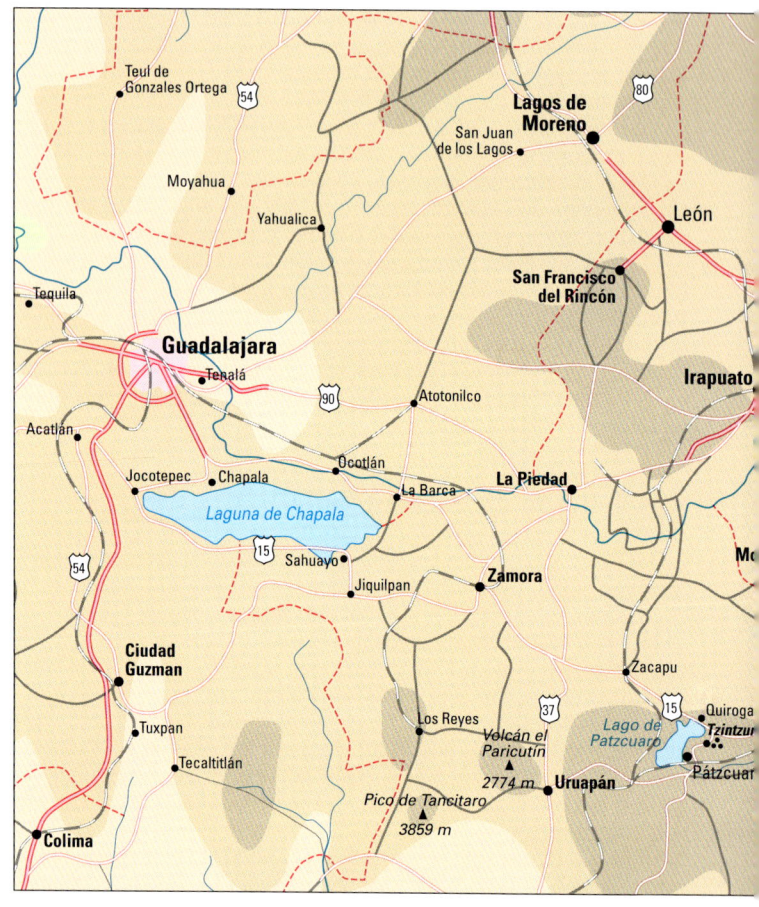

Guadalupe und rechts die Jungfrau der Säule (Virgen del Pilar), welche als Beschützerin Aragoniens gilt. Über dem Portal erscheinen die Wappen der Franziskaner, das untere zeigt die fünf blutenden Wunden Christi und das obere zwei ans Kreuz genagelte Arme; der nackte Arm symbolisiert Christus, während der bekleidete San Francisco darstellt.

Im Innern findet man wie bei allen anderen Kirchen heute neoklassizistische Altäre und nur wenige Fragmente der ursprünglichen Bemalung. Die modernen Bilder in der Kuppel behandeln die Erscheinung der Jungfrau von Guadalupe vor dem Indianer Juan Diego (s. S. 115). Ältere Wandmalereien befinden sich noch in der Sakristei; die Kapelle Santo Sepulcro wurde erst 1894 ausgemalt. Über dem Eingang zum Kloster beschützen zwei Engel die Jungfrau Maria in ihrer Nische.

Bei der Kirche Nuestra Señora de la Luz von **Tancoyol** sind die gleichen Elemente der architektonischen Dekoration verwendet worden, nur das Programm der Statuen und die Symbolik in den Füllornamenten sind stärker betont. So sind die Bauern im Rankenwerk des Weins bei der Ernte dargestellt, ein Symbol der Verbreitung des Glaubens. Die Franziskanerwappen sind hier direkt über dem Portal abgebildet, und über dem Chorfenster wird die Stigmatisierung des hl. Franziskus recht drastisch und anschaulich über einem betenden Mönch gezeigt. Ganz oben räuchern zwei Engel das Kreuz ein: nach Vorstellung der Indígenas reinigt Weihrauch die Luft von allem Bösen. Die Figuren in den unteren Nischen stellen Peter und Paul dar, während die Nischen darüber mit San Joaquín und Santa Ana nebst der Hl. Jungfrau gefüllt sind. Ganz oben rechts erscheinen San Roque (Rochus) mit seinem Hund, der ihn immer zu den Pest-

Übel abwehrenden Charakter hatten nicht nur beim Verbrennen stark riechende Hölzer wie Weihrauch (Copal), sondern vor allem auch der Tabak. Rauchen galt noch nicht als Belästigung; es war Privileg derjenigen, die zu kultischen Handlungen berechtigt waren.

kranken begleitet hat, und links der Hl. Antonio. Das Lilienkreuz darüber ist das Wappen der Dominikaner, während die fünf Kreuze im Schild für die Aufgabe der Franziskaner stehen, das heilige Grab in Jerusalem zu schützen. Die leere Mittelnische unter dem eleganten Fenster mit den Kordeln der Franziskanerkutte im Rahmen soll einst eine Marienstatue beherbergt haben. Der Kult der Jungfrau des Lichts, welcher die Kirche geweiht ist, hat seinen Ursprung in einer Erscheinung der Hl. Jungfrau in Palermo, zur Zeit, als Sizilien zu Spanien gehörte (18. Jh.).

Die Missionskirche der Purísima Concepción (›Reinste Empfängnis‹) von **Landa** zeigt die gleichen Stilelemente; aber die Zahl der Statuen ist beträchtlich erhöht worden, denn schon im untersten Niveau sind bereits sechs Ordensheilige zu sehen: San Jacobo de la Marca neben den kopflosen Santo Domingo und San Lorenzo, und rechts wird San Francisco von San Juan de Capestrano und San Alberto de Sarzana flankiert. Oben sind die äußeren Nischen mit den Statuen der Apostel St. Peter und St. Paul gefüllt, und die Unbefleckte Empfängnis, die Beschützerin Spaniens, erscheint über dem Portal. Oben links steht San Esteban in seiner Nische und rechts San Vicente. Die beiden Studierten unter den Wappen des Ordens sind Duns Escoto, der wie Thomas von Aquin die Unbefleckte Empfängnis verteidigt hat, und María de Ágreda, die 1557 vom Papst zur Verteidigerin dieser Vorstellung ernannt wurde. Über dem oktogonalen Fenster steht San Lorenzo unter dem Erzengel Michael. Die beiden ovalen Reliefs links und rechts zeigen die Kreuzabnahme und die Geißelung. Die ganze Kirchenfassade ist also eine Art Einführung in den Glauben und die Kirchengeschichte.

San Miguel de Allende

Die heute unter Denkmalschutz stehende Stadt verdankt ihre Entstehung der Gründung einer Franziskanermission (1542). Kriegerische Chichimeken aus Orten wie Orduna und Canada bewohnten damals das Land und überfielen die wachsende spanische Siedlung am Ufer des Río Laja mehrmals. Nach der Ansiedlung von 50 spanischen Familien begann man bald mit der Züchtung von Rindern, und ihren späteren Reichtum verdankt die Stadt den Hacienderos und der Herstellung von Stoffen und Lederwaren. Von ihrem berühmtesten Sohn, Ignacio Allende (1779–1811), dem militärischen Führer Miguel Hidalgos, ist der heutige Name der Stadt abgeleitet (seit 1862); vorher hieß sie San Miguel el Grande. Seit Ende des letzten Weltkriegs hat sich das verträumte Städtchen durch den Zuzug von mexikanischen und amerikanischen Künstlern und dank seiner sehr angesehenen Kunstakademie, dem Instituto Allende, zum Kunstmekka des Landes entwickelt. Die älteste Kirche der Stadt, die kleine **Capilla de San Miguel** von 1542, deren Fassadenschmuck der naiven Kunst zugeordnet werden kann, findet man im Westen der

Stadt. Alle anderen kunsthistorisch wichtigen Bauten liegen zusammengedrängt im Zentrum, um die **Plaza de Allende.**

Die Pfarrkirche **Parroquia de San Miguel,** die dem Erzengel Michael geweiht ist, wurde bereits im 16. Jh. begonnen; daran erinnern aber allenfalls noch die Kreuzgratgewölbe in den Kapellen. Ihr ungewöhnliches Aussehen verdankt die Kirche den Ergänzungen durch die Hand des Steinmetzen Juan Rodríguez Juárez. Angeblich waren Postkarten europäischer Kathedralen die Vorbilder für seinen ›gotesken‹ Turm, doch sind den Spitzbogenfenstern und Zinnen im gotischen Stil barocke Elemente beigemischt (1880–90). Hinter dem Hauptaltar, wie die zentrale Kuppel in neoklassizistischem Stil gehalten, befindet sich ein *camarín de la virgen,* eine kleine Kapelle der Jungfrau Maria, die dem berühmten Architekten Francisco Eduardo Tresguerras (1759–1833) aus Celaya zugeschrieben wird. Im linken Arm des griechischen Kreuzes, das der Grundriß der Kirche bildet, steht der Altar Cristo Rey; die modernen Wandmalereien seiner Kapelle erinnern an die Missiontätigkeit des Stadtgründers Bruder Juan de San Miguel. Den rechten Kirchenarm nimmt der

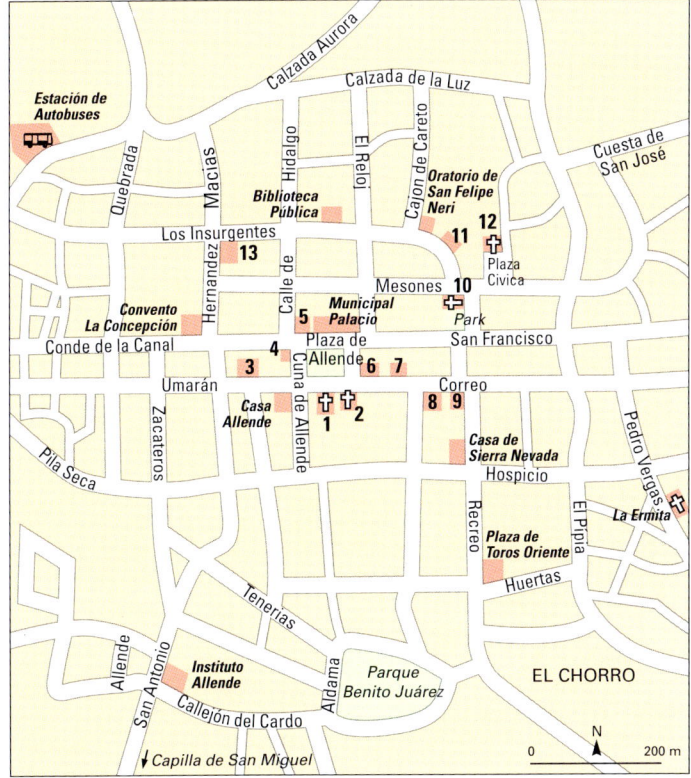

Stadtplan San Miguel de Allende:
 1 Parroquia de San Miguel
 2 San Rafael
 3 Casa de los Perros
 4 Casa de la Canal
 5 Posado San Francisco
 6 Casa del Mariscal Lanzagorta
 7 Casa de Doña Maria Antonio
 8 Casa del Conde de Casa Loya
 9 Casa del Marques de Jaral de Berrio
10 San Francisco
11 Santa Casa de Loreto
12 Nuestra Señora de la Salud
13 Teatro Ángela Peralta

Blick über die Parroquia de San Miguel in San Miguel de Allende. Die Betonung der Vertikalen, das gotische Symbol des Strebens zum Himmel, wurde trotz einiger barocker Schnörkel und der geringen Höhe des Turmes als Tribut an die Erdbebentätigkeit im Lande vom heimischen Künstler unzweifelhaft ausgedrückt.

Altar des Herrn der Eroberung ein, dessen Christus entweder aus Spanien stammt oder von Tarasken gefertigt wurde. Die Malereien dieser Kapelle entstanden vermutlich im 19. Jh. Der ›Säulenheilige‹ vor der Kirche ist Bischof José María de Jesús Díez de Sollano y Davalos; das Monument für den Stadtgründer findet man dagegen an der Ecke bei der Calle Allende.

Im Osten der Pfarrkirche schließt sich die kleine Kirche **San Rafael** oder **Santa Escuela** an, welche 1742 von dem Filipino Padre Luis Felipe Neri de Alfaro gegründet wurde. Auch hier wurde im 19. Jh. der pseudogotische Stil eingeführt, besonders beim Glockenturm. Im unteren Teil imitiert die Turmdekoration norddeutsche Backsteingotik, für das obere Drittel fehlt jeder Vergleich (1891).

Die Ostecke der Plaza nimmt die barocke Residenz **Casa Allende** ein, das Geburtshaus des Ignacio Allende (1779). Die Statue des großen Freiheitskämpfers blickt von ihrer Nische an der Ecke des Hauses auf die Passanten hinab. Die reich dekorierten Balkone im ersten Stock krönen die schlichteren Rahmen und Türen im Erdgeschoß, eine ganz bewußte Steigerung. In den Räumen um den zentralen Patio ist eine Ausstellung über den Freiheitskampf zu sehen, denn in San Miguel wurde die erste unabhängige Verwaltung des Landes eingerichtet (1810).

Etwas weiter westlich werden die Balkone des Hauses **Casa de los Perros** der Familie Umarán von Konsolen in Hundeform getragen (18. Jh.). Die steinernen Hunde sollen entweder an vorspanische Vorstellungen erinnern – sie waren die Begleiter im Totenreich – oder an den Stadtgründer, der nur von seinem Hund begleitet in dieser Region das Christentum verbreitet hat.

Die nächste Ecke im Nordwesten bildet **Las Monjas,** das ehemalige Nonnenkloster Convento de la Concepción, in dem heute die

Escuela de Bellas Artes »El Nigromante«, eine Kunstschule, untergebracht ist. Auf Initiative der María Josefina, aus der Familie de la Canal, wurde die Kirche zwischen 1775 und 1842 erbaut. Die klassizistische Kuppel mit ihren Heiligenfiguren und der krönenden Statue der Unbefleckten Empfängnis entstanden sogar erst 1891. Das Bild der Jungfrau erscheint auch in der Fassade über dem Haupteingang. Die meisten Gemälde zum Leben der Jungfrau im Innenraum werden Juan Rodríguez Juárez zugeschrieben, doch ein Christus und ein Marienbild sind von der Hand Miguel Cabreras. Interessant sind auch die Eisengitter – zum Schutz der Nonnen? – vor dem Chor und der vergoldete Altar im unteren Teil.

Die **Casa de la Canal,** das fast klassizistisch wirkende Haus der berühmten Familie de la Canal, nimmt die Nordwestecke der Plaza de Allende ein. Wie beim Kapitol in Rom sind das Erdgeschoß und der erste Stock über die durchgehenden flachen Pfeiler (Risaliten) im Renaissancestil miteinander verbunden. Die Medaillons und die Rundfenster im Erdgeschoß, der bis ins Gebälk reichende Metopenfries an der Dachkante und die reich verzierten Fensterrahmen zeigen noch Barock- oder Rokokozüge und sind wohl kaum ein Werk des berühmten Tresguerras, dem der Bau zugeschrieben wird. Diese leichten, bewegten Dekorationselemente bilden aber zusammen mit den Eisengittern an Balkonen und Fenstern auf jeden Fall ein gelungenes Gegengewicht zu dem schweren und mächtigen Portal mit seiner überdimensionalen Tür für die Kutschen. Der Hausherr Manuel Tomás hat nicht nur den Bau von Kirchen in seiner Heimatstadt unterstützt, sondern auch das Jesuitenkloser in Tepotzotlán (18. Jh.). Als Ritter des Ordens von Calatrava sowie als Bürgermeister von Ciudad de México und seiner Heimatstadt erfreute er sich höchsten Ansehens (1701–49), woran seine Residenz keinen Zweifel läßt.

Die Nordseite der Plaza nehmen das Hotel **Posada San Francisco** in einem kolonialzeitlichen Haus und der **Palacio Municipal** mit Balkonen und dem alten Staatswappen ein, der 1736 erbaut wurde, in der heutigen Form aber erst im 19. Jh. entstand. Die Ostseite der Plaza bilden der ehemalige **Markt Aldama** (um 1900) und die **Casa del Mariscal Lanzagorta,** deren Front ein großer Portikus (19. Jh.) betont.

In der nach Osten führenden Straße Correo sind weitere sehr eindrucksvolle Häuser der wichtigsten Familien der Stadt zu sehen: Die **Casa de Doña María Antonia Petra de Sauto y Jáuregui** (18. Jh.) mit bildschönem Innenhof, die **Casa del Conde de Casa Loya,** welche stolz das Familienwappen an der Front vorweist, wie auch die barocke **Casa del Marqués de Jaral de Berrio** (17. Jh.). Söhne dieser Familien dienten als Offiziere im stadteigenen Dragonerregiment der Königin, welches 1795 gegründet worden war und 1810 zu den Freiheitskämpfern überlief.

Einen Block weiter nördlich blicken die Fassaden der **Iglesia de la Tercera Orden** (1713) und der Kirche **San Francisco** auf den kleinen Platz an der Straßenecke. San Franciscos herrliche churriguereske

Im 18. Jh., als das Wirtschaftswachstum San Miguels am größten war, ließen sich die Honorarioren barocke Stadtpaläste mit Riesenportalen, Balkonen und Patios errichten, die ein wenig an andalusische Häuser erinnern.

Retablo-Fassade krönt ein barock-klassizistischer Turm (1779, 1799). Am ovalen Medaillon über der Tür umschwirren Engel die Muttergottes, weiter oben wird Christus von Maria und Johannes flankiert, und das sind nur die wichtigsten der vielen Reliefs, Büsten und Statuen. Das klassizistische Innere, von Tresguerras gestaltet, weist die typischen Seitenaltäre auf und auch Wandbilder von Juan Rodríguez Juárez, dem Enkel einer berühmten mexikanischen Künstlerfamilie (geb. um 1730).

Ein wahres Schmuckstück kirchlicher Kunst ist die Kapelle der **Santa Casa de Loreto,** 1735 mit Geldern der Familia de la Canal errichtet. Die Maße für die Kapelle hatte der Stifter eigens in Rom nehmen lassen, um das Haus der Verkündigung, welches durch ein Wunder von Nazareth nach Rom gelangte, möglichst originalgetreu nachbauen zu können. Der Eingang zur achteckigen Kapelle, einem **Anbau des Oratorio de San Felipe Neri** (1712), ist mit einem barocken, vergoldeten Portal markiert; doch anders als in Tepotzotlán dient die vergoldete Stuckornamentik in der Kapelle nur als Rahmen für Fenster, Altäre und die Fresken von Andrés López. Die Statuen des Stifters, mit einer Lampe in der Hand, nebst seiner Frau Doña María de Hervás fehlen ebenfalls nicht.

Die relativ schlichte Barockfassade des **Oratorio de San Felipe Neri** (1712) schmücken die Statuen von St. Peter, St. Paul, San Felipe Neri und Johannes dem Täufer. Den oberen Abschluß bilden St. Josef und das Doppelkreuz von Lorena. Das Bild der Jungfrau von Guadalupe im Innern schuf Miguel Cabrera; doch die Szenen aus dem Leben von San Felipe Neri, die diesem Künstler ebenfalls zugeschrieben werden, scheinen von anderer Hand zu sein.

Die dritte Kirche in unmittelbarer Nähe ist **Nuestra Señora de la Salud** (18. Jh.), deren churriguereske Fassade mit einer großen Muschel überdacht ist. Ihr Zentrum bildet das Auge Gottes, und die Spiralen auf der Kante erinnern an die heidnischen Windjuwelen oder Caracol-Muscheln des Gottes Quetzalcóatl. Der dreiteilige Bogen des Portals zeigt maurische Anklänge, und kurios sind die zwei Fenster des Chors, wo sonst nur eines zu finden ist. Die Statuen zwischen den Estípites stellen Santa Ana, San Joaquín, den Evangelisten Johannes, das Hl. Herz und die Unbefleckte Empfängnis dar.

Klassizistische Gebäude von gewissem Interesse sind der Portikus (1876) der Kirche **La Ermita** (1736) und das **Teatro Ángela Peralta** (1873–1910), das die als ›mexikanische Nachtigall‹ bekannt gewordene Sängerin eröffnet hat. **Casa de Sierra Nevada** nennt man ein hübsches Kolonialhaus, das heute als Hotel und Restaurant genutzt wird. Das berühmte **Instituto Allende** ist in der Casa Solariega, einer Hacienda von 1734, untergebracht. Sehr verträumt und idyllisch präsentiert sich mit Brunnen, Kirchlein und Bäumen der Stadtteil **El Chorro** im Südosten der Stadt.

Nur 15 km nördlich von San Miguel liegt in **Atotonilco** das Heiligtum und Haus der Exerzitien, welches Pater Luis Felipe Neri de Alfaro 1740 gründete. Die Kirchenfahne mit dem Bild der Jungfrau

Die Fassade von San Francisco ist ein herrliches Beispiel des churrigueresken Stils. Reliefs und Statuen von Heiligen in Medaillons und als Pfeilerschmuck berichten über die Geschichte der Kirche und des Ordens.

von Guadalupe war das Banner der Freiheitskämpfer, und noch heute ist die Anlage eine der berühmtesten Wallfahrtsstätten des Landes.

Das Heiligtum, in dem 1802 José Ignacio María Allende seine Frau María de la Luz Agustina de las Fuentes heiratete, weist sechs Kapellen auf, ausgeschmückt mit Fresken von Miguel Antonio Martínez Pocosangre (1748), den man beinahe als Vorläufer der Muralisten des 20. Jh. betrachten kann. Engel, Heilige, Früchte, Pflanzen, Mär-

147

tyrer und Mönche bilden ein kaum zu durchblickendes Bilderbuch. In der Capilla del Rosario ist sogar die Schlacht von Lepanto (1571) abgebildet, die Seeschlacht, in der die Christen die türkische Flotte vernichtend schlugen. In vielen Details drückt sich eine gewisse Volkskunst aus: So ist in dieser Kapelle die Statue der Jungfrau von einem Kranz kleiner Ölbilder umgeben, und auch Spiegelteile als Schmuck der Altäre fehlen nach französischem Vorbild nicht.

Guanajuato

Im 15. Jh. hatten Tarasken die in dieser Region siedelnden Otomí unterworfen, und sie nannten das Tal wegen seiner seltsam geformten Felsformationen Cuanaxhuata (›Hügel der Frösche‹), was die Spanier zu Guanajuato umformten.

Die Spanier kamen unter Beltrán de Guzmán wie die Tarasken aus dem Süden, und auch die Missionare der Bettelorden folgten aus dieser Richtung. Der Erzreichtum der Region soll durch einen Zufall entdeckt worden sein: Ein Bergmann auf der Durchreise ließ aus Angst vor wilden Tieren die ganze Nacht sein Lagerfeuer brennen und fand daher am nächsten Morgen ein silbernes Bächlein geschmolzenen Erzes bei der Feuerstelle. Die gleiche Geschichte erzählt man sich auch vom berühmten Silberberg Potosí in Bolivien. Die Mär wurde bereits 1549, als die ersten Silberminen hier ausgebeutet wurden, zur Realität, und das Lager der Minenarbeiter, aus dem sich später der Stadtteil Marfil entwickelte, wurde Real de Minas genannt. Nach dem Bau der ersten Kapelle 1555 kam zwei Jahre später der erste Richter und 1574 der erste Bürgermeister, wohl um die Auslieferung des königlichen Fünftels am Silber sicherzustellen.

Das planlose und chaotische Häusergewimmel der Kleinstadt *(villa)* wurde im 17. Jh. um Kirchen und Klöster bereichert. Im nächsten Jahrhundert folgte nach der Pflasterung der Straßen, der Anlegung eines Staudamms *(presa)* zur Wasserversorgung und der Gründung eines Jesuitenklosters auch die Ernennung zur Stadt Ciudad de

Stadtplan Guanajuato:
1 Teatro Juárez
2 San Diego
3 Nuestra Señora de Guanajuato
4 Casa de los Condes de Pérez Gálvez
5 Casa de los Condes de Rul y Valencia
6 Casa del Gobierno
7 Universidad
8 Casa de los Marqueses de San Juan de Rayas
9 La Compañía
10 Plaza Baratillo
11 Museo Diego Rivera
12 Alhóndiga de Granaditas
13 Mercado Hidalgo

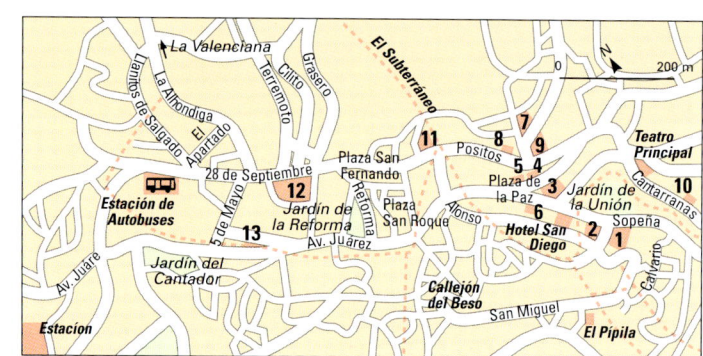

Santa Fe Real de Minas de Guanajuato. Die Mutterader *(veta madre)*, die seit 1760 ausgebeutet wurde, lieferte ein Viertel des im Lande abgebauten Silbers. Auf dem Höhepunkt des Glanzes schlug 1760 das Schicksal in Form einer großen Überschwemmung zu, der weitere kleine folgten. Diese Katastrophen und das Chaos der Freiheitskriege zerstörten den ganzen Reichtum, und 1815 war der Ort fast unbesiedelt. Mit englischem Kapital und nach mühsamem Aufbau während der Zeit des Diktators Porfirio Díaz kam es zu einer neuen Blüte, und seit 1940 sorgen Universität und Tourismus für neuen Schwung.

In den Gassen und Häusern der Hauptstadt des gleichnamigen Bundesstaates, die heute als Weltkulturerbe deklariert sind, wurde Geschichte gemacht. Eingezwängt in einem engen Tal, folgen die Straßen dem Gelände, und die Hauptachsen verlaufen sogar unterirdisch im Flußtal, in alten Minenschächten oder Kanälen.

Nach einem ersten Blick vom Monument **El Pípila,** welches an den Arbeiter erinnert, der während des Freiheitskampfes einen Brandsatz an der Tür der Alhóndiga angebracht hatte, sollte man seinen Stadtrundgang am **Jardín de la Unión** beginnen. Den Platz beherrscht die mächtige Tempelvorhalle des **Teatro Juárez,** welche die Bronzestatuen griechischer Musen krönen. Der klassizistische Bau wurde nach den Plänen dreier Architekten in 30 Jahren Bauzeit errichtet und 1903 unter Porfirio Díaz eingeweiht. Hier konzentrie-

Das Teatro Juárez krönen Statuen der griechischen Musen. Humanistische Bildung wurde und wird in Mexiko geschätzt, und unter den Musen wurden Klio (Epos), Urania (Astronomie) und Thalia (Komödie) bevorzugt.

149

ren sich die Aktivitäten des jährlich stattfindenden Cervantes-Festivals. Im Vestibül, einer Art Rauchsalon, erinnern zwischen Kitsch und Kunst die Bronzebüsten von Dichtern und Komponisten wie Dante und Mozart daran, daß man am Anfang des 20. Jh. großen Wert auf eine humanistische Bildung legte.

Die churrigureske Fassade des **Templo San Diego** (1775) neben dem Theater gehörte zum Kloster einer Untergruppe der Franziskaner. Das gleichnamige Hotel war wohl das Rasthaus des Ordens. Die Kirchenfassade zeigt in Details wie Blattvoluten, die mit Muschelmotiven verbunden sind, starke Anlehnung an die in der gleichen Zeit entstandene Kirche La Valenciana. Beide Bauten haben auch Ornamente, die maurische Schmuckelemente kopieren, z. B. die Kassetten der Türen und die Mehrpaßbögen von Fenstern und Türen. Solche Details scheinen typisch für den Stil dieser Stadt gewesen zu sein.

Weiter nordwestlich blickt die Fassade von **Nuestra Señora de Guanajuato** auf die Plaza de la Paz mit dem eleganten ›Friedensbrunnen‹. Die relativ schmucklose Barockfassade wurde in diesem Jahrhundert restauriert, und nach den beiden ungleichen Glockenstühlen der Türme zu urteilen, war sie ursprünglich wohl reicher verziert. Teil des neoklassizistischen Hauptaltars ist die berühmte Marienstatue von Guanajuato, ein Geschenk des spanischen Königs Philipp II. (1557), die durch ihr Silberpodest hervorgehoben wird.

Schräg gegenüber bietet die **Casa de los Condes de Pérez Gálvez** ein gutes Beispiel für den Typ der kolonialen Stadtresidenz reicher Minenbesitzer (18. Jh.). Nur wenige Meter weiter westlich steht die **Casa de los Condes de Rul y Valencia,** der Palast des Besitzers der größten Mine der Stadt und 1803 für einen Monat auch die Herberge Alexander von Humboldts, der über die rückständigen Verhältnisse in den Bergwerken entsetzt war. Das farbige, ausschweifende Leben der Bergarbeiter, denen nachgesagt wurde, daß sie den Lohn einer Woche in einer Nacht auf den Kopf hauen konnten, dürfte ihn aber auch amüsiert haben. Der neoklassizistische Palast ist das Werk des Architekten Francisco Eduardo Tresguerras, der auf solche Prunkbauten geradezu spezialisiert gewesen zu sein scheint (18. Jh.). Er hielt sich strikt an die Architekturgesetze, die italienische Baumeister während der Renaissance aus den klassischen römischen Bauten abgeleitet hatten. So wird das Erdgeschoß nach oben durch einen dorischen Metopen- und Triglyphenfries abgeschlossen, und im ersten Stock sind Fenster, die mit wechselnden Bogen- oder Giebelkonsolen als Scheinaltäre gestaltet sind, zwischen Doppelsäulen der ionischen Ordnung gesetzt, welche einen Mäanderfries tragen. Die im 19. Jh. restaurierte und umgebaute **Casa del Gobierno** folgt in den Grundzügen dem Nachbarbau; doch wirken die etwas kuriosen Kompositkapitelle der flachen Pfeiler des ersten Stocks mit dem Pflanzenfries darüber sehr viel barocker.

Den Berghang im Norden bedecken die Mauern und Treppen der **Universität,** die bis 1955 in einem Pseudobarockstil erbaut wurde.

Im Jahre 1679 feierte man mit großen Festlichkeiten die Ernennung Guanajuatos zur ›Villa‹ (Stadt), und 1696 überführte man die Statue ›Unserer Frau‹ (Nuestra Señora) in feierlicher Prozession in die neue Kirche.

Die Mauerzinnen in Kandelaberform sind das beste Indiz dafür. Links der Uni liegt die **Casa de los Marqueses de San Juan de Rayas**, die einst die Herren über weite Gebiete nordöstlich der Stadt waren. Sie ist eine typische Barockresidenz mit eigener Kapelle (1696).

Östlich der Universität schließt sich die Jesuitenkirche **La Compañía** (1747–65) an, welche als Teil eines Klosters nach Plänen des bedeutenden neuspanischen Architekten Felipe de Ureña errichtet wurde. Hinter der churrigueresken Fassade ragt die klassizistische Kuppel hoch über den Kreuzarmen der Kirchenschiffe auf. Über das Hauptportal, das Chorfenster und die Heiligen ist die Statue der Jungfrau Maria gesetzt. Die etwas groben Ornamente und Medaillons wirken hier wie Metallbeschläge. Über dem Außenportal der Sakristei ist das Wappen der Jesuiten, ›JHS‹ unter einem Kreuz, in ungewöhnlicher Form aus gedrehten Blattknospen gebildet, und darunter trägt ein Engel einen Korb voller Früchte, ein Symbol des Überflusses wie auch die Füllhörner römischer Göttinnen in den Zwickeln am Bogen des Seitenportals. Ganz eindeutig versuchte man hier, in der reichsten Stadt des Landes, dem Herrn durch solche Symbole für die anscheinend unerschöpflichen Silberadern zu danken. Statuen des Hl. Kajetan und des Erzengels Michael sowie zwei Ölbilder von Miguel Cabrera (im Innern) gelten als bedeutende Kunstschätze.

Im Süden versteckt sich hinter der Post und der Kirche San José die hübsche **Plaza del Baratillo** mit ihrem eleganten Eisenbrunnen (19. Jh.). Nach Westen gehend, passiert man zunächst das **Museo Diego Rivera,** im Geburtshaus des Malers (1886), und gelangt dann zur Plaza und Kirche **San Roque** (17. Jh.), wo die lustigen Einakter *Entremeses Cervantinos* aufgeführt werden (Straßentheater). Die

151

Kirchenfassade ist nur mit einer renaissanceartigen Triumphbogenzone am Portal und einer Statue des Hl. Rochus geschmückt, der sich um die Pestkranken verdient gemacht hat (1295–1378).

Die Gasse **Callejón del Beso** südlich der Plaza ist so eng, daß man sich auf den Balkonen stehend von der einen zur anderen Straßenseite küssen kann. Weiter westlich erinnern die Mauern der **Alhóndiga de Granaditas** wie zur Zeit ihrer Errichtung an eine Festung oder ein Gefängnis (1809). Hier, wo zuerst Gold- und Silberbarren gestempelt und gehortet, dann Getreide gelagert wurde, hatten sich während des Freiheitskrieges die königlichen Truppen verschanzt. Der Bergmann José Martínez, genannt El Pípila, setzte die Tür in Brand, danach richteten die Aufständischen unter Hidalgo ein Blutbad an. Nachdem die Rebellion niedergeschlagen und ihre Führer exekutiert worden waren, hängten die Spanier die Köpfe der Hingerichteten an den Ecken des Gebäudes in eisernen Käfigen auf, wo sie zehn Jahre bleiben sollten, bis zur endgültigen Befreiung des Landes. Heute ist hier ein Museum für Archäologie, Geschichte und Ethnologie untergebracht. Neben den Fresken von Chávez Morado (1955) zur Geschichte des Landes sind vor allem die im 18. Jh. in Guanajuato produzierten polychromen Keramiken interessant; aber auch die Möbel, Puppen und Bilder sind durchaus sehenswert.

Ein Besuch im **Mercado Hidalgo** ist nicht nur wegen der angebotenen kunsthandwerklichen Produkte empfehlenswert, sondern auch wegen der Glas- und Gußeisenkonstruktion der Halle (1910). Sie ist ein frühes Beispiel des Fertigbaus, denn Tausende von gleichen Einzelteilen wurden in Modeln geformt.

Das makabre **Museo de las Momias,** beim Panteón Municipal ganz im Westen der Stadt, mit seinen teilweise recht jungen Leichen muß man nicht gesehen haben; aber um einen Eindruck des alten Guanajuato zu gewinnen, sollte man einen Abstecher zum südlichen Stadtteil **Marfil** mit seinen Haus- und Minenruinen, zur Kirche **La Inmaculada Concepción** im Norden oder zur Mine des Herrn von Villaseca machen. Zur letztgenannten gehörte auch die Kirche **de Cata,** deren Fassade (18. Jh.) der von der Kirche La Valenciana ähnelt. Während der Bauzeit scheint das Geld ausgegangen zu sein, denn der obere Fassadenteil wirkt unfertig. Interessant ist auch die ehemalige **Hacienda San Gabriel de la Barrera** im Südwesten der Stadt, mit einer wunderschönen Hauskapelle und einem Mineralienmuseum.

Portal der Kirche La Valenciana nördlich von Guanajuato. In den Fundamenten soll Silber verarbeitet sein, und der Mörtel wurde angeblich mit spanischem Wein angemischt.

Der interessanteste Ausflug ist aber der zur Kirche und zur Mine **La Valenciana** nördlich der Stadt. Nachdem die Entdeckung und Ausbeutung der Mutterader den Besitzer der Mine Antonio Obregón zum reichen Mann gemacht hatte, legte er sich den Titel Conde de Valencia zu, blieb aber in Gehabe und Auftreten bescheiden wie seine Kumpel. Mit einem Teil seines Gewinns finanzierte Antonio dann den Bau der Kirche, die dem Hl. Kajetan, dem Begründer des Theatinerordens (1524), geweiht wurde (1788) und als eines der größten Meisterwerke des Barock in Mexiko gilt. Aber nicht nur mit seinem Geld schuf man das Juwel; die Arbeiter spendeten ebenfalls einen Teil ihres Lohns und halfen während ihrer Freizeit beim Bau.

Der rötliche Stein der Front erhöht noch den Reiz der reichen churriguresken Retablo-Fassade und der ornamentbeladenen Fensterrahmen der Türme, deren Herstellung fast 25 Jahre dauerte. Ein neidischer Priester der Gemeindekirche in Guanajuato sorgte durch seine Eingabe beim Bischof dafür, daß der zweite Glockenstuhl und noch größerer Glanz verboten wurden.

Die Kassettenmuster der Holztüren und die Mehrpaßbögen mit Einsprüngen in den mittleren Turmfenstern ahmen maurische Kunst nach. Die Zierflächen und Medaillons auf den Estípites, den umgekehrten Obeliskenpfeilern, imitieren Metallbeschläge, und die flachen Floralzonen über dem Türbogen erinnern an Silbertreibarbeiten. Über den üppig verzierten Schlußsteinen des Portalbogens sind auch Hinweise auf indianische Tradition und Steinmetze zu finden. So schmückt ein Fettschwanzschaf – ein Agnus Dei ohne Fahne – die runde Scheibe links, und eine eulenhafte Taube rechts symbolisiert den Heiligen Geist. In der Mitte darüber trägt ein doppelköpfiger Habsburgeradler eine indianische Sonnenscheibe auf der Brust. Im großen Medaillonrelief unter dem Mittelfenster ist die Heilige Dreifaltigkeit über dem Erdball abgebildet. Die Statuen der Nischen zwischen den Estípites fehlen heute, aber Medaillons mit Reliefbüsten von Heiligen sind noch erhalten. Engelfiguren flankieren die oberste Nische unter der Statue des Ordensstifters. Diese Position nimmt St. Joseph über dem Portal an der Westseite der Kirche ein.

Im Innern werden die Gewölbe der Kirchenschiffe unter einer Kuppel aus Vulkangestein *(tezontle)* zusammengeführt. Der Hauptaltar nimmt die gesamte Fläche der Apsis ein, die Seitenarme füllen eher churriguereske Altäre, alle reich geschmückt, mit mehreren Statuen ausgestattet und üppig vergoldet.

Das ehemalige Kloster kann leider nicht besucht werden, doch die Mine Boca del Infierno (›Mund der Hölle‹), aus der 22 Mio. Silberpesos flossen, ist zugänglich.

Guadalajara

Guadalajara, mit 5,5 Mio. Einwohnern die zweitgrößte Stadt Mexikos, und Hauptstadt des Bundesstaates Jalisco, wird von seinen Bürgern, den stolzen Tapatíos, für ein gelungenes Beispiel der Verbindung von Tradition und Moderne gehalten und selbstverständlich für den Geburtsort der Mariachi-Musik.

N. Beltrán de Guzmán, der Präsident der ersten Audiencia de México, hatte Jalisco für die Spanier erobert (1522) und der Hauptstadt seines Königreichs Nueva Galicia (›Neugalizien‹) den Namen seiner Vaterstadt gegeben. Er entpuppte sich als blutiger Tyrann, und obwohl er vom Vizekönig Mendoza schließlich für zwei Jahre eingekerkert und danach sogar des Landes verwiesen wurde, kam es 1541 zum Aufstand der Indígenas, der Cristóbal de Oñate zuletzt zwang, die erste Stadt bei Tonalá aufzugeben und eine neue Siedlung im Tal Atipamac zu gründen. Das neue Guadalajara wurde 1560 vom König zur Hauptstadt von Nueva Galicia erklärt und erhielt einen Rat, der nur dem Vizekönig unterstellt war. Die Bewohner folgten schon 1810 dem Freiheitskämpfer Hidalgo; aber ein Jahr später wurde die Stadt von den Royalisten besetzt. Nachdem die Stadtväter zehn Jahre später dem Plan von Iguala zugestimmt hatten, wurde Guadalajara zur Hauptstadt Jaliscos. Bis 1867 war die Stadt dann abwechselnd in den Händen der Liberalen oder der Konservativen; auch die Franzosen hielten sie für drei Jahre, bis schließlich Ruhe einkehrte und die Erträge aus Landwirtschaft und Bergbau für einen neuen wirtschaftlichen Aufschwung sorgten.

Zentrum der Stadt ist nicht wie üblich eine Plaza; statt dessen gruppieren sich hier die religiösen und weltlichen Großbauten gleich um vier große Plätze an den vier Seiten der **Kathedrale.**

Die bischöfliche Kirche wurde 1558 begonnen, 1616 geweiht und bis ins 19. Jh. hinein vervollständigt. Auf die relativ schlichte Front mit ihrem Triumphbogenschmuck der Renaissance wurde ein hochbarocker halbrunder Abschluß gesetzt, und das Ganze rahmte man mit Glockenstühlen, die sowohl Züge neugotischer Ziegelarchitektur als auch Rokokodetails zeigen. Selbst die recht auffälligen gelben

Stadtplan Guadalajara:
1 *Kathedrale*
2 *Palacio del*
   Gobierno
3 *Museo del Estado*
4 *Iglesia El Carmen*
5 *Palacio Municipal*

Guadalajara gilt als Geburtsort und Zentrum der Mariachi-Musik, und im Lied ›Guadalajara‹, einem ›all time favorite‹, wird die Schönheit der Stadt inbrünstig besungen. Viel Gefühl und schrille Blechklänge gehören zu den wichtigsten Merkmalen dieser Musik.

Kacheln auf den Türmen und der zentralen Kuppel können dieses Konglomerat nicht überzeugend verbinden, und auch der klassizistische Sagrario (1799) mit ›römischem‹ Tempelportikus steht wie ein Fremdkörper daneben. Imposant und Ausdruck einer Art Gigantomanie, typisch für die Kathedralen Mexikos, ist der 1561 vom König befohlene Kirchenbau aber auf jeden Fall. Die Erdbebenschäden nach 1618 und die Beseitigung der zerstörten ersten Türme mögen Gründe für die Stilvielfalt gewesen sein.

Im Innern setzt sich das Stilgemisch fort. Die gotischen Sternrippengewölbe des Hallendachs werden von Bündelsäulen getragen, deren pseudo-toskanische Kapitelle genauso wenig der Gotik entsprechen wie der nachgemachte Kachelschmuck (Mudéjar-Imitation) der Säulenschäfte. Die neoklassizistischen Skulpturen von vielen Heiligen wie San Martín, San Pablo und Santiago wurden um 1809 von Mariano Perusquia aus Querétaro angefertigt, einem Schüler von Manuel Tolsá. Die Heiligen im Chor sollen dagegen um 1810 von Mariano Arce geschaffen worden sein, einem Freund und Mitstreiter des Perusquia. In der Sakristei hängt über der Tür das wertvollste Bild der Kirche, eine Purísima (›Unbefleckte Empfängnis‹) des berühmten Murillo (1617–82) aus Sevilla, welches König Ferdinand VII. gestiftet haben soll. Auch das Bild ›Die wehrhafte Kirche‹ (1687) des Mexikaners Cristóbal de Villalpando findet man hier; es ähnelt seinem Bild in der Kathedrale von Mexico City.

Der imposante **Palacio del Gobierno,** 1774 südöstlich der Kathedrale in churriguereskem und neoklassizistischem Stil vollendet, diente Benito Juárez 1858 für einige Monate als Präsidentensitz. Im monumentalen Treppenhaus malte Clemente Orozco (1937) sein bedrückendes Bild von Miguel Hidalgo als Revolutionär und Freiheitskämpfer, dessen Statue auch auf der **Plaza de los Tres Poderes** oder **Plaza de la Liberación** östlich der Kathedrale steht. Kritisch behandelte der Künstler auch das Thema ›politisches Theater‹, und im Ratssaal stellte er Helden und Gesetzgeber neben Reformern der mexikanischen Geschichte dar.

Im neoklassizistischen **Teatro Degollado,** vormals nach einem einheimischen Theaterdichter Teatro Alarcón genannt, trat Ángela Peralta, die ›mexikanische Nachtigall‹, bei der Eröffnung zur Zeit Kaiser Maximilians als Lucia di Lammermor auf (1866). Im fünfstöckigen Ring der vergoldeten Logen werden heute unter dem Gemälde zu Dantes ›Göttlicher Komödie‹ in der Kuppel auch folkloristische Tänze aufgeführt.

Nördlich der Kathedrale, östlich der Rotonda de los Hombres Ilustres, eines weiteren Monuments zu Ehren verdienter Bürger des Landes, wurde im ehemaligen Jesuitenkolleg San José (17. Jh.) das **Museo del Estado** eingerichtet. Das Barockgebäude mit einem schönen zweistöckigen Arkaden-Hof präsentiert im Erdgeschoß die archäologische Abteilung und im ersten Stock Gemälde einheimischer Künstler des 17. bis 20. Jh. wie José de Ibarra – der mexikanische Murillo –, Cristóbal de Villalpando und Miguel Cabrera.

Die archäologischen Objekte sind chronologisch angeordnet, man beginnt im ersten Raum mit einem fast vollständigen Mammutskelett aus dem Ende des Pleistozän. Den Exponaten der frühen Menschheitsgeschichte folgen dann vor allem Keramiken der westlichen Kulturen Colima, Jalisco und Nayarit, die meist von Grabräubern gefunden wurden. Die Träger dieser Kulturen waren Fischer und Bauern, die von Fürsten und Priestern geführt wurden. Ihre Architektur war relativ bescheiden und meist aus vergänglichem Material errichtet, nur die großen Sammel- oder Familiengräber haben etwas Monumentales. Interessant sind die Szenen des täglichen Lebens, dargestellt in kleinen Tonfigürchen samt Architektur, und die zahlreichen Kriegerstatuetten, bewaffnet mit Keulen und Riesenschilden, die in der klassischen und nachklassischen Zeit den Toten mit ins Grab gestellt wurden. Im Obergeschoß ist ein Raum der Darstellung der Geschichte Jaliscos nach der spanischen Eroberung gewidmet, in den anderen Räumen gewinnt man einen Einblick in Kleidung, Sitten und Gebräuche der Region.

Der Palacio Municipal, das Rathaus, von Guadalajara

Westlich der Kathedrale, an der Plaza de los Laureles, erhebt sich der **Palacio Municipal** (Rathaus) im Kolonialstil und einen Block nördlich die Klosterkirche **El Carmen** mit großen Ölbildern (17.–18. Jh.) im Innern. Noch weiter nördlich findet man die Kirche **Santa Mónica** mit reich verzierter Barockfassade (17. Jh.).

Ein paar Blocks südlich der Kathedrale erhebt sich neben der Kirche **Templo de Aránzazu** mit ihren überladenen, vergoldeten Barockaltären (17. Jh.) die Kirche **San Francisco.** Die 1648 im Barockstil umgebaute Kirche gehörte zum Kloster, das Bruder Juan de Gracia 1543 hier gründete und zunächst aus luftgetrockneten Lehmziegeln *(adobe)* errichten ließ. Im Telegrafenamt an der Plaza de la Universidad, in einer ehemaligen Kirche im neoklassizistischen

Ein unvergeßlicher Anblick und eine wahre Farborgie sind die Waren im Mercado Libertad. Auch der Vorort Tlaquepaque, wo hervorragende kunsthandwerkliche Produkte verkauft werden, ist einen Besuch wert (südöstlicher Stadtrand). Am späten Nachmittag und am Abend kann man sich dann von der Musik unzähliger Kapellen und der Atmosphäre an der Plaza de los Mariachis verzaubern lassen.

Stil untergebracht, haben Siqueiros und Amado de la Cueva 1924 einige Fresken gemalt.

Ein wahres Kleinod klassizistischer Architektur ist das 1801 von Bischof Ruiz de Cabañas bezahlte und nach ihm benannte **Hospício Cabañas,** ein verschachtelter Bau mit 23 Innenhöfen, den der spanische Architekt Manuel Tolsá (1805) schuf. Die Fresken von Clemente Orozco in der Kapelle (1939) – ›Mensch in Flammen‹ und ›Die vier Reiter der Apokalypse‹ – gelten als seine Meisterwerke. Das ehemalige Waisenhaus wird heute als Kulturzentrum genutzt. Kunstbeflissene können auch einen Abstecher nach Westen zum **Museo Clemente Orozco** machen; auf dem Weg dorthin passiert man die Universität, wo der Maler Dantes Inferno in einem Fresko interpretiert hat.

Morelia

Morelia, die Hauptstadt des Bundesstaates Michoacán (›Ort der Fischbesitzer‹), verdankt seine Entstehung der Gründung eines Franziskanerklosters bei den Pirinda, den Matlazinken (s. S. 169), die vor den Azteken zu den Tarasken geflohen waren. Erst 1541 siedelte Vizekönig Mendoza beim Kloster (1537) 50 spanische Familien an und nannte den neuen Ort nach seiner Vaterstadt Valladolid. 1565–71 rivalisierten die Spanier von Valladolid mit den Purépecha

Morelia wurde 1810 vom Freiheitskämpfer Hidalgo kampflos besetzt, kurze Zeit später jedoch wieder an die Royalisten verloren. Vergeblich versuchte Morelos, seine Heimatstadt zurückzuerobern.

von Pátzcuaro, welche sich der Unterstützung des Landesbischofs Don Vasco de Quiroga erfreuten, um den Bischofssitz. Nach dem Tod Don Vascos befahl der spanische König Philipp II. 1571 den Bau einer Kathedrale in der Stadt der spanischen Eroberer und Beamten. Zu Ehren ihres berühmtesten Sohnes, des Priesters und Freiheitskämpfers José María Morelos (1765–1815), wurde die Stadt 1828 auf den Namen Morelia umgetauft. Die herrliche Lage in einem fruchtbaren Hochtal, das wegen der Höhe (2100 m) angenehm kühle Klima sowie seine Häuser, Kirchen und Paläste machen Morelia zu einem sehr empfehlenswerten Reiseziel.

Die **Kathedrale** am Zócalo (Plaza de los Mártires) wurde 1640 begonnen, 1706 geweiht und mit dem ersten Turm bis 1744 fertiggestellt, der zweite folgte 1768. Die geringe Höhe der Kirchenschiffe versuchte man an der Fassade durch die Betonung der Senkrechten zu kaschieren. Ovale Fenster und Medaillons, Halbsäulen und Pfeiler, die kaum durch Gesimse gestört werden, Kandelaber an der Dachkante und die beiden Türme erzeugen zusammen mit der hohen, gekachelten Zentralkuppel eine Illusion von Höhe. Wahrscheinlich hat man die Kirchen wegen der häufig auftretenden Erdbeben und Vulkanausbrüche – der letzte war 1947 – bewußt niedrig gehalten. Weiße Steinfenster und helle Reliefs bilden schöne Kontraste zum rötlichen Trachit des restlichen Bauschmucks. Die Reliefs an der Front zeigen über der Mitteltür die Auferstehung, über dem

Stadtplan Morelia

1 Colegio de las Rosas Teresitas
2 Geburtshaus von Morelos

linken Portal die Anbetung der Könige und rechts die der Hirten. Sehr ungewöhnlich sind die runden Fenster im Glockenstuhl, rechts als Uhrenrahmen genutzt, die wegen ihrer Strahlen als Sonnensymbole gelten können.

Das Innere ist Ende des 19. Jh. umgestaltet worden, wobei erfreulicherweise die mächtige Barockorgel ausgespart wurde, und auch einige Bilder wichtiger kolonialzeitlicher Maler, wie Miguel Cabrera und Ibarra, sind noch im Chor und in der Sakristei zu sehen.

Der **Palacio del Gobierno,** westlich der Kathedrale, war als bischöflicher Palast errichtet worden (1732) und zeigt neben klassizistischen Zügen mit den pagodenartigen Aufsätzen an den Dachecken auch asiatische Anklänge. Alfredo Zalce aus Pátzcuaro malte im Treppenhaus die Geschichte des Freiheitskampfes mit ihren Helden Hidalgo, Morelos und Guerrero. Auch die Revolutionszeit wird behandelt, mit Szenen aus dem Leben von Emiliano Zapata, Pancho Villa und Venustiano Carranza. Ein Bild stellt die Hinrichtung Kaiser Maximilians samt seiner Generäle dar, bei der auch Benito Juárez nicht fehlt.

Agustin de Iturbide, späterer Kaiser Mexikos, hielt seine Heimatstadt 1813 als Royalist. Als bekehrter Freiheitskämpfer zog er nach dem Plan von Iguala (Besitzgarantie) 1821 erneut nach Morelia ein.

Weiter im Osten beherbergt die Kirche **Santa Catalina,** auch Las Monjas Catalinas genannt, hinter einer Barockfassade (17. Jh.) den Cristo del Santo Entierro, eine besonders zu Ostern hoch verehrte Christusstatue im Glassarg: Das Gesicht zeigt große Ausdruckskraft und die Figur ist aus Maispflanzenteilen und Pflanzenpaste geformt, eine antike Technik der Tarasken, die Bischof Don Vasco de Quiroga wohl ihrer Symbolkraft wegen besonders gefördert hat. Mais, die Hauptnahrung der Indígenas, als Körper des Gottessohnes entspricht den Worten des Abendmahls »Siehe, dies ist mein Leib«.

Ganz in der Nähe findet man an der Plaza de Valladolid die Kirche **San Francisco** des schon erwähnten Klosters. Ihre Fertigstellung hatte sich trotz der schlichten Fassade bis etwa 1602 hingezogen, später wurde noch der Glockenturm (18. Jh.) angefügt. Die Kirche war San Buenaventura geweiht.

Weiter südlich hat man die **Casa de Morelos,** das Haus von José María Morelos, zum Museum umfunktioniert. Das 1758 errichtete Gebäude gehörte seit 1801 dem Freiheitskämpfer. Das interessanteste Exponat ist sicher die Kutsche des heiligen Sakramentes, 1852 von Frankreich nach Mexiko gebracht, welche die Priester benutzten, wenn sie zu einer Letzten Ölung gerufen wurden. Das Geburtshaus von Morelos steht neben der Kirche **San Agustín,** die zu einem kleinen Kloster gehörte (1548 gegründet). Dieses Gotteshaus konnte erst 1620 fertiggestellt werden, als der Besitzer einer großen Zuckerrohr-Hacienda beträchtliche Gelder spendete. Die Augustiner, im 17. Jh. nicht mehr als 20 Brüder, weihten die Kirche Santa María de Gracia und bevorzugten für die Fassade noch um 1610 den plateresken Stil.

An der Südwestecke des Zócalo errichtete man im 18. Jh. den **Palacio de Justicia** und paßte ihn später mit einer neuen Fassade im klassizistischen Stil dem Zeitgeschmack an. Im **Museo Michoacano**

Die Kathedrale von Morelia

Im Palast der Stadtverwaltung hat Morelos angeblich 1810 die Abschaffung der Sklaverei verkündet.

gegenüber, einem Palast der Kolonialzeit (1775), der im 19. Jh. ein zusätzliches Stockwerk erhielt, werden neben archäologischen Exponaten auch Meisterwerke der Kolonialkunst gezeigt. Imposant und klassizistisch erbaute man 1781 den **Palacio Municipal.** Der gleiche Stil ist auch beim Restaurant Rincón Tarasco an der nächsten Ecke im Norden zu finden. Der **Palacio Clavijero** schräg gegenüber (heute mit dem Touristeninformationsbüro) ist das ehemalige Jesuitenkolleg San Nicolás, das Bischof Quiroga gegründet hatte (1540). Hierzu gehörte die Barockkirche **La Compañía** (1681) auf der anderen Straßenseite, in der heute eine Bibliothek untergebracht ist.

Weiter nach Norden gehend, stößt man auf die Kirche **Santa Rosa** mit ihrer für Morelia typischen Doppeltürfassade, wie sie auch Santa Catalina aufweist. Bei all diesen Kirchen ist die gleiche Betonung der Senkrechten wie bei der Kathedrale zu erkennen (17. Jh.). Allerdings ist hier die kühle, renaissanceartige Strenge des örtlichen Barocks durch die Figuralreliefs unter den Fenstern und in den Schulterbögen der Giebel etwas gemildert worden. Die Giebelform ist wohl von gerafften Vorhängen *(lambrequín)* abgeleitet, denn die Kirche nimmt den Platz einer Walkmühle ein, die hier vorher gestanden hatte, und auch die Gelder des Stifters stammten aus der Textilherstellung, die in der Region damals florierte. Nicht weniger als vier lokale Künstler werden mit diesem Werk (1746–56) in Verbindung gebracht. Die Statue der Hl. Rosa von Lima (einer Maria ähnlich) auf dem weit vorspringenden zentralen Sechseckpfeiler wirkt, als stünde sie auf einer römischen Ehrensäule. Bemerkenswert ist der vergoldete Barockaltar im Innern.

Zur Kirche gehört das **Colegio de las Rosas Teresitas,** die älteste Musikhochschule auf dem amerikanischen Kontinent, die heute noch von der Chorschule Niños Cantores de Morelia benutzt wird.

Das klassizistische Portal auf der anderen Straßenseite führt in das Hauptgebäude des **Colegio San Nicolás.** Ganz in der Nähe sind auch die Barockkirche **La Merced** (18. Jh., südwestlich) und die Klosterkirche **El Carmen** (18. Jh., nordöstlich) zu finden, deren Estípites den churrigueresken Stil durch ihre eigenwillige Form neu interpretieren.

Weit im Osten des Zentrums, am Ende der Avenida Madero, sind die Reste des **Acueducto Colonial** (1785) erhalten, der die Trinkwasserversorgung sicherstellte. Der überufernde Schmuck und die Wandmalereien der nahegelegenen Kirche **Santuario de la Guadalupe** sind sicher nicht jedermanns Geschmack (19. Jh.).

Freunde kolonialzeitlicher Kirchenarchitektur sollten auf jeden Fall das Kloster **Cuitzeo** am gleichnamigen See, etwa 25 km weiter nördlich, besuchen. Den Grundstein zum Kloster und zur Kirche der Hl. Maria Magdalena legten die Augustiner im Jahr 1550, was die bemerkenswerte platereske Fassade, die gotischen Gewölbe und die zweifarbigen Fresken im Kloster erklärt. Bei letzteren ist besonders das Bild des Jüngsten Gerichts zu beachten. Die den Arkaden des Klosterhofes zur Verstärkung vorgesetzten Sechseckpfeiler (nach jedem zweiten Bogen) mögen ein Vorbild für die Fassade von Santa Rosa in Morelia gewesen sein. Die Wasserspeier am Klosterdach sind sehr beeindruckend als Löwen, Engel und Mischwesen gestaltet und sollten alles Übel fernhalten.

Der Hauptsitz des Augustinerordens in der Provinz Michoacán wurde seiner Bedeutung entsprechend an der Fassade mit sehr hohem, erhabenen Reliefschmuck versehen, unter dem auch das Wappen des Ordens, ein von drei Pfeilen durchbohrtes Herz auf der Brust des Habsburger Doppeladlers, zu finden ist.

Pátzcuaro

Kleinstädtischer als Morelia, aber ausgesprochen malerisch, präsentiert sich Pátzcuaro (›Ort der Steine‹) mit seinen hellgestrichenen Hauswänden unter roten Ziegeldächern an engen Gassen mit dunklem Kopfsteinplaster.

Nachdem N. Beltrán de Guzmán 1529, sieben Jahre nach der Kapitulation des Fürsten Caltzotzin (›Gebrochene Sandale‹), die Indígenas des Orts abschlachtete, flohen die Überlebenden in unwegsame Gebirgsregionen. Bischof Don Vasco de Quiroga konnte den Ort 1540 nur neu besiedeln lassen, weil er den Einheimischen Schutz vor seinen spanischen Landsleuten versprach. Er hielt sein Versprechen und wird deswegen noch heute liebevoll Tata (›Vater‹) Vasco genannt. Nach seinem Tod fiel allerdings Morelia die Hauptrolle in Michoacán zu.

Die typischen einstöckigen Stadthäuser Pátzcuaros gleichen mit ihren *adobe*-Mauern, Ziegeldächern, Holz- oder Eisenbalkonen und geschmiedeten Fenstergittern den Wohnbauten der Kleinstädte Asturiens. Nur um die beiden Hauptplätze herum wurden vermehrt zweistöckige Gebäude errichtet.

Vom Bahnhof im Norden kommend, erreicht man zunächst die **Plaza Bocanegra,** benannt nach der Freiheitskämpferin Gertrudis Bocanegra, mit der 1576 vom Augustinerbruder Francisco Villafuerte gegründeten Kirche **San Agustín** an der Nordseite. Nach der Revolution richtete man hier die Stadtbibliothek ein, und Juan O'Gorman, der Schöpfer der Mosaiken an der Universitätsbibliothek in Mexico City, malte sie mit Bildern der Geschichte Michoacáns aus. Typisch für die Kirchen Pátzcuaros sind die beigeordneten Rasthäuser *(mesón)*, die während der frühen Kolonialzeit von den Missionaren benutzt wurden. Die Plaza mit der Posada de la Rosa und der Posada de la Concordia, zwei kleinen Hotels, bildet mit dem Haus des Don Antonio Huitzimengari an der Ecke Calle Libertad/Buenavista und der Kathedrale den indianischen Teil der Stadt. Die **Casa Don Antonio**, das Haus des Sohnes des letzten Fürsten Caltzotzin, wurde im 18. Jh. umgebaut. Auch der Indianerfreund Don Vasco lebte in diesem Stadtteil, während sich die Paläste und Häuser der spanischen Tributeintreiber, der Encomenderos, im Südwesten an der Plaza Vasco de Quiroga befinden.

Schon im Wappen der Stadt von 1555 ist unter dem See eine große Kathedrale mit fünf strahlenförmig angeordneten Kirchenschiffen zu sehen. Diese Basílica de Nuestra Señora de la Salud, auch **La Colegiata** genannt war das ehrgeizige Projekt des väterlichen Tata Vasco. Der fünfeckige Zentralbau mit Außenapsiden sollte 30 000 Gläubige fassen. Vorbild waren Entwürfe italienischer Architekten (Fra Gia-

Stadtplan Pátzcuaro

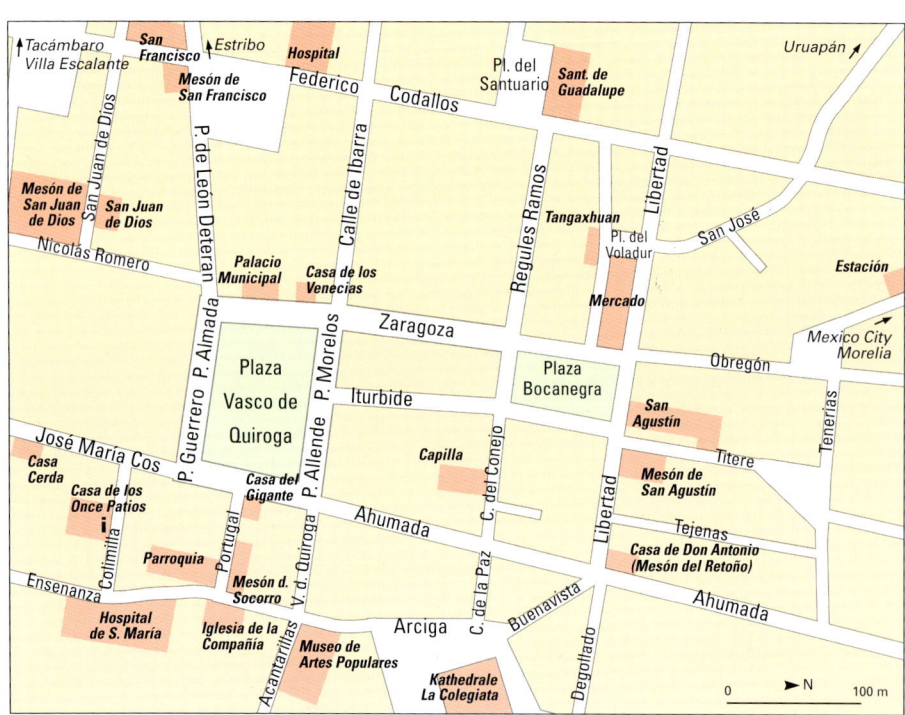

condo und Baldassare Peruzzi) für den Neubau von St. Peter in Rom (1515–34). Dort wie hier hatte man keine Erfahrung mit solchen Riesenbauten, und die Mauern brachen schon zusammen, bevor sie Kapitellhöhe erreichten. In Pátzcuaro wurde nur eine Apsis fertig (1575), die lange als Provisorium diente, bis ein schlichtes Kirchenschiff vorgesetzt wurde. Die Colegiata rühmt sich einer Marienstatue aus Mais, Orchideen- und Zuckerrohrpaste, deren glockenförmige Kleidung mit reicher, gemalter Verzierung dem Stil der berühmten Cuzco-Schule in Peru entspricht.

Juan O'Gorman malte die ehemalige Kirche San Agustin in Pátzcuaro mit Szenen aus der Geschichte Michoacáns aus.

Während des Marienfestes am 8. Dezember schmückt man die Stadt, die Colegiata und das Grab von Quiroga mit echten Blumen und solchen aus Papier. Tänze werden vor der Kirche aufgeführt, und kleine maskierte Jungen machen als Clowns die Straßen unsicher, durch die Mädchen als Engelchen huschen.

Das Kapitel der Kathedrale gewährte 1572 den Jesuiten das Recht zur Einrichtung einer Schule und schenkte dem Orden die alte hölzerne Kathedrale, die jedoch 1583 abbrannte, sowie das Wohnhaus des 1571 verstorbenen Bischofs Don Vasco. Heute ist hier das

Fischer am Pátzcuaro-See vor der Insel Janitzio. Im Zentrum der Insel steht die monumentale Statue des Freiheitskämpfers Morelos – mit Innentreppe und Wandmalereien von Ramón Alva de la Canal (Szenen aus dem Leben des Helden). Auf dem Friedhof des Fischerdorfes zu Füßen der Statue werden am 1./2. November berühmte christlich-pagane Totenfeiern abgehalten.

Museo de Artes Populares mit sehr schönen Exponaten des Kunsthandwerks untergebracht. Die **Iglesia de la Compañía,** einen Block weiter südlich, ist noch im Stil des frühen 16. Jh. errichtet worden; zu ihr gehört das Rasthaus **Mesón del Socoro** gegenüber.

Wiederum einen Block weiter südlich ist in der **Casa de los Once Patios** (›Haus der elf Höfe‹), einem ehemaligen Katharinenkloster (18. Jh.), das Touristenbüro untergebracht.

An der Plaza Vasco de Quiroga (Plaza Principal) befindet sich die **Casa del Gigante** (›Haus des Riesen‹; 17. Jh.), benannt nach einer polychromen Statue im ersten Stock. Sie gilt als schönstes Haus der Stadt und gehörte früher dem Baron von Menocal. An der gegenüberliegenden Seite der Plaza zwei weitere, einst von Encomenderos errichtete Stadtpaläste: der **Palacio Municipal,** das ehemalige Haus des Grafen von Villahermosa de Alfaro, und die **Casa de los Venecias,** das heutige Hotel Los Escudos.

Nach Westen gehend, erreicht man hinter dem ehemaligen Zollhaus der spanischen Krone, Real Aduana, das **Mesón** und die Kirche **San Francisco** (1576) im platereken Stil. Einen herrlichen Gegensatz dazu bildet weiter nördlich das **Santuario de Guadalupe,** um 1820 von Francisco Eduardo Tresguerras aus Celaya entworfen. Tresguerras gilt neben Tolsá als einer der größten Architekten des Klassizismus in Mexiko; viele Gebäude werden ihm daher fälschlicherweise zugeschrieben. Mögen auch die einzelnen Bauten nicht gerade die besten Beispiele ihres Stils im Lande sein, so haben sie durch ihre Nachbarschaft im engen Stadtkern ihren eigenen Reiz.

Der Ort verlor nach der spanischen Eroberung, als die Kathedrale für die Region Michoacán in Morelia errichtet wurde, seine Führungsrolle völlig. Der herrliche Blick über den Lago de Pátzcuaro mit seinen Fischerbooten und deren schmetterlingsförmigen

Netzen *(uiripu)* ist jedoch geblieben. Auch die hübsche kleine Insel **Janitzio**, wo am 1. November ein berühmtes Totenfest gefeiert wird, hat nichts von ihrem Reiz eingebüßt.

Am Ostufer des Lago de Pátzcuaro, dem vielleicht schönsten See Mexikos, liegt **Tzintzuntzan** (›Ort der Kolibris‹), das alte vorspanische Zentrum der Tarasken, die sich selbst Purépecha (›Einfacher Mann‹) nannten. Ihre Herkunft ist unklar, doch sind sie im 14. Jh. aus dem Norden in das Seengebiet eingewandert. Ihr Fürst Tariácuri schuf nach dem Vorbild von Tenochtitlán den Dreibund der Städte Pátzcuaro, Ihuatzio und Tzintzuntzan, wo er seinen Neffen Tangajoan als Fürsten einsetzte. Im 15. Jh. dürfte der Ort 40 000 Einwohner gehabt und unter dem Herrscher Tzitzis die Führungsrolle im Bund gespielt haben.

Hauptmonument der **Zona Arqueológica de las Yácatas** ist eine riesige rechteckige Plattform (450 x 250 m), auf der fünf Rundpyramiden mit rechteckigem Vorsatz, die *yácatas*, stehen. Während die eckigen Basen als erhöhte Vorplätze keine Gebäude trugen, standen auf den runden Pyramiden Tempel aus vergänglichem Material, die dem Sonnen- und Feuergott Curicaveri, dem Mond und der Fruchtbarkeit geweiht waren. Vor einer *yácata* entdeckte man zwei Gräber, in denen säuberlich sortiert Schädel und Skelette von neun Frauen und fünf Männern beigesetzt waren. Der Überlieferung nach wurden die Fürsten verbrannt und Teile ihrer Familie und Gefolgschaft getötet, um ihnen auch im Tod zu dienen. Diesen Toten hatte man Keramik sowie Schmuck aus Türkis, Obsidian, Kupfer und Gold mit ins Grab gelegt.

Eroberungszüge führten die Fürsten von Tzintzuntzan bis in die Region von Cuitzeo, wo sie Tribute erhoben und die Verehrung ihrer Götter befahlen.

Tzintzuntzan, Blick auf die große Tempelplattform

Westlich der Hauptstadt

Besonders sehenswert:
Teotenango ☆
Malinalco ☆
Cuernavaca ☆
Tepoztlán ☆
Chalcatzingo ☆
Xochicalco ☆☆
Taxco ☆☆

Verläßt man Mexico City auf der Straße Nr. 4 in Richtung Westen, zweigt rechts hinter dem Stausee Presa Iturbide auf der Paßhöhe die Straße zum Zeremonialzentrum der Otomí auf der Sierra de Temoaya ab. Das große Freilufttheater mit modernen Varianten alter Symbole als Schmuck wirkt mit den Sockeln, Stelen und Zuckerhutbauten (Getreidespeicher) auf den Rängen und am Außenrand wie die moderne Nachbildung einer antiken Stadt. Einen ähnlichen Eindruck müssen auch, von weitem gesehen, die Städte Calixtlahuaca und Teotenango zu ihrer Blütezeit hinterlassen haben.

Toluca

Die Hauptstadt des Bundesstaates México ist nicht gerade ein Ziel für Kunst- und Architekturfreunde, doch im Zentrum strahlt sie dank sorgfältiger Pflege und guter moderner Rekonstruktion von Gebäuden durchaus einen gewissen Charme aus. Viele moderne Gebäude erhielten durch eine Schale aus rötlichem Sandstein ein neokoloniales Aussehen, zu dem auch eiserne Balkone gehören. Von der Lage und Hotelsituation her ist Toluca ein guter Ausgangspunkt für Besichtigungen in der Umgebung, und der Besuch des Freitagsmarktes kann wegen der dort angebotenen kunsthandwerklichen Produkte (Stoffe, Keramik, Korbwaren, Leder) nur wärmstens empfohlen worden.

Am Zócalo, auch Plaza de los Mártires genannt, steht dem **Palacio del Gobierno** (1872) die klassizistische Kathedrale gegenüber, die 1867 begonnen und 1978 fertiggestellt wurde. Mit erhöhtem Mittelschiff als Basilika geplant, wurde ihr die mächtige Kuppel, bekrönt von der Josephstatue, erst später hinzugefügt.

Vom Zócalo gelangt man über die Avenida Independencia und die Calle Mariano Riva zum **Mercado 16 de Septiembre.** Dabei passiert man dann auch die Barockkirche **Iglesia del Carmen** (um 1750), deren Inneres klassizistisch aufgebessert wurde, und die Capilla de la Tercera Orden rechts daneben. An der Plaza Fray Andrés de Castro wird die kleine Kapelle des ehemaligen Franziskanerklosters profan genutzt. Bruder Castro hat das 1529 gegründete Kloster um 1550 neu erbauen lassen, auf einem Grundstück, das ihm Juan Fernando Cortés Coyotzin, ein getaufter Matlazinken-Fürst, geschenkt hatte.

Zum Botanischen Garten, nördlich der Plaza, gehört der **Cosmovitral,** ein um 1900 als Markthalle geplanter Stahl- und Glasbau, inspiriert vom Crystal Palace in London. Auf 3000 m² hat hier Leopoldo Flores an den Glaswänden Themen aus der indianischen Kultur- und Glaubenswelt dargestellt. Eine gute Vorbereitung für den Kauf handwerklicher Produkte ist der Besuch im **Museo de Arte Popular** an der Carretera 15 im Osten der Stadt.

◁ *La Quebrada, die berühmten Klippenspringer-Felsen von Acapulco*

167

Calixtlahuaca

Die Ruinen von Calixtlahuaca liegen 11 km nördlich von Toluca zwischen den Dörfern Calixtlahuaca und Tecaxic, in dessen Klosterkirche eine Kreuzabnahme zu sehen ist, die von Adler- und Jaguarkriegern bewacht wird (17. Jh., Lokalkunst). Die Ruinenstätte erreicht man über die Straße (Nr. 55, links der Eisenbahn) nach Ixtlahuaca, wenn man nach 9 km links abbiegt und hinter dem Dorf

Regionalplan:
Von Mexico City zur
Pazifikküste

Calixtlahuaca wiederum nach links fährt (nicht asphaltiert, kurz vor der Flußbrücke).

Matlazinken (›Netzleute‹), eine Untergruppe der Otomí, hatten seit der klassischen Zeit in dieser Region gelebt und wurden von den Tolteken (900–1200) und den Azteken (15. Jh.) unterjocht, was einige Stammesteile zur Flucht nach Westen ins Land der Tarasken veranlaßte. Sie verehrten als Hauptgott Coltzin und wurden von Fürsten *(hueyebeche)* regiert. Die Bauten der Zeremonialanlage und Fluchtburg erstrecken sich über 300 m am linken Ufer des Tejalpa-Flusses sowie auf Terrassen am Hügel Cerro de Tenismo und sind über Treppen und Rampen miteinander verbunden. Wasser sammelte man in künstlichen Zisternen auf den Terrassen, oder es wurde von Wasserträgern vom Fluß heraufgetragen. Die meisten Bewohner lebten aber in Strohhütten am Rand ihrer Felder im Flußtal.

Direkt an der Straße sieht man links ein unwichtiges Gebäude und etwas später rechts die Reste einer Adelsschule *(calmecac),* Räume und Tempel um einen quadratischen **Zeremonialhof,** die 1510 von Moctezuma II. zerstört wurden. Damals hatten sich die Matlazinken trotz einer aztekischen Garnison beim Dorf Calixtlahuaca gegen ihre Unterdrücker, denen sie neben den Tributen auch Menschen zur Opferung liefern mußten, in einem Aufstand erhoben. Die unterschiedlichen Bodenniveaus gehören zu verschiedenen Bauphasen, denn die ersten beiden Gebäude wurden schon zur Zeit der Tolteken errichtet (10. Jh.).

Das Hauptmonument, der **Templo de Ehecatl,** ist weithin über den Feldern zu sehen. Die vierstufige Rundpyramide des Windgottes Ehecatl liegt hangaufwärts an der Westseite des Hügels, der Weg beginnt kurz vor einem Steinbruch auf der linken Straßenseite. Zunächst erreicht man eine Plattform mit dem Tempel des Regengottes Tláloc aus rotem und schwarzem Vulkangestein *(tezontle).* Seine Treppe weist breite glatte Ränder *(alfarda)* auf. Davor erhebt sich im Grundriß eines Henkelkreuzes (ägyptisch *ankh,* ›Leben‹) eine Schädelplattform, mit plastischen Totenschädeln verziert. Der Ehecatl-Tempel, in dem eine Statue des Windgottes mit Entenschnabel gefunden wurde, liegt nordöstlich davon auf etwa gleicher Höhe. Drei Schalen sind über den Gründerbau (3.–6. Jh.) gelegt worden, und die restaurierten, sichtbaren Teile stammen aus der dritten (12. Jh.) und der vierten Phase (15. Jh.). Die Pyramidenwände waren ursprünglich alle mit Stuck überzogen und bemalt; lediglich die Steinzapfen aus der dritten Phase stehen plastisch aus der Randzone vor.

Das südöstlich von Toluca gelegene Dörfchen **Metepec** mit seinem Franziskanerkloster (17. Jh.) ist in ganz Mexiko wegen seiner kunsthandwerklichen Produkte aus Ton bekannt. Neben den hübschen Árboles della Vida (›Lebensbäume‹) sind es vor allem Skelette und Schädel, etwas skurrile Opfergaben, die für die Totenfeiern an Fronleichnam gebraucht werden. Für die Mexikaner gehören die Toten an diesem Tag wieder zur Familie und werden zu Hause oder auf dem Friedhof mit echten Speisen, Getränken und Zigaretten ver-

Die tönernen ›Lebensbäume‹ aus Metepec werden mit Bibelthemen wie Adam und Eva im Paradies oder der Geburt Christi geschmückt. Sonnen- und Mondsymbole verkörpern dagegen die vorchristlichen Vorstellungen des ständigen Wechsels von Leben und Tod. Es gibt sogar Totenbäume mit Skelettfiguren als Schmuck.

sorgt. Kinder lassen Drachen steigen, Symbole der zum Himmel aufsteigenden Seelen, und erhalten z. B. Totenköpfe aus Zuckerwerk als Süßigkeiten. Der Grund für diese Tradition dürfte darin liegen, daß die Toten in vorspanischer Zeit als Garanten für Nachkommenschaft galten, wie es auch im Vorderen Orient geglaubt wurde.

Teotenango

Dieser ›Ort in göttlicher Mauer‹ wurde wohl im 7. Jh. und 9. Jh. von Emigranten aus Teotihuacán und Tula besiedelt, die 600 Jahre lang als Teotenanca Tlaillotlaca Cuixcoca in dieser imponierenden festungsartigen Stadt lebten. Im Jahr 1306 (8 Kaninchen) wanderten sie mit ihrem Fürsten Xiuhtolotzin und seiner Frau Totoltecatl, die als Teomama dabei die Statue ihres Stammesgottes Nanhyotecuhtli (›Kostbarer Fürst‹) trug, nach Chalco im Hochtal von Mexiko aus, wohl weil der Druck durch die neuen Emigranten, die Matlazinken, zu groß geworden war. Der Vormarsch dieser Untergruppe der Otomí wurde erst 1324 durch den Sieg der Chalca gestoppt; doch konnten sie von Teotenango aus bis 1470 das Tal von Toluca kontrollieren. Den Fürsten von Chalco folgten 1415 die Herren von Acolhua als Hegemonialherren und, nach einer kurzen Freiheitsphase, 1474 die Azteken. Interner Streit über die Einstellung zu den Azteken, der neuen Macht im Hochtal, führte zur Aufspaltung in zwei Gruppen (um 1470): die eine förderte die Azteken durch die Bereitstellung von Söldnern, während die andere sich mit den Tarasken in Michoacán verbündete, zu denen sie später, nach der Niederlage gegen die Azteken, auch flohen.

Die Zurückgebliebenen versuchten erfolglos, in einem Aufstand das Joch des Azteken-Herrschers Axayácatl abzuwerfen, und während der Belagerung Tenochtitláns schlossen sie sich den Spaniern an, in der Hoffnung, durch den Sieg ihre Freiheit zu gewinnen. Ab

Teotenango, perspektivische Ansicht:
1 *Parkplatz und Relief des Jaguars*
2 *Plaza A*
3 *Plaza B*
4 *Juego de Pelota*
5 *Zeremonialhof*
6 *Schwitzbad*
7 *Plaza C*
8 *Plaza C.1*
9 *Pyramide und Plaza D*
x *Suchschnitte der Archäologen*

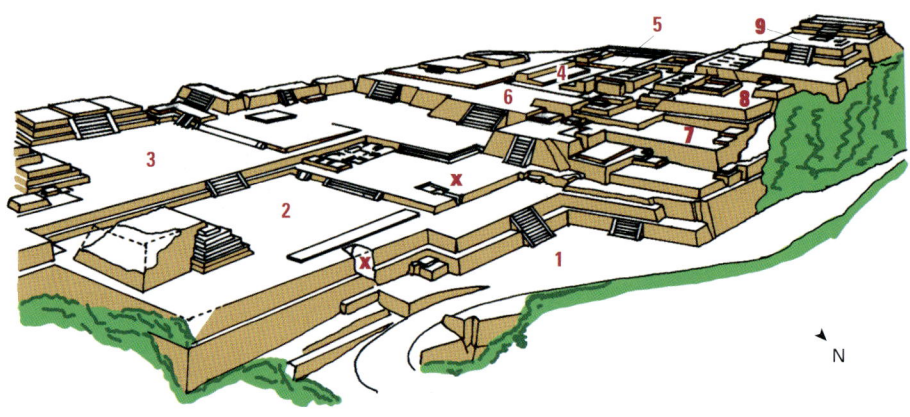

1550 siedelten sich die Spanier fest im Tal von Toluca an. Sie zwangen die Indígenas, ihre wehrhaften Städte auf den Hügeln aufzugeben und Hüttendörfer im Tal zu beziehen, wo sie leichter zu überwachen waren.

Im kleinen Museum des Ortes **Tenango del Valle** (Tenango de Arista) an der Nordseite der Ruinen sind die wichtigsten Kleinfunde, Reliefs und Stelen aus der Region ausgestellt. Die eindrucksvollsten Exponate sind hier die Windgottstatue aus Calixtlahuaca und die berühmte Holztrommel aus Malinalco mit den Reliefs der vergöttlichten Krieger.

Beim Aufstieg in die Ruinen – die ganze Anlage besteht aus einer Ansammlung von unterschiedlich hohen, auf dem Hügelrücken angelegten Plattformen – ist links der Treppe zur Plaza A das Relief eines herzenfressenden Jaguars zu sehen. Es trägt das Datum Jahr 9 Haus, Tag 2 Kaninchen und eingeritzte Menschenknochen. Dabei könnte es sich um einen Hinweis auf eine 52-Jahre-Periode handeln (1321?). **Plaza A** und **Plaza B** dahinter sind beide von Matlazinken im 12./13. Jh. über älteren Bauten angelegt worden. Beide weisen im Osten zwei an der hinteren Hälfte glatte Tempelpyramiden auf, deren etwas breitere Frontpartie gestuft ist und über schrägem Talud eine glatte senkrechte Zone tragen. Am Fuß der von breiten Rändern gerahmten Tempeltreppen hat man Massengräber von zerstückelten Menschenopfern gefunden, ein Gründungsgeschenk der Krieger- und Priesteroligarchie des Stammes an die Götter. Die Wände der Pyramiden und Terrassen waren ursprünglich sicher mit Stuck überzogen und bemalt, während die Tempel auf den Pyramiden vielleicht aus vergänglichem Material bestanden oder aus Steinen, die bei einer späteren Verlagerung der Siedlung nach Osten für andere Bauten verwendet wurden. Die flachen Plattformen im Westen der Plätze dürften aber sicher Holz- und Strohhütten getragen haben, Häuser und Werkstätten der Bewohner. Auf den langgestreckten höheren Plattformen an den Südseiten müßten dagegen die Residenzen und Wohnungen des Adels gestanden haben, häufig wohl aus luftgetrockneten Lehmziegeln (*adobe*) konstruiert. Tiefgrabungen und Suchgräben der Archäologen lassen in den Plattformen und späten Bauten die Mauern älterer Vorgänger erkennen, so etwas weiter westlich, wo an der Ostseite des **Juego de Pelota** (15. Jh.) neben Wohnräumen auch eine halbrunde Sauna (*temazcal*) gefunden wurde, in der man durch Schwitzen nicht nur den Schmutz entfernt hat, sondern auch Krankheiten. Die Gebäude im Bereich der **Plaza C** mögen Adelsquartiere gewesen sein, die teils aus dem 9./10. Jh. und teils aus dem 14./15. Jh. stammen sollen.

Die im Westen davon gelegene große Pyramide an der **Plaza D** wird nach einem an der Plattformbasis gefundenen Relief auch ›Schlangenfundament‹ genannt. Eine weitere Reliefplatte aus diesem Komplex zeigt auf einer Seite einen Jaguar mit Jadekette um den Hals und dem Datum 2 Kaninchen im Nacken und auf der anderen Seite neben dem Datum 3 Wind (nach Xochicalco-Form) ein merk-

Die Verbindung von Ballspielplatz und Schwitzbad zeigt deutlich den religiösen Charakter des Spiels, denn die körperliche und seelische Reinigung war eine wichtige Vorbereitung für jede religiöse Zeremonie.

171

würdiges Mischwesen mit Fasanenkopf, Insektenkörper, Schmetterlingsflügeln und Menschenarmen. Der Jaguar könnte das Symbol für eine Pulque- und Erdgöttin 2-Kaninchen sein, die vielleicht die Lokalgöttin des Ortes war und mit Jaguarpranken abgebildet wurde. Hier sollte auch die Datumsstele des Ortes gestanden haben, welche schon 774–838 datiert worden ist und Jahresdaten wie 2 Wasser, 7 Hirsch und 8 Eidechse enthält. Wahrscheinlich ist sie jünger und von Matlazinken angefertigt worden (13. Jh.), die einen eigenen Jahresansatz hatten; denn ihre Jahre mit dem Tagesnamen Wasser entsprechen den aztekischen Jahren auf den Tagen Kaninchen und den zapotekischen auf den Tagen Hirsch. Die Matlazinken-Jahre auf den Tagen Eidechse entsprechen dagegen den aztekischen Haus-Jahren. Hinter diesem Residenzbereich der örtlichen Fürsten befindet sich eine große Freifläche, die als **Marktplatz** gedeutet wird. Im Westen wird sie von einer mächtigen Festungsmauer (13. Jh.) begrenzt, die wohl von den kriegerischen Matlazinken angelegt worden ist und später auch im Norden und Süden verlängert wurde.

Malinalco

Die beste Straße nach Malinalco führt von Toluca über **Tenancingo,** mit seinem Karmeliterkloster Santo Desierto (›Heilige Wüste‹, 18. Jh.), ein Hinweis auf die christliche Praxis, sich zur Erkenntnis in die Einöde zurückzuziehen. Heute ist hier eine staatliche Landwirtschaftsschule untergebracht. Schlechte Zufahrtsmöglichkeiten bestehen aber auch von Osten über Cuernavaca und den Wallfahrtsort Chalma, sowie von Süden über Miacatlán bei Xochicalco.

Malinalco, ›Ort des Grases‹, das als Tagesglyphe in einem Schädel wächst, kann sich neben den berühmten aztekischen Tempeln an den Hängen des Cerro de los Ídolos (›Berg der Idole‹) auch eines frühen Augustinerklosters (1540) rühmen und einer phantastischen landschaftlichen Lage. Die platereske Fassade der Kirche **Purificación y San Simeón** (um 1560) wurde im 18. Jh. um den Glockenturm ergänzt, und im 19. Jh. vermauerte man die offene Eingangshalle vor dem Kloster, dessen Wandmalereien (16. Jh.) von einem gewissen Interesse sind.

Vom Zócalo auf der Straße nach Tenancingo gehend, biegt man im Santa Mónica-Viertel nach links auf den Bergpfad zu den Ruinen ein. Die Haupttempel wurden auf einer teils in den Fels gehauenen und teils vorgebauten Terrasse etwa 140 m über dem Talboden angelegt; weitere Ruinen auf der Spitze des Berges sind bisher nicht ausgegraben worden. Im Jahr 1476 nahm der Azteken-Herrscher Axayácatl auf seinem Kriegszug gegen Cuauhnáhuac (Cuernavaca) en passant auch das Gebiet der Matlazinken um Malinalco in Besitz und setzte hier den Gouverneur Citlacoaci ein. Der nächste Azteken-Fürst Ahuitzotl gab Citlacoaci im Jahr 9 Haus (1501) den Auftrag zum Bau eines neuen Tempels und schickte gleich die nötigen

Steinmetzen aus Tenochtitlán mit. Bis 1515 erneuerten die Azteken-Herrscher jedes Jahr den Baubefehl, und selbst 1521, als die Spanier während der Belagerung Tenochtitláns auf einem Streifzug Malinalco erreichten, wurde noch an einigen Nebengebäuden gearbeitet. Glücklicherweise sind große Teile der wichtigsten Gebäude aus dem gewachsenen Fels gehauen, so daß die Mönche nur die Quader der aufgesetzten Mauern abräumen konnten, um das Material in ihrem Klosterbau zu verwenden.

Das mit Steinmeißeln aus dem Fels gehauene Rundgebäude **Edificio VI** – viele der Werkzeuge sind in dem unvollendeten Versammlungshaus gefunden worden – gleicht den Kivas der Männerbünde bei den Pueblo-Indianern im Südwesten der USA. Solche halbunterirdischen Sakralbauten sind in fast allen Kulturen als ein Hinweis auf Grubenhäuser, die frühesten menschlichen Schutzbauten, verstanden worden. Hier sollten sich die adligen Elitekrieger der Adler und Jaguare, die das Hauptheiligtum ihres Ordens jederzeit mit ihrem Leben schützen mußten, zur spirituellen Reinigung einfinden.

Edificio I, der Haupttempel, ist samt Treppe, Sockel und Statuenschmuck aus dem Fels gehauen, lediglich die Anten des Vorraums sind aus Steinquadern errichtet worden. Ein steinerner Standartenträger in der Treppenmitte trug die Fahne des Erdgottes Tepeyollotli (›Herz des Berges‹). Dieser alte Gott galt den Azteken als Aspekt des

Malinalco, der Innenraum des aus dem Fels geschlagenen Haupttempels. Mit seiner runden Form und den Öffnungen im Boden erinnert er an die Kivas – subterrane Versammlungsräume von Männerbünden der Stämme im Südwesten der USA.

Stern- und Schöpfergottes Tezcatlipoca, dem ihre Kriegsschulen *(tel-pochcalli)* unterstanden. Zwei Jaguare, Symbole der Elitekrieger, flankieren die Treppe. Die Tür zur fast runden Cella ist als Schlangenmaul, Symbol des Erdmonsters, gestaltet. Rechts stand ein steinerner Adlerkrieger auf einem Schlangenkopf und links auf einer mit Pumafell – die Zeichnung war durch eingesetzte dunkle Steine angezeigt – bezogenen Kriegstrommel wohl ein Jaguarkrieger. Das rekonstruierte Strohdach dürfte den Originalzustand ziemlich genau wiedergeben. Im Innern zeigen Reliefs auf und vor einer umlaufenden Wandbank die Bälge von Adlern und das Fell eines Jaguars. Das kleine Loch im Boden hinter dem mittleren Adlerrelief mag als Opferschale *(cuauhxicalli,* ›Adlerschale‹) für Menschenherzen gedient haben und den Nabel der Welt symbolisieren, während die Cella selbst Sinnbild der mythologischen Höhle war, aus der die Urväter der Azteken gekommen sind. Hier, an ihrem symbolischen Stammesursprung, dürften die Elitekrieger die Eintrittsriten nach der Ergreifung ihres vierten Gefangenen gefeiert haben. Auch im aztekischen Militärstaat förderte man elitäres Bewußtsein von Soldaten durch besondere Kulte und mehr oder weniger gefährliche Initiationsriten, ähnlich denen, die römische Legionäre im Rahmen des Mithras-Kults pflegten.

Die recht unscheinbare Pyramide rechts vor dem Haupttempel, **Edificio II,** dessen Oberbau von den spanischen Mönchen abgerissen wurde, dürfte das ›Haus der Adler‹ *(cuauhcalli)* gewesen sein. Vermutlich haben die Elitekrieger auf dem kleinen Rundbau hinter diesem Tempel gegen ihre Gefangenen gekämpft. Da letztere nur mit Papierwaffen ausgerüstet waren, stand der Ausgang des Kampfes von vornherein fest. Nördlich davon führen in den Fels gehauene Treppen zu den höher liegenden Sakralbauten. Daneben steht **Edificio III,** das *tzinacalli,* wo die im Kampf oder als Opfer gestorbenen Sonnenkrieger verbrannt wurden, damit ihre Seelen als Sterne am Himmel erscheinen konnten.

In der rechteckigen Vorhalle befindet sich hinter den beiden Portalpfeilern, vor dem Zugang zur runden Cella, ein solcher Brandaltar als Steinkiste im Boden. Die Fresken über den Wandbänken zeigten eine Prozession vergöttlichter Krieger auf Adlerfedern und Jaguarfellen, den Symbolen der Sterne. Im Zentrum der Cella war zwischen Podesten für die Zeremonialgeräte ein weiterer Brandaltar eingelassen, d. h., das Strohdach des Tempels muß einen sehr effektiven Rauchabzug gehabt haben.

Noch weiter nördlich errichtete man den Tempel der Sonne, **Edificio IV,** wo am Tag 4 Bewegung, am Ende des 260-Tage-Ritualkalenders, das Sonnenfest gefeiert wurde. Dabei wurde die neue Sonne, verkörpert im Stammesgott Huitzilopochtli, von den Kriegern durch ihren eigenen oder den Opfertod ihrer Gefangenen für ihren mühsamen Weg über das Firmament und durch die Unterwelt gestärkt. Zwei kleine Vorhallen flankieren die Treppe zur ersten Terrasse und die Eingänge der großen Pfeilerhalle oben; die Steinbasen

Aztekische Heerführer kannten zwar Kriegslisten und Taktiken, doch stritten ihre Soldaten nicht im geschlossenen Verband. Die Schlachten bestanden eher aus einer Vielzahl von Zweikämpfen, bei denen jeweils die Fähigkeiten des Einzelnen entscheidend waren.

der Säulen oder Pfeiler stehen noch. Die Türen sind später ganz bzw. teilweise zugemauert worden. In den Vorhallen dürften Wachen gestanden haben, denn von dort hat man freie Sicht auf den Zugang zum Tempelbezirk und auf das ganze Tal.

Möglicherweise hat man die Tempel von Malinalco angelegt, weil in **Chalma** die Statue des Gottes Otzoctéotl (›Fuchshöhlengott‹) in einer Höhle verehrt wurde. Wie zwei Augustinermönche berichten, wurde das Idol im Jahr 1533 ohne menschliche Einwirkung durch eine Christusfigur ersetzt. Die Statue in der 1683 errichteten Kirche ist Anfang Januar Ziel vieler Pilger, die um Hilfe bitten, sich rückwärts gehend von der Statue entfernen und in den Stromschnellen des Flusses baden, was zu zahlreichen Heilungen geführt haben soll.

Auf dem Weg nach Acapulco

Der Bersuch einiger der zahlreichen und recht unterschiedlichen Attraktionen unterwegs kann die sehr lange Fahrt nach Acapulco abwechslungsreich gestalten, durch ein oder zwei Übernachtungen wird sie auch weniger anstrengend. Beispiele der frühen Kolonialkunst (Cuernavaca, Taxco) können dabei mit aztekischen Bauwerken kurz vor der Conquista verglichen werden (Tepoztlán), und Bilder früher Olmekenkunst (Chalcatzingo) zeigen den weiten Weg der künstlerischen Entwicklung bis zu den Stelen von Xochicalco.

Cuernavaca und Teopanzolco

Die Bezeichnung **Cuernavaca** (›Kuhhorn‹) resultiert aus einer Lautmalerei der Spanier für den aztekischen Namen Cuauhnáhuac (›Am Waldrand‹), den der 200 Jahre alte Ort der Tlahuica nach der Eroberung durch Itzcóatl (1428–40) bekam. Das angenehme Klima, die mittlere Höhenlage und die Fruchtbarkeit des Bodens veranlaßten schon die aztekischen Herrscher, hier Sommerresidenzen anzulegen. Eine Stadt der Blumen, vor allem Bougainvillea, und Parks ist die Hauptstadt des Bundesstaates Morelos noch heute. Der Eroberer Cortés ließ sich hier einen Sommerpalast erbauen, und in den Gärten des Minenbesitzers José de la Borda entspannen sich Bewohner und Besucher seit mehr als 100 Jahren. Auch Kaiser Maximilian amüsierte sich hier in der **Casa de Maximiliano** (Calle H. Galeana) mit seiner Gemahlin Charlotte einen Sommer lang (1864), und später folgten ihnen die Revolutionäre in diesem Brauch.

Der Zuckerrohranbau in Monokulturen zwang die Hacienderos schon bald, Sklaven aus Afrika einzuführen, da die Indígenas auf den Feldern wie die Fliegen dahinstarben. Das neue Blut, das sich längst mit dem der Weißen und der Indígenas vermischt hatte, sorgte für einen besonderen Menschenschlag, dessen bester Vertreter wohl

Cuernavaca entwickelte sich innerhalb der letzten 20 Jahre von der verträumten, in einem Blütenmeer versinkenden Kleinstadt zur fast Millionen-Metropole.

175

Stadtplan Cuernavaca

Emiliano Zapata war. Heute spielt der Anbau von Zuckerrohr nur noch eine geringe Rolle, da Blumenzucht und Hirsepflanzungen größeren Profit versprechen.

Der **Palacio de Cortés** (1529), der mit seinen Arkaden zwischen zwei querstehenden Flügeln an den Enden, ein wenig der Farnesina in Rom ähnelt, verkörpert Landhaus (Villa) und Stadtresidenz zugleich. Die Villa ist in der Folgezeit mehrfach vergrößert worden, doch blieb der wehrhafte Gesamteindruck erhalten, während die Arkaden im Oberstock das Piano Nobile und damit die Repräsentation betonen. Kleine Verzierungen in den Arkadenbögen sind der einzige Bauschmuck. In diesem Palast vom Typ der italienischen befestigten Villa, Ende des 15. Jh. entwickelt, kerkerten die Spanier im 18. Jh. berühmte Freiheitskämpfer wie Nicolás Bravo und José María Morelos y Pavón ein. Heute dient er als **Museo Regional de Cuauhnáhuac.** Neben archäologischen Funden (z. B. aus Xochicalco), Waffen, historischen Dokumenten, Möbeln und religiöser Kunst kann man auch Kostüme und historische Wandfresken von Diego Rivera bewundern, die der amerikanische Botschafter Dwight Morrow anlegen ließ, als er hier residierte (1927–30). Ganz allgemein gibt die Ausstellung einen guten Einblick in die Geschichte von Morelos, besonders in die der Revolution, die sich auch in vielen Straßennamen manifestiert.

Als Vorbild für den Palast des Cortés mögen Entwürfe befestigter Villen aus der Hand der Italiener Francesco di Giorgio und seines Schülers Baldassare Peruzzi, oder des Spaniers Vignola, Schüler Peruzzis und Verfasser eines Architekturtraktates, gedient haben. Die Schützenhäuschen (Pfefferbüchsen) an den Dachecken wurden rund 300 Jahre später aufgesetzt.

Auf dem **Zócalo** hat sich der französische Architekt Gustave Eiffel mit einem Musikpavillon wie in anderen Städten Mittel- und Südamerikas (Lima, Sucre) verewigt, bevor er durch seinen eisernen Turm in Paris Weltruhm erlangte. Etwas westlich vom Zentrum hatten Franziskanermönche schon 1529 mit dem Bau eines Klosters nebst Kirche begonnen, die ab 1821 als Kathedrale von Cuernavaca diente. Der einstige Klostervorhof ist längst zum idyllischen Garten umgestaltet worden, dessen Zentrum ein frühes Steinkreuz (16. Jh.) markiert. An den Rändern stehen auch jüngere Kirchenbauten, wie eine neugotische Kapelle (20. Jh.) links neben dem Eingang zum Vorhof. Sehr viel interessanter, wenn auch stark restauriert, ist die hochbarocke **Capilla de la Tercera Orden** rechts neben dem Eingang zum Vorhof, deren Front- und Seiteneingang mit Stuck- und Ziegelplastik (18. Jh.) verziert ist. Das Seitenportal wird durch eine in Mexiko sehr seltene Muschelkalotte gerahmt und geschützt. Der etwas grobe plastische Schmuck – Maria in der Mitte – kann ebenso wie die Kacheln im Innern als Lokalstil angesehen werden, dessen Vorbilder in Puebla zu suchen sind.

Viel schlichter, aber auch sehr viel eindrucksvoller, wirkt die **Kathedrale,** deren hohe Längswände durch mächtige Strebepfeiler abgestützt werden mußten, um den Seitendruck der Deckengewölbe aufzufangen. Das Nordportal (1552) steht mit seinen einfachen Halbsäulen und dem Dreiecksgiebel über dem Türbogen ganz in der Tradition des frühen 16. Jh. Dazu gehören auch die beiden etwas ungelenk wirkenden tanzenden Engel, ein Hinweis auf den heiligen Kirchenvater Augustinus. Das Kreuz über Knochen gibt dem Giebel auch die Bedeutung des Berges Golgatha.

Der moderne Altar und die geschmackvolle Kupferbemalung an der Decke darüber betonen die Bedeutung der Wandfresken, die 1957 bei einer Restaurierung entdeckt wurden. Im Kloster von Cuer-

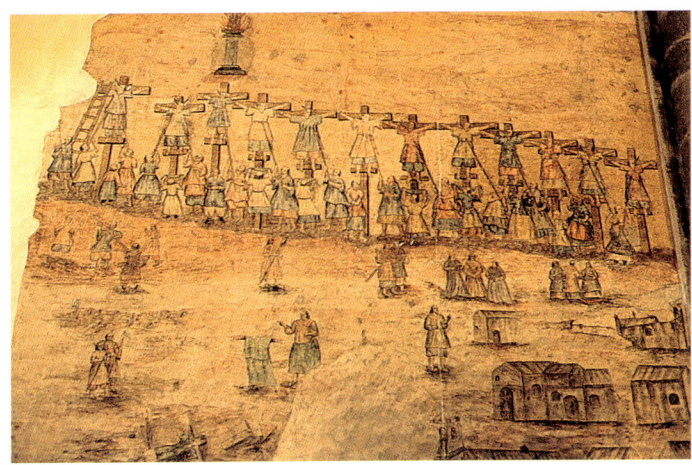

Kreuzigung der Franziskaner in Japan, Fresko in der Kathedrale von Cuernavaca. Die brennende Säule soll wohl den Botschafter und Mönch Pedro Bautista hervorheben, der zusammen mit seinen Leidensgefährten 1627 seliggesprochen wurde.

177

navaca, Ausgangspunkt der spanischen Christianisierungskampagnen in Japan und auf den Philippinen, haben sich seit 1562 viele Franziskaner auf ihre schwierige Missionstätigkeit im Fernen Osten vorbereitet. Nach anfänglichen Erfolgen wurde das Christentum unter Kaiser Taycosama in Japan verboten. Der Kapuzinermönch San Felipe de Jesús und seine Begleiter, 23 Franziskaner mexikanischer Herkunft, mußten 1597 wegen eines Sturms in Japan landen, wo sie eingekerkert und zum Tode verurteilt wurden. Die Gefangennahme in Kyoto, die Vorführung im Land und die Kreuzigung auf dem Hügel von Tateyama werden auf den Wandbildern dargestellt. Nach dem Stil der Gesichter, der Schiffe, Waffen und Kleidung sowie der fehlenden Perspektive müßte der Maler ein japanischer Franziskaner gewesen sein, denn mexikanische Künstler pflegten damals einen ganz anderen Stil. Da Japan sich 1647 völlig abkapselte, dürften die Gemälde zwischen 1627 und 1647 entstanden sein.

Beachtenswert ist das mächtige Sternrippengewölbe des Chors über dem Westeingang, wo die Büßer und Katechumenen der Messe beiwohnen konnten, die heute wie früher am Sonntag von Mariachi-Kapellen begleitet wird. Der Bischof weist immer noch durch schlichten Ornat und einen knorrigen Hirtenstab auf die Armut und Bescheidenheit der Franziskaner hin.

Kleine Teile einer älteren Kirchenausmalung sind ebenfalls entdeckt worden; gute Beispiele dafür findet man noch im anschließenden **Kloster der Franziskaner**, in der Portería und in der Capilla Abierta. Sehr eindrucksvoll sind das Bild der Ordensgeschichte, bzw. der Heiligen des Ordens, und die Kordelrahmen im Kreuzgang, wo auch ein überlebensgroßer Hl. Christopherus steht. Mit herkulischen Muskelpaketen und gedrungenen indianischen Körperproportionen bezeugt die Holzstatue die tiefe, naive Gläubigkeit der Indígenas. Dem Klostereingang an der Ostseite ist eine mächtige Pfeilerhalle mit Rippengewölben vorgelagert, wo die Mönche notleidende Gläubige zu speisen pflegten und wohl auch die Messe gelesen haben. Über der Tür stellt ein Fresko die Ordensbestätigung durch Papst Innozenz III. (1198–1216) dar. Der barocke Glockenstuhl am Kirchturm links davor wurde erst 1713 aufgesetzt.

Nur 2 km westlich des Stadtzentrums hat man einige Pyramiden und Altäre des Ortes **Teopanzolco** (›Alter Tempel‹) ausgegraben, dessen Bewohner, die Tlahuica (›Erdenmenschen‹), den aztekischen Fürsten seit dem 15. Jh. in Form von Baumwolle Tribut zahlen mußten. Die Mutter des Herrschers Moctezuma II. stammte aus dem Fürstengeschlecht der Tlahuica, die wie die Azteken Náhuatl sprachen. Entdeckt wurden die Ruinen von Revolutionären des Emiliano Zapata, die hier ihre Kanonen in Stellung gebracht hatten, als die Einschläge der kaiserlichen Artillerie im natürlich erscheinenden Hügel Mauerreste freilegten.

Die Haupttempelanlage **(Edificio 1)** ist einmal überbaut worden (15. Jh.) und weist zwei parallele Zugangstreppen im Westen auf. Die Tempel des Neubaus sollen dem Regengott und dem aztekischen

Im Franziskaner-Kloster leben noch einige Mönche, der größte Teil der Räumlichkeiten dient jetzt aber als bischöfliches Amt.

Stammesgott Huitzilopochtli geweiht gewesen sein. Die Tempel des inneren Erstbaus, dessen Plattform einen senkrechten Tablero-Teil über dem schrägen Talud aufweist (12.–14. Jh.), haben unterschiedliche Grundrisse. Da Kojotenköpfe an der südlichen Cella mit Vorraum ein Hinweis auf den Tod sein könnten, sollte nach dem Prinzip der Dualität der zweite religiöse Aspekt der Anlage das Leben gewesen sein, dem die nördliche Cella mit den vier Außenpfeilern gewidmet war.

Die Reihe der kleinen Plattformen und Altäre davor dürfte für die Opfer der Allgemeinheit bestimmt gewesen sein. In **Edificio 4,** einer rechteckigen Plattform mit Doppeltreppe ohne Randzonen, fand man als Opfer Obsidianklingen und die Knochen von etwa 35 Menschen. **Edificio 13,** hinter dem Haupttempel gelegen und wie dieser einmal überbaut, soll Tezcatlipoca, dem Schöpfergott und brüderlichen Gegner des Quetzalcóatl, geweiht gewesen sein. Bei **Edificio 12,** nördlich vom Haupttempel, könnte es sich nach den drei Treppen an der Front um eine Art Residenz gehandelt haben.

Tepoztlán

Östlich von Cuernavaca liegt in der fruchtbaren Ebene des Río Itza-matitlán die **Hacienda Cocoyoc,** ein Luxushotel und beliebtes Wochenenddomizil der Mexikaner. Die Gebäude einer über 100 Jahre alten Zuckerrohr-Hacienda mit Fabrikräumen, Kapelle und Aquädukten sind äußerst geschmackvoll für die neue Nutzung umgebaut worden.

Auf halber Strecke zwischen Cocoyoc und Cuernavaca legten die Dominikaner im 16. Jh. in Tepoztlán (›Ort der Kupferaxt‹) ein Klo-ster zu Füßen einer steilen Gebirgskette an. Das Dorf, Schauplatz vieler Feste mit teilweise recht einmaligen Tänzen, wird nur selten von Touristen besucht, obwohl auf einem der Berge noch ein azteki-sches Heiligtum der Pulque-Götter besichtigt werden kann. Beim Karneval (Februar), in der Karwoche *(Semana Santa),* am 16. Januar, am 6. Mai sowie am 7. und 8. September werden hier Tänze aufgeführt.

Das Kloster **Nuestra Señora de la Navidad** (›Unsere Herrin von Weihnachten‹), eine typische Mission im Festungsstil, zeichnet ein schönes platereskes Kirchenportal aus. In den Zwickeln über dem Türbogen sind die Dominikanerwappen von Sternen, Tieren, Sonne und Mond umgeben. Maria mit dem Kinde steht auf einer Mond-sichel zwischen einem heiligen Mönch und einer heiligen Nonne, Hinweise auf Ordensgründer. Darüber halten zwei schwebende Engel mit Kreuzdiademen eine Inschriftentafel. In den Fundamen-ten soll eine Statue des aztekischen Pulque-Gottes Ometochtli (2-Kaninchen) verbaut worden sein – sicher aus praktischen Grün-den, vielleicht aber auch um den Sieg des Christentums zu symboli-sieren. Eine Relieftafel mit dem Datumsnamen ist auch im **Museo México por la Paz** neben dem Kloster ausgestellt.

El Tepozteco, der Tem-pel des Pulque-Gottes bei Tepoztlán

Im Innern mit seinen klassizistischen Altären erinnert nur das gotische Rippengewölbe an die frühe Kolonialzeit und die Fertigstel-lung um 1588. Die mächtigen Türme, die Zinnen an den Dachkan-ten und die wuchtigen gedrungenen Arkaden im Klosterhof sind typische Phänomene der frühen Kolonialzeit. Auch die Capillas Posas an den Ecken des Vorhofes und die Capilla Abierta für India-nergottesdienste unter freiem Himmel fehlen nicht. Ein ähnliches Kloster in Yautepec, 26 km südöstlich von Cuernavaca, an der Straße nach Cautla, zeugt vom Missionierungseifer der Dominikaner im 16. Jh.

Hoch über dem Kloster liegt auf einer Bergspitze nördlich des Dorfes ein **El Tepozteco** genannter aztekischer Tempel, zu dem man etwa eine Stunde aufsteigt. Tepoztecatl war ein Gott des Ackerbaus, einer der 400 Pulque-Götter und Sohn von Tepoztlán, welches die Azteken im 15. Jh. eroberten. Der kleine Tempel auf dem Berg trägt auf den Steinbänken in seiner Cella Reliefs von Schilden mit Hin-weis auf 2-Kaninchen, einen Schädel, das Wassertier des Herrschers Ahuitzotl (1486–1502) und das Datum 10 Kaninchen (1502), was auf den Urheber und den Zeitpunkt der Erneuerung des Tempels schließen läßt, der aber wohl ältere Vorläufer hatte. Wie bizarre Felsen oder Bäume bilden Bergtempel in den meisten Kulturen die frühesten heiligen Orte oder Naturheiligtümer; selbst Pyramiden sind oft lediglich Nachbildungen eines heiligen Berges, auf dessen Spitze z. B. das ›Neue Feuer‹ am Anfang einer 52-Jahre-Periode entzündet wurde. Viele lokale Mythen erzählen von Pulque-Göttern wie Tepoztecatl, die mit großen Trinkgelagen geehrt wurden. Trunkenheit hat mit Sicherheit beim Abstieg vom Tempel so manches Menschenopfer gefordert.

Chalcatzingo

Einige steile Basaltberge steigen wie Trutzburgen ganz unvermittelt bei Amayuca aus der Steppenebene im Osten des Bundesstaates Morelos auf. Hier haben um 1000–600 v. Chr. Menschen gesiedelt, die Verbindungen zu olmekischen Zentren in Guerrero und/oder an der Golfküste hatten. Die baulichen Hinterlassenschaften mit einigen wenigen Reliefspuren auf mächtigen Steinbasen sind wenig ansehnlich; nur die Stelen **El Gobernador** (›Der Statthalter‹), **La Reina** (›Die Königin‹) und **Tepeyotl,** das Bild eines Jaguars, der unter dem S-förmigen Symbol für Jade oder Wasser einen Menschen anfällt, sollte man sich anschauen. Sehr viel sehenswerter sind allerdings die Reliefs an den Bergwänden.

Zum **Santuario de los Relieves** gehören zwei Gruppen von Reliefs an der Basis des Cerro de la Cantera und ein Bild des Regengottes (?) auf der Bergspitze neben dem modernen Gipfelkreuz, 300 m über der Ebene. Bei der westlichen Gruppe sitzt in der Mitte ein El Rey genannter Fürst oder Priester in einer Höhle. Die Voluten am Höhlenmaul (Wassersymbole?) und die Maispflanzen unter Regenwolken darüber lassen darauf schließen, daß er – durch göttliche Kraft oder mit Hilfe des Opfers in seinen Armen – Regen erzeugt. Wahrscheinlich war der Mann als Vertreter der Götter verantwortlich für den lebenswichtigen Regen. Für diese Aufgabe hätte er keinen besseren Ort finden können als diese steilen Berge, an denen sich häufig aufsteigende Wolken abkühlen und abregnen.

Olmeken-Fürst mit Maisstengel, Nachzeichnung eines Reliefs aus dem Santuario de los Relieves von Chalcatzingo

Hier und in der östlichen Gruppe frißt eine Schlange mit Zähnen im Schnabelmaul einen Menschen, das Opfer. Auch die Bilder von Jaguaren mit ›Kronen‹, die über am Boden liegende Personen herfallen, werden als Darstellung von Menschenopfern zur Sicherstellung des Pflanzenwachstums gedeutet. Ein Olmeken-Fürst, mit Helm und Mantel angetan, präsentiert daneben einen Maisstengel als Fruchtbarkeitssymbol, und zwei Priester mit Götterköpfen marschieren mit Grabstöcken auf einen Liegenden zu, der sich bei einer Götterfigur anlehnt. Der Grundgedanke hinter den Abbildungen scheint klar zu sein, doch bei der Interpretation der Details gibt es noch einige Unklarheiten.

Xochicalco

Die Ruinen ›Am Blumenhaus‹ gehören zu den interessantesten und wichtigsten archäologischen Stätten Mexikos. Obwohl schon der berühmte Padre Sahagún (16. Jh.), der beinahe sofort nach der Eroberung begonnen hatte, über Sitten und Geschichte des Landes zu schreiben, über diesen Ort berichtete und 1777 Padre Alzate als erster dort gegraben hat, wurde die Anlage lange ignoriert. Die letzten zehn Jahre wurde viel gegraben, viel restauriert und ein elegantes neues Museum erbaut.

Besiedelt war der Bergausläufer des Ajusco, der rund 150 m über der Ebene mit dem See Laguna de El Rodeo aufragt, schon in vorklassischer Zeit. Die imponierenden Ruinen aber stammen aus der Zeit nach 600, und um 1100 scheint man sie verlassen zu haben. Nach lokaler Tradition hatte der Gott Tepoztecatl von Tepoztlán die Bewohner besiegt; doch dürften die wahren Gründe Wasserknappheit, schlechte Ernten und Druck von Einwanderern wie den Tolteken gewesen sein.

Die archäologische Bedeutung dieser natürlichen Festung liegt vor allem darin, daß sie die Zeit zwischen dem Untergang von Teotihuacán und dem Aufblühen von Tula abdeckt.

Im neuen, sehr eigenwilligen **Museumsbau,** vielleicht dem Caracol, dem Symbol des Quetzalcóatl, nachempfunden, werden auf vorbildliche Weise viele der schönsten Funde gezeigt. Nach einer Einführung über die antike Stadt, ihre Kontakte zu anderen Zentren und ihre natürliche Umgebung werden im nachfolgenden Saal um die sehr stark stilisierte Statue des **Señor Rojo** (›Roter Herr‹) Gefäße, Reliefs und Plastiken gezeigt, die man inhaltlich mit Kriegern und Priestern verknüpft. Die Objekte im nächsten Raum sind

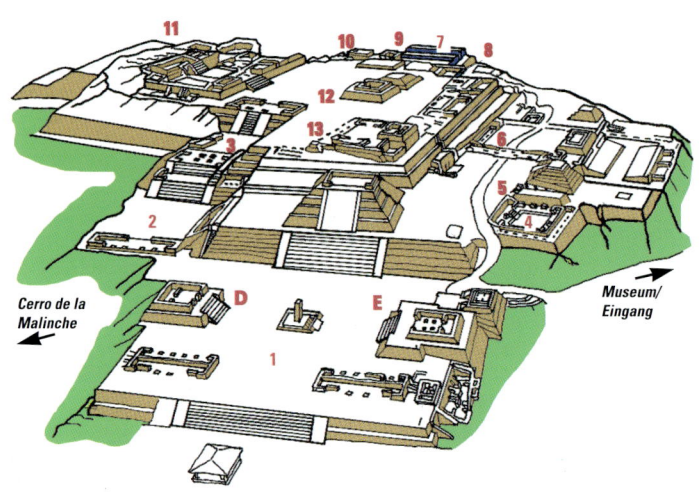

größtenteils Bauschmuck, z. B. Dachzinnen und Reliefs. Besonderes Interesse verdienen die Seesterne, welche mit Zapfen in die Wand eingelassen waren. Mit den steinernen Jaguaren und Tonfiguren versucht man im nächsten Saal die Bandbreite des künstlerischen Schaffens vorzustellen. Mit ›Die Welt der Götter‹ ist der nächste Raum übertitelt, da hier ein Torring vom Ballspielplatz, Götterbilder auf Gefäßen, Stelen und Zeitsymbole – Papageien und Fledermäuse sowie Datenreliefs – gezeigt werden. Zuletzt hat man mit der Rekonstruktion eines Hauses das tägliche Leben dargestellt, und daneben die Statue eines Fürsten von Xochicalco plaziert. Unikate sind auch die echten Krokodilschädel, wohl Symbole der Erde und des Wassers.

Die Zufahrt erfolgt vom Museum aus weiter hangaufwärts; hinter der höchsten Stelle findet man das Kassenhäuschen. Es ist vorteilhaft, den Zugang entlang der Ostseite der Ruinen zu benutzen und die Besichtigung im Süden zu beginnen. Ein schmaler Pfad führt nach Westen zum tiefer liegenden **Cerro de la Malinche**, wo ein Ballspielplatz, ein Palast, Häuser, ein Tempel und eine lange Zeremonialstraße (nach 800) nur oberflächlich untersucht worden sind. Über eine breite Treppe gelangt man zur **ersten Plaza** hinauf, in deren Mitte eine kleine Plattform mit einer heute fehlenden Stele gefunden wurde. Die Stele trug Glyphen, und die Plattform ist einmal überbaut worden. Auch die Gebäude an der östlichen Terrassenbasis wurden später hinzugefügt.

Zunächst standen an der West- und Ostseite nur die beiden Tempel oder Audienzhallen **Edificio D** und **Edificio E** mit ihren großen Pfeilervorhallen. Im Süden flankieren zwei Pfeilerhallen, wohl Logen für Teilnehmer an Festen oder Zeremonien, den Zugang zur Plaza. Im Norden ragt die große Tempelpyramide auf der nächsten

Unterschiedliche Bauphasen lassen sich in Xochicalco z. B. an verschiedenen Formen der Steinquader erkennen: Es gibt runde Flußsteine, die nur an einer Seite flachgeschliffen sind, und gebrochene, rechteckige Quader. In der Regel sind die Ecksteine größer und besser bearbeitet.

183

Plattform auf, deren beiden letzten Bauphasen in der Überbauung der breiten Treppe zu erkennen sind.

Links davon gelangt man durch eine breite Eingangshalle mit Pfeilern zur **Plaza 2** und über Treppen zu einer Art Verwaltungstrakt auf der **Plaza 3,** die über eine weitere Treppe und Eingangshalle mit dem Vorhof des Tempels der gefiederten Schlangen verbunden ist. Praktischer ist es, an der Nordostecke der ersten Plaza bei dem anscheinend später eingefügten Tempel zur nächsthöheren Plattform im Osten zu gehen. Die rechts um einen eingetieften Hof gruppierten Gebäude mögen einem Adelsgeschlecht als **Residenz** gedient haben oder für Verwaltungszwecke genutzt worden sein. Nördlich davon führt eine **Rampe** zu einem etwas tiefer liegenden Ballspielplatz hinab. Ihre Pflasterung besteht aus Steinplatten mit bisher einzigartigen Reliefs von Tieren und Symbolen; einige sind im Museum. Es könnte sich um Totem-Tiere verschiedener Familien handeln, um Namen siegreicher Spieler, Hinweise auf geopferte Verlierer oder Göttersymbole.

Drainagesysteme und ihre gemauerten breiten Abflußzonen verwandelten die Wände der zentralen Terrasse im Süden der Rampe nach Regenfällen in künstliche Wasserfälle.

Durch einen **Zeremonialhof** mit Pfeilerhallen gelangt man zum nördlichen **Juego de Pelota.** Geschlossene Hofbezirke, die wohl nur von bestimmten Bevölkerungsgruppen genutzt wurden, sind ein auffälliges Merkmal des Gesamtplans von Xochicalco. Beim Ballspielplatz, der von einer alten Maya-Form mit schrägen Prellwänden zum doppel-T-förmigen Grundplan des Hochlandes mit Steilwänden und Torringen umgebaut wurde (8./9. Jh.), befinden sich ein **Wasserreservoir,** in dem man vielleicht auch badete, und ein **Schwitzbad** *(temazcal),* weil zum religiösen Spiel auch die rituelle Reinigung gehörte. Im kleinen Pfeilerhof daneben trägt ein Altar oder besser eine Sitzplattform noch die Bemalung von weißen Kreisen auf blauem Grund und blauen Wellenlinien darunter, beides Symbole für Wasser. Von hier kann man weiter nach Süden zum **Observatorio** vordringen. Es handelt sich um eine natürliche Höhle, die künstlich umgeformt wurde und eine Öffnung in der Decke erhielt, über der die Sonne am 21. Juni senkrecht steht.

Auf der nächsthöheren Plattform über dem Pfeilerhof stehen die interessantesten Bauten der Anlage. Der Tempel **Pirámide de las Serpientes Emplumadas** (›Pyramide der gefiederten Schlangen‹) trägt tiefe Steinreliefs mit Schlangen, sitzenden Fürsten, Daten und Symbolen an all seinen Wänden. Die Form von Talud und Tablero mit dem vorkragenden Gesims zeigt Verbindungen zur Architektur von Teotihuacán und El Tajín.

An der Front links der Treppe umrahmt die Schlange, deren Schuppen als Federn und Windjuwel-Symbole ausgeführt sind, eine als Kalenderkorrektur interpretierte Datengruppe. Eine Hand an der Glyphe 9 Haus stützt sich auf ein Maya-Symbol für 20 (Tage), die andere Hand hält ein Seil mit dem Datum 11 Affe. Die Punkte unter 9 Haus sind sehr atypisch gruppiert und sollen neben dem Tag auch noch die Rechnung 9 - 1 enthalten, deren Ergebnis 8 zu den 20 hinzugezählt werden muß, denn die Distanz zwischen den Tagen

9 Haus und 11 Affe beträgt 28 Tage. Es wurden also im mixtekischen Jahr 6 Rohr (771?) 28 Tage ausgelassen, um den Festkalender der Stellung der Gestirne anzupassen und die neuen Namen des Jahres einzuführen. Der Tempel ist so orientiert, daß die Sonne sich im Lauf des Tages von der rechten Ecke diagonal zur linken hinteren Ecke bewegt und zum Zeitpunkt der Tagundnachtgleiche genau im Zentrum steht. Auf der rechten Seite der Treppe umschließt die Schlange eine andere Glyphengruppe, wo der 20jährige Fürst 2-Bewegung-Laufender-Ballspieler im zapotekischen Jahr 4 Hirsch (770?) erwähnt wird.

Die Fürstenbilder auf den anderen Wänden, zwischen den Windungen der Schlangen, entsprechen im Stil und vor allem in der Gestik klassischen Maya-Darstellungen. Die Glyphen und Daten hier und oben an der Cella-Wand dürften sich auf untergeordnete Lokalfürsten oder Vorfahren beziehen sowie auf deren Lebensdaten und Regierungszeiten. Waffenbündel und andere Hinweise auf militärische Siege passen ebenso in den dynastischen Zusammenhang wie Hinweise auf Neu-Feuer-Zeremonien, also den Anfang einer neuen Ära (52 Jahre).

Erst vor wenigen Jahren entdeckte man im Kern der Pyramide einen älteren Vorgängerbau, der eine Thronhalle gewesen sein könnte, und damit bietet sich die Interpretation als Ahnentempel für den späteren Überbau an. Die Raumgruppen hinter dem Tempel werden Adelsquartiere gewesen sein, und der **Templo de las Estelas**

Der Tempel der gefiederten Schlangen (Pirámide de las Serpientes Emplumadas) in Xochicalco. Maya-Stil in solcher Reinheit ist im Hochland nur noch in Cacaxtla zu finden und dürfte hier wie dort auf politischer bzw. familiärer Verbindung zu der dominierenden Kultur weit im Süden des Landes beruhen.

185

daneben eignete sich mit seiner Vorhalle, dem kleinen Vorhof und der großen Cella oder Thronhalle hervorragend als Residenz. Die hier gefundenen drei Stelen und die Datumsplatte (heute im MNA) tragen Reliefs von Göttern oder vergöttlichten Ahnen, aber auch Daten und Namen einer Fürstenfamilie, die in mixtekischen Codices erwähnt wird (9. Jh., s. S. 102). Die Stelen sind wohl bei der Aufgabe des Ortes rot bemalt, rituell getötet und begraben worden.

Auf der obersten Plattform befindet sich der Wohnpalast der fürstlichen Familie, mit Höfen, Pfeilerhallen, Haustempeln und Treppen auf die Dächer. Hier hat man eine Reliefplatte im mixtekischen Stil gefunden, die den Fürsten 2-Bewegung beim Empfang des Götterträgers 3-Affe zeigt. Da seßhafte Stämme, wenn sie verdrängt wurden, ihre Götter mitnahmen, dürfte es sich um einen Hinweis auf Einwanderer handeln.

Immer neue Wellen von Eindringlingen aus dem Norden dürften die Bewohner schließlich veranlaßt haben, Xochicalco/Tututepec aufzugeben und ein neues Zentrum gleichen Namens weiter im Süden an der Küste (Mixteca Baja) zu gründen.

Taxco

Die kleine idyllische Silberstadt, heute ein nationales Monument, liegt am südöstlichen Hang des El Atache-Berges. Schon im 15. Jh., als Moctezuma I. mit seinen Azteken sich in der Region lebenden Tlahuica tributpflichtig machte, fand man hier Gold und Zinn, das von den Einheimischen als Geld verwendet wurde. Als Cortés für die Herstellung seiner Bronzekanonen Zinn brauchte, drangen die Spanier 1522 zum Ort Tlachcotecapan (›Ort der Ballspielplätze‹) vor, heute Bezirk San Miguel. Die erste spanische Siedlung wurde rund 12 km entfernt in Taxco el Viejo gegründet; doch allmählich siedelte sich die Bevölkerung dicht bei der Mine Socavón del Rey an, die 1534 entdeckt worden war. Der zunächst El Real de Tetzelcingo genannte kleine Ort erhielt später den Namen Taxco.

Die Glanzzeit des Ortes begann 1708, als der Franzose oder Baske Francisco de la Borda in der Mine La Lajuela zu schürfen begann und eine Tochter aus dem Haus Verdugo heiratete (1711). Weil diese Ehe kinderlos blieb, lud er seinen jüngeren Bruder Don José 1716 nach Taxco ein. Der Jüngere heiratete 1720 eine andere Tochter aus der Familie Verdugo und arbeitete in der Mine seines Bruders, die er nach dessen Tod erbte. Wenige Jahre später (1748) fand er die Mutterader San Ignacio und raffte mit der Ausbeutung der Mine innerhalb von neun Jahren 12 Mio. Pesos zusammen. Nach dem Motto der Familie »Gott gibt Borda, und Borda gibt Gott« erbaute er mit dem Geld für seinen Sohn, der zum Priester erzogen wurde, die berühmte Kirche Santa Prisca, damals ein Kostenaufwand von 1,6 Mio. Pesos. Später verlor Don José sein ganzes Vermögen und ging nach Zacatecas, wo er in der Mine La Esperanza 20 Mio. Pesos verdiente. Er starb 1778 in Cuernavaca; und zur gleichen Zeit versiegten die Silberadern in Taxco.

Mehr als ein Jahrhundert dämmerte die Stadt vor sich hin; dann brachte William Spratling, ein kanadischer Professor, Handwerker

aus Iguala nach Taxco und ließ die Tradition der Silberschmiede wieder aufleben. Heute wird in der alten Mine mit modernen Maschinen wieder erfolgreich geschürft. Tourismus und Silberschmiede liefern 50 % der städtischen Einnahmen. Zu Fuß oder mit Minibussen gelangt man vom Denkmal des Bergmanns über die Calle de la Garita (weiße Markierung im Straßenpflaster) zunächst zum **Convento de San Bernardino de Sena.** Das von Franziskanern erbaute Kloster (1595) brannte 1805 ab und wurde 1823 im klassizistischen Stil wieder aufgebaut. Agustín de Iturbide unterzeichnete hier den Plan von Iguala, der während der Befreiungskriege Mexiko 1820 ein wenig Ruhe brachte.

Weiter hangaufwärts findet man links in der Calle Alarcón die **Casa Humboldt,** wo Alexander von Humboldt 1803 als Gast der Familie Villanueva wohnte, die das Haus 1770 im Barock- und Neo-Mudéjar-Stil erbaut hatte. Heute kann man hier ein Museum für Kunsthandwerk besichtigen. Nach rechts, eine steile Gasse hinaufgehend, kommt man zum **Museo Don Guillermo Spratling** hinter der Kirche Santa Prisca. Hier ist die Privatsammlung William Spratlings, bestehend aus Silberobjekten, Antiquitäten und historischen Dokumenten, untergebracht.

Die Kirche **Santa Prisca y San Sebastián** wurde 1758 nach nur zehn Jahren Bauzeit fertiggestellt, nach Plänen von Diego Durán. Die Bauarbeiten und die Ausführung überwachte Juan Caballero, und die gute Zusammenarbeit mit dem Geldgeber sorgte für den einheitlichen Stil des ganzen Gotteshauses.

Die wie ziseliert wirkende Retablo-Fassade wird rechts und links von den leicht vorspringenden Türmen mit den kleinen, reich verzierten Rund- und Mehrpaßfenstern flankiert, die aber mit ihrer glatten Quaderwand einen ruhigen Gegenpol zum Retablo schaffen.

Unten rahmen korinthische Säulenpaare, zwischen denen noch Estípites eingezwängt sind, zwei Apostelstatuen. Gebrochene Doppelbogengesimse leiten über zu den Sockeln der salomonischen Säulen darüber. Hier wird das zentrale Relief mit der Taufe Christi und dem Rokokorahmen (Muschelwerk) von den Statuen der Santa Prisca links und des San Sebastián rechts flankiert, denen kleine Putten zu Füßen sitzen. Das Papstwappen unter dem Relief gilt als Zeichen des nominellen Besitzes. Rechts vom großen Fenster ist das vormals neuspanische Wappen durch den Adler Mexikos ersetzt worden, und rechts ist das Wappen des Erzbischofs Rubio y Salinas angebracht, der die Erlaubnis zum Bau der Kirche gab. Den Retablo rahmt ein klassisch-ionisches Kymation (Abschlußleiste). In den Zwickeln darüber halten zwei Engel die indianischen Symbole von Sonne und Mond. Das Ganze krönt die Uhr mit zwei Heiligen und der Marienstatue darüber.

Die Glockenstühle der Türme sind durch Halbsäulen und Estípites an den Ecken im Grundriß zu Oktogonen umgeformt, was die Gesimse betonen. Durch diesen Kunstgriff erhielt man die oben ausladenden Formen, die an Blütendolden erinnern. Engel und Apostel bilden den Statuenschmuck der Türme.

Im Innern sind zwischen Pfeilern, Flächen mit reichen, floralen Reliefs und bossierten Quaderzonen vergoldete barocke Altäre an den Wänden aufgestellt. Im Bogenfeld über dem Eingang zur Capilla de los Indios malte Miguel Cabrera das ›Martyrium der hl. Prisca‹, die sich trotz kaiserlichen Befehls als 13jährige weigerte, dem Sonnengott Apollo zu opfern (268–270). Als man sie den Löwen vorgeworfen hatte, legten sich diese zu ihren Füßen nieder, statt sie zu zerreißen, worauf sie in der Arena enthauptet wurde. Die Kapelle darunter wurde den Indianern gestiftet, weil sie den Bauplatz für die Kirche zur Verfügung gestellt hatten. Auf der anderen Seite ist das Bogenfeld über dem Nebeneingang von Cabrera mit dem ›Martyrium des hl. Sebastian‹ ausgemalt worden, der als kaiserlicher Offizier christliche Gefangene beschützte. Zur Strafe wurde er auf Befehl Kaiser Diokletians (reg. 284–305) zunächst mit Pfeilen beschossen und als er dies überlebte, in der Arena getötet.

Der churriguereske Hauptaltar scheint ein wahrer Säulen- und Pfeilerwald zu sein, in dem zwischen unzähligen Engeln Päpste, Evangelisten und Heilige versteckt sind, welche das symbolische Fundament der Kirche bilden und das Bild der Unbefleckten Empfängnis umringen. Ganz ähnlich sind die beiden nächsten Seitenaltäre aufgebaut, die der Jungfrau von Guadalupe und der Unbefleckten Empfängnis geweiht sind. Sie erscheinen wegen der mächtigen Gesimse allerdings etwas ›kopflastig‹.

Die Sakristei schmücken Bilder des ›göttlichen‹ Cabrera, die Szenen aus dem Leben der Jungfrau Maria behandeln. José de Ibarra und der Zapoteke Miguel Cabrera waren die größten Maler Mexikos Mitte des 18. Jh. Im 19. Jh. wurde Cabrera dann als unbedeutend abqualifiziert, und erst in jüngster Zeit steigt sein Ruf wieder.

Die Produktion von Silberarbeiten gehört zu den wichtigsten Wirtschaftszweigen von Taxco. Neuerdings wird auch der lokale Buntsandstein gebrochen und in dünnen Platten verkauft.

Zur Kirche gehörte auch eine goldene Monstranz, die mit etwa 9000 Edelsteinen, Diamanten, Smaragden, Rubinen, Amethysten und Saphiren besetzt war. Don José hatte sie der Kirche aber nur zur Nutzung überlassen, und als er sein erstes Vermögen verlor, verkaufte er die Kostbarkeit für 110 000 Pesos an die Kathedrale von Mexico City. Von dort ging ihr Oberteil 1859 in Privatbesitz über und wurde später Notre-Dame in Paris gestiftet, wo es noch heute ist.

Beim Verlassen der Kirche sollte man auch einen Blick auf das Äußere des Seitenportals werfen. Trauben, ebenso wie der Granatapfel Symbole der Verbreitung des Christentums, schmücken mit den Blutstropfen Christi die Schäfte der Säulen mit Kompositkapitellen. Darüber flankieren San José und San Cristóbal ein Relief mit Mariä Himmelfahrt.

Interessant sind auch der restaurierte **Palacio Borda** (1759), dicht bei der Kirche am Zócalo, und hangaufwärts weiter südwestlich die **Casa Figueroa** (1767). Bei der Errichtung dieses Hauses, das dem Conde de Cadena, einem Freund Don Josés, gehörte, sollen viele Indianer gestorben sein, weshalb es auch ›Haus der Tränen‹ genannt wird. Ein sehr schönes Hotel ist die **Posada de la Misión,** eine ehemalige Herberge für Priester und Mönche, von deren Terrasse man einen herrlichen Blick auf den Ort und Santa Prisca hat.

Rund 10 km südöstlich von Atenango del Río liegt im Gebiet des Ortes Copalillo eine der interessantesten Ruinenanlagen im Bundesstaat Guerrero, zu dem auch Acapulco gehört. Zwischen 1400 und 600 v. Chr. haben Menschen in **Teopantecuanitlán** eine Anlage mit Kanälen, eingetieftem Hof, Tempelplattform und eindrucksvollen Steinreliefs im olmekischen Stil errichtet.

Zeremonialzentren wie Teopantecuanitlán dürften die Herstellungsorte der vielen olmekischen Kleinfunde vor allem aus Jadeit gewesen sein, die man im Bundesstaat Guerrero gefunden hat.

Acapulco

Der ›Ort des zerstörten Schilfrohrs‹ wurde im 20. Jh. ein Synonym für Reichtum und Vergnügen, doch lange vorher war er einer der wichtigsten Häfen Mexikos. Dem Azteken-Fürsten Ahuitzotl (1486–1502) folgten rund 30 Jahre später die Spanier als Eroberer, und 1532 startete Hurtado de Mendoza von diesem natürlichen Hafen in der schützenden Bucht seine Expedition zur Erkundung der Küsten des Vizekönigreichs Neuspanien. Nach der Eroberung der Philippinen wurde Acapulco der Heimathafen der *Galeones de Manila,* der Schiffe, die den Reichtum Ostasiens nach Mexiko brachten, wo er über Land nach Veracruz geschafft wurde, und von dort auf dem Seeweg nach Spanien. Auch das Silber und das Gold Südamerikas wurden teilweise über Acapulco nach Spanien gebracht. Schon im 17. Jh. legten sich daher englische und holländische Piraten vor der Bucht auf die Lauer, um reiche Beute zu machen. Die Spanier versuchten mit der Erbauung der Festung San Diego (1616) den Hafen zu schützen. Als diese 1776 durch ein Erdbeben zerstört wurde, errichtete man zwar sofort eine neue Festung. Doch drei Jahre später verlegte man die Verbindung nach Ostasien auf den Seeweg über den Indischen Ozean, und Acapulco verlor seine Bedeutung, auch wenn noch vereinzelt Schiffe ein- und ausliefen. José María Morelos konnte die Stadt erst bei seinem zweiten Versuch 1813 kurzfristig einnehmen. Die zurückgekehrten Spanier verteidigten dann 1818 zum letzten Mal und vergeblich die Festung San Diego.

Die erste Straße vom Hochland zum Hafen baute man 1927, und das erste Hotel öffnete seine Türen 1933. Als dann der Schweizer Teddy Stauffer mit dem Filmstar Errol Flynn 1942 erstmals nach Acapulco kam, begann der Aufstieg zum Tummelplatz der Playboys, Filmstars und Schickeria. Ab 1964 strömten mit der Eröffnung des neuen internationalen Flugplatzes mehr und mehr Pauschaltouristen in die Hotels der Stadt, und die High Society suchte sich neue Spielplätze. Die umfassende Renovierung der Stadt erwies sich bei dem großen Sturm und den Überschwemmungen von 1997 als äußerst oberflächlich, und der Gouverneur als menschenverachtend und zynisch.

Kunsthistorisch und archäologisch hat Acapulco außer dem Fuerte de San Diego nicht viel zu bieten, sieht man einmal von den modernen und teilweise sehr reizvollen Hotelbauten und dem **Instituto Guerrerense de la Cultura** ab, wo neben einigen archäologischen Objekten auch moderne Kunst und Kunstgewerbe vorgestellt werden. Restaurants, Bars und Discos bieten alles, was der Mensch

Acapulco bietet wenig Sehenswürdigkeiten, aber viel fürs Vergnügen.

190

zum Vergnügen braucht, in großer Vielfalt und teilweise von höchster Qualität; ein amerikanischer Geschmack ist aber oft nicht zu
übersehen.

Die Festung **Fuerte de San Diego,** an der Küstenpromenade
Malecón gelegen, wurde nach Plänen von Adrián Boot 1776 errichtet. Mit ihren fünf mächtigen Bastionen folgt ihre fünfeckige Form
dem Idealplan des französischen Marschalls Vauban, der sich selbst
an Plänen der Spätrenaissance orientiert hatte. Links des Eingangs
liegen an der Festungsmauer das Wachhaus und die Waffenkammer
für die menschliche Verteidigung, rechts steht die kleine Kapelle für
den göttlichen Schutz. Es schließen sich das Gefängnis und die
Küche an. Die Längsseite des großen Hofes bilden die Mannschafts-
räume, und an der Stirnseite befinden sich das Pulvermagazin, die
Munitionskammer und das Haus des Kommandanten. Ein Wasser-
graben und die Zugbrücke am Portal erschweren die Erstürmung
ebenso wie die Schützenhäuschen auf den Ecken, die wegen ihrer
Form Pfefferbüchsen genannt werden.

*Die Festung von
Acapulco sicherte den
spanischen Handel
mit Ostasien.*

191

Von Puebla nach Veracruz

Östlich von Mexico City

Puebla

Die 3 Mio. Einwohner zählende Hauptstadt des gleichnamigen Bundesstaates wurde von den Spaniern als Puebla de los Ángeles gegründet, nachdem ein Engel dem Bischof den Ort angezeigt hatte. Als Puebla 1539 Bischofssitz wurde, lief die Stadt der Rivalin Cholula den Rang ab. Seit Bischof Juan de Palafox y Mendoza ihr am Ende des 17. Jh. durch seine Förderung ungeheuren Aufschwung brachte – 60 Kirchen und 20 Klöster wurden gezählt –, brauchte man nur noch mit Mexico City zu rivalisieren. In diesem und dem folgenden Jahrhundert erlebte die Kachel- und Keramikproduktion ihre größte Blütezeit, in der man Motive aus Europa und dem Fernen Osten zu eigenständigem Dekor umformte. Heute ist das Volkswagenwerk der größte Arbeitgeber in Puebla. Im 19. Jh. brach die ganze Herrlichkeit zusammen, als die Stadt 1847 vorübergehend von den Amerikanern unter General W. Scott eingenommen wurde und 1863 für vier Jahre in die Hände der Franzosen fiel, die bereits 1862 einen ersten vergeblichen Angriff unternommen hatten. Puebla war und ist eine Barockstadt, deren Häuser und Kirchen aus dem 18. Jh. durch Kacheln und Details im Neo-Mudéjar-Stil ihr einmaliges Gepräge bekamen.

Im Stadtzentrum liegt an der Südseite des Zócalo, dessen Mitte die wasserspeienden Engel des San Miguel-Brunnens markieren, die **Kathedrale.** An der Südostecke stand wohl die erste Kirche (1539), die bis 1649 als Kathedrale fungierte. Bereits 1575 hatte man begonnen, nach Entwürfen Francisco Becerras, der auch an der Kathedrale von Mexico City gearbeitet hat, eine neue Kathedrale zu errichten. Die Pläne wurden mehrmals geändert, zuletzt von García M. P. Ferrer (1583–1660), dem Freund des Bischofs Juan de Palafox y Mendoza, der die neue Kathedrale schließlich 1649 unter größtem Gepränge einweihen konnte.

Das Äußere der Kirche trägt Renaissance- und Barockzüge, im Innern überwiegen Barock und Klassizismus. Letzterer ist auf Umbauten des 19. Jh. zurückzuführen. Die relativ kurze Bauzeit sorgte aber dafür, daß Fassade, Seitenportale und Türme ein harmonisches Ganzes bilden. An der Front flankieren die unteren Halbsäulen mit ihren dorischen Kapitellen die Apostel Peter und Paulus sowie Wappen mit Hinweisen auf Maria, denn die Kathedrale war der Virgen María Nuestra Señora und der Unbefleckten Empfängnis geweiht. Die mittleren Halbsäulen mit ionischen Kapitellen rahmen Joseph und Jakob mit der Statue der ›Reinsten Empfängnis‹ in der Mitte. Oben sind zwischen dorischen Halbsäulen das spanische Wappen angebracht und das Datum 1664, das Jahr, in dem von privater Hand die Summe von 18 472 Pesos für die Vollendung der Fassade gestiftet wurde. Die beiden Reliefs über den Nebentüren zeigen

Besonders sehenswert:
Puebla ☆☆
Tonantzintla ☆
Cacaxtla ☆☆
Ocotlán ☆☆
Jalapa ☆☆
El Tajín ☆☆
Zempoala ☆
Veracruz ☆

Pueblas Kathedrale ist zwar etwas kleiner als ihre Rivalin in Mexico City, dafür aber sehr viel stilvoller und harmonischer als diese.

◁ *Blick über die Ruinenstätte Zempoala*

Santa Teresa und Santa Rosa. Den älteren der beiden Türme (1678, 1768) sollte man wegen der guten Aussicht besteigen.

Das Portal an der Nordseite entspricht in der Abfolge seiner Säulenordnungen – dorisch, ionisch und korinthisch – den Maximen des römischen Architekten Vitruv. Hier stehen unten Johannes und Matthäus, in der Mitte Lukas und Markus und ganz oben in Marmor Joseph. Am Sockel notierte man ganz berechtigt: »Hoc opus, hic labor.« (»Hier das Werk, welche Arbeit.«) Wie eine Krone leuchten die Kacheln der Kuppel über den Kirchenschiffen, ein gelungenes Werk von Ferrer.

Im Innern überwiegt zunächst der Eindruck von Kühle und Strenge, erzeugt durch die vergoldeten himmelhohen Säulen, welche die kassettierten Decken tragen. Die barocken Altäre dazwischen erinnern ein wenig an aufgestellte Blumensträuße; doch der mächtige Hauptaltar, Manuel Tolsá zugeschrieben, entspricht ganz dem klassizistischen Stil des Innern und wird von der Statue St. Peters bekrönt (1819). Marmor und Onyx, vergoldete Holzschnitzereien und Stuck wurden für die Ausschmückung der Kirchenwände, für Säulen und Altäre verwendet.

Den Chor ziert unten, gegenüber dem Hauptportal, der Altar der Vergebung (1797) mit Statuen von San Luis Gonzaga und San Fran-

Stadtplan Puebla

cisco Javier neben dem Ewigen Vater und der ›Reinsten Empfängnis‹. An den Seiten des Chors sind weitere Altäre und Bilder bekannter mexikanischer Maler angebracht, z. B. ›Das Sakrament‹ (1732) von José de Ibarra. Das Gestühl mit seinen musizierenden Engeln und der Holzschnitzerei wurde in schönstem Barockstil ausgeführt (1719–22); die Holzeinlagen kann man aber schon als Neo-Mudéjar klassifizieren. Der Altar de los Reyes, in der Capilla Mayor, wird seinem Namen mit den Statuen der heiligen Könige und Königinnen Fernando, Isabel, Luis, Margarita, Konstantin und Helena vollauf gerecht. Die Bilder des Altars stammen von García M. P. Ferrer.

Südlich der Kathedrale richtete Bischof Palafox in seinem Palais die nach ihm benannte **Biblioteca Palafoxiana** ein (gegründet 1646). An der Fassade wechseln glasierte Kacheln mit in Fischgrätenmustern gesetzten Ziegeln ab. Schon wegen der barocken Eingangstür und des Hausaltars lohnt sich ein Besuch dieser Bibliothek, die außerdem schöne Möbel (1773) vorweisen kann und 60 000 Bücher, zu denen Raritäten wie eine 1584 in Antwerpen gedruckte Bibel in Chaldäisch, Hebräisch, Griechisch und Latein gehören.

Ganz in der Nähe fällt die **Casa del Decano** (1580) durch ihr strenges Renaissanceportal auf. Im 17. Jh. wurde das Haus renoviert, und damals brachte man wohl auch die Kielbögen über den Fenstern und den Barockschmuck am Gesims an. Der lateinische Spruch am Portal, der übersetzt lautet »Laß Kommen und Gehen im Namen Jesu sein«, ist noch recht fromm, wie es sich für den Dekan der Kathedrale gehört. Anders die Wandmalereien mit Themen aus Petrarcas Gedichten: Sie waren übermalt worden, als der Papst die Dichtung für häretisch erklärte, und erst vor wenigen Jahren hat man sie bei Renovierungsarbeiten entdeckt. Einen Block weiter ist der Eingang der **Casa de las Cigüeñas** mit Storchenreliefs geschmückt (1687). Ganz in der Nähe liegt die Kirche **La Concepción** (1617 und 1732) mit dem anschließenden Kloster der Karmeliterinnen, das zum wunderschönen Hotel Camino Real umgebaut wurde.

Ein paar Blocks weiter, auf der Avenida 2 Sur Nr. 708, ist in einem alten Privathaus im Kolonialstil das **Museo Amparo** untergebracht. Diese Sammlung und Stiftung eines Bankiers ist nach seiner Frau benannt worden. In dem Gebäude mit seinem hübschen Innenhof wird auf zwei Etagen eine der schönsten Sammlungen des Landes präsentiert. Da der Sammler nicht wahllos, sondern anscheinend nach Qualität und Ästhetik ausgewählt hat, fällt es schwer, die besten Exponate zu bestimmen. Erstklassige große und kleine Objekte aus allen Kulturen Mexikos geben einen Überblick über die besten Produkte des vorspanischen Kunsthandwerks.

Unter den olmekischen Exponaten befinden sich einige sehr kostbare Jade-Artefakte, die als Opfergaben verwendet wurden. In der Maya-Abteilung sind neben sehr schönen Keramiken mit Bemalung im Codices-Stil (750–850), die Götter oder Aristokraten mit Beitext abbilden, vor allem die beiden Wandtafeln aus Chicozapote (Herkunft nicht gesichert) interessant. Hier sind nicht nur die Reliefs aus

Typische Keramik aus Puebla. Erste Majolica-Brennereien entstanden in Puebla Ende des 16. Jh. Zu einer künstlerisch wertvollen Produktion kam es jedoch erst während der Blütezeit im 18. Jh., als vor allem europäische Städteansichten und Rokoko-Idylle als bevorzugte Motive verwendet wurden.

Kalksandstein mit den Bildern von Fürsten sehr gut erhalten, sondern auch die ursprüngliche vielfarbige Bemalung (8./9. Jh.). Als wahres Kleinod muß man eine Maya-Schale in Form einer Schildkröte bezeichnen. Den Rand der Königsschale zieren plastische und geritzte Details, und im Zentrum schaut ein Vorfahre aus dem Maul eines Tieres. Wahrscheinlich wurde die Schale bei der Beschwörung von Vorfahren verwendet, die bei der Zeugung von Nachkommen helfen konnten. Zur Maya-Kultur gehört auch das einzigartige durchbrochene Relief eines Fürsten und seiner Frau, zwischen denen der Sohn als kleine Götterfigur sitzt (8. Jh.). Das Kunstwerk war die Rückenlehne eines Fürstenthrons im mittleren Teil des Usumacinta-Tals.

Unter den mixtekischen Exponaten ragt eine Relieftafel mit einer dynastischen Szene hervor. Hier präsentieren im Jahr 9 Kaninchen (1190), am Tag 5 Bewegung, der Fürst 13-Schlange und seine Frau 13-Blume ihren Sohn 10-Regen, der später als Erbe ihr kleines Reich regieren sollte. Die Geschichte der Familie ist auch im mixtekischen Codex Bodley vermerkt.

Aus der Golfregion stammt ein großes *caracol*-Schneckenhaus, dessen Oberfläche das eingeschliffene Relief einer Mutter mit Kind aufweist (10.–12. Jh.). Es könnte sich hier um ein Muschelhorn handeln, das als Fanfare zur Verkündung von Taufen oder Geburten eingesetzt wurde. In der frühen nachklassischen Zeit sind auch die metallisch glänzenden Plumbate-Keramiken mit etwas unförmigen plastischen Kriegern anzusetzen, die wohl im nördlichen Hochland von Guatemala produziert wurden.

Westlich des Zentrums, an der Avenida Reforma, findet man gegenüber dem Monumento a los Fundadores am Park Paseo Bravo die Kirche **La Guadalupe,** deren Barockfassade später (18. Jh.) zusätzlich mit Kacheln geschmückt wurde. Die glänzenden glasierten Bilder erzählen die Geschichte der Marienerscheinung. Auf dem Weg dorthin passiert man das **Museo Bello** (3 Sur/3 Poniente) mit einer Ausstellung der besten Kacheln, Bilder und Möbel aus dem 17. bis 19. Jh.

Nördlich des Zócalo liegt an der Calle del 5 de Mayo die Kirche **Santo Domingo** (1611) mit dem Kronjuwel der Stadt, der **Capilla del Rosario** (1690). Dominikaner, die im dazugehörigen Kloster lebten, schufen im Innern der Kapelle die vollkommenste Stuckdekoration Mexikos, die oft kopiert, aber nie erreicht wurde und den Anstoß zum Lokalstil Pueblas *(estilo poblano)* gab. Die Fassade zeigt wie die Kathedrale Einflüsse des Desornamentado-Stils, den Juan de Herrera, der Architekt des El Escorial bei Madrid, zur Geltung gebracht hatte; aber an der Nebentür und im Chor überwiegt der reiche Barockstil, ebenso wie am Hauptaltar (1690). Stuck- und Holzvergoldungen auf nahezu vollplastischem Relief erzeugen mit farbigen Engeln und Heiligen in der Rosenkranzkapelle einen unvergeßlichen Eindruck. Über einer Schar von musizierenden und singenden Engeln schwebt Gottvater. Im Altar mit seinen Marmor- und

Onyxsäulen steht eine mit Perlen und Edelsteinen besetzte Marienstatue.

Weiter im Norden ist neben der **Casa de las Artesanías** im Convento de Santa Rosa eine kolonialzeitliche Küche vollständig restauriert und mit allen Utensilien ausgestattet worden. Hier haben die Nonnen zum ersten Mal das berühmte Rezept *Mole Poblano* (Huhn mit Kakaosoße) ausprobiert, bevor das Kloster 1857 unter Benito Juárez aufgelöst wurde.

Noch weiter nördlich ist im **Convento de Santa Mónica** (1609 gegründet), dessen Nonnen den Orden nach seiner Auflösung heimlich bis 1934 weiterführten, ein Museum für religiöse Kunst eingerichtet worden. Der heutige Zugang ist der Geheimgang zum verborgenen Kloster, dessen Tür als Schrank getarnt war. Zu den Exponaten gehören viele Kostbarkeiten aus anderen Klöstern, darunter Bilder von Juan de Villalobo, der auch das Santuario de Ocotlán in Tlaxcala ausgemalt hat, und von Diego und Antonio de Espinosa. Einige der Räume weisen noch die Originalmöblierung auf. Die 1751 geweihte Kirche, die Krypta und vor allem die ganz mit Kacheln bedeckten Arkaden des Klosterhofes sind wirklich sehenswert. Ein Besuch der Kirche **San José** (17. Jh. und 1771) ganz in der Nähe lohnt wegen der churrigueresken Ausschmückung ebenfalls.

Auf dem Weg zurück zum Zócalo kann man, auf der Calle 6 Oriente nach Osten abweichend, die **Casa de los Hermanos Serdán** erreichen, die heute als Museum der Revolutionsgeschichte dient. Einer der Brüder, Aquiles Serdán, hatte sich 1910 in diesem Haus verbarrikadiert, um Regierungstruppen Widerstand leisten zu können und damit einen Aufstand gegen den Diktator Porfirio Díaz zu entzünden – leider vergeblich.

Nordöstlich des Zócalo ist in der Sakristei der Kirche **La Compañía** (1767) La China Poblana bestattet, eine Prinzessin aus China oder Indien. Die Dame war von Seeräubern als Sklavin verkauft worden und landete so im Besitz eines Kaufmanns aus Puebla, der ihr später die Freiheit schenkte. Schnitt und Dekor der Trachten Pueblas sollen von dieser sehr populären Dame in der Region eingeführt worden sein. Die **Universität** befindet sich direkt dahinter im ehemaligen Kolleg des Heiligen Geistes, das die Jesuiten bei ihrer Vertreibung (1767) aufgeben mußten.

Der Markt für Kunsthandwerk bietet für jeden Geschmack etwas, doch alte Stücke findet man hier nicht. Die Majolicas, deren Produktion erst in den letzten Jahren nach staatlicher Förderung wieder aufgenommen wurde, beschränken sich meist auf Blumenmotive.

Hinter dem neuen Markt für Kunsthandwerk und dicht beim idyllischen Künstlerviertel wird die **Casa del Alfeñique** (›Haus der Mandelzuckerstange‹) heute als Museum genutzt. Die Fassade aus roten, unglasierten und blau-weißen, glasierten Kacheln weist an der Tür, den Fenstern und den Gesimsen betörende Stuck- und Steinzier auf. Sie gilt als Musterbeispiel für die Profanarchitektur Ende des 18. Jh., und die geschmiedeten schwarzen Eisengitter erhöhen noch ihren Reiz. Im Museum sind hauptsächlich Möbel, Waffen und Trachten aus dieser Zeit ausgestellt.

Im Künstlerviertel, wo häufig Straßentheater inszeniert wird, findet man neben einem hübschen Brunnen auch das **Teatro Principal** (1769), eines der wenigen Theater Mexikos aus der Kolonialzeit. Am Abend kann man hier besonders gut die lebensfrohe Atmosphäre der Stadt beobachten und genießen.

Auf dem Weg zum Park Centro Cívico de 5 de Mayo, im Nordosten der Stadt, kommt man an der Kirche **San Francisco** vorbei. Die Kirche des 1531 gegründeten Klosters erhielt 1762 eine neue Fassade mit einer churriguresken Retablo-Zone nur über dem Portal, welche auf beiden Seiten von Kachelfeldern gerahmt wird, die auch die vorkragenden Flügel bedecken. Das Ganze erinnert an einen geöffneten Buchaltar, wie er von Missionaren benutzt wurde. Der Eindruck des Ungewöhnlichen setzt sich auch im Innern fort, wo die gotischen Rippengewölbe im 19. Jh. klassizistisch umgebildet wurden. Das Chorgestühl führte man in dem für Mexiko atypischen Rokokostil aus (18. Jh.).

Im schon erwähnten Park befinden sich die beiden Festungen **Fuerte de Loreto** und **Fuerte de Guadalupe** und dazwischen das **Museo del Estado.** Die beide Festungen wurden Anfang des 19. Jh. errichtet. Hier konnten die Mexikaner am 5. Mai 1862, heute ein nationaler Feiertag, den ersten Angriff der Franzosen zurückschlagen, bei dem die Kirche La Virgen de Guadalupe im gleichnamigen Fort zerstört wurde. Im anderen Fort, in dem das riesige Wandbild

Regionalplan: Von Puebla nach Veracruz

der Schlacht besichtigt werden kann, blieb die Kirche ›Unserer Herrin von Loreto‹ mit der Casa Santa, einer Kopie des Heiligen Hauses in Nazareth, erhalten (17. Jh.). Im Museo del Estado werden archäologische Fundstücke aus der Region gezeigt, die durchaus sehenswert sind, vor allem die Jadestatuette eines Olmeken; mit den Exponaten des Museums Amparo kann es allerdings nicht konkurrieren.

Acatepec und Tonantzintla

Zwei kleine Dorfkirchen im Südwesten von Puebla (10 km) gelten als Musterbeispiele für den *estilo poblano,* eine lokale Variante des Ultrabarock, angeregt vom Vorbild der Capilla del Rosario der Kirche Santo Domingo in Puebla. Leider sind die Kirchen meistens geschlossen, weshalb man sie am besten am Sonntagmorgen nach der Messe besucht.

San Francisco de Acatepec zeigt mit vorspringenden Zwickeln in den Bögen schon beim Tor zum Vorhof und beim Hauptportal Neo-Mudéjar-Züge. Dieser Eindruck wird noch durch die bunten Kacheln an den Turmwänden verstärkt, einen Schmuck, der auch die Verbindung zur vorgesetzten Retablo-Fassade herstellt, wo selbst in gedrehte Säulen und zwischen Heiligennischen Kacheln einge-

199

Kirche San Francisco von Acatepec, ein Musterbeispiel des Estilo Poplano, des indianischen Hochbarock

setzt sind. Einige der Kacheln sind, wie ihre besonderen Formen bezeugen, speziell für diese Fassade gemacht worden, andere wurden dagegen nur eingepaßt. Das herrliche Sternfenster, betont durch die unterbrochenen Bögen der Gesimse darunter, sorgt zusammen mit dem Turm und dem Glockenbogen für eine variantenreiche Front.

Das Innere ist vollständig mit buntbemalten und vergoldeten Stuckornamenten, Putten, Erzengeln und Heiligen geschmückt; manche scheinen wie Knospen aus den Blattornamenten zu wachsen. Die Ausführung ist oft etwas plump, und freistehende, durchbrochene Stuckaturen wie in Puebla fehlen; doch der Gesamteindruck dieser ›Pflanzenlaube des Glaubens‹ ist überwältigend. Vielleicht sind die Restaurierungen nach einem Brand Anfang des 20. Jh. etwas weniger perfekt ausgefallen; ihr Wert als Kunstwerk aber blieb erhalten.

Die Fassade der kleinen Dorfkirche **Santa María de Tonantzintla,** deren Errichtung (bis 1799) wohl von Dominikanern angeregt wurde, ist zwar auch mit Kacheln geschmückt, doch hier flankieren lediglich schlichte Pfeiler mit zwei Heiligennischen den Zweipaßbogen des Portals. Im Innern ist das Stuckdekor schwerer und dichter als in Acatepec; es bleibt kaum Platz für glatte Flächen von Bildern und Fenstern. Die Apostel in den Nischen hinter dem Hauptaltar mit der Statue Marias scheinen hier eher ihre Jünger als die ihres Sohnes gewesen zu sein, und so viele Putten, Heilige und Erzengel wie an dieser Stelle kann man eigentlich nur im Himmel erwarten.

Dichtes Stuckdekor mit Putten und Engeln überzieht die Wände der Marienkirche von Tonantzintla.

Cholula

Der ›Fluchtort, wo das Wasser fällt‹, eine der ältesten Städte des Landes, soll nach den Worten von Cortés fast 400 Tempel gehabt haben und während der Kolonialzeit 365 Kirchen, was ihm den Beinamen ›Rom Mexikos‹ eintrug. In beiden Fällen sind wohl einige Bauten aus der näheren Umgebung mitgezählt worden.

Cortés hat bei seinem Durchzug nach Tenochtitlán angeblich 5000 der etwa 100 000 Einwohner umbringen lassen, weil ihn Spione über einen geplanten Hinterhalt unterrichteten. Der erste Eroberer war er aber sicher nicht. Schon vor unserer Zeitrechnung lebten hier Menschen und bauten die ersten Tempel; doch während der Blütezeit Teotihuacáns verlor die Stadt ihre Bedeutung. Fremde Stämme von der Golfküste kontrollierten im 8./9. Jh. weite Regionen im Tal von Puebla und sicher auch Cholula. Zu dieser Zeit sollen die ersten Tolteken aus Tula in die Stadt gekommen sein; doch erst nach dem Fall ihrer Hauptstadt (12. Jh.) und einer weiteren, von dort ausgehenden Einwandererwelle konnten die Tolteken die Herrschaft an ihrem Zufluchtsort übernehmen. Gleichzeitig oder kurz danach kamen auch Chichimeken bzw. Mixteken in das Gebiet der Stadt, und wegen ihrer Kunstwerke spricht man von einer Puebla-Mixteca-Kultur. Zur Zeit der aztekischen Oberherrschaft wurden auf dem Markt der Stadt die besten Silber- und Goldarbeiten sowie der schönste Federschmuck des Landes verkauft.

1384–1525 wurde Cholula von sechs Herrschern regiert; doch schon der zweite, Quetzalcóatl genannt, mußte um 1424 die Oberhoheit des Azteken Itzcóatl anerkennen. Der Haupttempel der Stadt war Quetzalcóatl geweiht und lag neben dem ›Berg von Menschenhand‹ (Tlachihaultepetl), auf dem heute eine Kirche steht. Die Pyramide war dem Gott 9-Regen (Chicunahui quiahuitl) geweiht und ist mit 62 m Höhe und einer Grundfläche von 160 000 m^2 die größte des Kontinents. Vier neue Tempel sind hier im Lauf von rund 1000 Jahren übereinandergesetzt worden. 1550 errichtete man auf der Pyramide die **Kirche Nuestra Señora de los Remedios,** die 1666 einstürzte und erst 1950 nach Vorbildern des 18. Jh. grundlegend restauriert wurde.

Tepanapa wird der künstliche Berg, die Riesenpyramide, ebenfalls genannt.

Kirche San Gabriel von Cholula. An den frühkolonialen Unterbau wurde rund 100 Jahre später ein barocker Turm angefügt.

Lange Tunnel jedoch erlauben den Besuchern, die älteren Bauten wenigstens in kleinen Teilen zu sehen. Die erste Pyramide (100 v. Chr.) war nur 17 m hoch und weist Talud und Tablero auf, welche mit bunten Insekten und Schlangen bemalt waren. Die zweite Pyramide hatte neun Absätze und war ganzseitig getreppt. In der dritten Phase kehrte man wieder zu Talud und Tablero zurück und malte Szenen eines Banketts oder Trinkgelages auf die Wände. Bei der vierten Pyramide erbaute man eine lange untere Plattform und setzte oben nur eine kleinere Pyramide auf, so daß eine Hochterrasse entstand, auf der rund 10 000 Gläubige Platz hatten.

Die großen Höfe im Süden mit ihren breiten Ecktreppen, den Treppenvoluten, Ornamentreliefs aus vorgezogenen Steinen, und den einfachen Wandmalereien gehören zu den letzten beiden Bauphasen (bis 800). Ein Kuriosum stellen mehrere große Steinplatten dar, hinter denen Stelen mit reliefierten Flechtmotiven an den Rändern aufgestellt sind. Die Motive findet man auch in El Tajín, doch die symbolischen Thronpodeste mit der großen Rückenblende dahinter sind bisher ohne Parallelen. In der nachklassischen Zeit sind die Höfe zweckentfremdet worden; man baute einfache Häuser darüber und legte Gräber an.

Am Zócalo von Cholula, mit den längsten Arkaden des Landes, stehen zwei interessante Kirchen der frühen Kolonialzeit. Die festungsartige Kirche des **Convento de San Gabriel,** um 1552 fertiggestellt, soll sich am Platz des alten Quetzalcóatl-Tempels erheben. Sie besaß ursprünglich wohl zwei diagonal gestellte Türme an der Fassade, denen man später einen Glockenstuhl und, etwas zurückversetzt, einen neuen Turm hinzufügte. Die schlichte Fassade wirkt lediglich durch den ornamentierten Rahmen des großen Rundfensters über der Tür. Die riesige Hallenkirche überspannt ein hohes

gotisches Rippengewölbe. Das vor 1530 gegründete Franziskanerkloster verlor 1538 seinen Rang als Lehranstalt, da die Ausbildung
der Indígenas nicht erwünscht war; seine Fluchtburgfunktion behielt
es aber noch bis ins nächste Jahrhundert.

Neben dem Kloster steht die **Capilla Real,** welche mit ihren zahllosen Säulen und Kuppeln an die Große Moschee von Córdoba erinnert. Nachdem der unfertige Bau bereits mehrere Jahre verfiel, wurde
er 1608 fertiggestellt. Die Raumwirkung und ein großes monolithi-
sches Taufbecken (16. Jh.) sind Attraktionen im Innern.

Cacaxtla

Von den Palästen und Tempeln des Ortes Cacaxtla, auf einem natürlichen Höhenrücken wie eine Festung gelegen, regierten die einge-
wanderten Olmeca-Xicalanca als Elite von 650–900 beinahe die
gesamte Talebene um Puebla. Terrassen, Mauern und Segmentierung
erhöhten die Verteidigungsmöglichkeiten und zeigen, daß diese Elite
entweder nicht besonders beliebt oder ausgesprochen mißtrauisch
war. Der höchste Teil des Hügels diente religiösen Zwecken; die
Plaza mit drei großen Pyramiden konnte aber auch als letzte
Zuflucht genutzt werden.

Die Paläste, Residenzen und Verwaltungsgebäude der Fürsten und
Aristokraten errichtete man etwas tiefer auf den Kammterrassen im
Norden. Die Untertanen lebten, dienten und beteten zu Füßen des
Hügelmassivs, wie der kleine Tempel **Montículo B** zeigt, der mit dem
Montículo A den Aufgang zum Palastbereich zu bewachen scheint.
Die vorgesetzten Treppenreste (10. Jh.) lassen erkennen, daß er wohl
kurz vor der Aufgabe des Ortes noch vergrößert und überbaut wor-
den ist. Der moderne Zugang endet in der **Plaza Norte,** dem größten
Hof des Palastbezirks, dem sich im Norden noch die gesperrte **Plaza
Hundida** mit einer Pyramide anschließt.

Kaum ein Gebäude ist noch vollständig erhalten, doch die Wandmalereien, Stuckreliefs und Schmuckdetails faszinieren jeden Besu-

*Caxactla, Plan der
Ruinenstätte:*
  *1 Gebäude A,
    figürliche Wand-
    malereien*
  *2 Gebäude B,
    Schlachtbild*
  *3 Korridor der
    Tableros*
  4 sog. Kaninchenbau
  5 vertiefter Patio
  6 Monticulo Y
  7 Palast
  a Patio der Rhomben
  b Patio der Altäre
  c Pfeilerhalle
  *8 Portikus von
    Gebäude F*
  9 Raum der Treppe
 10 Säulengebäude
 *11 Stuckgitter,
    sog. Jalousie*
 12 Cojunto II

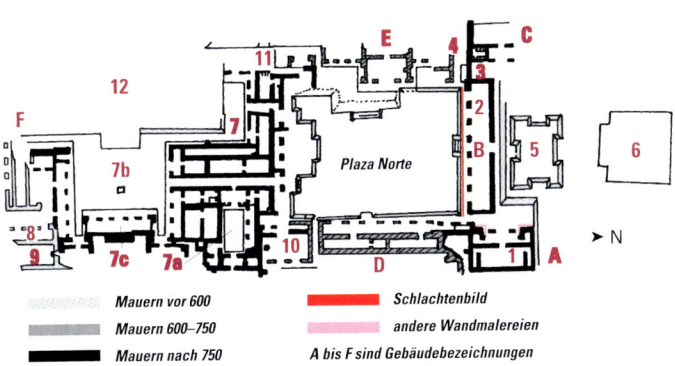

Mauern vor 600	Schlachtbild
Mauern 600–750	andere Wandmalereien
Mauern nach 750	A bis F sind Gebäudebezeichnungen

cher. Den Talud unter der späteren großen Pfeilerhalle im Norden, **Edificio B,** schmückt auf beiden Seiten der Treppe ein großes, *al fresco* ausgeführtes Schlachtenbild von einem Kampf zwischen Maya und Xicalanca (650). Die spätere Überbauung (750) durch Gebäude B schützte das ältere Bild vor der Vernichtung. Die Krieger mit den Vogelhelmen sind eindeutig die schwächeren Maya, die unter dem Angriff der Jaguare, der Xicalanca, zusammenbrechen. Die Aktionen sind lebendig und naturalistisch dargestellt; es fehlt ihnen aber die Eleganz der Bilder von Bonampak. Im westlichen Bild (links) wird rechts der Maya-Fürst, mit Muschelgamaschen und Federn geschmückt, vom Führer der Xicalanca mit einer Lanze attackiert. Sein Name lautet 3-Hirsch(geweih) und der seines Begleiters 1-Regen (?); die Maya sind nicht namentlich erwähnt, da sie als Verlierer ihren Stand und Namen verloren.

Auf dem rechten Bild (im Osten) wird diese Szene wiederholt: 3-Hirsch, diesmal mit Jahreszeichen im Kopfschmuck, besiegt den Maya-Fürsten. Hier ist sein Begleiter mit dem zapotekischen Tageszeichen Eule (aztekisch ›Haus‹) bezeichnet. Die anderen siegreichen Xicalanca, die alle einen mit Federn geschmückten Rundschild tragen, sind mit dem Zeichen Regen oder Opfer benannt; doch blieben in einigen Fällen noch andere Symbole erhalten, die die Namen sein könnten. Es hat den Anschein, als wären die Sieger alle Jaguare – die Füße ihres Führers sind jedenfalls Jaguarpranken –, und vielleicht ist in diesem Kampf der Ursprung der späteren Kriegerorden zu sehen. Rechts erblickt man einen Nackten mit aufgemalten dunklen Streifen, die wohl seinen Opfertod symbolisieren – eine Andeutung, die auch in mixtekischen Codices zu finden ist –, während in der Mitte ein Nackter den Penis abgebunden hat. Dadurch wurde das Blutopfer aus den Genitalien erleichtert. Die große Pfeilerhalle diente wohl als Propyläen für die im Norden gelegenen Höfe und Gebäude.

Edificio E an der Westseite der Plaza dürfte der Thronsaal des Herrschers gewesen sein. Die Pfeiler seines Portikus waren mit Stuckreliefs geschmückt; eines der Bilder zeigt die Füße einer weiblichen Person mit langem Rock in der typischen Stellung der klassischen Maya, d. h. die Fußspitzen nach außen gedreht. Wahrscheinlich hat der Sieger, wie allgemein üblich, eine Frau aus der Familie des Verlierers geheiratet. Dieses Gebäude ist ebenso wie die gegenüberliegende Pfeilerhalle um 650 erbaut worden. In der zweiten Bauphase verlegte man dann den Thronsaal an die Südseite und ordnete dahinter den Wohnbereich an. Im **Edificio de las Columnas** und im **Edificio D**, beide an der Ostseite des Hofes gelegen, war wohl der Hofstaat während der Empfänge und Staatsfeiern untergebracht.

An der Nordostecke errichtete man um 750 einen weiteren Bau, **Edificio A.** Nach dem reichen Schmuck zu urteilen, wurde er vom Herrscher bei religiösen Zeremonien auf der **Plaza Hundida** benutzt. Die Wände des Portikus schmücken zwei mythische Gestalten. Auf beiden Seiten werden die Bildflächen durch breite Bänder mit Schildkröten, Gürteltieren, Krebsen und anderem gerahmt. Links gießt ein ganz mit Jaguarfell Bekleideter Flüssigkeit aus einem großen Bündel auf den Kopf einer Jaguar-Schlange. Beigefügt sind die Daten 9 Flammendes Auge (9 Wind?), 2 Kopf (2 Ahau, 2 Blume?) und 1 Schlange (?) in einer Schale, welche vielleicht ein Opfer andeutet. Später hat man im Bereich des Türrahmens aus Stuck das Relief eines Fürsten mit Schlangenhalsband angebracht (um 800?), der auf einem als Götterkopf gestalteten Thron sitzt.

Ein Adlerkrieger zielt auf den Kopf einer gefiederten Schlange. Diese Schlangen mögen das Symbol für den Himmel gewesen sein und damit den Tod oder den quasi göttlichen Status des Bündelträgers andeuten.

Rechts (im Süden) zielt ein dunkelhäutiger Vogelmann mit dem Vogelkopf seines Bündels (das Herrschaftszeichen) auf den Kopf einer gefiederten Schlange. Oben links zeigen die Glyphen ein Sternenhaus mit umlaufenden Fußspuren und zwei Händen in der Tür sowie einem Flügel darunter. Vielleicht handelt es sich hier um den Satz »Die Sonne/Venus ist einmal über den Sternenhimmel gezogen«, also um den Ablauf eines Sonnenjahres oder den großen Zyklus von 52 Jahren. Rechts unten ist eine Feder mit der Zahl 13 unter einem Quetzalvogel abgebildet; der Name der Person könnte also 13-Quetzalfeder gelautet haben.

Am linken Türrahmen schwingt ein Mann in Jaguarkostüm links eine Schlange, und rechts schüttet er aus einem Regengottgefäß Wasser aus. Aus seinem Bauchnabel wächst der lange Stengel einer Seerose, und beigefügt ist die Glyphe 7 Auge (Krokodil), vielleicht der Name des Mannes oder der Tag der Handlung.

Am rechten Türrahmen klemmt sich der dunkelhäutige Fürst 3-Hirsch, mit Jaguarlendenschurz bekleidet, einen Caracol unter den Arm, aus dessen Öffnung der Oberkörper eines Maya herausschaut. Beigefügt ist die Glyphe 7 Auge (Krokodil); diesmal ist die Zahl wie bei den Mixteken nur durch Punkte wiedergegeben. Es handelt sich wohl um die symbolische Darstellung der Tatsache, daß 3-Hirsch der Vater von 7-Krokodil war, und dessen Mutter eine Maya-Frau, die – den Schluß läßt die Seerose zu – wohl Chak geheißen hat. Auch an der Rückwand sind die Reste eines Wandbildes zu erkennen, zumindest eine der von rechts heraneilenden Personen hat Jaguarpranken als Füße.

Im Wohnbereich sind einige Wände durchbrochen; um eine optimale Ventilation zu erhalten, hatte man sie in Form von Gittern konstruiert. In einem Raum glaubt man kleine Kästen am Boden als Kaninchenställe interpretieren zu können, und ganz im Süden zeigen Wände die Talud-Tablero-Form von Teotihuacán; diese Mauern sind wohl noch vor 650 erbaut worden.

Weitere, jedoch später zu datierende Wandmalereien kann man in **Tizatlán,** nördlich von Tlaxcala, besichtigen, wo zwei Altäre mit aztekischen Bemalungen gefunden wurden (14./15. Jh.).

Tlaxcala und Nuestra Señora de Ocotlán

Die Tlatepotzcas, ein Chichimeken-Stamm, der aus Texcoco kam, gründeten hier Mitte des 14. Jh. den Kleinstaat Tlaxcala und verteidigten ihre Freiheit mit zäher Verbissenheit gegen Azteken und Spanier. Siegreich gegen beide Gegner, fanden die Tlaxcalteken, wohl in der Erkenntnis, daß sie auf die Dauer nicht gewinnen konnten, *modi vivendi* mit beiden Feinden. Mit den Azteken, die Gefangene für die Opferzeremonien benötigten, vereinbarten sie die sogenannten *xochiyaóyotl* (Blumenkriege, s. S. 96), und den Spaniern stellten sie Hilfstruppen, nachdem Cortés ihren Fürsten Xicoténcatl d. J., der gegen eine Allianz mit den Spaniern war, hingerichtet hatte.

Kaiser Karl V. verlieh Tlaxcala, das damals rund 200 000 Einwohner hatte, den Titel ›höchst edle Stadt‹, und Franziskaner begannen 1524 mit der Christianisierung der Bevölkerung. Schon ein Jahr später wurde Tlaxcala Sitz eines Bischofs, verlor aber während der Jahre 1544–46, als die Pocken wüteten, einen Großteil seiner Bevölkerung und verkümmerte zu einer unbedeutenden Kleinstadt, die im Schatten des schnellwachsenden Puebla stand.

Den kolonialen Kleinstadtcharakter hat sich Tlaxcala bis heute erhalten. Am malerischen Hauptplatz, der **Plaza de la Constitucion,** findet man unter den Arkaden der Nordseite kleine Restaurants und Geschäfte, an der Ostseite die hübsche Posada San Francisco im Jugendstil und an der Westseite den **Palacio de Gobierno.** Letzterer wurde schon im 16. Jh. begonnen, doch später mehrfach umgebaut. Interessant ist der Eingang mit der Loggia darüber, deren Mehrpaßbögen an portugiesischen Barock erinnern. In der Eingangshalle und den Arkaden des Innenhofes hat der indianische Künstler Desiderio Hernandez Xochitiotzin (1924–66) die Geschichte des Staates Tlaxcala in beeindruckenden Fresken festgehalten. Form und Farben der Figuren erinnern an vorspanische Codices-Malerei, was bei der Abstammung des Künstlers durchaus nachzuvollziehen ist.

An der Nordostecke der Plaza schließt sich ein weiterer kleiner Platz mit der Statue des Xicoténcatl an. Von dort führt ein Weg zum

hangaufwärts gelegenen **Franziskaner-Kloster,** das um 1536 gegründet worden ist. Der mächtige Ehrenbogen zum Atrium und der angeschlossene Glockenturm, eine Besonderheit dieses Klosters, stammen sicher noch wie die Fassade der Kirche aus dem 16. Jh. Die Mudéjar-Holzdecke der Kirche und das Taufbecken in der Kapelle rechts neben dem Hauptaltar wurden im 17. Jh. geschaffen. Im ehemaligen Kloster ist heute das **Museo Regional** mit Sammlungen zur Archäologie (Erdgeschoß) und kolonialzeitlicher Kunst (1. Stock) untergebracht. Neben den gotischen Rippengewölben an einigen Decken sind die Statue des Kriegsgottes Camaxtli und ein Schlangentänzer-Relief besonders hervorzuheben.

Von einem Hang im Nordwesten schaut der **Santuario de Nuestra Señora de Ocotlán** auf den Hauptplatz herab, seit der Mitte des 18. Jh. eine der schönsten churrigueresken Wallfahrtskirchen des Landes, auf dem ›Platz der Kiefern‹ gelegen. Eine Marienerscheinung und das plötzliche Auftreten einer neuen Quelle während einer Trockenperiode lockten schon im 16. Jh. die Pilger an. Die schlanken Türme, deren Glockenstühle wie Blütenstände wirken, erinnern an Santa Prisca in Taxco. Sie tragen Kacheln als Dekoration und vorgemauerte Halbsäulen. Diese ruhigen Randflächen stehen im Kontrast zum ultrabarocken Säulen- und Figurenschmuck unter der angedeuteten Muschelschale. Zwischen Engeln und Heiligen trägt

San Francisco über der Tür drei Globen, Symbole der Ordensregeln, auf denen die Jungfrau steht. Die Eisenkreuze auf den Turmspitzen gehören zu den besten Schmiedearbeiten Mexikos. Im Gebäude rechts der Kirche wohnen Franziskaner, unter deren Obhut die Sakralanlage steht.

Am Innern wurde bis etwa 1850 gearbeitet, und Renovierungen bzw. Änderungen zogen sich bis 1940 hin. Der Camarín – eine Marienkapelle hinter dem Hauptaltar – blieb unverändert. Die Lebensgeschichte der Jungfrau im Camarín ist wohl das beste Gemälde von Juan de Villalobo, der in Puebla lebte und starb (1724). Die Stuckarbeiten im Innern, vor allem im Camarín, führte der Indianer Francisco Miguel in rund 20 Jahren aus. Besonders gut gelungen sind die Figuren in der Kuppel, über denen der Heilige Geist als Taube schwebt. Die Geschichte der Marienerscheinung von Ocotlán im Hauptschiff malte Manuel de Coro (um 1781), das Mitglied einer bedeutenden Malerfamilie aus Tlaxcala. Neben weiteren Bildern von Heiligen ist vor allem der Silberschmuck des Hauptaltars erwähnenswert. Das Ortsfest findet am 14. Juli statt.

Yohualichán

Auf der von Puebla über Oriental nach Teziutlán führenden Straße biegt man bei Acuaco auf die nach Norden ins Hochland führende, etwas schwierige Straße nach Yohualichán ab.

Wegen seiner relativ geringen räumlichen Ausdehnung kann Yohualichán trotz der strategisch günstigen Lage nicht mehr als ein kleineres Regionalzentrum gewesen sein.

Fünf große Pyramiden mit den typischen El Tajín-Nischen wurden hier zumindest teilweise freigelegt. Das Ganze wirkt sehr viel bescheidener als die Bauten von El Tajín, und eine Ecktreppe ist mit den Aufgängen an der Pyramide von Cholula zu vergleichen. Reste der Verzierung, Stufen- und Volutenmotive, sind noch an den Wänden erhalten, auch ein Ballspielplatz gehört zu dem Komplex. Der beschwerliche Anfahrtsweg macht trotz der herrlichen Aussicht den Besuch der Ruinen nicht gerade empfehlenswert.

Am Golf von Mexiko

Castillo de Teayo

Auf der Straße nach Tuxpan zweigt nur 18 km nördlich von Poza Rica links eine Straße nach Castillo de Teayo ab (22 km). Beide Orte werden noch heute von Totonaken bewohnt, und in Teayo hat man die Cella – auf der Pyramide in der Mitte des Dorfplatzes – zeitweilig als Glockenturm verwendet. Der Ort war zwar schon im 9. Jh. besiedelt; doch die Pyramide stammt sicher aus späterer Zeit und weist mit ihren glatten Wänden Merkmale der Hochlandarchitektur auf. Die Statue eines Xipe Tótec-Priesters, der sich die Haut eines Opfers über den Körper gezogen hat, ist aztekischen Ursprungs (15. Jh.). Die Stele eines Regengottes weist Parallelen zu einer Stele von San José Mogote (im Museum von Jalapa) auf und kann bereits um 1000 angefertigt worden sein. Hier in Teayo sollen die Azteken eine Garnison eingerichtet haben, um die Zahlung der Tribute sicherzustellen.

El Tajín

Die Ruinen von El Tajín (›Blitz‹) gehören nicht nur wegen ihrer malerischen Lage zu den schönsten des Landes, sondern auch wegen ihrer außergewöhnlichen Formen und Dekorationen (s. S. 29). Allein für die Besichtigung des religiösen und weltlichen Zentrums dieser weitläufigen Stadtanlage braucht man mehrere Stunden. Dieses überregionale religiöse und herrschaftliche Zentrum stellt den architektonischen Höhepunkt der klassischen Zeit und des frühen Postklassikums (3.–11. Jh.) in der Küstenregion dar, und sein Einfluß läßt sich in der Kunst der Maya und des Hochlandes nachweisen. Die prachtvollen Ruinen wurden erst 1875 entdeckt, nachdem sie bereits mehr als 600 Jahre vergessen waren.

Auf dem modernen Zeremonialplatz vor dem Eingang zu den Ruinen führen Indígenas gegen Bezahlung den berühmten Fliegertanz auf. Junge Männer, früher oft als Vögel verkleidet, rotieren unter Trommelklängen des Musikers auf der Mastspitze an Seilen hängend von der Spitze zum Boden herab (›Fliegende Menschen‹, *voladores)*. Symbolisiert wird damit der Weg der Sonne über das Firmament. Im neuen **Museum** am Eingang sind einige schöne Steinreliefs, ein Schmuck der Tempel, ausgestellt und vor allem einige der faszinierenden Steinsäulen vom Edificio de las Columnas, deren

Die Voladores, die fliegenden Männer von El Tajín. Heute finden solche Vorführungen auch in Mexico City, Teotihuacan, Tulum und selbst bei den Quiché in Guatemala statt.

209

13-Kaninchen ist bisher die einzige sicher nachweisbare historische Herrschergestalt von El Tajín.

Säulenschäfte Bilder mit Szenen aus dem Leben des großen Fürsten und Kriegers 13-Kaninchen (10. Jh.) zeigen. Diese Reliefs sind zwar historisch interessant, haben aber längst nicht die Qualität der älteren Reliefs und vor allem der steinernen Ballspielsymbole *(palma, hacha, yugo)*. Fürsten wie 13-Kaninchen waren nicht nur für das Zentrum El Tajín zuständig, sondern kontrollierten auch die Herren der kleineren Städte in der Umgebung und waren die Garanten für die Gnade der Götter, denen unter ihrer Aufsicht geopfert wurde. Reliefs, welche in etwas unbeholfener Weise Fürsten mit Stab und Beutel in den Händen ganz frontal wiedergeben, stammen wahrscheinlich aus der frühen Zeit der Besiedlung und dokumentieren Fremdeinflüsse (2.–4. Jh.).

Das tropische Klima hat die Holz- und Strohhütten, in deren Mitte das steinerne Herz der Stadt lag, spurlos vernichtet, und viele der Steinbauten an der Peripherie des Kerns sind noch nicht ausgegraben worden. In ihrer Blütezeit (6.–9. Jh.) dürfte die Stadt rund 50 000 Bewohner gehabt haben, die zwischen Aussaat und Ernte die imposanten Paläste und Tempel nach dem Willen der adligen Elite errichteten.

Der Besucher gelangt zunächst, wie einst die Bewohner der umliegenden Dörfer, zum **Marktplatz,** von dessen vier großen Pyramiden (6.–8. Jh.) die adlige Elite auf das bunte Gewimmel herabgeschaut hat. In die Freiräume zwischen den älteren Pyramiden und Ballspielplätzen hat man später neue kleinere Bauten gesetzt, so daß in El Tajín die übersichtliche Ordnung der Hochlandzentren fehlt. Der Weg vom Eingang führt direkt zum großen Ballspielplatz nördlich des Marktes. In El Tajín sind so viele Juegos de Pelota gefunden worden, daß man meinen könnte, hier sei ein Ausbildungszentrum für die Spieler gewesen. Die einzelnen Götter wurden wohl auf unter-

El Tajín, perspektivische Rekonstruktion der Stätte

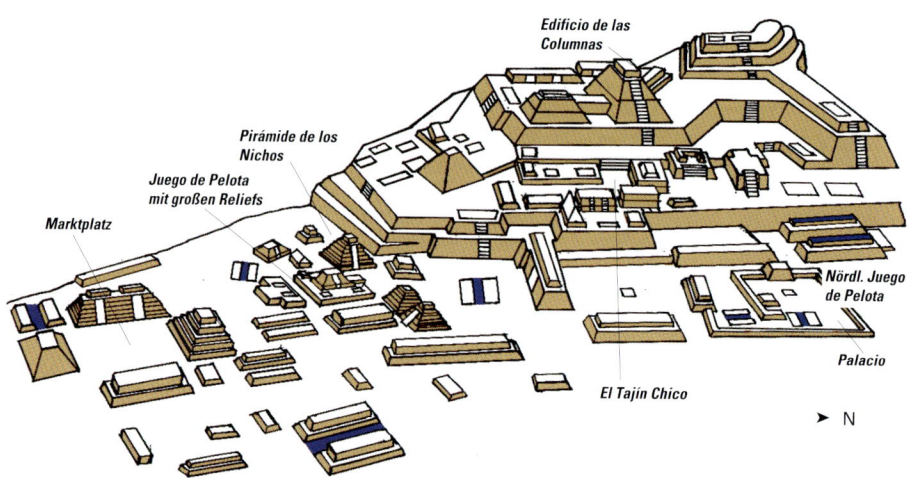

Edificio de las Columnas

Pirámide de los Nichos

Juego de Pelota mit großen Reliefs

Marktplatz

Nördl. Juego de Pelota

Palacio

El Tajín Chico

➤ N

Das sechste Relief des nördlichen Ballspielplatzes von El Tajin zeigt den Abschluß der religiösen Handlung des Ballspiels: die Opferung des Verlierers. Links der Kronprinz, rechts der Herrscher mit dem Opfermesser, dazwischen der unterlegene Spieler.

schiedlichen Plätzen durch Spiele geehrt, oder einzelne Plätze durften nur von bestimmten Zuschauern besucht werden.

Schon bei den ersten Bauten erkennt man die für El Tajín typischen Merkmale: Über dem schrägen Talud ist ein Tablero mit mehr oder weniger tiefen Nischen aufgesetzt, deren Bemalung durch weit vorkragende Gesimse vor der Witterung geschützt wurden. Ursprünglich waren die aus Sandsteinquadern errichteten Mauern mit einer dicken Stuckschicht überzogen und bemalt. Nach den Reliefs zu urteilen, war der **Juego de Pelota Sur** an der Südseite des Monumento 5 (wohl die Residenz) einer der wichtigsten Plätze. Ihr Stil verweist den Bau in die Zeit zwischen 600 und 800. Die Südseite bildet ein mächtiger Tempel, auf dessen Treppe eine dolchförmige Stele mit dem Bild einer Gottheit (5./6. Jh.) aufgestellt ist. Sechs große Reliefs schmücken die senkrechten Seitenwände des Spielfeldes; alle sind mit breiten Flechtbandfriesen umrandet, in die stilisierte Knoten, Tier- und Götterköpfe eingearbeitet sind.

Das **erste Relief** an der Südseite zeigt im rechten Bildteil ein Skelett, welches aus einem Gefäß, das am Wasser steht, aufsteigt. Es kann sich um einen Hinweis auf Pulque-Genuß oder auf die Ahnen handeln, die manchmal auch in Tongefäßen beigesetzt wurden. Den oberen Rand zieren ein stilisierter Jaguar- oder Schlangenkopf, ein Knotenornament – vielleicht das Zeichen für Blitz – und eine Eidechse (?). In der Hauptszene sitzt der Fürst auf einem Thron und gibt dem vor ihm stehenden Thronfolger (?) den Befehl zur nachfolgenden Zeremonie. Beobachtet wird dies von dem mit Speeren bewaffneten Leibwächter.

Im **zweiten Bild** (s. S. 30), über dem eine Gottheit mit zwei Körpern schwebt, vielleicht der Sturmgott Huracán, opfert der Kronprinz Blut aus seinem durchbohrten Penis. Empfänger der kostbaren

Gabe ist der Fischgott in einem Wasserbecken, auf dessen Dach der Sonnengott mit Schlangenzepter sitzt. Über dem Prinzen schwebt eine menschliche Gestalt mit Kaninchenkopf, ein Mond- oder Pulque-Gott. Der Kaktus, aus dessen Blättern das berauschende Getränk gewonnen wird, ist am linken Rand abgebildet.

Bei den Totonaken scheint das Ballspiel für die Thronerben eine ebenso wichtige Rolle gespielt zu haben wie bei den Mixteken und den Mayas.

Auf dem **dritten Relief** beugt sich ein Adler unter den Rassel- und Trommelklängen zweier Musiker über den auf einem Stufenaltar liegenden Prinzen. Darüber schwebt ein menschliches Skelett mit Tierkopf, das wohl den Gott des Todes symbolisiert, während der Adler die Sonne und das Leben darstellt.

Auf dem **vierten Relief** an der Nordwand diskutieren zwei Ballspieler über dem Gummiball zwischen ihnen, der durch kopulierende Schlangen als Fruchtbarkeitszeichen erklärt wird. Beide Spieler haben sich den Armschutz *(palma)* hinter den Gürtel gesteckt, und die rechte Person droht mit dem Opfermesser in ihrer Linken. Auf dem linken Spielfeldrand sitzt ein Mensch mit Kojotenkopf, der Begleiter in die Unterwelt, und rechts hockt der Schiedsrichter (?).

Die **fünfte Szene** zeigt den Sieger im Schwitzbad, während ein Diener in einem großen Topf heißes Wasser oder Pulque heranträgt. Auf dem Dach hockt der Regengott und hinter ihm der Windgott. Auch hier ist am Rand eine Agave abgebildet, aus deren Saft Pulque hergestellt wird – allerdings nicht mehr, wenn die Pflanze wie auf diesem Bild blüht. Den Oberrand ziert wieder das Bild des lachenden doppelleibigen Gottes, der nicht sicher benannt werden kann, da Huracán normalerweise wie der aztekische Gott Tezcatlipoca einbeinig ist.

Das **letzte Relief** (s. S. 211) zeigt die Opferung des Verlierers und den vom Himmel herabhängenden Gott des Todes als Skelett. Mit diesem Opfer scheint die Initiierung eines Thronfolgers beendet worden zu sein.

Direkt dahinter liegt ein ungeschmückter Trainingsplatz. Das lange, erst vor kurzem restaurierte Gebäude im Norden der anschließenden Plaza weist nicht nur kleine Säulen vor den tiefen Nischen auf, sondern auch Reste der ursprünglichen Bemalung. Der Bau liegt hinter der **Pirámide de los Nichos,** dem Haupttempel von El Tajín. Die 364 Nischen in den Wänden der Pyramide werden zusammen mit der Cella als Hinweis auf die 365 Tage des Sonnenjahres gedeutet. Vielleicht waren die Nischen nur eine Dekoration; es könnten aber auch Opfergaben darin gestanden haben oder sogar Räuchergefäße. Die Podeste in der Treppe können Absätze für bestimmte Zeremonien gewesen sein oder Podeste für Adlige mit unterschiedlichem Status. Die Treppenränder zieren Treppenvoluten aus vorgezogenen Steinen. Auf der Pyramide sind Bruchstücke von Reliefs gefunden worden, eines mit der Darstellung des Weltenbaumes (heute im Museum von Jalapa). Auch die Konstruktion dieser Pyramide, die einen älteren Bau umschließt, ist außergewöhnlich, denn die obere Plattform reicht als Kernpfeiler bis zum Boden. Mit den unteren Absätzen hat man den Kern einzeln ummantelt (600–800).

Die kleine zweistufige **Pirámide 2** an der Nordseite der großen Plattform von Monumento 5 ist eine ältere Anlage, wie auch die vier Vorgängerbauten im Kern von Monumento 4 (3.–4. Jh.). Sein heutiges Aussehen bekam der Hauptplatz von El Tajín im 6.–8. Jh., Monumento 3 wurde sogar erst um 1000 angelegt. Nördlich davon liegt ein weiterer kleiner, stark zerstörter Ballspielplatz mit vier Reliefs und Darstellungen von Menschen und Göttern im Stil des südlichen Platzes.

Über Treppen und Absätze gelangt man zur Residenz **El Tajín Chico,** deren Terrassen an einem natürlichen Hügel liegen. Hier hat man als Bauschmuck geometrische Ornamente aus Stein bevorzugt; doch bei Monumento J sind sehr schöne Reste von Wandmalereien durch ein modernes Strohdach vor der Witterung geschützt worden. Die Bemalung hier und am Bau nebenan (Monumento I) zeigt nicht nur die dominierenden geometrischen Muster, sondern auch Götterköpfe und menschliche Gestalten, meist in den Farben Blau, Gelb und Grün ausgeführt.

Auf den Wänden von Monumento A, B und C hatte man die Reliefs von Stufenvoluten zunächst mit den Farben Blau und Gelb betont, später dann mit Rot und Blau (8. Jh.). Die Decke des Gebäudes B wurde von mächtigen Pfeilern getragen, und eine Treppe führte auf das Dach. Bei Gebäude C führt eine Tür mit Maya-Kraggewölbe über eine Scheintreppe zur ersten Plattform, auf der drei Eckbauten den erhöhten Mittelbau mit umlaufendem Gang umschließen. Die

Die Pirámide de los Nichos (›Nischenpyramide‹) war der Haupttempel von El Tajín. Mit vollem Relief- und Freskenschmuck dürfte er, im Weihrauchdunst aus seinen Räuchergefäßen auf den Treppenabsätzen, einen unvergeßlichen Eindruck hinterlassen haben.

213

Die Treppe der Pyramide auf der Plattform von Monumento 5 (Ahnentempel oder Residenz), schmückt die Stele eines Gottes oder vergöttlichten Herrschers, vielleicht des Gründers der lokalen Dynastie, der für die Anlegung des kleinen Monumento 2 an der Nordseite der Plattform verantwortlich war.

ungewöhnliche Architektur läßt zusammen mit der reichen Dekoration vermuten, daß hier der Herrscher 13-Kaninchen bei öffentlichen Anlässen seine Regierungsgeschäfte abgewickelt hat. Die Anlage (10. Jh.) symbolisiert durch räumliche Abtrennung die Standesunterschiede zwischen dem Herrscher, der in den Wolken schwebt (Treppenvoluten), und den Untergebenen.

Über Treppen und eine Eingangshalle gelangte man auf die nächsthöhere Plattform, von der eine weitere Treppe zum höchsten Gebäude der Akropolis führt, der **Pirámide de las Columnas,** einer Art Siegestempel des Herrschers 13-Kaninchen. Die langgestreckten Bauten an der Basis mögen seine Residenz gewesen sein. Einen Wohnbereich vermutet man auf der untersten Plattform weiter nördlich, wo zum **Palacio** ein weiterer Ballspielplatz gehört.

Warum diese herrliche Anlage um 1000 (von den letzten Nachzüglern um 1200) verlassen worden ist, kann bisher nur vermutet werden. Wahrscheinlich waren aus dem Norden kommende Einwanderer wie die Chichimeken dafür verantwortlich, daß die Bewohner El Tajíns allmählich nach Süden abgedrängt wurden, wo sie aber eine weit weniger imposante Architektur schufen.

Jalapa (Xalapa)

Das 1986 eingeweihte **Museo de Antropología** von Jalapa gehört zu den schönsten und perfektesten Museumsbauten des 20. Jh. Dank großer Fenster und zahlreicher Lichthöfe scheinen Inneres und Äußeres schrankenlos ineinanderüberzugehen. Seine Exponate stammen alle aus der Golfregion und gehören zu den Kulturen der Olmeken, Totonaken und Huaxteken.

214

Unter den monolithischen Köpfen und Reliefs der Olmeken, wie sie auch in La Venta gefunden worden sind, sticht die kleine Figur eines Vaters mit seinem Kind auf dem Schoß durch ihre Ausdruckskraft und feine Bearbeitung hervor. Die Jaguarzüge des Gesichts sind beim Kind stärker ausgeprägt als bei dem Mann, dessen Mimik Schmerz, wohl über den Tod des Kindes, ausdrücken. Auf den Körpern sind in feinen Linien Götterköpfe und Symbole eingeritzt, die als Körperbemalung oder Tätowierung gedeutet werden können.

Recht ausgefallen ist das steinerne Wasserbecken in Form eines Vogels, das für rituelle Reinigungen benutzt wurde. Masken aus Jadeit mit olmekischen Gesichtszügen waren sicher Abbildungen verstorbener Ahnen und trugen in Augen und Mund Einlagen aus anderen Materialien. In eine dunkelgrüne Beilklinge wurde das Bild eines Olmeken-Fürsten eingeritzt, der auf dem Rücken eine Flügeldevise (Kriegszeichen) trägt und auf dem Kopf einen Hut mit Jaguarkralle als Emblem. Auf der Kopfbedeckung sitzt ein Gefäß mit Göttergesicht und einer Pflanze darin, wohl das Indiz für die fürstliche Aufgabe im Rahmen von Fruchtbarkeitsritualen.

Die großen Stelen 5 und 6 aus Cerro de las Mesas werden den sogenannten Epi-Olmeken zugeschrieben, weil hier schon Schriftzeichen und Langzeitdatierungen wie bei den Maya benutzt wurden. Dargestellt werden reich gekleidete Fürsten, die ein Opfer ausgestreut haben. Falls diese Menschen für den Beginn ihrer Zeitrechnung denselben Ausgangspunkt wie die Maya verwendeten, ist Stele 6 auf 468 zu datieren. Schlichte Flechtwerkkartuschen und die Glyphe 7 Krokodil (oder Auge im Hochlandstil) schmücken Stele 1.

An einer Tonschale zum Verbrennen von Räucherwerk steht ein äußerst ausdrucksstark geformter Priester oder Gott mit riesigem Kragen, angeklebtem Bart, angefeilten Zähnen, Ohrpflock, breit-

Im Anthropologischen Museum von Jalapa. Olmekische Großplastik bildet eine Hauptattraktion des Museums. Für diese Werke entwarf der Architekt sogar einen speziellen Lichthof.

215

Tonplastik einer huaxtekischen Fürstin mit Schlangenkrone und bitumengefärbtem Haar

Huaxtekische Plastik (nach 1000) im Museum von Jalapa. Darstellung eines Fürsten, der den Tod als skelettiertes Kind mit Krallen auf dem Rücken trägt.

krempigem Hut und aufgesetztem Stirnsymbol, vielleicht den alten Feuergott darstellend (zwischen 300 und 900). Frei modellierte Tonfiguren aus Remojada (südwestlich von Veracruz am Río Janapa), teilweise auch bemalt, stellen Statussymbole dar, die den Toten mit ins Grab gelegt wurden (300–900). Neben religiösen Gesten, wie die zu den Göttern erhobenen Hände, werden auch ganz profane Tätigkeiten wie Schaukeln und Diskutieren dargestellt.

Zahlreiche Reliefplatten, welche an den Gebäuden von El Tajín angebracht waren, bilden in Flechtwerkrahmen Szenen aus dem Leben von Göttern und Menschen ab (600–900). Die Fürsten hielten sich Raubkatzen als Haustiere, besaßen persönliche Schutzgötter und waren für Fruchtbarkeitsrituale zuständig. Die Nachbildungen der Schutzkleidung von Spielern *(hachas, palmas und yugos)* zeigen hier besonders auf dem Knieschutz *(hacha)* in einigen Fällen das Ideal der indianischen Schönheit (600–900). Interessant ist das Bild einer Frau auf einem Gürtel *(yugo)*, vielleicht die Frau oder Geliebte des Spielers, wenn sie nicht gar selbst gespielt hat. Symbole des Todes deuten den Opfertod der Verlierer an. Fresken aus Las Higueras (Küste, 130 km nördlich von Veracruz) zeigen die Audienz vor einem Fürsten, die Ortsglyphe eines Bergortes und extrem schlanke Menschen (6.–9. Jh.).

Herrliche, hohl gearbeitete Tonfiguren von Miniatur- bis Lebensgröße mit Tiersymbolen, vor allem Schlangen, im Schmuck und an der Kleidung stellen Götter dar und sind schon zwischen 500 und 900 als Opfer zerbrochen, d. h. rituell getötet worden. Ihre schwarze Farbe ist Bitumen, das in der Küstenregion an einzelnen Stellen aus dem Boden dringt. Eine Sondergruppe stellen die kleinen Tonfigürchen mit lächelnden, in Modeln geformten Gesichtern dar, welche Figuritas Sonrientes (›Lächelnde Figürchen‹) oder, nach ihrem Fundort, auch Nopiloa(s) genannt werden. Die meisten stammen aus Gräbern und sind als Rasseln oder Flöten gearbeitet, ähnlich den berühmten Maya-Statuetten von der Insel Jaína. Kleidung und Schmuck der Figuren geben den Status der Toten wieder; mit Flötentönen und Rasseln sollte wohl das Böse in der Unterwelt abgeschreckt werden.

Ein schönes Relieffragment zeigt Quetzalcóatl, angetan mit Schlangenhelm und Meeresschnecke als Brustschmuck (1450–1521). Große huaxtekische Steinfiguren von Göttern und Fürsten, meist Frauen (1000–1521), beeindrucken durch strenge Gesichtszüge und Haltung. Manche haben die Daumen wie die Fürsten von Toniná hinter den Gürtel geklemmt und andere trugen in einer runden Bohrung auf der Brust wohl einen Spiegel aus Pyrit oder eine Jade-Einlage als Symbol für das Herz. In durchbohrten Händen steckten ursprünglich sicher Lanzen oder Dornenstöcke, die zum Abzapfen des eigenen Blutes, dem Opfer an die Götter, verwendet wurden. Beachtenswert auch die feine Keramik, die teilweise mit stilisierten Tierdarstellungen bemalt ist, deren nach dem Brennen aufgetragenen Farbflächen durch dunkle Linien abgesetzt sind (12.–15. Jh.).

Zempoala (Cempoala)

Cempouallan war um 1200 von Totonaken gegründet worden, und es war die erste Stadt, welche die Spanier in Mexiko betraten. Die zwischen Obstbäumen und Feldern eingebetteten weißen Häuser und Tempel erinnerten die Eroberer an Sevilla in Spanien. Doch das erhaltene Zeremonial- und Verwaltungszentrum regt nicht zu solchen Vergleichen an. 1519 regierte hier Fürst Chicomacatl, wegen seines Leibesumfangs von den Spaniern auch *Cacique Gordo* (›fetter Häuptling‹) genannt. Einige Jahrzehnte vor Ankunft der Spanier hatten die Azteken die Küstengebiete unterworfen, und der Totonaken-Fürst lud die Spanier wahrscheinlich nach Zempoala ein, um sich mit ihrer Hilfe aus dieser Abhängigkeit zu lösen. Cortés ließ einige Mitglieder einer aztekischen Delegation hinrichten, die anderen schickte er nach Hause. So zwang er den Fürsten, seine Leute als Hilfstruppen abzustellen, um Schutz vor der Rache der Azteken zu bekommen. Die wenig kriegstüchtigen Totonaken dienten ihm dann hauptsächlich als Träger. Als die ca. 20 000 Einwohner zählende Stadt 1520 beim Kampf zwischen Cortés und den Truppen des Vizekönigs von Kuba stark beschädigt wurde, begann ihr Niedergang. Die letzten Bewohner zogen um 1600 nach Jalapa.

Erst 1892 wurden die Ruinen wiederentdeckt und zumindest die wichtigsten Tempel und Zeremonialanlagen, von denen es wenigstens zwölf in den einzelnen Stadtteilen gab, ausgegraben und restauriert. Am Eingang des Hauptbezirks, der nach aztekischem Vorbild mit einer Zinnenmauer zumindest symbolisch vom profanen

Von Zempoala aus zogen die Spanier, angeblich unendliche Strapazen erduldend, ins Hochtal von Mexiko, um dem glanzvollen Reich der Azteken den Todesstoß zu versetzen.

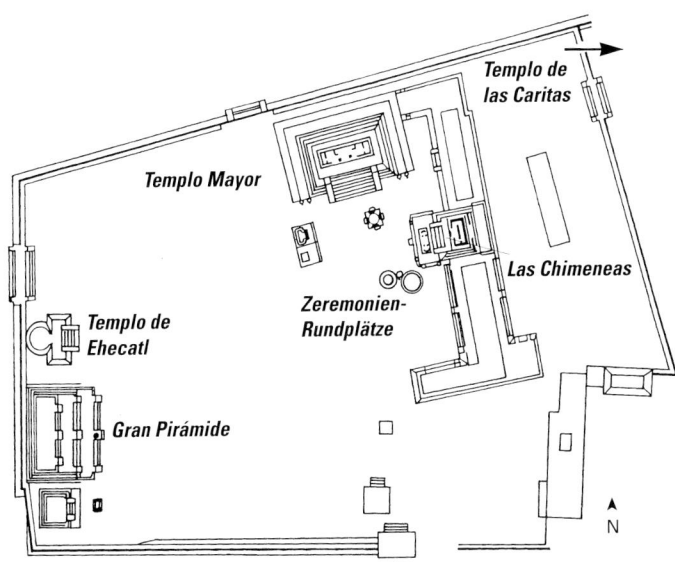

Plan des Ruinengeländes von Zempoala

Zempoala, Blick auf die Zeremonien-rundplätze vor dem Las Chimeneas genannten Tempel

Umfeld getrennt ist, steht ein kleines Museum mit einigen Funden aus der Grabung, u. a. auch mit Totenköpfen, die als Wandschmuck im **Templo de las Caritas** (ca. 200 m östlich des Haupttempels) angebracht waren, welchen ein eigenes kleines Temenos (heiliger Bezirk) umgab. Etwa 1440 Köpfe sollen an den Wänden in Einheiten zu 260 Stück (Dauer des Festkalenders), 360 Stück (Tage des Maya-Jahres) und 820 Stück (?, 819 entspricht sieben Merkurzyklen) gruppiert gewesen sein.

Die **Gran Pirámide** an der Westseite des Temenos zeigt mit ihrer Zwillingstreppe eindeutige aztekische Züge, und ihre Plattformen bestehen wie bei allen anderen Tempeln aus einem Lehm-Sand-Kern, der mit Flußsteinen verkleidet ist. Die Wände trugen ursprünglich noch einen weißen, aus Muschelschalen gewonnenen Kalküberzug und waren farbig bemalt. Daneben steht das Podest des **Templo de Ehecatl,** eines dem Windgott geweihten Rundtempels, von denen es drei in Zempoala gab.

An der Nordseite des Temenos erhebt sich der 13stufige **Templo Mayor,** der Haupttempel, wo wahrscheinlich eine Regen- oder Vegetationsgottheit verehrt wurde, der die Totonaken alle drei Jahre Kinder opferten, um Feldschäden infolge von Naturkatastrophen abzuwenden. Das Blut der Opfer wurde mit Baumharz und Samen vermischt von allen Männern und Frauen gegessen. Das Strohdach wurde beim erwähnten innerspanischen Kampf in Brand gesteckt und der Tempel dadurch zerstört.

Die kleinere Pyramide daneben hat am Fuß ihrer Treppe eine Vorhalle mit ummauerten Holzsäulen. Da der Holzkern längst verrottet ist, wirken die Hüllen wie Schornsteine (spanisch *chimenea*), was zur spanischen Bezeichnung **Las Chimeneas** für den Tempel führte. Ein Altar und drei runde Steinumfriedungen gehören ebenfalls zum Tempel. Im kleinsten Steinkreis mag das heilige Feuer gebrannt haben, doch in den größeren könnten auch rituelle Kämpfe durchgeführt worden sein oder religiöse Tänze. Farbig bemalt und mit buntgekleideten, stark tätowierten Priestern bevölkert, werden auch diese etwas bescheidenen Bauten eine gewisse Pracht ausgestrahlt haben.

Quiahuiztlán

Nur 2 km südlich von **Villa Rica,** – dort ließ Cortés übrigens seine Flotte verbrennen, um die Flucht seiner Soldaten zu verhindern (als Grund vorgeschoben wurde, daß die Schiffsplanken von Würmern zerfressen seien) – liegt nahe dem Cerro de los Metates (›Berg der Mahlsteine‹) der vorspanische Friedhof von Quiahuiztlán. Ähnlich wie im Orient (Persien, Kleinasien) hat man auf diesem bis Mitte des 16. Jh. benutzten Platz auf einem Hügel über dem Meer den Toten eigene Häuser gebaut. Es handelt sich um Miniaturtempel aus Stein, die auf kleinen Plattformen stehen und deren große Vorbilder Strohdächer trugen. Sinn solcher Bauten war es, den Seelen der Toten neue Wohnungen zu geben, da deren natürliche Behausungen, die Körper, vermoderten. Hier dürfen die ›Grabsteine‹ daher auch als Statussymbole verstanden werden. Das Dorf der Lebenden, das zu den 30 Siedlungen des Städtebundes von Zempoala gehört hat, dürfte auf dem Hügel gelegen haben, wo die Mahlsteine gefunden worden sind.

Wer Gegensätze liebt, sollte 15 km weiter nördlich bei **Laguna Verde** auch einen Blick auf Mexikos einziges Atomkraftwerk werfen, das in den 70er Jahren fertiggestellt wurde.

Weiter im Norden kann man bei Nautla abzweigend über die M 131 Tlapacoya erreichen, wo im Naturschutzgebiet **Filo Bobos** mindestens sechs Ruinenplätze liegen, von denen **Vega de La Pena** und **El Guajilote** ausgegraben und zugänglich sind. Während ersterer wohl eine Siedlung mit Palästen und kleinen Tempeln gewesen ist, diente letzterer als Zeremonialzentrum (8./9. Jh.).

Guajilote erinnert mit seiner langen Doppelreihe von Pyramiden und Plattformen etwas an die Straße der Toten in Teotihuacán, aber leider weisen die aus rundgeschliffenen Flußsteinen oder dünnen gebrochen Platten errichteten Mauern keinerlei Schmuck mehr auf.

La Antigua

Das kleine Fischerdorf 25 km nördlich von Veracruz scheint – nach seinen einstöckigen Landhäusern und gepflasterten Straßen zu urteilen – in seiner Entwicklung im 17. Jh. stehengeblieben zu sein. Hier, am Río Huitzilapán, gründete Cortés sein zweites Villa Rica de

Von Schlingpflanzen überwuchertes Haus aus der frühen Kolonialzeit, in dem die lokale Tradition den ersten Palast des Eroberers Cortés sehen will.

la Vera Cruz, das 1589 als Hafen und Stadt vom neuen Veracruz abgelöst wurde.

Direkt neben der Plaza mit ihren herrlich blühenden Flammenbäumen sind die Mauern eines alten spanischen Hauses von den Baumwurzeln völlig überwachsen und bieten einen geheimnisvollen Anblick. Die Tatsache, daß die Mauern aus einem Verbund von Ziegeln und Flußsteinen bestehen und man die Reste einer Kanone ganz in der Nähe gefunden hat, veranlaßte die Bewohner zur Annahme, daß es sich hier um das erste Haus des Eroberers Hernán Cortés handelt. Deutlich kann man noch den großen Hof mit den Wohn- und Repräsentationsräumen erkennen und daneben den kleineren Wirtschaftstrakt.

Veracruz

Die wichtigste Hafenstadt Mexikos bietet eine Mischung aus Karibik, Europa und Mexiko. Seit ihrer Gründung im Jahr 1589 ist sie das Tor des Landes zum Rest der Welt gewesen, durch das während der Kolonialzeit seine Schätze jedes Jahr in großen Schiffskonvois nach Spanien verschwanden – jedoch nur wenige Produkte nach hoher Besteuerung angelandet wurden. Ein feuchtheißes Klima, Mücken und ständig drohende Seuchen schränkten das Wachstum der Stadt des ›Wahren Kreuzes‹ stark ein. Bis zum 18. Jh. gab es hier nur Holzgebäude, welche durch Feuer sowie von Piraten, Soldaten und Freiheitskämpfern zerstört wurden. Den Attacken der englischen Freibeuter John Hawkins und Francis Drake (16. Jh.) folgten die Angriffe der Holländer Nicholas van Horn und Laurent de Gaff (17. Jh.), und selbst im 18. Jh. war die Seeräubergefahr noch so groß, daß die spanische Krone 1746 die heute noch erhaltene Hafenfestung anlegen ließ.

Der natürliche Hafen bildete aber nicht nur in der Kolonialzeit Mexikos ›Tor zur Welt‹, sondern war auch, nachdem die Spanier 1825 die Seefestung San Juan de Ulúa geräumt hatten, das Einfallstor für die Armeen ausländischer Mächte. Im Jahr 1838 besetzten die Franzosen die Festung, um von der mexikanischen Regierung Entschädigung für die Beraubung eines französischen Kochs zu erpressen. General Winfield Scott marschierte von hier mit seinen amerikanischen Truppen ins Landesinnere, was Mexiko letztendlich seine nördlichen Staatsgebiete kostete. Schließlich kehrten die Spanier

Stadtplan Veracruz

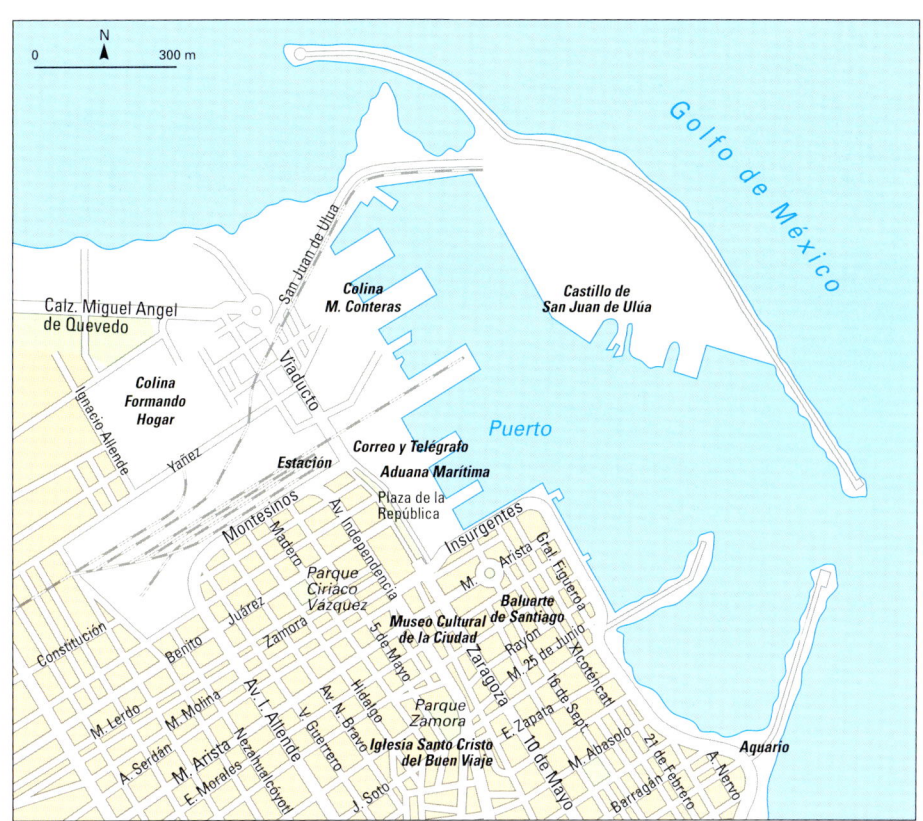

Der Zócalo mit dem Palacio Municipal von Veracruz

1862 zusammen mit den Franzosen und Engländern zurück, um die Bezahlung der Auslandsschulden einzufordern, und Maximilian setzte hier 1864 erstmals seinen Fuß auf den Boden des Landes. Erst die amerikanische Besetzung im Jahr 1914 blieb die bisher letzte militärische Einmischung des Auslands.

Die turbulente Geschichte hat dafür gesorgt, daß fast alle wichtigen Gebäude der Stadt in klassizistischem Stil um 1900 erbaut wurden. Typisch für solche Bauten sind die hohen Arkaden, die großen Innenhöfe und die zahlreichen hohen, oft als Türen ausgeführten Fenster der oberen Stockwerke, die für eine angenehme Kühlung in dem feuchtheißen Klima sorgen.

Ihren besonderen Charme entfaltet die Stadt am Abend in den Cafés und Restaurants rund um den Zócalo (Plaza de la República), wo Verkäufer und Musiker für Abwechslung und Stimmung sorgen.

Mögen auch der Palacio Municipal und La Parroquia, die Kathedrale Nuestra Señora de la Asunción (1734), keine überragenden Kostbarkeiten der Architektur sein, so ist doch das Ambiente mit den Tausenden von Vögeln, die abends auf ihre Schlafbäume am Platz einfallen, ausgesprochen reizvoll.

Am Hafen bei der **Aduana Marítima** (Zollbehörde, 1903), deren Einnahmen lange Zeit die einzige zuverlässige Geldquelle der jungen mexikanischen Republik waren, steht auch die von goldenen Löwen bewachte Post aus der gleichen Zeit. Im **Baluarte de Santiago** (1625), einer Festungsanlage, welche zur alten Stadtmauer gehörte, zeigt man in einer kleinen Ausstellung die Goldobjekte, welche von einer gesunkenen spanischen Galeone stammen, die man 1975 rein zufällig im Hafen fand.

Stolz der Stadt und ihre größte Sehenswürdigkeit ist die Hafenfestung **San Juan de Ulúa,** welche zwischen 1746 und 1771 auf Befehl der spanischen Könige Ferdinand VI. und Karl III. erbaut wurde. Von den älteren Bauten, die hier einst errichtet worden sind, einem Leuchtturm, einem Arsenal und einer kleinen Kirche (1528), ist nichts erhalten geblieben. Der nüchterne Festungsbau weist, dem Kanonenzeitalter angepaßt, nur am Tor geringen Schmuck auf. In den düsteren Kasematten, die bei Flut halb unter Wasser stehen, hat auch so mancher Priester während der Freiheits- und Revolutionskriege sein Ende erwartet.

Als weitere Besichtigungspunkte bieten sich das **Meerwasser-Aquarium,** das **Museo Cultural de la Ciudad** im ehemaligen Waisenhaus (1850), die **Biblioteca B. Juárez** mit Glockenturm und die kleine Kirche **Santo Cristo del Buen Viaje** (16. Jh.) an. Auch der Ausflug zur kleinen Insel **Isla de los Sacrificios,** wo Hinweise auf vorspanische Opferungen und Bestattungen gefunden wurden, kann als Abstecher empfohlen werden.

Folklore-Show in Veracruz. Typisch sind die in durchbrochener Strickerei gearbeiteten weißen Röcke und Blusen, die einen starken andalusischen Einfluß zeigen.

223

Oaxaca und Umgebung

Im Reich des Marqués del Valle

Besonders sehenswert:
Yanhuitlán ☆
Oaxaca ☆☆
Monte Albán ☆☆
Dainzú ☆
Yagul ☆
Mitla ☆
Guiengola ☆

Indígenas zwischen Gestern und Heute

Die Indígenas des Bundesstaates Oaxaca gehören einer Vielzahl von Stämmen mit zum Teil ganz verschiedenen Sprachen an. Die beiden größten Sprach- und Stammesgruppen, welche diese Region ab etwa dem 9. Jh. kontrolliert haben, werden Zapoteken und Mixteken genannt. Konservativ und der Tradition verhaftet haben die alten Zapoteken und die späteren Zuwanderer, die Mixteken, die bis heute andauernde Unterdrückung und Ausbeutung durch die Spanier und ihre Nachfolger (die heutige Oligarchie) überlebt, nicht ohne sich ab und an, wie auch jetzt wieder, mit Waffengewalt dagegen zu wehren.

Waffengänge und Fürstenehen hatten es den Mixteken erlaubt, große Teile des ehemaligen zapotekischen Stammlandes zu übernehmen, wobei es ihnen half, daß beide Gruppen von Lokalfürsten in autonomen Reichen geführt wurden – auch dann noch, als diese Ende des 15. Jh. an die Azteken Tribut zu zahlen hatten. Die größte politische Einheit, damals wie heute die Dorfgemeinschaft, wird durch Sitten und Gebräuche gefördert bzw. geschützt, was zu einem starken Partikularismus und zu einer Schwächung gegenüber den staatlichen Institutionen führt.

Das langsame Vordringen der Mixteken in die Gebiete der Zapoteken wird nicht nur durch die mixtekischen Codices belegt, sondern auch durch lokale Mythen und archäologische Erkenntnisse. Besonders schöne Beispiele dafür liefern die von Mixteken wiederbenutzten zapotekischen Grüfte in Monte Albán und die zwei Gräber von Zaachila (›Himmelsdrachenort‹), wo die Namen 9-Blume (1050) und 5-Blume (1330) der beiden in Stuckreliefs dargestellten Personen auch im mixtekischen Codex Nuttal als Fürsten des Ortes belegt sind; außerdem berichten die Mythen von Eheverbindungen zwischen den beiden Stammesgruppen. 9-Blume war ein Bruder des berühmten Mixteken 8-Hirsch-Jaguarkralle und wurde als Herrscher und Begründer einer neuen Dynastie eingesetzt, nachdem 1047 der ursprüngliche Fürst des Ortes, 3-Geier, besiegt worden war und seine Tochter den Bruder des Eroberers geheiratet hatte. Anscheinend hat 8-Hirsch seinen Bruder dann anschließend getötet (1050), weil sich dieser den Zapoteken zu sehr verbunden fühlte. Um 1470 mußte Cosiobi, der Herrscher von Zaachila, nach Tehuantepec ausweichen, wo sein Enkel, Don Juan Cortés, bis 1560 regiert hat. Ganz ähnliche Ereignisse haben sich zwischen 900 und 1480 in verschiedenen Fürstentümern der Region abgespielt, bis das Vordringen der Mixteken zum Stillstand gekommen war.

Schätzungen von Bevölkerungszahlen belaufen sich für die Zeit um 900 auf ungefähr 60 000 Personen, für 1519 auf etwa 1,8 Mio., wobei z. B. dem Stadtstaat Cuilapan etwa 350 000 Menschen untergeord-

◁ *Der Ballspielplatz von Yagul im Oaxaca-Tal*

225

net waren. Die Fürsten fungierten als Chefs der Heere und der Regierung. Sie befahlen Gemeinschaftsarbeiten, z. B. für die Anlage von Kanälen und Tempeln, sprachen Recht, sammelten die Tribute ein und überwachten die untergeordneten Führer der kleineren Dörfer.

Drei große Gesellschaftsgruppen lassen sich bei Mixteken und Zapoteken unterscheiden: Adlige, Priester und Bauern bzw. Handwerker oder Händler. Der Adel, in den man hineingeboren wurde, bestand aus den Fürsten und niedrigen Edlen, die meist im Staatsdienst eingesetzt waren. Standeszugehörigkeit wurde durch Kleidung, Waffen und Titel ausgedrückt. Fürsten wählten eine Erstfrau – meist aus einem benachbarten Ort, um Verbündete zu gewinnen –, besaßen aber auch noch Nebenfrauen aus dem eigenen oder aus fremden Orten, und selbst niedrige Adlige hatten meist mehr als eine Frau. Ehen konnten von den Männern aufgelöst werden, wenn die Frauen faul, untreu, unfruchtbar oder streitsüchtig waren. Frauen konnten sich trennen, wenn der Mann ihre Arbeitskraft zu sehr ausnutzte, und wenn er untreu war. Priester stammten meist aus der Adelsschicht und konnten vom Fürsten, der selbst bestimmte priesterliche Funktionen ausübte, ernannt werden. Sie wurden für den Dienst an den Göttern ausgebildet, ordneten sich in drei Untergruppen – Oberpriester, Wächter der Götter und Opferpriester – und konnten sogar auf Zeit (sieben Jahre) dienen. Das Amt des Oberpriesters vererbte sich meist vom Vater zum Sohn. Adlige und Priester mußten keinen Tribut zahlen und keinen Arbeitsdienst leisten. Die Mehrheit der Untertanen waren Bauern, Handwerker oder Händler. Die Männer waren monogam und heirateten meist erst im Alter von etwa 30 Jahren Frauen, die etwa 10 Jahre jünger waren. Daneben gab es auch noch eine kleine Gruppe von Sklaven, meist Kriegsgefangene, die verkauft und geopfert werden konnten, in der Regel aber als Hausdiener arbeiteten.

Im Pantheon der Zapoteken war Cocijo der Regengott und Pitao Cozobi der Maisgott und Herr des Tals von Oaxaca. Der Schöpfergott der Menschen und Tiere war Pitao Cozaana, der Gott der Unterwelt und des Todes war Pitao Bezelao, der Gott der Liebe war Pitao Xicala, der Kriegs- und Sonnengott Copicha und Pitao Xoo wurde als Gott des Erdbebens verehrt. Daneben gab es eine Unzahl weniger wichtiger Götter und sogenannter Lokalgötter, die bestimmten Orten besonders zugetan waren. In Mitla waren das z. B. die Göttin Xonaxi Quecuya und ihr Mann Coqui Bezelao, das Götterpaar der Totenwelt; aber auch vergöttlichte Ahnen oder Begründer einer Dynastie stiegen in den Rang von Ortsgöttern auf, wie etwa in Zaachila der Mann und Gott 7-Regen. Bei den Mixteken, welche die gleichen oder ähnliche Götter unter anderem Namen verehrten, kann man noch die Gefiederte Schlange, eine Venusgottheit, als Hauptgott hinzufügen und kleine Zwerge oder Erdgeister *(ñuhu).* Geopfert wurden diesen Göttern Menschen, Menschenblut, Kopal, Federn und Hunde. Zu den religiösen Festen wurde Pulque (vergorener Agavensaft) getrunken, getanzt und musiziert, allerdings erst

Die alten Götter werden auch heute noch verehrt: Der Regengott in der Gestalt von St. Peter, und in der Gestalt der Hl. Katharina von Siena die zapotekische Heldin Pinopia. Christus wird als Erwachsener oder, jährlich wechselnd, als Junge oder Mädchen dargestellt. Kleinkinder (angelitos, ›Engelchen‹) steigen nach ihrem Tod in eine Art Kinderparadies auf, eine Vorstellung, die schon aus vorspanischer Zeit stammt. Wer ermordet wird, Selbstmord begeht, durch einen Unfall oder ungetauft stirbt, wird im ›alten Friedhof‹ beigesetzt, abseits des allgemeinen Begräbnisplatzes.

Engel und Teufel beim Zechen. Den Indigenas gelten Engel und Teufel als Symbole für das grundlegende religiöse Prinzip der Dualität in Göttern und Menschen. Beide vereinigen in sich gute und böse Eigenschaften, oft auch männliche und weibliche Aspekte.

nachdem man sich durch Fasten innerlich und durch ein Schwitzbad äußerlich gereinigt hatte.

Die hierarchische Anordnung der indianischen Gesellschaft machte es den Spaniern leicht, sich nach der Eroberung als herrschende Oberschicht mit Landbesitz zu etablieren, wobei die Indígenas nun nicht nur ihren Fürsten, sondern auch den Spaniern Tribut und Arbeitsdienst zu leisten hatten. Im Lauf der Zeit wurden die Fürsten dann durch die spanischen Corregidores ersetzt. Neben den alten Nahrungspflanzen wie Mais, Bohnen, Chili, Kürbis und anderem wurden jetzt auch Weizen und Zuckerrohr für den Export angebaut. In der neu eingeführten Viehzucht konzentrierten sich die Spanier auf Rinder und Pferde, während sich die Indígenas auf Schafe beschränkten. Ochsen setzten die Indígenas als Zugtiere für den spanischen Hakenpflug ein. Ein wichtiges Exportprodukt war Koschenille *(cochinilla)*, die getrocknete weibliche Kaktuslaus, die als Färbemittel für Lebensmittel und Kosmetika genutzt wurde. Die Produktion von Koschenille versucht man heute in staatlichen Instituten wieder zu fördern. Die großen Tempel wurden durch christliche Kirchen ersetzt und die Paläste durch spanische Landhäuser; nur die Hütten aus Holz und Stroh werden bis heute errichtet, wobei allerdings in den Dörfern längst die Häuser aus Lehm- oder gebrannten Ziegeln überwiegen.

Nach spanischer Vorstellung sollten sich die einheimischen Orte selbst regieren und ernähren. In den Städten mit Stadtrat *(cabildo)* wurden nach spanischem Vorbild Richter bzw. Bürgermeister *(alcalde)* und gewählte Räte *(regidor)* eingesetzt. In den Dörfern der Indígenas fungierte der *gobernador,* meist der Fürst, als Oberhaupt. Dorfbedienstete wie *mayordomos* – die Verwalter des Gemeinschaftslandes –, Polizisten, Schreiber und Sänger konnten nur Indí-

227

genas sein. Zunächst wurden all diese Posten von Adligen eingenommen; doch im 17. Jh., als der Adelsstand stark dezimiert war und
unterdrückt wurde, nahmen einfache Dorfbewohner die Aufgaben
wahr. Das Land wurde den Orten von der spanischen Krone als
Gemeinschaftsbesitz zugewiesen. Dazu gehörte außer rund 500 m²
für die Häuser des Dorfes auch Land, dessen Erträge für die Ausrichtung religiöser Feste und Dorffeiern bestimmt war, Dorfwälder
und Weiden sowie Ackerland, das unter den Familien aufgeteilt
wurde. Seit der Landreform (1930) besitzen viele Gemeinden Ejidos,
Land, welches theoretisch zu gleichen Anteilen an die Ejido-Mitglie-
der zur Nutzung abgegeben wird, also eine Form der Genossen-
schaft.

In der Kolonialzeit begann die Spezialisierung einzelner Dörfer
auf die Herstellung bestimmter Produkte, die auch heute die Attraktion der Wochenmärkte bilden. So produziert man in Yalalag Silberschmuck, in Teotitlán del Valle Stoffe und in San Bartolomé Coyote-
pec schwarze Keramik. Streit und Landraub zwischen den Dörfern,
Landübernahme durch spanische Hacienderos und durch die Kirche
führten zusammen mit Seuchen und Naturkatastrophen im 18. Jh.
zu einem Niedergang der einst blühenden Dörfer.

Die Kirche besaß damals rund 30 % des nutzbaren Landes im Tal.
Den bekehrenden Mönchen, hauptsächlich Dominikanern, folgten
die Dorfpriester als Erhalter des Glaubens und Nutznießer eines
Zehnten, eines Gehaltes, das aus der Dorfkasse bezahlt werden
mußte. Außerdem hatten die Indígenas Arbeitseinsatz beim Kirchenbau und auf dem Kirchenland, meist Viehweide, zu leisten. Jedes
Schäfchen der Gemeinde mußte außerdem noch für die Dienste des
Pfarrers bei Taufe, Hochzeit und Bestattung bezahlen. Es entstanden
Bruderschaften in den Dörfern, die bis heute verantwortlich sind für
die Instandhaltung der Kirche, die Ausrichtung der religiösen Feste,
die Bezahlung der Pfarrer und die Bereitstellung von Kerzen, Meß-
wein und Altarschmuck. Die Kosten dafür werden aus den Erträgen
des Kirchenlandes gedeckt.

Cofradías spielen noch heute in ganz Mittelamerika eine dominierende Rolle in den meisten Dör-fern der Indígenas.

Die Zugehörigkeit zu einer Bruderschaft *(cofradía)* ist oft direkt
verbunden mit den Ämtern in der Dorfgemeinschaft. Der Dienst in
einem Amt wird von jedem männlichen Bewohner erwartet und mit
der Androhung von Ausschluß auch erpreßt. Die unbezahlten Ämter
bringen Prestige, erfordern jedoch einen hohen Aufwand an Zeit
und Geld für repräsentatives Verhalten, so daß sie für einen Reich-
tumsausgleich sorgen und daher auch Last *(cargo)* genannt werden.
Auch das Trinken von Alkoholika gehört zu den Amtsaufgaben: Bei
den Indígenas trinken Männer in Gemeinschaft, um sich aus ihrer
Isolation – die Familie bildet eine nach außen völlig abgeschlossene
Gemeinschaft – zu befreien, oder um den Widersprüchen des Lebens
zu entfliehen.

Jede Familie hat ihre eigene Bank in Form von Tieren, Hühnern,
Schweinen und Ochsen, die bei Bedarf verkauft werden können.
Dorfbewohner helfen sich gegenseitig beim Hausbau und auch bei

Ananas-Tanz aus Tehuantepec

der Feldbestellung, ein Austausch, der wie die finanzielle Beteiligung an Festen, deren Nutznießer Bedürftige sind, *guelaguetza* genannt wird. *Guelaguetza* nennt man aber auch Geschenke, für die man später eine gleichwertige Gegengabe erwartet. Selbst die Vorführungen traditioneller Tänze, die gleichzeitig die ethnische Vielfalt durch unterschiedliche Trachten aufzeigen, werden heute unter diesem Namen angekündigt. Heiraten werden durch einen Vermittler arrangiert, und die Frau zieht in das Haus des Mannes. Wirtschaftliche und soziale Gesichtspunkte bestimmen die Auswahl der Partner. Liebe ist wenig gefragt, doch kann ein junger Mann seine bevorzugte Herzensdame mit ihrem Einverständnis aus dem Haus der Eltern rauben und eine Nacht mit ihr verbringen; danach wird durch einen Vermittler die Ehe arrangiert.

Nach Vorstellung der Indígenas wird der Körper des Menschen von verschiedenen Temperaturen kontrolliert; Krankheiten drücken eine Ungleichheit dieser Temperaturen aus. Neid wird als Blutvergiftung *(munia)* interpretiert und Angst als Nervenkrankheit *(susto)*, bei der die Seele den Körper verläßt. *Susto* kann vom einheimischen Heiler *(curandero)* geheilt werden; bei Aberglauben helfen da eher die Hexen *(bruja)* männlichen und weiblichen Geschlechts. Man glaubt sogar, daß Zauberer sich in Tiere, ihr zweites Ich, welches jeder Mensch besitzt, verwandeln können.

Heute sind Kleinstädte mit mehreren Nachbardörfern zu *municipios* zusammengefaßt, und auf dieser Ebene greift die Organisation der politischen Partei PRI ein. Verschiedene Municipios bilden einen *distrito* mit einer Hauptstadt *(cabecera)*. Für die Indígenas ist das Heimatdorf oder -städtchen die wichtigste politische Einheit, die von einem gewählten Rat *(ayuntamiento)* geleitet wird.

Der Glaube an die Fähigkeit, daß Menschen sich in ein Tier oder eine andere Person (nagual) verwandeln können, ist bis zum heutigen Tage wichtiger Bestandteil des Selbstverständnisses vieler Indigenas.

Regionalplan: Oaxaca und Umgebung

Zur Förderung der Dörfer versucht man, westliche Besucher in die entlegeneren Gebiete zu locken. Man errichtete *Unidades Eco-turísticas* oder *Yu'u* (Übernachtungshäuser), einfache landestypische Häuschen in besonders schön gelegenen Orten, die sich gut als Ausgangspunkt für Wanderungen eignen. Außerdem hat man in den letzten Jahren die kleinen lokalen Museen gefördert, die neben kunsthandwerklichen Produkten und Trachten auch archäologische Funde aus der Umgebung zeigen. Eine besondere Attraktion sind z. B. die Gräber von **Lambityeco** oder das mit Reliefs und Wandmalerei geschmückte Grab 5 von **Huijazoo** beim Dorf Suchilquitongo, ein wahrer Totenpalast. Hier ist die Geschichte einer Fürstenfamilie über mehrere Generationen in Bild und Text festgehalten worden. In Lambityeco (›Platz vieler Hügel‹) zieren Bilder und Namen der Toten die Türstürze der Gräber; so weiß man, daß hier ein Herr 8-Eule (8-Haus) mit seiner Gemahlin 3-Bewegung beigesetzt worden ist (6.–8. Jh.). Ein anderes Grab schmückt der Kopf des Regengottes mit seiner Rüsselnase und der Glyphe Regen im Kopfputz.

Eines der Gräber von Lambityeco schmückt das Relief des zapotekischen Kriegers 8-Eule mit seiner Frau 3-Bewegung, die sich in trauter Familienszene gegenüber liegen.

Yanhuitlán

Wer auf dem Landweg von Norden, von Cuernavaca oder Puebla her, nach Oaxaca fährt, passiert in Yanhuitlán ein interessantes Dominikanerkloster, das direkt an der Straße liegt. Die ›Weite Ebene‹, von den Azteken Yanhuitlán, von den Mixteken Yodzocahi genannt, ist der ehemalige Sitz einer mixtekischen Dynastie. Der Kronprinz 7-Affe, der seiner Mutter und Schwester auf den Thron folgte, wurde im Alter von 19 Jahren auf den Namen Don Domingo de Guzmán getauft und übernahm ein Jahr später die Herrschaft (1530). Er und sein Neffe und Nachfolger Don Gabriel waren verantwortlich für die Bereitstellung der Baumaterialien und die bis zu 7000 Arbeiter, die während der Sommerzeit an dem Dominikanerkloster von Yanhuitlán (1550–75) gearbeitet haben.

Das 1541 gegründete Kloster lag im Einflußbereich des Encomendero Gonzalo de las Casas, der angeblich spanische Architekten, Maler und Steinmetzen eingestellt haben soll, unter ihnen der Portugiese Fray Alonso de Barbosa. Der Bau des wie eine Festung wirkenden Klosters führte zum Angriff der Nachbarn aus Teposcolula (1550), der aber die Fertigstellung nicht verhindern konnte.

Gotisches Kreuzrippengewölbe im Kloster von Yanhuitlán; in Mexiko ein sicheres Zeichen für den Baubeginn zu Anfang des 16. Jh.

Die relativ schlichte und hohe Retablo-Fassade zeigt in sechs Nischen die Statuen von Heiligen und Ordensgründern. Das Relief über der Tür mag die Hl. Rosa von Lima, die 1668 selig gesprochen wurde, darstellen. Besonders interessant ist das Seitenportal, das im Stil der Renaissance mit Halbsäulen, Gesimsen und Muschelbogen gegliedert ist. Daneben zieren den Türbogen Imitationen von Kassettendecken, wie sie im Innern zu finden sind, und das Ganze krönt ein fast gotisches Doppelfenster mit Fischblase.

Der gotische Stil klingt auch noch in den Kreuzrippen der Decken in Kirche und Kloster an. Der Hauptaltar, von Andrés de la Concha geschaffen, besteht aus Bildern und Statuen zwischen vergoldeten Säulen mit gedrehten Kanneluren und ganz oben, wo meist der Heilige Geist erscheint, wurde hier Santo Domingo eingesetzt; darunter ist in Rundscheiben das Kreuz des Ordens zu finden. Interessant ist auch der Sternenhimmel in den Kassetten der Hauptapsis. Die meisten Seitenaltäre und der Orgelkasten sind im Barockstil ausgeführt (17. Jh.). Im ehemaligen Kloster mit schönem Säulenhof und Treppenaufgang ist heute ein Museum für religiöse Kunst untergebracht, in dem auch ein paar archäologische Objekte aus dem Ort, 900–1670 von einer Fürstenfamilie regiert, nicht fehlen.

Oaxaca

Nach Jahrhunderten der Verdrängung und Kämpfe zwischen Mixteken und Zapoteken eroberten die Azteken als lachende Dritte auf Befehl Moctezumas I. 1458 das Hochtal von Oaxaca, wo sie 1486 eine Garnison in Huaxyaca (›Spitze der Akazie‹) einrichteten. Ihre kurzzeitige Oberherrschaft endete, als 1521 die Spanier unter Francisco de Orozco einmarschierten und 1529 die Stadt Antequera (nach einer alten Römerstadt in Spanien) gründeten. Nur drei Jahre später vergab Karl V. die Stadtrechte und den neuen Namen Oaxaca. Etwa zur gleichen Zeit setzte er Hernán Cortés als Gouverneur von Neuspanien ab und versüßte ihm den Rausschmiß mit dem Titel

Das fruchtbare Hochtal von Oaxaca wird auf allen Seiten von unwegsamen Gebirgsketten mit halbwüstenhafter Vegetation umgeben, welche die ganze Region zu einem idealen Einsatzgelände für Guerilleros machen.

eines Marqués (Markgrafen) des Tals von Oaxaca und großem Landbesitz, welcher bis zur Revolution in den Händen der Familie blieb.

Während des Freiheitskampfes konnte José María Morelos Oaxaca erobern. Doch 1815 gewannen die Royalisten die Stadt zurück, nicht zuletzt weil der Bischof die Bevölkerung auf die Krone eingeschworen hatte, die für sein Wohlergehen sorgte. In der sogenannten Reformzeit übernahm Oaxaca dank der Tatsache, daß Präsident Benito Juárez hier erzogen worden war und seine ersten politischen Posten bekleidete, eine Führungsrolle in Mexiko. Während des Kampfes gegen die Interventionsmächte eroberte der französi-

Stadtplan Oaxaca

232

sche General Bazaine 1864 die Stadt, welche vom damaligen Gouverneur, dem späteren Präsidenten und Diktator Porfirio Díaz regiert wurde. Die Bevölkerung Oaxacas, der Hauptstadt des gleichnamigen Bundeslandes, hat sich ihren Behauptungswillen der Reformzeit erhalten, wie zahlreiche, teilweise sogar blutige Proteste von Studenten und Lehrern in den letzten Jahrzehnten zeigten.

Die Altstadt Oaxacas besteht aus einer Mischung von Prachtbauten der Jahrhundertwende und kolonialzeitlichen Kirchen und Häusern. Das Herz des entzückenden Stadtkerns ist der Zócalo mit seinem Musikpavillon, den gußeisernen Bänken sowie den Restaurants und Cafés, die wie die Perlen einer Kette unter seinen Hausarkaden aneinandergereiht sind. An der südlichen Platzseite steht der **Palacio del Gobierno** (Regierungspalast) im neoklassizistischen Stil (19. Jh.) und an der Ecke daneben die Barockkirche **La Compañía** mit ihrer seltsamen polygonalen Fassade, von den Jesuiten erst kurz vor ihrer Vertreibung (17. Jh.) fertiggestellt und um 1790 den Nonnen der Unbefleckten Empfängnis übergeben.

Die **Kathedrale** nördlich des Zócalo wurde 1535 begonnen und später mehrfach geändert und umgebaut. Der nach Erdbeben im 17. Jh. errichtete Neubau wurde 1733 geweiht. Das Innere der Basilika, deren Dach einst von vorspanischen Monolithsäulen getragen wurde, hat man damals im neoklassizistischen Stil ausgeführt. An der Retablo-Fassade zwischen den klobigen, erdbebensicheren Türmen hat man barocke Ornamentflächen und Reliefs mit neoklassizistischen Säulen kombiniert, und die für den Barock typischen Heiligenfiguren in ihren Nischen fehlen ebenfalls nicht.

Nördlich der Kathedrale wurde das moderne Polizeigebäude an seiner Fassade mit den typischen Tableros von Monte Albán verziert. Die **Basílica de la Soledad,** in der die Statue der Schutzheiligen Oaxacas, der Virgen de la Soledad (›Jungfrau der Einsamkeit‹) steht, ist vom 16.–18. Dezember das Ziel von Pilgern und einer beeindruckenden Prozession. Die 1695 beendete Retablo-Fassade scheint das Vorbild für die Kathedrale gewesen zu sein. Eine ungewöhnliche, neuartige Ergänzung sind die vorgezogenen Flanken, welche wegen der Erdbeben die Stabilität der Fassade erhöhen sollten. Das Portal schmückt ein Bild des Mäzens Pedro de Otálor, der einige spanische und italienische Heiligenbilder im Innern gestiftet hat. Das Reliefbild darüber zeigt Maria, als Nonne gekleidet, einsam am Kreuze Christi trauernd. Statuen von Heiligen und der Erzengel zieren die Fassade. Im kleinen Museum daneben findet man Exponate religiöser Kunst, Geschenke an die Jungfrau und Fenster mit Bildern der Geschichte des Jungfrauenbildes, das um 1620 in Guatemala angefertigt wurde. Der Esel, auf welchem die Statue zusammen mit einer Christusfigur transportiert wurde, weigerte sich nach einer Rast weiterzugehen und starb schließlich, was als göttlicher Hinweis gedeutet wurde, daß die Jungfrau in Oaxaca bleiben sollte.

Das **Museo Rufino Tamayo,** das ehemalige Staatsarchiv (auch Museo de Arte Prehispánico) stellt die Privatsammlung des Murali-

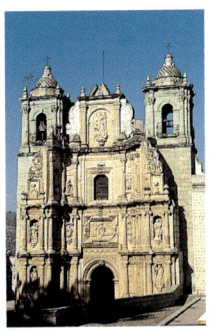

Die Wallfahrtskirche La Soledad schmückt eine reich verzierte Retablo-Fassade, die ganz ungewöhnlich nicht zwischen, sondern weit vor die Doppeltürme gesetzt worden ist.

233

Das prachtvoll mit Stuckdekoration verzierte Innere der Kirche Santo Domingo in Oaxaca kulminiert im Stammbaum unter dem Chor und in den Darstellungen von Päpsten und Kirchenvätern in der zentralen Kuppel sowie in der Rosario-Kapelle.

sten Rufino Tamayo (1899–1991) aus. Zu den Glanzstücken der Exponate aus allen Kulturen Mexikos gehören sicher einige der Maya-Stelen (Stele 1, ein Fürst mit Götterzepter und Standarte, 8. Jh., im fünften Saal) und die wunderschönen Keramiken aus dem Westen des Landes (Colima, Nayarit und Guerrero, im zweiten Saal). Auch die zapotekischen, olmekischen und mixtekischen Objekte im ersten Saal und die Kunstwerke der Totonaken im dritten Saal sind mehr als einen Blick wert.

Erst im Jahr 1535 kamen die Dominikaner nach Oaxaca, und 1556 begannen sie den Bau eines großen Klosters mit der dazugehörigen Kirche **Santo Domingo.** Die mächtigen Wände und angesetzten Sporen (Wandstützen) machen den Kirchenbau trotz seiner schweren Tonnendecke und des Kuppelaufsatzes nahezu erdbebensicher. Weder Kuppel und Türme, noch die feine Barockfassade mit den Statuen des Ordensgründers Domingo de Guzmán (gestorben 1221) und dem Hl. Hippolyt, der ein Kirchenmodell präsentiert, waren der Grund für die Erhebung der Kirche zum Nationalmonument, wohl aber ihr völlig mit Stuckverzierungen bedecktes Inneres.

Fassade und Stuckschmuck im Innern sind wohl erst im 17. Jh. auf Betreiben des berühmten Dominikanerabtes Francisco de Burgoa, der über Geschichte, Sitten und Gebräuche der Indígenas geschrieben hat (1674), entstanden. Hinter dem Hauptportal ist die Decke der Galerie für den Hochchor mit dem Stammbaum des Ordensgründers geschmückt (1662–65). Das Bild der Maria wurde erst später an der Spitze eingefügt. Der gesamte Stuckschmuck der Kirche ist vielleicht ein Vorbild für die sehr viel farbenprächtigere Ausschmückung der Capilla del Rosario in Puebla gewesen, die wiederum als Vorbild für die hiesige Rosenkranzkapelle gelten kann. In den Kriegswirren zwischen 1858 und 1861 wurde die Kirche stark beschädigt. Zeitweilig nutzte man sie als Stall, und französische Besatzungssoldaten haben sogar die Vergoldung von den Wänden gekratzt. Die Kirche wurde mustergültig restauriert, und der Hochaltar mit seinen Statuen aus dem 17. und 18. Jh. ist nach dem Vorbild des Altars von Yanhuitlán neu konstruiert worden (bis 1959).

Die **Capilla del Rosario,** von Bruder Dionisio Levanto entworfen, wurde 1731 hinzugefügt. Den Rokokoaltar rahmen pyramidenförmig angeordnete Reliefbilder, an der Spitze Christus mit Kreuz, Gottvater und die Taube als Heiliger Geist. In der Kuppel sieht man Maria mit dem Kinde über Päpsten und Heiligen und in den Kuppelzwickeln die Evangelisten.

Das Kloster mit seinem herrlichen Treppenhaus, den Spuren von Wandfresken und den Resten des großen überdachten Brunnens im Innenhof beherbergt heute das **Museo Regional de Oaxaca,** welches allerdings seit einiger Zeit umgebaut wird. Die hier erläuterten Kostbarkeiten dürften aber mit Sicherheit auch in der neuen Ausstellung gezeigt werden. Zu den sicherlich faszinierendsten Funden, die bisher in Mexiko gemacht worden sind, gehören die Goldschmuckstücke aus dem Grab 7 (1250–1480) von Monte Albán. Aus Halbkugeln zusammengesetzte Perlen, Glöckchen, tropfenförmige Anhänger sowie kleine Blüten und Knospen aus dem edlen Metall gehören zu den einfachen Formen, Menschen- oder Götterköpfe, teilweise in verlorener Form gegossen und mit filigranen aufgesetzten Details verziert, zählen zu den Meisterwerken der mixtekischen Goldschmiedekunst. Berühmt ist der Brustschmuck mit dem Kopf des Xipe Tótec, des Gottes der Fruchtbarkeit, dem die Haut eines Opfers als Maske übergezogen ist und dessen Blumenschmuck am Helm ein Hinweis auf das Wachstum der Pflanzen ist. Eine dieser Darstellungen trägt außerdem noch das Datum Jahr 10 Wind Tag 2 Steinmesser und daneben das Jahresdatum 11 Haus, was als Hinweis auf die Gleichsetzung des zapotekischen mit dem mixtekischen Kalender angesehen wird. Auf einem anderen Pektoral erkennt man einen Ballspielplatz mit zwei Spielern und der Glyphe Tod darin; darunter sind drei Schmetterlinge – die Seelen toter Krieger sollten als Schmetterlinge zum Himmel, hier durch eine Sonnenscheibe angezeigt, aufsteigen – und viele Blüten als Anhänger angebracht (s. Abb. rechts). Außerdem gibt es zahlreiche Ansteckknöpfe mit Motiven wie Menschenköpfe in Tierhelmen, Vögel und Fledermäuse. Eine Goldscheibe, wohl im Ohr getragen, zeigt das Bild einer Spinne. Pinzetten, manchmal sogar aus Gold, benutzte man zum Auszupfen der Körperbehaarung. Die getriebene Silberschale gilt als gutes Beispiel für außergewöhnliche Prunkgefäße. Ein Goldband mit dünn gehämmerter Feder, die bei der kleinsten Bewegung ihres Trägers das Sonnenlicht reflektierte, zeugt davon, daß Gold nicht wegen seines materiellen Wertes, sondern wegen dieser Eigenart geschätzt wurde. Ein Nasenpflock aus Gold mit dem Kopf einer Schlange und einem durchbrochenen Relief am Schaft gehörte einem Herrscher; denn dieser Schmuck durfte nur von den höchsten Fürsten getragen

Das Museum von Oaxaca zeigt die fantastischen Goldobjekte der Mixteken.

Wie in den Kulturen des Vorderen Orients hatten Rohmaterialien, aus denen Schmuck angefertigt wurde, bei den Indigenas meist eine von der Farbe abhängige ideelle Bedeutung. Ihre Seltenheit und damit der finanzielle Wert spielten nur eine untergeordnete Rolle.

werden. Ein weiteres Indiz in diese Richtung sind die Ketten mit den goldenen Schildkrötenpanzern, ebenfalls ein Zeichen der Herrschaft oder einer Inthronisation.

Aber nicht nur Edelmetall wurde geschätzt, sondern auch grünes Gesteinsmaterial als Symbol des Lebens; daher sind viele Objekte aus Jadeit, Serpentin oder Türkis geformt, darunter auch ein Lippenpflock in Form eines Adlerkopfes mit dem flachen Goldhalter, der am Gaumen auflag. Daneben hat man Barockperlen, Perlmutt, Bergkristall, Obsidian, Hämatit, rote Meeresmuscheln und Bernstein zu Schmuck verarbeitet. Ein eleganter Bergkristallbecher belegt die enorm große Sorgfalt, mit der dieses extrem harte Material geschliffen wurde. Der mit einem Türkismosaik beklebte Menschenschädel dürfte eine Kriegstrophäe gewesen sein, und die mit figurenreichen Szenen bedeckten geschnitzten Knochenstäbe werden als Werkzeuge für Weberinnen interpretiert, könnten aber auch so etwas wie Schweißschaber gewesen sein. Manche Knochenreliefs erzählen Göttergeschichten oder auch historische Ereignisse.

Die große Noriega-Stele (nach dem Sammler Noriega benannt) mit der Darstellung eines Festes im Rahmen einer dynastischen Familiengeschichte ist das wohl beste Beispiel für zapotekische Steinmetzarbeit (6.–8. Jh.). Auch die phantastischen zapotekischen ›Urnen‹, zylindrische Gefäße mit aufgesetzten Darstellungen von Göttern (600–800), sollte man beachten.

Im Zentrum der Stadt gibt es noch eine Vielzahl von Gebäuden aus der Gründerzeit, wie die **Bank Banamex** und das **Teatro Macedonia de Alcalá** sowie weitere kleine Museen, zum Teil in Häusern der Kolonialzeit mit wunderschönen Innenhöfen, z. B. das **Museo Benito Juárez.** Ein Besuch im **Mercado Juárez** mit seiner bunten Obst- und Blumenabteilung gibt außerdem noch einen guten Einblick in die Vielfalt der kunsthandwerklichen Produkte der Region.

Monte Albán

Die malerisch auf einem künstlich abgeflachten Hügelrücken gelegenen Ruinen des zeremonialen Zentrums von Monte Albán sind von einem Kranz aus Terrassen, Häusern, Tempeln und Gräbern an den Berghängen umgeben, wo einst die einfache Bevölkerung gelebt hat.

Kurz vor dem Besucherparkplatz rechts liegt das schmucklose **Grab 7** und etwas weiter links ein kleiner Palastbezirk mit einem Ballspielplatz. Im neuen **Museum** am Eingang sind die wichtigsten Stelen und Reliefs von Monte Albán ausgestellt, welche an ihren Fundplätzen durch Kopien ersetzt worden sind. Daneben zeigt man einige der neueren Kleinfunde, eine Grabrekonstruktion und eine Kopie der Stuckverzierung an den Wänden. Vom Modell der Anlage führt der Weg am Denkmal von Alfonso Caso, dem Ausgräber und vielleicht größten Archäologen Mexikos, links der Nordplattform zum **Juego de Pelota.** Sein doppel-T-förmiges Spielfeld (8./9. Jh.)

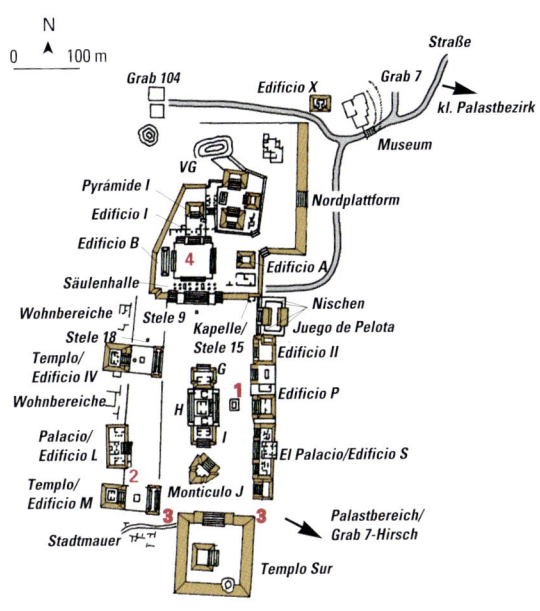

Plan der Ruinenstätte
Monte Albán:
1 Adoratorio (Altar-
   plattform in Was-
   serbecken)
2 Danzantes-Reliefs
3 Fürstenreliefs vom
   Templo Sur, in se-
   kundärer Position
4 eingetiefter Hof

erhielt der Platz bei seinem letzten Umbau; ältere Teile mit runden Steinscheiben als Wandschmuck sind an der Treppenseite sichtbar, und auch die skulptierte Steinstele in der Form einer Messerklinge ist älteren Datums (1.–3. Jh.) und wurde nur wiederverwendet. Zwei kleine Nischen in den äußeren Ecken der Spielfeldwand gelten als zapotekische Eigenheit und werden wohl als Tore oder zur Aufnahme von Götterfiguren gedient haben.

Die kleine Kapelle am Fuß der Nordplattform weist Reliefs am Türrahmen und an der Rückwand auf (das Original wird im hiesigen Museum als Stele 15 bezeichnet). Die meisten der mit ihrem Geburtstag benannten Personen des Hauptbildes sind auch auf dem Rahmen zu finden. Auf dem Hauptbild (Nachzeichnung mit Aufschlüsselung der Glyphen s. S. 25) sitzt die Fürstin 6-Bewegung-Rohr-Hirsch (?) an der linken Seite auf ihrem Thron; ähnlich ist sie am rechten Rahmen unten abgebildet, und am linken Rand erscheint ihr Name vor einem stehenden Mann, wohl ihr Sohn Rohr-Hirsch (8-Hirsch). In den oberen Rahmenteilen sitzen Menschen mit Götterköpfen und bieten Schalen mit Daturablättern an, die ein Halluzinogen enthalten, das die Benutzer in den Himmel auf dem Lintel (Türsturz) führt. Auf dem Hauptrelief sind über der Fürstin Zeitdistanzen und das Datum Jahr 6 Gras und Tag 2 Bewegung vermerkt, was dem mixtekischen Jahr 7 Rohr entspricht (811, 863). Davor steht unter dem stilisierten Himmelsrachen das Datum Jahr 6 Blitz (entspricht 7 Haus bzw. 850) Tag 2 Blume (?), darunter liegt der Mann 5-Rohr auf einer Bahre. Er wird von einem Schamanen, der sich in

Die Korrelation zapo-
tekischer Jahresdaten,
die sich alle 52 Jahre
wiederholen, mit dem
europäischen/grego-
rianischen Kalender-
system ist noch kei-
nesfalls gesichert.

einen Vogel verwandelt hat, mit dem Blut des geopferten Mannes 7-Gras (ganz rechts) geheilt.

Drei kleine Pyramiden **(Templos G, H und I)** markieren das Zentrum des großen Festplatzes und mögen tatsächlich den Göttern geweiht gewesen sein. Vor der Ostseite liegt eine kleine Altarplattform in einem eingetieften Wasserbecken, von dem unterirdische Passagen zum **Edificio II** und zum **Templo H** führen. Hier ist die berühmte Serpentinmaske des Fledermausgottes als Opfergabe vergraben worden (MNA). Die Kanäle dienten einerseits zur Entwässerung der großen Terrassenanlage, die ohne ein solches System sehr schnell unterspült worden wäre, andererseits hat man sie wohl auch für religiöse Rituale zu Ehren des Regengottes verwendet. Sie boten die Möglichkeit, durch Farbzusätze vom H-Tempel aus unbemerkt die Farbe des Wassers zu verändern, also ein Wunder oder Omen zu erzeugen. Mehrere Jahrhunderte nach seiner Erbauung (200 v. Chr.–200 n. Chr.) hat man das Wasserbecken zugeschüttet.

Der **Palacio** im Osten ist ein echter Wohnbau gewesen, der nur durch eine schmale Fronttür zu betreten ist. Unter dem Hof hat man ein ausgeraubtes Grab gefunden, in dem wohl die Bewohner beigesetzt worden waren. **Montículo J,** auch Observatorium genannt, ist als einziges Gebäude am Hauptplatz nicht genau nach Norden ausgerichtet, sondern um 45° nach Osten gedreht. Seine Spitze und die Tunnel, welche bei einer späteren Ummantelung geschaffen wurden, dienten wahrscheinlich zur Beobachtung der Gestirne. Große monolithische Platten mit feinen Ritzzeichnungen sind an seiner Südostspitze in die Wände eingelassen (100–200). Zentrale Darstellung der Reliefs sind Pyramiden mit gebogenen Appliken auf den Stufen und Innenzeichnungen, die als Ortsglyphen interpretiert werden. Der nach unten hängende Kopf an ihrer Basis wird als Bild des gestürzten Fürsten interpretiert. Glyphen darüber und an den Seiten enthalten Daten und Informationen über den Kampf, der vielleicht zu einem Zeitpunkt begonnen wurde, an dem der Stand der Venus einen besonders günstigen Ausgang verhieß.

Die Südseite der großen Terrasse wird vom **Templo Sur** eingenommen, dessen Basiswände zahlreiche wiederverwendete Reliefs von älteren Bauten schmücken. An der Ostecke ist mit der Konzentration der Reliefs 2, 3, 5, 6 und 7 das Programm der ursprünglichen Zusammenstellung zu rekonstruieren. Einige Reliefs zeigen Fürsten mit Tierköpfen oder Attributen, die wohl ihren Zusatznamen andeuten, andere dokumentieren die Gefangenen mit hinter dem Rücken zusammengebundenen Armen. Der auf Relief 1 sitzend abgebildete Fürst 7-Bewegung-Jaguar – sein Helm ist als Jaguarkopf geformt – hat eine Lanze mit Venussymbolen, den Zeichen des Krieges, aufgepflanzt. Ursprünglich waren wohl die Bilder seiner Gefangenen und vielleicht auch seines Sohnes (Relief 2) vor und hinter ihm eingesetzt. Auch hier geben die Zeichen der Pyramidenbasen die Herkunftsorte der einzelnen Personen an. Alle hier verzeichneten Daten können in einem Zeitraum von 60 Jahren angesetzt werden und sind

zwischen 300 und 500 zu datieren. Auf dieser Stufenplattform stehen zwei weitere kleinere Tempelpyramiden ohne nennenswerte Details. Der Blick von oben ist aber den Aufstieg wert; außerdem sieht man am Fuß der Westseite deutlich eine Verteidigungsmauer, die quer über einen älteren Wohnbezirk gebaut wurde (9. Jh.), ein Zeichen für das kriegsbedingte Ende der Zapoteken auf dem Monte Albán.

Den **Templo M** an der Südwestecke des großen Platzes betrat man im Osten über eine gestufte Plattform, deren breite Treppen der Terrasse oben die Doppel-T-Form eines Ballspielplatzes ergeben. Thronfolger und Herrscher sollten nicht nur große Krieger, sondern auch gute Ballspieler sein. Der Platz dahinter war auf beiden Seiten durch Mauern bis zur Hauptstruktur im Westen abgeriegelt und diente mit seinem Podest (spanisch *oratorio*, ›Bethaus‹) in der Mitte vielleicht zur Ausrufung fürstlicher Dekrete. Die ganze Konstruktion dokumentiert die räumliche und wohl auch gesellschaftliche Abtrennung der Benutzer des Templo M vom Rest der riesigen Anlage.

Monte Albán, Blick über den großen Festplatz mit dem Montículo J im Vordergrund. Mit seinen Tempeln und Palästen bildete der Platz die Bühne für die wichtigsten religiösen und politischen Festlichkeiten und Zeremonien.

239

Wahrscheinlich wurde der ›Tempel‹ im Westen als Thronraum oder Residenz eines Fürsten von Monte Albán genutzt. Eine ganz ähnliche Anlage ist der **Templo IV** weiter nördlich (400–600), zu dem auch Stele 18 mit dem Namen des Fürsten gehörte.

Palacio L daneben ist wohl eine etwas ältere Residenz, bei deren Bau die viel älteren Reliefplatten der berühmten **Danzantes** wiederverwendet wurden. Teile des ersten Baus sind in der Pyramidenbasis durch Tunnelgrabungen gefunden worden und an der Südecke auch von außen zu sehen. Die dargestellten Personen werden wegen der merkwürdigen Stellung der Extremitäten ›Tänzer‹ genannt; doch kann es sich auch um leblose Liegende handeln. Die Reliefs sind in der einfachsten Form der Steinbearbeitung geschaffen worden, indem man mit einem Hartholz oder Stein breite Rillen in die Oberfläche gerieben hat. Da die gleiche Technik auch bei den Reliefs in Sechín (Peru, 1000 v. Chr.) verwendet worden ist, hat man beide Stätten früher unberechtigt miteinander in Verbindung gebracht. Die negroiden oder olmekoiden Gesichtszüge sind ein weiterer Hinweis auf vorchristliche Entstehungszeit, und bei verschiedenen Reliefs sprechen die Glyphen für einen Ansatz um 300 v. Chr. Theorien über den Inhalt der Bilder reichen von Tänzern über Schamanen im Drogenrausch bis zu Opfern, welchen in vielen Fällen die Genitalien verstümmelt oder gar abgeschnitten worden sind. Einige Personen sind bärtig und fast alle tragen einen Pflock als Ohrschmuck, was eine hohe gesellschaftliche Stellung andeutet. Vielleicht haben hier die frühen Herren Monte Albáns nur die große Zahl ihrer Menschenopfer dokumentieren wollen, die vor ihren Füßen lagen. Ähnliche Reliefs fand man auch an der Nordplattform und in San José Mogote, woher vielleicht die ersten Bewohner Monte Albáns gekommen waren. Der mittlere Bau oben auf der Plattform dürfte ein Thronsaal gewesen sein, in dem der Herrscher saß, während in den Nebengebäuden rechts und links seine Berater oder die Familie bei offiziellen Anlässen untergebracht war. Die weiter nördlich etwas zurückgesetzten Häuser kann man als Wohnbereiche interpretieren.

An der Nordseite der großen Plaza führen breite Stufen, vor denen Stele 9 stand, hinauf zu einer Halle, deren Flachdach riesige gemauerte Rundsäulen trugen. Unter der Eingangshalle sind wie bei der Südplattform Baureste der ersten beiden Kulturphasen I und II (500 v. Chr.–200 n. Chr.) entdeckt worden. Stele 19 wurde wohl 538 zur Erinnerung an eine Allianz von Fürsten oder von den Söhnen des Fürsten 8-Rohr-Xicani (›Feuerdrachen‹) aufgestellt (Original im Museum). Nördlich der Vorhalle liegt ein eingetiefter Zeremonialhof, der durch einen unterirdischen Kanal nach außen entwässert wurde. Eine schmale Treppe an seiner Nordseite war wohl der Zugang zum anschließenden Residenzbereich **Edificio I** mit seiner großen Pyramide an der Nordseite und Resten des alten Wandschmucks in der linken Ecke. Auch im **Templo B** daneben sind an der Basis die Stuckbeine eines Jaguars erhalten. Die kleine Halle oben mit den gemauerten Säulen und dem Vorraum mag als Thron-

Stele 9 von Monte Albán. Die Reliefs auf allen vier Seiten führen zahlreiche Personen in Text und Bild an, die Mitglieder einer Dynastie oder Teilnehmer einer Vertragsverhandlung waren.

saal gedient haben. Rechts davon ist auf einer Plattform eine monolithische Säule eingesetzt, die ganz oben noch Reste einer Himmelsglyphe zeigt; der Rest des Reliefs ist wohl noch vor dem 9. Jh. abge-
schliffen worden.

Die drei großen Pyramiden an diesem Platz, eine **Complejo VG**
(Vértice Geodésico) genannte Anlage, sind erst vor einigen Jahren
freigelegt und restauriert worden. Es scheint sich nach der hier
gefundenen Stele (Piedra 3) um eine Art von Ahnentempeln zu handeln, die wohl schon im 3. Jh. angelegt worden sind. Zwischen den
Pyramiden gibt es Reste von Häusern, deren Bewohner wohl aus
Teotihuacán gekommen waren oder nach dort eine besondere Bezie-
hung hatten; denn der größte Teil der Keramik, die man mit dem
sonstigen Müll die Ostseite der Terrasse herabgeworfen hat, muß
dieser Kultur zugeschrieben werden. Außerdem hat man an der
Basis der Gebäude Reste von Glimmer-Platten (*mica*, im örtlichen
Museum ausgestellt) gefunden, wie sie auch bei der Grupo Viking in
Teotihuacán belegt sind. Die Kopie von Piedra 3 zeigt in der unteren
Zone deutlich die aus verschiedenen Orten stammenden Personen
5-Eule und 10-Schlange, die am Tag 1 Geier miteinander konferie-
ren. Ihr Nachfahre 7-Blume oder Steinmesser-Jaguar, darüber abgebildet, schickt am Tag 12 Gras im Jahr 9 Gras (671) eine Raubkatze
als Brautgeschenk zur Frau 5-Rohr-Türkis-Tier in der Ecke rechts
oben. In der Himmelsglyphe darüber ist außerdem noch das Datum
5 Gras verzeichnet. Anscheinend haben die beiden Damen unten
diese Ehe vorher vereinbart.

Noch weiter im Norden ist im Hof eines kleinen Palastes das Grab
104 zu besichtigen. Über der Tür thront die Tonfigur des Gottes
5-Blume mit einer Regengottkrone. Die gleiche Person ist auch als
Glyphe – ein Balken unter einem frontal abgebildeten Männer-
gesicht – an die Rückwand der Grabkammer gemalt worden; daneben steht das Datum 5 Türkis/Bewegung, vielleicht der Todestag. An
den Seitenwänden sind zwei Priester oder die Götter Xipe Tótec
(Gott der Vegetation) und Pitao Cozobi (Maisgott), die wohl das
Weiterleben symbolisieren, mit Zeremonialgerät abgebildet. Außerdem malte man weitere Daten (z. B. 5 Wind), Symbole, die brennen-
den Herzen ähneln, sowie zwei Personen namens 2-Hirsch und 2-
Jaguar an die Wand. In den Nischen hat man Keramik abgestellt, und
Tonware umstand auch den gestreckt auf dem Rücken liegenden
Toten. Vor seinen Füßen werden tönerne Menschen und Götter als
Wächter postiert worden sein. Eine Schriftplatte mit Glyphen aus
dem Grab gibt die Daten 564 und 578 an. Auf dem Weg nach Osten
(zurück zum Eingang) passiert man noch das **Edificio X,** welches
zwischen 200 v. Chr. und 200 n. Chr. errichtet worden ist.

Monte Albán ist mehr als 1000 Jahre besiedelt gewesen, bevor es
um 900 von den Zapoteken aufgegeben wurde. In seiner Blütezeit
(500–800) sollte das Zentrum auf dem Berg mit den Häusern und
Siedlungen an seinen Hängen etwa 50 000 Einwohner gehabt haben.
Wasser war sicher oft etwas knapp, und so hat man wohl versucht,

während der Regenzeit reichlich vorhandenes Wasser über Kanäle zu sammeln. Die Riesenbauten zeigen, daß es hier eine zentrale Führung gegeben hat, die über Arbeitseinsätze der Untertanen solche Projekte auch wirklich fertigstellen konnte. Die zapotekischen Fürsten haben aber wohl kaum zu einer Dynastie gehört, die sich über Jahrhunderte allein über die Söhne fortgepflanzt hatte, schon gar nicht, da mit Ausfällen durch Kriege gerechnet werden darf. Deshalb hat man mehr als einmal die Linie der Herrscher wohl nur über die Töchter fortsetzen können, deren Männer eine neue Dynastie begannen. Solche Wechsel dürften der Grund für die Anlegung vieler Ahnentempel und vor allem der Residenzen und Thronsäle gewesen sein; denn neue Herren legen meist wenig Wert auf die Bauten ihrer Vorgänger.

Die Aufgabe Monte Albáns muß man wohl in Verbindung mit dem Eindringen der Mixteken sehen, deren Waffen die Mitglieder der örtlichen Dynastie zum Opfer gefallen sind, und ohne weites abhängiges Hinterland war ein Zentrum wie Monte Albán nicht zu halten. Etwa 200 Jahre später haben dann die Mixteken, die sich teilweise mit den Zapoteken vermischt hatten, die Gräber der Herren von Monte Albán geöffnet, die Knochen an die Seite geschoben, die Beigaben zerbrochen oder wiederverwendet und ihre eigenen Toten in den Grüften bestattet. Nur so können der zapotekische Bauschmuck der Gräber und die viel später zu datierenden kostbaren Kleinfunde erklärt werden.

Cuilapan

Cuilapan – der Name ist eine Verballhornung von Cocolapan (›Kojotenfluß‹ oder ›Schakalfluß‹) – liegt am Fuß des Monte Albán. Bis Mitte des 16. Jh. wurde der Ort von der zapotekischen Dynastie von Zaachila beherrscht. Doch dann wurde der Druck der Mixteken zu stark, und Juana Donaja, eine Tochter des Zapotekenfürsten Cosihuesa, heiratete den mixtekischen Prinzen Diego Aguilar, der Cuilapan als Brautgeschenk erhielt und mit seinen Stammesangehörigen hier seßhaft wurde. Das Ehepaar ist in der Kirche beigesetzt. Im 16. Jh. gehörte der Ort zum Besitz von Hernán Cortés. Wie auch andernorts hatte man in Cuilapan kurz nach der Conquista zunächst nur eine kleine Kirche erbaut, die von einem Laien verwaltet und von Priestern nur während ihrer regelmäßigen Besuche benutzt wurde.

Erst 1555 begann man mit dem Bau eines Dominikanerklosters und der Kirche Santiago Apóstol (›Apostel Jakob‹). Bruder Aguinaga, ein Freund von Ignacio de Loyola, und Bruder Agustín, der 20 Jahre als Abt dem Kloster vorstand, zeichneten für die Bauten, zu denen auch eine Mühle gehörte, verantwortlich. Die Säulenreihen der dreischiffigen Riesenkirche trugen wohl nie ein durchgehendes Holzdach; ein Teil soll im 17. Jh. bei einem Sturm vom Teufel weggeweht worden sein, und ein Erdbeben stürzte einige seiner zahlrei-

chen Säulen um. Schließlich wurde die ganze Anlage 1663 aufgegeben. Das schlichte Triumphbogendekor der Renaissancefassade wird
von zwei kuriosen Rundtürmen flankiert, deren Spitzen wohl sehr
viel später aufgesetzt worden sind. Über dem Chor hinter der Fassade sind Ansätze des Rippengewölbes erhalten und an der linken
Seite eine steinerne Kanzel. An der Rückwand ist eine Steinplatte
eingelassen, die das mixtekische Datum Jahr 10 Rohr Tag 11
Schlange und Tag 6 Rohr über einem Mattensymbol und einer
Streitkeule (der Ortsglyphe?) in erhabenem Relief zeigt, während
daneben das Datum 1555 eingraviert ist. Hier ist eine Korrelation
angegeben, die eine Umrechnung der mixtekischen Chronologie
erlaubt. In der zweiten Hälfte des Reliefs ist Jahr 10 Steinmesser Tag
11 Tod über einer Matte mit Fahne, aztekisches Symbol für die Zahl
15 und hier wohl auch eine Ortsglyphe, verzeichnet. Das Datum entspricht dem Jahr 1568 und ist entweder ein weiteres Baudatum oder
ein Hinweis auf eine andere Zeitrechnung.

Vom Klosterhof mit zwei Altären gelangt man zur Küche und zum
Fresko einer Kreuzigung in Schwarztönen, wie sie auch bei der
›Geschichte des Ordens‹ am Eingang zu finden sind. Eine Kloster-
kapelle und die Zelle, in der Vicente Guerrero, Freiheitskämpfer und
Präsident, 1831 vor seiner Hinrichtung eingekerkert war, kann man
ebenfalls besichtigen. Vor dem Fenster steht an seiner Exekutions-
stätte ein Denkmal mit seinen letzten Worten: »Mein Vaterland
kommt zuerst«.

Dainzú

Das am Westhang eines ins Haupttal drängenden Bergrückens gelegene religiöse Zentrum war zwar schon im 5. Jh. v. Chr. besiedelt,

Dainzú, Blick vom Grab mit dem Jaguar-relief auf den Palast-bereich mit dem Treppenaufgang zum Tempel. Rechts im Tal liegt der Ballspiel-platz.

243

doch erst um 300 erreichte es seine größte Ausdehnung (etwa 1000 Bewohner) und entstanden seine wichtigsten Gebäude.

An den Hang hat man damals eine große **Tempelterrasse** gebaut, deren Front mit einzigartigen Steinreliefs von Ballspielern und ihren Göttern oder deren Repräsentanten verkleidet wurde. Die mehr als 50 unregelmäßig geformten monolithischen Platten sind nicht alle zur gleichen Zeit gearbeitet worden (ab 200 v. Chr.) und stammen von älteren Bauten. Die schweren Helme mit Gittern zum Schutz der Gesichter, die Bälle in den Händen der Spieler und die teilweise ausgesprochen realistischen Darstellungen von Spielerbewegungen, ähnlich dem Hechtbagger beim Volleyball heute, zeigen, daß das hier abgebildete Spiel etwas anders als an anderen Orten und zu späteren Zeiten gespielt wurde.

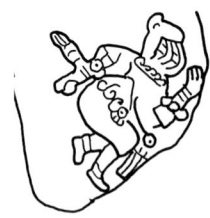

Darstellung eines zapotekischen Ballspielers auf einem Relief in Dainzú, Nachzeichnung

Zapotekische Spieler durften den relativ kleinen Gummiball ergreifen, als Schlagschutz trugen sie Handschuhe mit verstärkter Handrückenfläche. Die Abbildung eines Helms mit Gesichtsschutz ist auch in Monte Albán gefunden worden. Die prächtig gekleideten, sitzenden Personen, teilweise mit Jaguarköpfen, werden als Götter des Spiels oder deren Priester interpretiert und sind manchmal sogar mit Glyphen kommentiert.

Hangabwärts liegt der spätere, doppel-T-förmig umgebaute **Juego de Pelota**, dessen Entfernung zum Ballspielplatz von Monte Albán und von dort nach San José Mogote – beides ähnlich alte Orte – angeblich astronomische Bedeutung hat. Die Distanzen stehen im Verhältnis 365 zu 584 und entsprechen also den Tagen des Sonnenjahres und der Periode der Venus. Im kleinen Palast- und Hausbezirk daneben schmückt ein **Jaguarrelief** die Tür eines Familiengrabs. Der Kopf ziert den Türsturz, die Beine bilden die beiden Seitenrahmen.

Der benachbarte Ort **Macuilxochitl** (›Gott des Vergnügens‹), wo der Lokalgott 5-Blume verehrt wurde, ist wohl die spätere Siedlung von Dainzú.

Yagul

Die Siedlung des ›Alten Baumes‹ ist schon in klassischer Zeit als ein religiöses Zentrum auf dem freistehenden Felshügel in der Schwemmlandebene des Tals von Oaxaca gegründet worden. Doch ihre Blütezeit erlebten die Bewohner zwischen 1200 und 1500, als der Ort zum religiösen und weltlichen Zentrum und zur Fluchtburg ausgebaut wurde.

Südwestlich das Parkplatzes liegt das religiöse Herz Yaguls mit vier um einen Hof *(patio)* gruppierten Pyramiden. Unter dem Boden des Hofes konstruierte man Gräber *(tumba)* im Stil von Monte Albán, und in dieser Zeit ist hier im Jahr 2 Wind (625, 677 oder 729) 8-Jaguar, wahrscheinlich der Herr des Ortes, mit seiner Frau 3-Adler im Grab 28 beigesetzt worden.

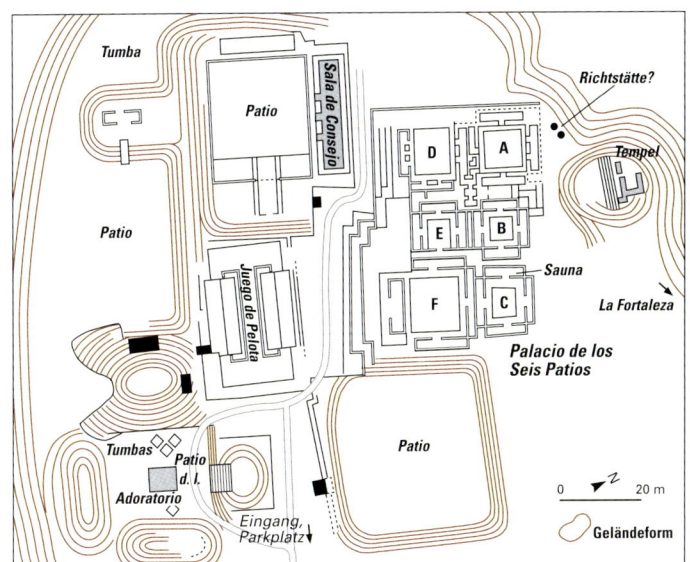

Im Nordwesten schließt sich der **Juego de Pelota** (nach 1200) an, dessen Bespielung ja eine religiöse Zeremonie für das Leben der Sonne und damit der Menschen war, und dahinter ein großer Hof mit der **Sala de Consejo** (›Ratssaal‹) an der Nordseite (12. Jh.?). Dessen Rückwand ziert an der Basis ein Fries aus Steinmosaiken wie in Mitla. Darüber liegt auf der zweiten künstlichen Terrasse der **Palacio de los Seis Patios,** dessen vier Höfe der ersten Phase (um 1200) später um zwei weitere im Osten ergänzt wurden (um 1400). Beim Aufgang im Osten gelangt man zunächst über einen Pfad voller Tonscherben, dem alten Müllhaufen, zum Patio F, von dessen südlichem Gebäude man die Ballspiele beobachten konnte und sich seinem Volk zeigte. Die anderen Räume dahinter dürften bei Audienzen benutzt worden sein, während der Patio C, nördlich davon, ein Wohnbereich mit Sauna (Raum W) war. Dieser Palastteil ähnelt den Bauten von Mitla. Die nächsten beiden Patios B und E im Westen waren der ältere Wirtschafts- und Wohnbereich der Fürsten von Yagul, und die anschließenden Patios A und D stellen den alten Repräsentationstrakt dar. In den Hofböden sind Familiengräber für die adligen Bewohner eingelassen worden; weniger wichtige Personen hat man aber auch gestreckt oder gehockt in Erdgräbern bestattet, nur von einem Steinrahmen und einer Tonschale über dem Gesicht geschützt.

Hinter der Nordecke des Palastes sind in den gewachsenen Fels zwei Löcher geschliffen worden. An den Pfosten, die hier eingeschäftet waren, hat man wohl Verurteilte durch Pfeilbeschuß hingerichtet. Darüber sind auf einem höheren Felsabsatz Reste eines Tem-

Der Palast und das Tal vor Yagul

pels erhalten, und entlang des Kamms erkennt man hier und da im Kakteen- und Akaziengestrüpp die Reste einer Festungsmauer, die eine Fluchtburg sicherte.

Mitla

Mitla, ›Ort der Toten‹ im aztekischen Náhuatl, trug den gleichbedeutenden zapotekischen Namen Lyobaa. Außerhalb des Zentrums hat man einen großen Friedhof aus vorspanischer Zeit gefunden. Mitla war zwar schon im Klassikum besiedelt; die unansehnlichen Komplexe **Grupo Sur** und **Grupo de Adobe** stammen wohl aus dieser Zeit und wurden auch später noch für religiöse Zwecke genutzt. Die kleine Kirche auf der Tempelpyramide (heute ein Lehmhügel) der Adobe-Gruppe setzt die Tradition fort. Nach der Aufgabe Monte Albáns war Mitla mit etwa 4000 Einwohnern das religiöse Zentrum der Zapoteken. Die Dynastie von Zaachila soll vom Sohn des Oberpriesters von Mitla gegründet worden sein, weil man gegen die Mixteken weltliche Herrscher und Militärführer brauchte.

Drei Höfe der **Grupo Iglesia** bilden mit ihren langen, schmalen Gebäuden an den Seiten einen geschlossenen Palast, dessen Wände

nicht nur mit Steinmosaiken, sondern auch mit Fresken im mixtekischen Stil (11.–15. Jh.) geschmückt waren. In diesem Palast, dessen
Steinmosaikwände schon immer die Bewunderung der Betrachter
erregt haben, errichteten die Spanier eine große Kirche. Die spanischen Priester liebten es, ihre Kirchen als Symbole des Sieges auf alte
Tempel zu setzen; gleichzeitig nutzten sie damit auch die Macht der
Gewohnheit aus, die es den Indígenas erleichterte, die Häuser des
neuen Glaubens zu besuchen. Die Kirche, deren Quader teilweise
vom alten Palast stammen, wurde in dessen Südhof errichtet.

Der wichtigste Palast, **Grupo de las Columnas,** ebenfalls um drei
Höfe gruppiert, zeigt an seinen restaurierten Wänden die Vielfalt der
Ornamentik in den Steinmosaiken, die aus etwa 200 000 Einzelteilen
bestehen sollen. Neben Kreuzen, Mäandern, Treppenvoluten und
Rhomben kann man auch Reihen stilisierter Kojoten oder anderer
Tiere erkennen. Die eckigen Grundformen erinnern an gewebte
Ornamente, die etwa ab dem 10. Jh. auch die typischen Motive der
mixtekischen Keramik gewesen sind. Das Tuffsteinmaterial stammt
aus Steinbrüchen in der Nähe.

In den nördlichen Hof gelangt man durch die lange Ratshalle,
deren Decke von einer Reihe monolithischer Säulen getragen wurde.
Runde Löcher an den Fronttüren enthielten Steinzapfen, an denen
die Türvorhänge befestigt wurden. In den Räumen des Nordhofes,
wo auch die Innenwände der Häuser Mosaikzier tragen, hat wohl
der zapotekische Oberpriester, der Uija-Tao (›Großer Seher‹), seine

*Innerhalb der Um-
fassungsmauer eines
Palastes von Mitla
erbauten die Spanier
eine Kirche.*

Detail der Fassade am Palast von Mitla mit den stilisierten Caniden im unteren Fries, ein Motiv das auch als ›laufende Hunde‹ bezeichnet wird.

Nachfolger beim rituellen Beischlaf mit einer Prinzessin gezeugt; ob er dabei die spitze Mütze, das Zeichen seines Ranges, abgenommen hat, ist nicht bekannt.

Wegen ihres Versuchs, die alte Religion im Untergrund fortzuführen, wurden die Priester 1560 hingerichtet oder vertrieben. Der letzte Zapotekenherrscher, Cocijo Pij, getauft auf den Namen Don Juan Cortés, den man zum neuen Oberpriester machen wollte, starb an den Folgen der Folter. Im südlichsten Palastteil sind unter dem Boden des Hofes und der Treppe des Haupthauses kreuzförmige Gräber gefunden worden, die längst ausgeräumt waren, vielleicht die Krypten der Priester.

Guiengola

Das nahe der Küste gelegene Guiengola (zapotekisch ›Der große Fels‹) wird zwar, wie die Überlieferungen erzählen, schon im 9. Jh. von Zapoteken, die aus ihrem Stammland vor den langsam einsickernden Mixteken flüchteten, gegründet worden sein. Die meisten Bauten der 10 km nordwestlich von Tehuantepec gelegenen Siedlung stammen allerdings aus nachklassischer Zeit, als der Ort die Fluchtburg der Zapoteken-Fürsten und ihrer Anhänger war: Für eine größere Zahl von ständigen Bewohnern gab es nur am Fuße des Berges – etwa 2 km entfernt – genügend Wasser und ausreichende Anbaufläche. Heute werden die Ruinen nicht nur von der teilweise recht gut erhaltenen Stadtmauer geschützt, sondern auch von Horden wilder Affen, natürlichen Felsnadeln, die wie Wächter wirken, und von dichter Vegetation, welche den größten Teil der Ruinen überwuchert hat.

Nach dem Tod des letzten ungetauften Zapoteken-Fürsten, Cosi-huesa (1527), dürfte der Ort aufgegeben worden sein. Porfirio Díaz weckte ihn kurzfristig aus seinem Dornröschenschlaf, als er von hier seinen Widerstand gegen Kaiser Maximilians Truppen plante (1864–67). Den Stippvisiten von Banditen, zu denen auch der spä-tere Diktator Díaz gezählt hat, folgten die Besuche früher For-schungsreisender wie Eduard Seler (1904), und heute fallen spora-disch auch Touristen ein.

Vom Parkplatz am Ende einer ungeteerten, meist holprigen Straße (Abzweigung auf der Panamericana angezeigt) steigt man etwa eine Stunde bis zu den Ruinen auf. Oben links, also im Norden, findet man den doppel-T-förmigen Ballspielplatz und dahinter die beiden Stufenpyramiden Ost- und Westtempel mit eingetieftem Vorplatz dazwischen. An der Nordseite dieser Plaza hat man ein kreuzförmi-ges Grab entdeckt, ähnlich wie in Mitla, in dem wohl ein Herrscher, Adliger oder Priester bestattet war. Die merkwürdige Mauer an der Südwand des Osttempels ähnelt einer christlichen Kapelle und wurde teilweise aus Adobe-Ziegeln erbaut und scheint erst im 16. Jh. errichtet worden zu sein. Nach Osten folgen eine Art Audienzhof mit drei Logen oder Thronräumen auf gemeinsamer Plattform und da-nach der große Palastkomplex mit Säulenhallen, Höfen, Gängen und Treppen, ein wahres Labyrinth. Hier dürfte der Herrscher mit seiner Frau, der aztekischen Prinzessin Pelaxilla, und seinen adligen Untertanen gewohnt und die grandiose Aussicht genossen haben.

Natürliches Felsen-tor zur einsam gelege-nen Ruinenstätte Guiengola

249

Chiapas und Tabasco

Chiapas

Tuxtla Gutiérrez

Auf rund 500 m Höhe gelegen, erfreut die Hauptstadt des Bundesstaates Chiapas ihre Besucher meist mit angenehm kühler Luft und dem besten Kaffee des Landes. Kaffee, Tabak und Zuckerrohr werden als Cash Crops (zum Verkauf auf dem Weltmarkt) in der Umgebung angebaut, neuerdings versucht man auch, den Tourismus anzukurbeln. Das neue Luxushotel Camino Real mit einer künstlichen Landschaft im riesigen Innenhof, den eigenwillige Betonkonstruktionen umgeben, ist auf jeden Fall eine Stippvisite wert.

Das **Museo Regional de Chiapas** präsentiert im inzwischen etwas angegrauten Betonbau auf sehr großzügige Weise einige der kostbarsten archäologischen Fundstücke des Landes und zeigt gleichzeitig auch die Vielfalt der Kulturen, die hier einmal beheimatet waren. Auffällig im Zentrum positioniert sind die großen Stelen und Statuen aus der Izapa- und Maya-Kultur. Der Tänzer mit Jaguarmaske und Fußglöckchen aus Izapa (um 200) wetteifert mit der Fürstenstatue aus Toniná (7. Jh.), auf deren Rücken in der Neuzeit eine Wasserrinne eingearbeitet wurde, oder mit dem flachen Herrscherrelief der Stele aus Comitán (874). Tonstatuetten aus Toniná und Palenque sind sicher genauso interessant wie die totonakischen steinernen Modelle der Schutzkleidung von Spielern *(palma* und *hacha)* oder die Tonzylinder, mit denen man Stoff- oder Körperbemalung auftrug. Besonders beeindruckend sind ein tönernes Räuchergefäß, auf dessen Kante ein Gott mit Strahlenbündel als Stirnemblem über einem jungen Fürsten hockt (um 1000), und die bisher nahezu einmaligen Maya-Stoffmalereien im mixtekischen Stil (12.–14. Jh.).

Hauptattraktion ist der **Cañón del Sumidero**, ein 36 km langer Stausee am Rand der Stadt, in der fast 2000 m tiefen und sehr engen Schlucht des Río Grijalva. Weniger bedeutend ist das Museo de Laca (Lackarbeiten) in **Chiapa de Corzo,** dessen Exponate Floralmotive schmücken, die auch auf den Festkleidern der Frauen aus Tehuantepec zu finden sind. Außerdem kann die von Diego de Mazariegos auf dem Boden eines alten Ortes gegründete Stadt eine kleine Pyramide, ein Kloster der Dominikaner (um 1560) und einen Riesenbrunnen (1565) vorweisen.

San Cristóbal de las Casas

Diese ›Hauptstadt‹ der Maya, in deren Umgebung ungefähr 350 000 Tzotzil- und Tzeltal-Indígenas leben, wurde 1528 von Diego de Mazariegos gegründet und unterstand bis 1824 dem Generalkapitän von Guatemala. Erst 1844 nahm sie ihren heutigen, zehnten Namen an, eine Zusammenziehung von San Cristóbal (Hl. Christophorus)

Besonders sehenswert:
San Cristóbal de
 las Casas ☆
Toniná ☆☆
Palenque ☆☆
Yaxchilán ☆☆
Bonampak ☆
Izapa ☆

◁ *Maya-Hochzeit in San Cristóbal de las Casas vor der Kirche Santo Domingo mit dem reichen, Silbertreibarbeiten imitierenden Stuckdekor des Platerersken-Stils.*

und Bartolomé de las Casas, dem großen Beschützer und Anwalt der Indígenas, der 1542 (1552 gedruckt) einen flammenden Bericht über Brutalität, Folter und Morde der Conquistadoren und ihrer Nachfolger schrieb. Der heute hier residierende Bischof von Chiapas ist kaum weniger protektiv, wie seine Vermittlung zwischen Zapatistas und Regierung zeigt.

Da die Unterdrückung und Übervorteilung durch die Viehzüchter und die Plantagenbesitzer, die in Chiapas den Kaffee anbauen, bis heute nicht aufgehört hat, haben sich die Landarbeiter unter der Leitung ihres Subcomandante Marcos am Neujahrstag 1994 erhoben. Für einige Zeit kontrollierten sie große Teile von Chiapas, bis die Regierung sie wenn auch nicht besiegen, so doch in ihre Verstecke im Urwald zurücktreiben konnte. In unregelmäßigen Abständen sprechen seither, immer wenn die Verhandlungen von der Regierung verzögert werden, wieder die Waffen, und auch in anderen Regionen wie Oaxaca gehen Indígenas mit Waffengewalt gegen Regierung und Besitzende vor. Nachdem in den 70er Jahren Rucksacktouristen den Ort als Geheimtip bekannt gemacht hatten, versucht man nun, ihn als eine Art Künstlerzentrum darzustellen. Die Schätze der Stadt, die sich ihren eigenen Reiz rund um den Zócalo erhalten hat, sind nicht nur ihre Bauten, sondern auch ihre Indígenas, die zu den Markttagen von allen Dörfern in die Stadt streben.

Die **Kathedrale** Nuestra Señora de la Asunción am Zócalo ist zwar 1526 gegründet worden, doch die Fassade mit ihren fast klassizistischen Zügen stammt aus sehr viel späterer Zeit. Interessantes Detail sind die Voluten über den unteren Nischen für Statuen, die wie eine Imitation der typischen Hüttenbilder wirken, mit denen frühere Maya-Bauten geschmückt waren. Glocken in den beiden

Stadtplan San Cristóbal de las Casas

Türmen entsprächen dem Stil des 17./18. Jh.; wenn sie aber wie hier
in der hochgezogenen Fassade sitzen, dann wird damit an die frühesten Kirchen des 16. Jh. erinnert. Im Innern sind nur das Bild der
Magdalena und die geschnitzte Kanzel sehenswert. Auf der Nordseite des Zócalo, gegenüber der Kathedrale, verdient die **Casa de
Mazariegos,** heute das Hotel Santa Clara, Erwähnung. Das Portal
(16. Jh.) in der Avenida 20. Noviembre wird von zwei dünnen Säulen flankiert, die keine Gesimse tragen, sondern zwei Löwen, die
Türklopfer *(llamador)* genannt werden und nach denen ein Haus
häufig bezeichnet wurde. Über der Tür und dem gelöschten Wappen
bewachen zwei Greifen das Oberfenster. Die sparsame Dekoration
paßt gut zum imitierten Rustikamauerwerk (große Quader mit glatten Kanten).

   Kirche und Kloster **Santo Domingo** wurden 1547 von Francisco
Marroquín, dem ersten Bischof von Guatemala, gegründet und 1560
vollendet. Die heutige Fassade stammt allerdings erst aus dem 17. Jh.,
wie der Stil und der Doppeladler Karls II. von Spanien (1665–1700)

beweisen. Von einem gewissen Lokalstil bzw. der Arbeit von Indígenas zeugen die phantasievollen, kurios geformten salomonischen Säulen und viele Details, wie die beiden Nixen unter der kleinen Marienstatue ganz oben oder die Vögel mit ausgebreiteten Schwingen unter den Nischen der Statuen in der Mittelzone. Ganz ungewöhnlich ist die Verzierung auf der Rückseite der Fassade in der Dachzone. Im Innern wirken die breiten, vergoldeten Holzrahmen der Altäre wie eine Wandverkleidung.

Am Stadtrand liegt **Na Bolom** (›Jaguarhaus‹). Das Haus des verstorbenen Archäologen Franz Blom, heute Herberge von Archäologen und Umweltschützern, birgt auch ein kleines Museum, eine Bibliothek und ein Forschungszentrum.

Als Ausflug empfohlen werden kann der Besuch der Märkte von **San Juan Chamula** (11 km), wo Tzotzil leben und wo in der Kirche nicht fotografiert werden darf, oder von **Zinacantán** (12 km) mit seinen häufig rot gekleideten Einheimischen, wo im ganzen Dorf nicht fotografiert werden darf. Die beiden Hauptstämme der Indígenas, die Tzotzil und die Tzeltal, haben als Totem einen Papagei, wie die Zoque zahlten sie ab 1484 den Azteken Tribut. Nach der spanischen Conquista haben sie sich mehrfach erhoben. Während Tzeltal und Tzotzil unterschiedliche Maya-Dialekte sprechen, ist die Sprache der Zoque eigenständig. Obwohl in den letzten Jahrzehnten die Siedlungspolitik der Regierung die Grenzen der Stammesgebiete verändert hat, kann man folgende Konzentrationen feststellen: Die Zoque leben um Tuxtla Gutiérrez, die Tzotzil bei San Cristóbal und die Tzeltal in der Umgebung von Ocosingo. Die Tzotzil sind einer der wenigen Stämme, der in den letzten Jahrzehnten wieder wächst.

Die Mitglieder aller Stämme leben vorwiegend vom Ackerbau: Mais, Bohnen und Kürbis. Neuerdings produzieren sie Web- und Lederarbeiten als Souvenirs für Touristen. Ihre einräumigen, rechteckigen Häuser haben Holzwände mit Lehmverputz und Strohdächer, die heute durch verzinkte Bleche ersetzt werden. Der Dorfälteste und der Dorfrat werden nach traditionellen Gesichtspunkten gewählt, zu denen keineswegs immer die Qualifikation gehört. Gleichzeitig gibt es aber auch Führungsgruppen, die nach den Gesetzen des Staates, d. h. der PRI-Partei, gewählt werden. In ihren Trachten, die sich in Farbe und Verzierung nicht nur von Stamm zu Stamm, sondern auch von Ort zu Ort unterscheiden, zeigen kleine Details wie farbige Tücher am Hut die besondere Funktion innerhalb der Dorfgemeinschaft an. Nur Indígenas können dem Dorfrat angehören; Rat und Hilfe von Auswärtigen werden häufig abgelehnt. Tradition und *acostumbre*, Sitten, die das Überleben während der Kolonialzeit sicherstellten, ändern sich nur sehr langsam. Stammesangehörige, die ihr Dorf verlassen, um in der Stadt zu arbeiten, verlieren ihre soziale Stellung im Heimatort, und Bewohner, die zu einer anderen Religion konvertieren, werden gar ausgewiesen.

Der von den Indígenas praktizierte Katholizismus ist eine Mischung alter paganer Rituale und Vorstellungen, verbunden unter

Die weißen oder schwarzen Sarapes (Wollumhänge) der Männer von San Juan Chamula werden mit einem Ledergürtel über den knielangen Hosen zusammengehalten, die Frauen flechten sich blaue Bänder ins Haar.

dem Mantel des christlichen Glaubens. Tzotzil-Männer bereiten sich 13 Tage lang mit Zeremonien auf ihren Feldern *(milpa)* für die Aussaat vor, und auch zur Ernte gibt es neben christlichen bestimmte pagane Rituale. Christliche Feste werden nach dem Kirchenkalender gefeiert, besonders die der örtlichen Schutzpatrone. Die alten Ortsnamen sind heute häufig durch die Namen des Ortsheiligen ersetzt oder damit ergänzt worden. Man bittet die Heiligen, Maria und Chri-

Regionalplan:
Chiapas und Tabasco

stus um Hilfe in allen Lebenslagen, macht ihnen Geschenke, scheut sich aber auch nicht, diese Geschenke bei Nichterfüllung eines Wunsches wieder zurückzunehmen und manchmal sogar die angeflehte Statue zu schlagen.

Lagunas de Montebello

Östlich von **Comitán** hat die Regierung um 16 Seen, deren Schönheit schon die alten Maya zu schätzen wußten, einen großen National- und Naturpark eingerichtet. Von der Lage her gehört **Chinkultic,** auf einem Hügel zwischen den Seen Tepancuapan im Osten und Chanujabab im Westen gelegen, zu den schönsten klassischen Maya-Städten. Die Ruinen sind dagegen weniger ansehnlich, und die meisten der 18 Stelen (zwischen 591 und 840) sind entweder völlig erodiert oder ins Museum (Casa de la Cultura) nach Comitán gebracht worden.

Im Hügelgelände kaum erkennbar umgeben eine große Zahl von Hausplattformen die Gebäudegruppen A bis C, welche die sakralen und politischen Kerne der alten Siedlung bildeten. Der anstehende Kalksandstein gibt ein sehr viel besseres Baumaterial ab als z. B. der Stein von Toniná, und so ist es wohl auch zu erklären, daß hier die Steine nicht als grobe Platten gebrochen sind, sondern zumindest bei den wichtigsten Bauten zu rechteckigen Quadern behauen wurden.

Nördlich der Zufahrt, jenseits des Flusses Yubnaranjo, liegt auf einem ca. 50 m hohen Steilfelsen die dreistufige Plattform der **Akropolis** mit ihren zwei Tempeln und ein paar gemauerten Altären. Das

Der Ballspielmarkierungsstein (eine Art Tor) aus Chinkultic, heute im Anthropologischen Museum (MNA) von Mexico City. Die Inschrift beginnt über dem Kopf des Spielers, einem Thronerben, mit der Einführungsglyphe zur Langzeitangabe: 9 Baktun 7 Katun 17 Tun 12 Uinal 14 Kin = 591, danach folgt das Datum 11 Ix 7 Sots, der Tag seines Herrschaftsantritts nach einem Spielsieg.

schlecht erkennbare Stelenrelief eines Fürsten kann nicht mit dem Blick auf die tief unten liegende Wasserfläche des **Cenote Agua Azul** wetteifern. Der Fürst, mit Hut und Gürtelschmuck in Form eines Jaguars abgebildet, könnte einer der Herren von Toniná gewesen sein (850), deren Einflußbereich nicht nur nach Nordosten in die Selva Lacandon, sondern auch nach Westen ins Hochland reichte. Einige der Stelen hier und im **Grupo A** südlich der Akropolis standen vor ihren unterirdischen Gründungskisten, in denen Obsidian- oder Feuersteinklingen als Weihgaben abgelegt waren.

Die Herren des Ortes scheinen weit weniger aggressiv gewesen zu sein als ihre Zeitgenossen, denn nur wenige der Stelen zeigen die Fürsten in Kriegstracht oder mit Gefangenen. Der Ballspielplatz in der für die Maya atypischen Doppel-T-Form und mit langen, hohen Seitenwänden zeigt deutliche Anlehnung an den Hochlandtyp und ist wohl frühestens im 8. Jh. angelegt worden, hatte aber sicher einen Vorgängerbau. An der Westseite standen sieben Stelen wie Wächter, und im Osten schließt sich ein Zeremonialhof an. Auf einem runden Markierungsstein (591, heute im MNA) kann man die Spielkleidung gut erkennen, vor allem den Knie- und Nierenschutz. Bis 1982 war dieser ›Altar‹ auch auf der 20-Pesos-Münze zu sehen.

Toniná

Auf dem Schotterweg von Ocosingo nach Toniná muß man einen Armeeposten und ein großes Militärlager passieren, wo auf keinen Fall fotografiert werden sollte.

Der Ort ›Steinhaus‹ war schon um 400 v. Chr. besiedelt; doch wurde er später aufgegeben, und die Neubesiedlung begann erst wieder im 2. Jh. Aus dieser Zeit sind auch die ersten Steinbauten nachgewiesen, die allerdings später mehrmals überbaut wurden. Informationen über die Herrscher des Ortes gibt es erst sehr viel später (593), und es sieht fast so aus, als hätten die Herren Toninás ihre Verspätung durch eine besonders turbulente Geschichte wettmachen wollen, denn nirgendwo im Maya-Gebiet sind so viele Bilder von Gefangenen gefunden worden wie hier. Hauptleidtragende ihrer aggressiven Politik dürfte Palenque und seine Dynastie gewesen sein. Außerdem haben die Fürsten auch noch sehr lange die Macht in ihren Händen behalten und unter Fremdeinfluß noch bis 909 beschriftete Statuen aufgestellt. Kurz danach wurde die Stadt wieder verlassen, doch begann um 1100 eine erneute Besiedlung für weitere 150 Jahre.

Schon die Geschichte der Stadt ist also etwas Besonderes. Ihre Lage, am Hang eines natürlichen Berges, lassen die Akropolis wie eine echte Burg erscheinen. Zudem hat man vollplastische Statuen hergestellt, die im Maya-Gebiet ihresgleichen suchen. Vom Grabungshaus und kleinen Museum gelangt man durch den tiefen Einschnitt eines Trockenflusses *(arroyo)* auf den großen Vorplatz, an dessen linker Seite der für das Hochland typische doppel-T-förmige

Toniná, eines der Gefangenenreliefs an der Rückseite des Gebäudes Altar Rojo. Der mit Todessymbolen an den Ohren und am Auge markierte Verlierer blickt zum über ihm thronenden Fürsten auf.

Ballspielplatz liegt, den Fürst Blitz-des-Himmels oder Pul-Kan (›Himmelsführer‹) im Jahr 775 mit einem Rundaltar einweihte. Den Schmuck der schrägen Spielfeldwände bilden die Nagelfiguren aus Stein, die horizontal eingesetzte Gefangene im Kniefall zeigen. Diese Figuren und schriftliche Hinweise lassen vermuten, daß es eine Verbindung zwischen Krieg und Ballspiel gab. Wahrscheinlich mußten oder durften besiegte Gegner gegen den siegreichen Fürsten oder seinen Stellvertreter spielen und wurden erst nach ihrer Spielniederlage geopfert. Siegte der Gefangene im Ballspiel, rettete er damit sein Leben und gewann vermutlich auch seine Freiheit zurück.

Direkt vor der hoch aufragenden Mauer der Akropolis hat man bei zwei parallelen, langen Plattformen, vielleicht der alte Ballspielplatz, mehrere Steinmonumente von Fürsten gefunden, die zwischen 630 und 730 regierten. Das Ganze wirkte wie eine Art Ahnengalerie, und unter den Bäumen davor stehen oder liegen einige typische Toniná-Statuenfragmente herum. Das Besondere sind ihre vollplastische Ausführung, die extrem hohen Götterkopfkronen – einige sind fast so groß wie der ganze Körper – und die Beschriftung auf dem Rücken. Viele der Figuren waren mit Rund- oder Blockzapfen in eine Fußplatte eingelassen, in deren Kanten Glyphen eingearbeitet waren. Einige Statuenköpfe sind schon von den Maya abgebrochen worden – eine Art zeremonielle Tötung der Vorgänger, wenn eine neue Dynastie an die Macht kam. Ein Teil ist aber auch erst in diesem Jahrhundert von Indígenas zerschlagen worden, die das Gewicht der lebensgroßen Statuen verringern wollten, als sie auf Befehl der Regierung abtransportiert werden sollten.

Beim Besteigen der künstlichen Vorbauten des natürlichen Bergrückens erreicht man auf dem ersten Absatz rechts die Eingänge

Toniná, perspektivische Rekonstruktion:

1 Tempel des Sots-Choj
2 Templo de la Guerra
3 Großes Stuckrelief mit Gefangenen
4 Templo de Siete Camaras
5 Templo de Agricultura
6 Stuckrelief der vier Jahreszeiten
7 Gräber
8 Palast, Wohnbereich
9 Altar Rojo
10 Templo de los Muertos Chenek
11 Palacio de las Grecas
12 Thronpodeste mit Reliefschmuck
13 Wolken-Treppe

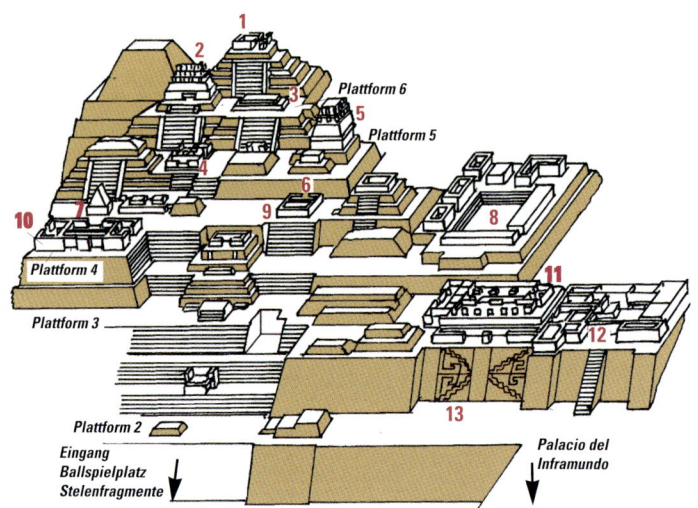

eines Palastes mit kreuzförmigen Fenstern, der schon um 500 über-baut und später versiegelt worden ist. Er wird **Palacio del Infra-mundo** genannt und als Symbol der Unterwelt interpretiert. Im Innern liegt heute die Statue des Sots-Choj genannten Herrschers, die im Schutt seines 842 geweihten Osttempels auf der obersten Ter-rasse gefunden wurde. Mehr als 150 Jahre nach dem dritten Herr-scher hatte er dessen Statuentyp imitiert, um die lange Linie seiner Vorfahren anzudeuten. Nahezu all seine Symbole an der Kleidung werden mit der Unterwelt und dem Tod in Verbindung gebracht.

Auf der nächsten Terrasse über dem Palast beginnt an der Fassade zum nächsten Stock eine Zickzacktreppe, welche mit den einge-streuten Voluten ein Wolkensymbol bildet. Rechts daneben, im ›Himmel‹, saß um 711 der fürstliche Bauherr auf seinem Thron vor dem neuen Palast und blickte auf die unten versammelten Unter-tanen hinab. Der Sockel seines Sitzes war mit den Stuckreliefs von Gefangenen geschmückt, womit seine Kriegstüchtigkeit bewiesen war. Eine schmale Passage führt in den dahinterliegenden Palast, in dessen Hof ein weiterer Thron stand. An einigen Stellen sind Reste der Stuckverzierung an den Wänden erhalten und Hinweise auf spä-tere Umbauten zu finden, die eine lange Benutzungsdauer andeuten. In seinen Kellern dürfte so mancher Gegner aus Palenque auf seinen Tod gewartet haben, in einem Fall rund zehn Jahre lang.

Auch auf der nächsten Plattform sind Reste eines Palastes vorhan-den; fast hat es den Anschein, als wäre die gesamte Ostseite der Akropolis als Residenz genutzt worden, während im Westen, wo die Sonne untergeht, die Toten bestattet worden sind. Leben und Tod sind getrennt oder verbunden durch den Dienst an den Göttern in den Tempeln in der Mitte. Die Symbolik ist sicher faszinierend, aber keineswegs bewiesen. Die Reste des mächtigen Dachkamms auf dem nächsten Absatz gehören zum **Templo de Agricultura,** der wohl im 6. Jh. erbaut worden war, aber um 730 restauriert wurde. In Grundriß und Wandschmuck gleicht die Cella dem Kreuztempel in Palenque, und an seiner Basis wurde eine Steinkugel, wohl als Symbol des Ballspiels, im Maul eines Erdmonsters aus Stuck deponiert. Das Relief des ersten Herrschers, welches hier gefunden wurde, läßt vermuten, daß es sich um einen Ahnentempel handelte.

An der rechten Wand der vorletzten Plattform ist vor ein paar Jahren das herrliche und gleichzeitig grausige **Stuckrelief der vier Jahreszeiten** (um 730) gefunden worden. Drei rechteckige Bildfelder sind durch Blattbänder gerahmt und gegliedert. Die Menschenköpfe im Zentrum der Blätterdiagonalen sind als Opfer und Trophäen zu verstehen. Das aufrechtgehende Kaninchen symbolisiert die Erbfolge; der Kopf des Tiers ist die Glyphe für ›Erbe‹ und der Topf in seiner Hand das Zeichen für ›Erbfolger‹. Im Beitext wird ein Erbfolger aus dem Norden erwähnt. Der Todesgott daneben hält den Kopf eines Toten in der Linken und vergießt mit der Rechten aus einem Gefäß frischen Inhalt oder etwas Dunkles (nach der Glyphe im Gefäß) und eine Schlange, das Zeichen für ›Sohn‹. Der Tod trägt Schildkrötenpanzer an den Füßen, die als Symbole der Erde gelten können oder als Hinweise auf eine Inthronisation. Hier bezieht sich der Text auf den zweiten Erben eines unbekannten Hauses oder Ortes. Im Mittelfeld links stürzt sich der Göttervogel Muan (in Quiché vucub caquix) auf einen Geopferten, ein weiteres Opfer liegt darunter am Boden. Im rechten Feld wirft sich ein Mann vor einem vermutlich zweiten Vogel zu Boden, der mit Symbolen für Nacht oder Dunkelheit bezeichnet ist.

Stele M 26 aus Toniná ist die erste Stele, die Kuk, der vierte Fürst von Toniná, während seiner Herrschaftszeit aufstellen ließ. Datiert ist sie auf das Jahr 672.

An der Tempelwand gegenüber sitzen eine Frau, ein Sohn und der Herrscher auf ihren Titelglyphen, und zum Thron schaut ein gefangener Fürst auf, dem schon die Zeichen des Todes (an Ohr und Augenrand) ins Gesicht geschrieben sind. Der Tempel an der Westseite der Terrasse, wegen seiner Gefangenenreliefs an der Basis **Templo de la Guerra** genannt, wurde um 780 zum letzten Mal restauriert. Unter seinem Boden wurde ein Depot von mehr als 400 Gefäßen mit Spuren von Opferblut gefunden.

Den Tempel auf der obersten Plattform rechts hat um 842 der Fürst Sots-Choj mit seinem Blut, einem Haifischzahn, Jade und Obsidian nach einem Umbau erneut geweiht. Seine schon erwähnte Statue wurde hier zerbrochen gefunden. Der Herrscher legte besonderen Wert darauf, seine lange Reihe von Vorfahren zu erwähnen, so als habe er geahnt, daß die Tage seiner Familie gezählt waren. Denn um 900 erscheint auf drei Stelen ein neuer Stil und Menschentyp, der wohl auf Einwanderer aus dem Norden zurückgeht, und bis 909 ist dann auch der Tempel gegenüber ausgebaut worden. Auf der Terrasse unterhalb des Kriegstempels sind viele Gräber gefunden worden. Einige enthielten Silberschmuck als Beigaben, wurden also erst im 10./11. Jh. angelegt. Die monolithischen Sarkophage haben Parallelen in Palenque und im Quiché-Gebiet (Guatemala).

Toniná ist vor allem wegen seiner besonderen Ruinen und der herrlichen Aussicht jede Mühsal wert. Einige der schönsten Bildwerke, den 3. und 4. Fürsten darstellend, sind im MNA und im Museum in Tuxtla Gutiérrez ausgestellt.

Palenque

Die Ruinen von Palenque (›Holzzaun‹), am nördlichen Hang einer bewaldeten Hügelkette gelegen, sind in ihrem Reiz mit einer Barockperle in Goldfassung zu vergleichen. Schon lange bevor Alberto Ruz 1952 das berühmte Grab Pakals im Haupttempel des Ortes entdeckte, war Palenque eine vielbesuchte Attraktion. Antonio del Río und seine Truppen, die hier 1785 auf Befehl des spanischen Königs Karl III. nach Gold suchten, weckten bei ihrem Zerstörungswerk die Ruinen aus einem 1000jährigen Dornröschenschlaf, denn fast so lange hatten die Gebäude leer und vergessen im Urwald auf ihre Entdeckung gewartet.

Den Höhepunkt ihrer Macht erreichte die Stadt unter ihren Fürsten Pakal II. (615–683) und Chan-Bahlum II./Bolchakal (684–702), seltsamerweise gerade nachdem der Vater Pakals mit seinem Blut für eine Auffrischung in der Herrscherfamilie gesorgt hatte und seine Frau Sak Kuk nach kurzer eigener Herrschaft im Hintergrund die Fäden zog. Sie war nicht die erste Frau auf dem Thron von Palenque und auch nicht die erste, die einen Fremden heiratete. Diese Ehre kam ihrer Großmutter (583–604) zu. Da Sak Kuks Vater Pakal noch als Kronprinz im Kampf gefallen war und auch vorher von einem Kampf berichtet wird, dürften die fremden Männer in Palenques Dynastie aus den Häusern der Sieger (Toniná, s. S. 257) gekommen sein, denn nur über die Heirat konnte man nach einem Sieg auch nominell die Herrschaft über die eroberte Stadt ergreifen. Mit dem Tod Kan-Kaxuls II., dem Sohn des Fürsten Pakal II., als Kriegsgefangener in Toniná (ca. 720) begann der Abstieg der Dynastie von Palenque. Interne Streitigkeiten sorgten sicher mit dafür, daß nach 799 keine Inschriften mehr über die Geschichte der Stadt verfaßt wurden; immerhin war ihr Ruhm noch nicht verblaßt, denn eine Tochter der Stadt war die Mutter Yax Paks, des vorletzten Fürsten von Copán, der noch nach 800 regiert hat.

Auf dem mehr als 8 km² großen Ruinengelände ist nur das Zentrum wirklich interessant und für Besucher geöffnet. Nach dem Wärterhäuschen erreicht man zunächst rechts eine Reihe aus drei Tempeln, deren erster (Tempel XII) wegen seines Stuckschädels an der Front auch **Schädeltempel** (Templo de Calavera) genannt wird. Im übernächsten Tempel XIII hat man vor einigen Jahren an der Basis das Grab einer Frau mit reichem Jadeschmuck als Beigabe entdeckt; leider fehlten Glyphen, die über die Tote hätten Auskunft geben können (7./8. Jh.). Die Pyramide gegenüber, Tempel XI, vielleicht etwas früher errichtet, ist noch nicht ausgegraben worden und könnte der

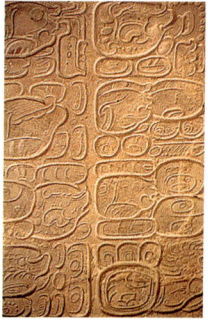

Anders als in Yaxchilán ließen die Fürsten von Palenque die Geschichte ihrer Dynastie nicht in Stelen und Türstürze meißeln, sondern in steinerne Wandtafeln und in Stuck auf die Wände der Häuser, Tempel und Paläste modellieren. Die Reihe der Herrscher, beginnend etwa Anfang des 5. Jh., umfaßt mehr als 16 Gekrönte und einige andere Familienmitglieder.

Der Palast von Palenque, die Residenz des Fürsten Pakal

erste Haupttempel gewesen sein. Vor ihrer Treppe im Westen legte man den großen Palast der örtlichen Dynastie an.

Der **Palast** wurde in mehreren Phasen während des 6.–8. Jh. errichtet. An der Südseite steht am Eingang ein großer runder Altar, der wohl früher ein Datum trug. Seitlich der Treppe sind Götterköpfe und Blätter erhalten, Reste der reichen Stuckverzierung der Fassaden. Am Eingang steht ein Steintisch (Thron), auf dessen Kante in Glyphen Fürst Pakal II. und sein Katun-Ende (20-Jahre-Periode) 12 Ahau 8 Keh (652) erwähnt werden. Ein Schlangenkopf an einer Ecke und das Symbol für Abstammung am anderen Ende rahmen an der Front sechs Glyphenfelder, deren letztes rechts den Namen Pakals *(pak.ka.al.)* enthält. Die Kellergewölbe dahinter sind Teile des frühesten Palastes (6. Jh.), die beim späteren Ausbau weiter benutzt wurden. Weitere Steintafeln mit dem Namen Pakals waren hier in den Kellerwänden eingesetzt. Es scheint, als hätten seine Nachfolger den berühmten Fürsten nicht sehr geschätzt und daher seine Monumente in den Keller verbannt.

Die innere Kellertreppe endet im Haus E, das wohl unter Pakal als Residenz gedient hat. An der Wand ist eine ovale Steinplatte eingelassen, auf der Sak Kuk ihrem Sohn Pakal, der auf einem doppelköpfigen Jaguarthron sitzt, eine zylindrische, mit Jadeplättchen, Götterkopf und Federn geschmückte Krone überreicht. An der Wand sind außerdem Reste von gemalten Glyphentexten erhalten, in denen mehrmals der Name der Fürstin Sak Kuk erwähnt war. Der Thron, der unter der Ovalplatte gefunden wurde – ein Bein ist heute in einem Madrider Museum, das andere im örtlichen Museum –, gehörte Chakal III. oder IV., dem 14. Fürsten, der 722 an die Macht kam. Außen an der Front sind Reste von gemalten Ornamenten erhalten, und über den Türen der Schmalseiten erkennt man innen noch den aus Stuck modellierten Vogel und Drachen. Eine Bank im Innern könnte ein Bett gewesen sein, anscheinend hat man das Gebäude und den Hof davor in späterer Zeit (8. Jh.) als Wohnung genutzt. Damals wurden auch das Schwitzbad eingebaut und der große, im obersten Stockwerk rekonstruierte Turm. Da an einer Wand ein Sternensymbol gemalt war, wird er als Sternwarte bezeichnet; er mag aber auch zur Überwachung benutzt worden sein.

Die Gebäude im Südosten hinter Haus E bildeten wohl den Verwaltungs- und Wirtschaftstrakt des Palastes; sie sind jedenfalls ohne nennenswerten Schmuck, außer in den beiden Überwachungsräumen an der Nordseite, wo der Hausmeister gesessen haben könnte. Die Nordseite dieses Gebäudes B nimmt eine Audienzhalle ein, die wohl von Chan-Bahlum II. angelegt worden ist, als Anwort oder Ergänzung zu der von Pakal II. erbauten Empfangshalle, Gebäude C.

Palenque, perspektivische Rekonstruktion:
1 Templo de Calavera
2 Palacio
3 Casa del Leon (Templo del Tigre)
4 Otulum
5 Otulum-Kanal
6 Templo de la Cruz
7 Templo de la Cruz Foliada
8 Templo del Sol
9 Templo de las Inscripciones
10 Juego de Pelota
11 Templo del Conde
12 Grupo del Norte
röm. Ziffern: Nummern der Tempel nach der Grabungsaufnahme

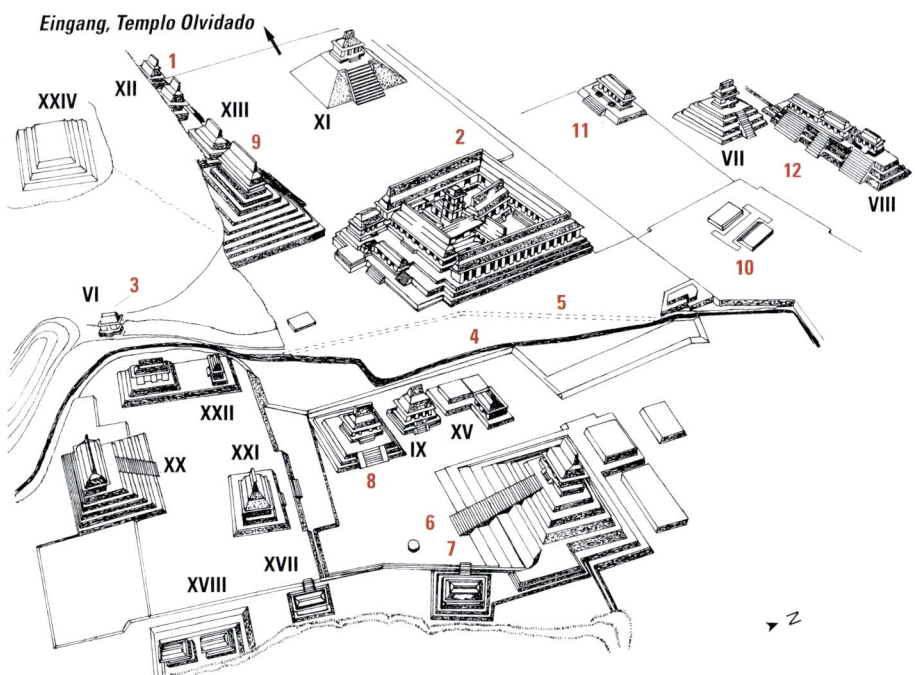

Eingang, Templo Olvidado

Pakals Halle weist an der Front die einzige Glyphentreppe Palenques auf. Im Text wird Pakals II. Inthronisation (615) im Alter von zwölf Jahren erwähnt, ebenso seine Verbindung zu anderen Dynastien, etwa Yaxchilán (654). Auch über die Ergreifung von zwei Kriegern wird berichtet, und daß Pakal der neunte Erbe der Macht war, also der zehnte Fürst. Die etwas klobig wirkenden Steinreliefs von Fürsten an der Basis werden trotz des Schmucks und fehlender Fesseln oft als Gefangene interpretiert. Es handelt sich aber wohl in der Mehrzahl um Gäste einer Feier im Jahr 713, am 144. Jahrestag der Thronbesteigung des sechsten Palenque-Fürsten. Dem Stil nach sind die Reliefs nicht von örtlichen Künstlern geschaffen worden.

Alle Galerien und die meisten Häuser des Palastes tragen an den Fassaden Stuckreliefs mit Darstellungen der Herrscher, ihrer Gefangenen und Angehörigen. Die Mansardendächer waren mit auf Götterköpfen sitzenden Fürstenbildern bestückt – einige der Galerien sind erst unter dem 12. und 14. Fürsten erbaut worden. Typisch für Palenque sind die geschwungenen Linien der Gewölbe, die gewichtsverringernden Aussparungen in den Decken und die T-förmigen Belüftungslöcher, deren Form der Glyphe Ik (›Wind‹, ›Seele‹) entspricht.

An der Südseite des Palastes führt ein Weg zum Grabtempel des Fürsten Kan-Kaxul II. (Tempel VI), der wegen eines heute fehlenden Reliefs auch **Löwentempel** (Casa del Leon) genannt wird. Der Fürst war dort auf einem Jaguarthron sitzend abgebildet. Er mußte den Opfertod als Gefangener in Toniná erleiden, übrigens weder als erster und auch nicht als letzter Herrscher des Ortes.

Auf der anderen Seite des Flüßchens Otulum erheben sich die drei herrlichen Tempel, die Chan-Bahlum II., der elfte Fürst, um 692 anlegen ließ. Alle weisen im Innern eine separat überdachte Cella auf, eine Eigenheit der Tempelarchitektur Palenques und Toninás. Am oberen Ende der Treppe stand links und rechts über den mit Reliefs geschmückten Alfardas je ein steinernes Räuchergefäß mit Glyphen auf dem Rücken und einem Göttergesicht an der Front (heute im örtlichen Museum).

Der **Kreuztempel** (Templo de la Cruz) an der Nordseite dieser Pyramidengruppe war das Hauptgebäude. Auf seiner Reliefkopie in der Cella (Original im MNA) ist das namengebende Kreuz, der Weltenbaum, auf einer Monstermaske zu sehen. Das Monster unten symbolisiert wohl die Erde und der Göttervogel auf der Kreuzspitze den Himmel. Der Fürst rechts dürfte nach der Beischrift mit seinem Krönungsdatum (684) der Bauherr sein – er wird auch als Pakal interpretiert –, ihm gegenüber steht sein Sohn. Der Text an beiden Seiten bezieht sich auf die Vorfahren des Bauherrn und auf das Datum 3 Caban 15 Mol (690), einem Tag, an dem Jupiter, Saturn und Mars im Sternbild des Skorpions sehr dicht zusammenstanden. Das Datum wird in den Inschriften aller drei Tempel erwähnt, und manche Mayalogen glauben, daß man hier die Fürstin Sak Kuk mit der ersten Mutter, dem Mond, gleichsetzte, um die Rechtmäßigkeit der

Thronfolge zu untermauern. Die Reliefplatte mit dem rauchenden Gott oder Priester war früher in der Kirche des modernen Palenque vermauert und wurde wieder hierher zurückgebracht.

Das Relief im **Blattkreuztempel** (Templo de la Cruz Foliada) zeigt neben der Inschrift über die Dynastie die Abbildung einer Maispflanze oder eines Baums auf einer Maske und den Göttervogel auf der Spitze. Die Menschenköpfe an den Zweigen sollen wohl andeuten, daß der Mensch nach Vorstellung der Maya aus Maismehl geschaffen wurde. Hier präsentiert der Bauherr, links der Pflanze, eine Götterfigur als Opfer und der Thronfolger die Nadel, mit der er sein Blutopfer vollzogen hat. Die gleichen Personen sind auch auf der Reliefplatte im **Sonnentempel** zu sehen; allerdings flankieren sie dort, auf gebückten Göttern stehend, zwei ein Podest tragende Götter. Dieses Fundament krönen zwei gekreuzte Speere und ein Schild mit dem Gesicht des Sonnengottes (?). Hier kann man an der Fassade noch die Reste der Stuckinschriften (links und über der Tür) sehen und Darstellungen von Menschen. Am Dach und an seinem einst reich geschmückten ›Kamm‹ *(crestería)* sind auch die Stuckreste eines Fürsten auf seinem Thron zu erkennen. Ganz eindeutig sind also alle drei Tempel nicht zu Ehren der Götter errichtet worden, sondern um die Legitimität des Herrschers zu postulieren.

Im kleinen **Tempel XIV** hat man zahlreiche Räuchergefäße aus Ton, auch ›Urnen‹ genannt, gefunden. Einige waren in einem Opferdepot unter dem Boden des Tempels als Opfer vergraben und enthielten Knochen von Jaguaren (im örtlichen Museum). Unter den Bruchstücken der Stuckverzierung an den Außenwänden war auch

Die ›Schreibertafel‹ aus Palenque. Das Relief erhielt diese Bezeichnung nach dem Griffel in der Rechten des Knienden. Der dargestellte Chak-Sots (Große Fledermaus), ab 723 Fürst von Palenque, hat damit aber – der Inschrift zufolge – nur sein Blutopfer aus der Zunge vollzogen.

265

die Darstellung einer Frau. Die wieder zusammengesetzte Relief-platte in der Cella zeigt einen ›Tanzenden‹ mit leicht angehobener linker Ferse, dem eine kniende Frau eine Götterfigur auf einem Kissen reicht. Im Beitext sind vier Daten angegeben, die teilweise weit in die Vergangenheit zurückreichen, und neben Chan-Bahlum II. ist auch dessen zweite Frau erwähnt. Das letzte Datum im Jahr 700 könnte auch der Bauzeit entsprechen.

Ein kleiner Waldpfad führt zum **Tempel XVII** im Süden, wo Reste der bemalten Stuckverzierung im Innern erhalten sind. Im **Tempel XVIII** daneben ist ein Relief gefunden worden, das über den Sieg des Fürsten Manik/Sak-Chik (490) informiert, über die Krönung Chakals I. (501) und über Chan-Bahlums I. im Jahr 552 – er könnte also einer der ältesten Tempel von Palenque sein. **Tempel XXI** davor enthält im Boden der Cella ein Grab, dessen Innenwände mit einer langen Inschrift aus Stuck bedeckt waren. Die einzelnen Glyphen-blöcke sind heute in mehreren Museen zu sehen. Aus den Fragmenten der Inschrift lassen sich 20 Daten rekonstruieren, die den Zeitraum 665–724 abdecken. Die Krönung des 14. Fürsten (Chakal III. oder IV.) befindet sich ebenso darunter wie die Todes-tage zweier Frauen. Das Heiligtum wird daher nach 724 erbaut worden sein. Die steinernen Türrahmen trugen wie am Kreuztempel eine lange Glypheninschrift, in welcher der 14. Fürst ebenfalls erwähnt wird (im örtlichen Museum).

Der **Templo de las Inscripciones** (Inschriftentempel) südlich des Palastes ist sicher einer der schönsten und eindrucksvollsten Tempel der Maya. Daß er aber auch noch von Beginn an als Grabmonument geplant war, macht ihn zu etwas Besonderem. Die berühmte Grab-kammer des Pakal II. mit ihrem monolithischen Sarkophag liegt 1,5 m unter dem Platzniveau. Der Sarkophag muß vor dem Bau schon fertiggestellt worden sein, und zwar kurz nach 642, dem Tod von Pakals Vater. Der Tempel selbst dürfte erst nach Pakals Tod beendet worden sein, denn sowohl das letzte Datum auf den Inschriftenta-feln in der Cella als auch Informationen auf der linken Hälfte der Fassade, in Stuckglyphen ausgeführt, betreffen Ereignisse nach Pakals Tod (683) im Alter von 80 Jahren. In den 68 Jahren seiner Regierung errichtete er mehrere Tempel; einer davon, der Templo Olvidado außerhalb des Zentrums, war seinen Eltern geweiht. Jahr-zehnte nach seinem Tod hat man seinen Grabtempel an der Basis umgebaut und die Treppe vergrößert; auch einige nach den Grabbei-gaben unwichtige Leute sind in seiner Nähe bestattet worden.

Auf den Alfardas der Treppe vor der Cella stellte man zwei kniende Fürsten dar, die die Glyphen 6 Ahau und 13 Ahau auf der Brust tragen, vielleicht ein Datum (642 und 711?). An den Pfeiler-fronten des Tempels präsentieren auf Monstern stehende Männer und eine Frau Babys mit einer Schlange an Stelle eines Beines. Das Schlangenbein sollte vermutlich die fürstliche Abstammung symbo-lisieren, zumal *kan* sowohl ›Schlange‹ als auch ›hoch‹ und ›kostbar‹ bedeuten kann.

An den drei Inschriftentafeln im Tempel, dem längsten erhaltenen zusammenhängenden Text aus der klassischen Zeit, wird über die Geschichte Palenques berichtet, d. h. über die letzten fünf Vorfahren Pakals, über die Zeit seiner Herrschaft und über die Inthronisation seines Nachfolgers. Im Boden der Cella entdeckte A. Ruz kreisförmige Stöpsel, mit denen zwölf Löcher in einer großen Steinplatte versiegelt waren. Nachdem man die Platte entfernt hatte und die Treppe freigeräumt war, gelangte man an ihrem Ende zu den Skeletten von mehreren Männern, die vor der Grabkammer in fötaler Haltung lagen. Diese Wächter sollten den Toten im Sarkophag noch in der Unterwelt beschützen. Hinter der drehbaren dreieckigen Tür steht in der Krypta der große Sarkophag, der fast den ganzen Raum einnimmt. Die Wände der Kammer sind mit heute recht versinterten Stuckreliefs von neun Männern geschmückt, den Bolon-ti-ku, den Göttern der Nacht und der Unterwelt. Auf den Sarkophagwänden hat man die mit Pflanzen aus der Erde wachsenden Oberkörper von acht Vorfahren Pakals eingearbeitet. Glyphen-Beischriften geben ihre Namen an, die auch auf der Kante des mächtigen Deckels – er hatte vor dem Verschließen auf Stützen hinter dem Sarg gelegen – wiederholt wurden. Zusätzlich hat man die Todesdaten der Vorfahren und den Geburtstag Pakals notiert. Die Oberseite des Deckels zeigt in einem Rahmen aus Menschenköpfen und Himmels- bzw. Gestirnssymbolen Pakal, wie ein Fötus auf einer Göttermaske liegend, vor einem Kreuz mit doppelköpfiger Schlange und Göttervo-

Der Inschriftentempel von Palenque, dessen lange Cella-Inschrift auf drei großen Steintafeln über den elften Herrscher und seine Vorfahren berichtet. Nach lokaler Tradition galten die Glyphen als Gesetzestexte und das Gebäude als Schule.

Die Wasserfälle des Otulum bei Palenque werden vor Ort etwas romantisch als ›Bad der Prinzessin‹ bezeichnet, ihre Versinterungen könnten Vorbild für bestimmte Formen in der Maya-Kunst gewesen sein.

gel. Himmel und Erde, der Lebensbaum und der Mensch in seiner Geburts- und Todeshaltung sind in ihrer Deutung, dem ständigen Wechsel der Natur, ziemlich eindeutig. Sein Gürteltier an der Halskette allerdings nicht. Im Grab hat man die herrliche Totenmaske aus Jadeit gefunden, viel Schmuck aus Grünstein – ein Stück sogar in seinem Mund –, Obsidian- und Pyritobjekte neben Keramik und Knochen. Jade war wegen seiner grünen Farbe das Symbol des Lebens. Nur ein paar Ohrpflöcke trugen Schriftzeichen, allerdings nicht den Namen Pakals, und der Tote war nach seinen Knochen nicht älter als 50 Jahre. Ist hier vielleicht jemand anders im Grab des Pakal bestattet worden? Vom Sarkophag führte eine Tonröhre schlangenförmig durch das Massiv der Pyramide ins Freie. Dies war der Ausgang für die Visionsschlange, den beschworenen Geist des Toten. Die Funde sind in einer Rekonstruktion des Grabes im MNA ausgestellt, die leichter und problemloser als das sehr heiße, feuchte und enge Original zu besichtigen ist.

Im Norden des Palastes liegen der Ballspielplatz und der **Templo del Conde,** so genannt, weil hier Baron von Waldeck 1832–34 gelebt hat. Die drei Tempel des **Grupo del Norte** wurden wahrscheinlich im 9. Jh. umgebaut, denn in ihrem Mauerwerk sind Fragmente mit dem Namen Pakals verwendet worden; außerdem ist unten rechts an der Basis das Stuckbild des Regengottes im typischen Stil des Hochlandes gefunden worden.

Das neue **Museum,** rechts der Zufahrtsstraße zu den Ruinen, kann man auch zu Fuß von den Ruinen aus erreichen. Dabei geht entlang dem Otulum mit seinen Wasserfällen und durch Grupo I mit dem Templo de los Murciélagos (›Tempel der Fledermäuse‹), ein Adelsquartier. Die wichtigsten Exponate des sehr schönen Museums sind die steinernen Reliefplatten: die Palastplatte (708) aus der nördlichen Galerie des Palastes, die Platte der Sklaven (729) aus Grupo 4, einem Palast, der um 729 erbaut wurde, und die Kriegsplatte aus Tempel XVIII. Daneben sind einige der kostbaren Jade-Objekte, Urnen aus Ton und Stein sowie Opfergaben aus den Gründungsdepots unter den Gebäuden ausgestellt.

Yaxchilán

Ortsglyphe von Yaxchilán

Der ›Ort der grünen Steine‹ liegt in einer Flußschleife, die nahezu vollständig geschlossen ist und so eine natürliche Festung bildet. Die Anfänge dieser Stadt, die heute nur noch von Brüllaffen bewohnt und gelegentlich von Boots- oder Flugreisenden besucht wird, sind archäologisch bisher nicht nachweisbar. Am Unterlauf des Río Usumacinta sind Siedlungen aus vorklassischer Zeit bekannt, und es gibt sogar die Hypothese, daß Bewohner des Petén hier als Grenzbauern angesiedelt worden sind.

Nach den sicher politisch gefärbten Informationen späterer Herrscher hat der erste Lokalfürst, Penis-Jaguar (oder Chach Balam,

›Brauner Jaguar‹) genannt, Anfang des 4. Jh. die örtliche Dynastie gegründet. Die Verbindung zum Petén ist zum einen durch einen Besuch des 14. Fürsten von Tikal, Jaguarpranke-Schädel (um 500), angezeigt, zum anderen durch eine der zwei sogenannten Ortsglyphen Yaxchiláns, die der Ortsglyphe von Uaxactún gleicht und wohl eher Geschlechtername ist. Ab dem 6. Jh. begannen die Fürsten von Yaxchilán, auf Stelen, Linteln (Türstürzen, span. *dintel*), Treppen und Altären oder Thronen ihre Geschichte und ihre Vorfahren in Text und Bild zu verherrlichen. In den folgenden 200 Jahren ließen die Herren der Stadt mehr als 110 solcher Steinmonumente aufstellen; in ihrer Sucht zur Selbstdarstellung glichen sie fast den Assyrern. In den Texten werden Geburten, Taufen, Inthronisationen, Ehen, Siege, weltliche Zeremonien wie Ordensverleihungen, Opfer und Todesfälle mitgeteilt. Man schloß Ehen mit Mitgliedern der Herrscherfamilien aus Tikal, Bonampak, Palenque, Motul de San José und Calakmul, um die Macht der eigenen Dynastie zu stärken.

Namensglyphe von Fürst Vogel-Jaguar

Den Höhepunkt ihres Glanzes erreichten Stadt und Dynastie unter den Herrschern Schild-Jaguar II. (oder Pach-Chakal, ›Letzter Großer‹) und Vogel-Jaguar IV. im 7. und 8. Jh. Über die Lesart vieler Namen konnte man sich noch nicht einigen, daher werden hier oft mehrere Lesarten angegeben. Anfang des 9. Jh. versiegten die Quellen plötzlich; der jüngste Lintel wurde für den letzten, auch in Bonampak erwähnten Herrscher angefertigt. Die Bevölkerung starb aus oder verließ Yaxchilán, um sich unter der Führung verschiedener Thronanwärter an anderen Orten (La Mar, Chicozapote u. a.) niederzulassen. Das Erbfolgerecht, das nicht nur für den Erstgeborenen galt, hatte schon vorher in regelmäßigen Abständen von rund 200 Jahren zu internen Streitigkeiten, Kriegen und Emigration geführt.

Yaxchilán, perspektivische Ansicht:
Ziffern: Estructura
A: Altar
St: Stele
HS: Inschriftentreppe

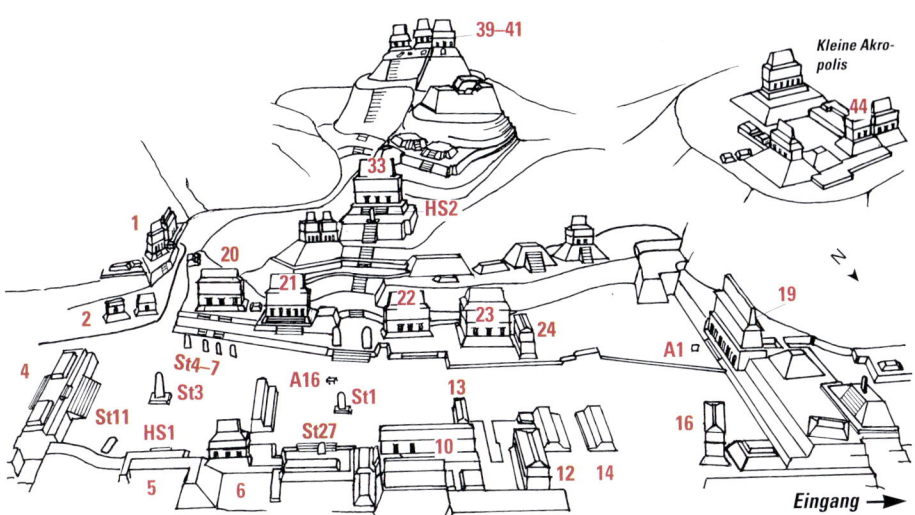

269

Estructura 19 von Yaxchilán, wegen seiner verwinkelten Gänge auch Labyrinth genannt, war in den Nischen des Mansardendaches zwischen Göttermasken aus Stuck mit Statuen oder Reliefs von Fürsten geschmückt.

Es war letztendlich auch verantwortlich für den Untergang der Dynastie und damit auch der Stadt.

Von der Anlegestelle und dem Landeplatz kommend, erreicht man zuerst **Estructura 19.** Das Gebäude wird auch Labyrinth genannt, da ein Gewirr von Gängen an Wächternischen vorbei zum großen Hauptplatz der Stadt führt. Ein unkontrolliertes Eindringen ins Herz Yaxchiláns konnte durch dieses Haus hervorragend verhindert werden. Das Mansardendach der zum Platz nach Südwesten ausgerichteten Front war mit Stuckornamenten und sitzenden Herrschern in den Nischen verziert, und auch die Crestería dürfte ähnlich geschmückt gewesen sein. Den trommelförmigen **Altar 1** vor dem Gebäude ließ Vogel-Jaguar IV. 757, fünf Jahre nach seiner Inthronisation, aufstellen. Die Glyphen, im Mäander angeordnet, berichten vom Tod seines Vaters Schild-Jaguar II. (742) und von der Ergreifung eines Gegners. Zwischen dem Schriftband sitzen der Fürst und ein Bittsteller. Einige Diener stützen das Schriftband. Zwei Felder sind mit den Bildern einer Schlange und einer Seekuh gefüllt. Seekühe sollen bei Hochwasser schon im Fluß gesehen worden sein.

Die drei Türstürze (Lintel 38, 39, 40) von **Estructura 16** tragen die Abbildungen von zwei Frauen und von Vogel-Jaguar IV. Alle halten eine doppelköpfige Schlange im Arm, aus deren Mäulern die Köpfe des Gottes K, wohl der für den Nachwuchs zuständige Bolon Tsakab (viele Abstammungen), schauen. Es könnte sich hier um ein Taufhaus handeln, in dem die Kinder im Alter von sechs bis sieben Jahren getauft wurden. Wegen der hohen Kindersterblichkeit hat man die sogenannte zweite Geburt, die auch eine Nachfolgebestätigung war, erst relativ spät vollzogen (763,741,758 datiert).

Estructura 14 ist der Ballspielplatz. Er ist mit seinen flachen Spielfeldrändern im typischen klassischen Maya-Stil ausgeführt. Bei einem der fünf runden Feldmarkierer ist die Darstellung von Fürst Schild-Jaguar II., der auf einem Götterkopf sitzt, noch gut erhalten. Der Fürst hält ein Bündel im Arm, aus dessen Schlangenmäulern an den beiden Enden Götterköpfe hervorschauen. Die Beischrift gibt an, daß Schild-Jaguar II. schon 80 Jahre regiert hat – tatsächlich war er in seinem 5. Katun, also gerade 80 Jahre alt –, und außerdem wird er als Bezwinger eines anderen Fürsten oder Stadtkönigs *(ahau)* bezeichnet.

Die anschließende **Estructura 12** kann man ›Ahnenhaus‹ nennen, denn auf den acht Türstürzen hat man um 525 die lange Reihe der ersten zehn Herrscher von Yaxchilán notiert. Nur Lintel 36 trägt die bildliche Darstellung eines stehenden Mannes; alle anderen Türstürze weisen lediglich Glyphen auf. Die Schrift ist etwas altertümlich und deshalb schwer zu lesen; doch glücklicherweise hat man die Herrscher von 1 bis 10 numeriert, so daß sie leicht zu identifizieren sind. Lintel 48 enthält nur die Langzeitangabe 9.4.11.8.16., mit dem Tag 2 Kib, und Lintel 47 fährt fort mit 5 Pax (525) und notiert die Geburt des Sohnes des zehnten Fürsten Schädel/Bak, der in der viertletzten Kartusche erwähnt wird.

Von den drei Türstürzen in **Estructura 13** zeigen zwei den Herrscher Schild-Jaguar II. Auf Lintel 50 ist die Schrift leider nicht mehr lesbar; die Darstellung entspricht dem Relief von Lintel 33, wo sich Vogel-Jaguar IV. (747) mit einer Standarte zum Tanz (?) oder Krieg bereit macht. Bei der anschließenden **Estructura 10** weisen die Lintel 29, 30 und 31 nur Textreliefs auf. Vogel-Jaguar IV. hat hier, im sogenannten ›Reichshaus‹, 764 über seine Geburt und Inthronisation berichten lassen.

In der Mitte der **Plaza** sind um die Stele 1 von Vogel-Jaguar IV. (761) drei Altäre von Vorgängern und ein vierfüßiges Thronpodest aufgestellt worden. Die Rückseite der Stele, früher die ›Götterseite‹ genannt, ist stark zerstört und enthielt Angaben und Bild eines Vorfahren. Auf der Front streut der Fürst kostbare Körner oder tröpfelt Blut (?) in einen Korb, vor dem ein Mann kniet. Im Himmel sind neben einem Gott seine sitzenden, bündeltragenden Vorfahren in einem Rahmen (Kartusche) abgebildet. Im Text wird eine Art Ackerbaufest im Jahr 761 erwähnt. Zum Fluß hin steht die Stele 27, die am Ende des 4. Katun, im Jahr 514, aufgestellt worden ist. Der ganz im Profil dargestellte bärtige Fürst sollte der zehnte oder elfte Herr des Ortes gewesen sein (sein Name ist unleserlich).

Estructura 6 dürfte eines der ältesten Gebäude am Platz sein und weist an der Rückseite seiner Crestería einen großen Götterkopf aus Stuck auf (6. Jh.), der später wohl als Altar genutzt worden ist. Die Front ist auf den Fluß ausgerichtet und trägt am Mansardendach mehrere Götterdarstellungen.

Weiter im Osten führt eine breite Inschriftentreppe (bezeichnet als HS 1, von *hieroglyphic stairway*) zu **Estructura 5.** Ihre Stufen sind mit dem längsten, leider sehr stark erodierten Text von Yaxchilán bedeckt. Hier hat Vogel-Jaguar IV. die 400jährige Geschichte der

Schon als Kronprinz begann Vogel-Jaguar IV. mit Inschriften und Bildern über seine Kriegstaten zu prahlen, sicher kein Zeichen für eine unantastbare Position oder Stellung. Sein großer Gegenspieler, den er mehrmals im Kampf besiegte, wird Juwelenschädel genannt.

271

Fürst Schild-Jaguar II. und sein Sohn Vogel-Jaguar IV. auf der Rückseite von Stele 11, heute (nicht in situ) vor Estructura 5 in Yaxchilán.

Dynastie einarbeiten lassen (752). Rechts daneben liegt **Stele 11,** die man vor Jahren ins Museum bringen wollte. Nachdem man sie von Estructura 40 ans Ufer und flußabwärts geschafft hatte, stellte man fest, daß sie zu schwer für den Lufttransport war. Nach ein paar Jahren wurde sie nach Yaxchilán zurücktransportiert und dabei beschädigt. Auf allen vier Seiten hat man 752, zur Inthronisation von Vogel-Jaguar IV., Text und Bilder eingearbeitet. Auf der sichtbaren Rückseite stehen sich Schild-Jaguar II. und sein Sohn Vogel-Jaguar IV. im Jahr 746 mit Standarten oder Tanzstäben (?) gegenüber. Daß der Vater mit über 80 Jahren, kurz vor seinem Tode, noch getanzt hat, erscheint etwas unglaubwürdig. Über den Köpfen der Fürsten sind im Himmel ein Göttergesicht und die Rahmen zu erkennen, in welchen die Vorfahren eingearbeitet waren. Weiter im Osten befindet sich eine weitere Plaza, doch die Gebäude sind recht unscheinbar und weisen kaum skulptierte Monumente auf. In das Jahr 771, ebenfalls unter Vogel-Jaguar IV., datiert die heute zerbrochene Stele 3 mit zwei Altären westlich von Stele 11.

Die vier Stelen vor **Estructura 20,** an der Westseite der Plaza, ließ Vogel-Jaguar IV. 752 aufstellen. Der Fürst trug übrigens den gleichen Namen wie sein Großvater. Die Maya folgten bei der Namensvergabe den Gesetzen der Papanomie, d. h., nicht Vater und Sohn, sondern Großvater und Enkel konnten den gleichen Namen tragen. Zumindest Stele 5 (693) und Stele 6 (669) stellen nicht ihn, sondern seinen Vater als Krieger bzw. seinen Großvater als Opfernden dar. Fürst Vogel-Jaguar III. feierte auf Stele 6 sein 2. Katun-Ende als Herrscher (669). Der Enkel hat wohl die Stelen der Vorfahren von ihren ursprünglichen Orten zum ersten nach seinem Herrschaftsantritt errichteten Gebäude bringen lassen, um die Legitimität seiner Thronbesteigung zu unterstreichen.

Auf Lintel 13 (752) und Lintel 14 (741) dieses Gebäudes beschwören Vogel-Jaguar IV. und seine Frau Chak-Bak, die von auswärts stammte, durch ihr Blutopfer das Bild der Vorfahren im Rachen der Visionsschlange herauf. Beide tragen in der Linken die Nadel zum Blutabzapfen. Bei Stele 14 war der Anlaß zur Aufstellung die Taufe des Muan und bei Stele 13 die Geburt des Thronfolgers. Auf Stele 12 ließ sich Vogel-Jaguar IV. vor seinem Mitstreiter im Kreise seiner Gefangenen darstellen. Die mit Glyphen skulptierte Treppe HS 5 wurde erst im Jahr 800 fertiggestellt und berichtet über die Siege seiner Nachfolger.

In **Estructura 21,** rechts daneben, zeigt Stele 35 die Mutter von Vogel-Jaguar IV., Fürstin Abendstern/Ik-Bakal aus Calakmul oder El Perú (Guatemala), mit dem Opfer, einem Schädel und einer Schale Blut, aus Anlaß der Taufe ihres vierten Sprößlings (742). Im Innern des Hauses sind sehr schöne Reste des alten bemalten Reliefschmucks aus Stuck erhalten. Die Türstürze des Gebäudes (Lintel 15, 16, 17) sind im British Museum in London ausgestellt und zeigen Blutopfer und Siege aus der Zeit, als Vogel-Jaguar IV. noch Kronprinz war (vor 752).

Alle diese Gebäude genügten Vogel-Jaguar IV. noch nicht. Er ließ **Estructura 22** neben einem Gebäude seines Vaters errichten, verwendete vier ältere Türstürze (Lintel 18, 19, 20 und 22), auf denen seine Vorfahren sich verewigt hatten, und in Lintel 21 mußten die Schreiber und Steinmetzen von seinem Krönungstag (752) eine Verbindung über mehr als 300 Jahre zu einem Datum des siebten Fürsten von Yaxchilán herstellen (434). All das und die Tatsache, daß er nicht kurz nach dem Tod seines Vaters 746 inthronisiert wurde, deuten gewisse Schwierigkeiten in der Nachfolgefrage an, weil er nicht der erstgeborene Sohn war.

Sein Vater, Schild-Jaguar II., hatte 726 **Estructura 23** anlegen und mit drei der künstlerisch besten Türstürze der Stadt (Lintel 24, 25 und 26) ausstatten lassen. Auf Lintel 24 leuchtet der damals angeblich 60 Jahre alte Herrscher seiner zweiten Frau Xokil beim Blutopfer. Sie zieht sich dafür eine Schnur mit Widerhaken durch die Zunge. Xokil beschwört dann auf Lintel 25 im Jahr 723 mit ihrem Blut einen Vorfahren in der Visionsschlange. Seine zweite Frau präsentiert dem zum Krieg gerüsteten Herrscher auf Lintel 26 einen Jaguarschädel, das Symbol für die Geburt eines Erben im Jahr 719. Die daneben liegende **Estructura 24** kann als ›Totenhaus‹ bezeichnet werden, denn auf Lintel 27, 28 und 59 sind die Todestage der Damen Pakal (705), Xokil (749), des Fürsten Schild-Jaguar II. (752) und seiner ersten Frau Ik-Bakal (751) angegeben.

Am Fuß der Treppe zu **Estructura 33** steht Stele 2 mit dem Bild eines Fürsten Schild-Jaguar, der um 509 gelebt hat. Das auch **Palacio del Rey** (›Königspalast‹) genannte Hauptgebäude Yaxchiláns krönt einen Hügelvorsprung hoch über dem Platz. Der Stalagmit am Absatz davor trägt Text und Abbildung eines Opfers, in feinen Ritzlinien ausgeführt. Das Gebäude, mit Dachkamm fast 15 m hoch, wurde an der Dachzone der Front mit reichem Stuckdekor und mit in Nischen sitzenden oder stehenden Herrscherstatuen geschmückt. Die farbig bemalten Figuren dürften die Herrscher in den Augen ihrer Untertanen wohl wirklich zu Abkömmlingen der Götter erhoben haben.

Die Stufe vor den drei Eingängen (HS 2) trägt Reliefs mit Glyphen und Darstellungen von Ballspielern; eines zeigt sie sogar in Begleitung von Zwergen. Daneben bildete man auch zwei Damen mit doppelköpfigen Schlangen im Arm ab. Die Reliefs sind schlecht erhalten und daher nur schwer zu erkennen, die Beischriften sind zum Großteil unlesbar. Stufe VII, den größten Block, bedeckt ein schwer verständlicher Text, dessen Daten verschlüsselt sind und wohl Verbindungen zu Vorfahren dokumentieren. Die drei Türstürze des Gebäudes zeigen jeweils den Herrscher Vogel-Jaguar IV., auf Lintel 1 (752) mit seiner Frau Bakal, auf Lintel 2 (757) mit seinem Erben und auf Lintel 3 (756) mit dem Herrn eines Nachbarortes. Auf Lintel 2 tragen beide Personen ein Kreuzzepter mit Vogelschmuck, auf den beiden anderen trägt der Herrscher das Zepter des Bolon Tsakab, des Gottes mit dem Schlangenfuß, d. h., er hat schon einen Erben,

Türsturz (Lintel) 32 aus Yaxchilán im MNA (697/704?): Fürstin Ik-Bakal präsentiert ihrem Mann Schild-Jaguar II. (mit dem Manikin-Zepter in der Rechten) das Knotenbündel, Zeichen für die Geburt eines Sohnes, bei dem es sich wohl um Juwelenschädel handelt.

was auch durch das Bündel Kaxul (›Erbsohn‹) im Arm der Frau (Lintel 1) angedeutet ist. Eine Besonderheit ist die vollplastische Steinstatue eines sitzenden Fürsten, vor der die in der Region lebenden Lacandonen noch in unserer Zeit geopfert haben. Der Kopf ist abgebrochen und neben dem Körper von Vogel-Jaguar IV. gefunden worden.

Ein Waldpfad führt rechts des Gebäudes zu den weiter im Osten und noch höher gelegenen **Estructuras 39, 40** und **41,** vor denen einige Stelen und Altäre der Fürsten Schild-Jaguar II. und Vogel-Jaguar IV. stehen. Einen ganzen Wald von neun Stelen haben die beiden Herrscher hier aufstellen lassen. Mit Stele 10 feierte Vogel-Jaguar IV. das Jahr 766 im Kreise seiner Familie und Diener. Mit Schild und Lanze bewaffnet und Oberschenkeln wie ein Gewichtheber vermittelt der Fürst den Eindruck absoluter Stärke. Stele 11, die schon besprochen wurde, stand ursprünglich ebenfalls hier. Stele 13 zeigt auf der Flußseite das etwas ungewöhnliche Bild eines Thronfolgers mit glattem Stab in der Rechten, dem Symbol des Bündels auf der Brust und einem langen Zierpflock in der Nase. Auf den Stelen 14 und 15 ließ Schild-Jaguar II. seinen wichtigsten Sieg (681) über einen anderen *ahau* verherrlichen. Auch die zwei zerbrochenen großen Stelen 18 (729) und 19 (681) ließ dieser Fürst anfertigen, um seine Siege und die Unterwerfung von Fürsten der Nachbarstädte zu feiern. Letztere greifen sich an ihre Schulter, ein Zeichen ihrer Treue zum Oberherrn. Selbst mit der kleinen Stele 20 (702) wird Schild-Jaguar II. als Sieger gefeiert. Da hier oben nur die Stelen 10 und 11 sicher aus der Zeit von Vogel-Jaguar IV. stammen, dürfte er deren Aufstellung neben den Monumenten und Gebäuden seines Vaters erst nach seiner Krönung veranlaßt haben.

Eine Abzweigung des Waldpfads führt nach Nordwesten zur sogenannten **Kleinen Akropolis.** Die Gebäude dieser Gruppe, von Japanern erst vor einigen Jahren etwas merkwürdig restauriert, dürften unter Vogel-Jaguar IV. und seinem Vater erbaut worden sein. Die meisten der sehr schönen Türstürze (Lintel 41–46) sind nicht mehr am Ort, und von den sehr zahlreichen Stelen und Fragmenten (Stelen 14, 17, 21, 22, 23 und 29) ist auch nicht mehr viel zu sehen. Die mit Bildern und Glyphentexten bedeckten Stufen von **Estructura 44,** deren Herstellung Schild-Jaguar II. anordnete, sind zum Schutz vor Witterungsschäden entfernt worden. Die Gruppe scheint von Vogel-Jaguar IV. vollendet worden zu sein und vorher als Residenz seines Vaters gedient zu haben.

Seltsam ist, daß in Yaxchilán keine großen Gräber wie in Palenque gefunden worden sind. Auch fragt man sich, wohin die Menschen dieser prächtigen Stadt gezogen sind. Vielleicht ist die Antwort in den noch nicht ausgegrabenen kleineren Städten wie Chicozapote und Anaíte in der weiteren Umgebung zu finden.

Irgendwo in der Nähe von Yaxchilán soll es eine Tropfsteinhöhle geben, wo vielleicht sogar die Herrscher des Ortes bestattet worden sind, denn bisher hat man erstaunlich wenig Gräber in der Ruinenanlage gefunden.

Bonampak

Erst 1946 hat der Lacandone Chan-Bor zwei Gringos und einen Mexikaner zu den Ruinen geführt, in denen sein Volk noch immer den alten Göttern huldigte. Die Weißen stritten sich später um das ›Entdeckerrecht‹ der unvergleichlichen Wandmalereien, bis einer bei einem späteren Besuch im Fluß ertrank. Der wirkliche Entdecker war wohl der Mexikaner Carranza.

Die besichtigenswerten Stelen und Gebäude stammen aus dem 7. und 8. Jh., als die Herrscher von Bonampak sich von der durch innere Streitigkeiten geschwächten Dynastie in Yaxchilán lösen konnten, zu der sie seit dem 5. Jh. familiäre Verbindungen gehabt hatten. Bonampak (›Gefärbte Wand‹), ein vom Amerikanisten S. G. Morley vorgeschlagener Name, war zwar nur ein kleines Fürstentum, doch seine Herrscher konnten eine lange Ahnenreihe und damit das Recht auf Herrschaft vorweisen.

Die kleine Plaza mit den Hauptgebäuden im Süden stellt lediglich den Kern der ehemaligen Stadt dar. **Stele 1:** Der Fürst Muan, der letzte bekannte Herrscher von Bonampak, feiert 780 sein erstes Ende einer 10-Jahre-Periode und stellt sich deshalb mit Götterkopfputz, Schild und bebänderter Lanze – ein Zeichen für die Ergreifung mehrerer Gefangener – dar. Er steht über einer Maske des Erdmonsters, in dessen Kopfschmuck drei Vorfahren des Fürsten zu sehen sind. Sein Vater stammte aus Bonampak und seine Mutter wohl aus Yaxchilán, denn einer der drei Künstler, die das herrliche Relief geschaffen haben, stammte ebenfalls daher (siehe die kleinen Beischriften). Die Großmutter des Fürsten väterlicherseits kam aus einem bisher nicht identifizierten Ort.

Stele 2: Im Jahr 775 wird Fürst Muan, der damals schon fünf Gefangene ergriffen hatte, inthronisiert. Dargestellt ist er zwischen seiner Frau vor ihm und seiner Mutter hinter ihm. Die Kleider, Blusen und Röcke der Damen sind sehr detailliert wiedergegeben, und seine Frau präsentiert eine Schale mit Papier und Opferblut.

Stele 3: Fürst Muan feiert das Ende einer 5-Jahre-Periode *(hotun; jedes fünfte Jahr wurde besonders gefeiert)* und empfängt die Ehrenbezeugung eines Adligen aus Yaxchilán, der mit einem Fächer in der Hand vor ihm kniet.

Bonampak, Stele 1, Detail von der Basis. Gesicht eines Vorfahren von Fürst Muan im Kopfschmuck des Erdmonsters. Der Nasenschmuck zeigt die herrschaftliche Stellung seines Trägers an.

Die berühmten Malereien sind in dem aus drei Räumen bestehenden **Gebäude 1** zu finden. Seine Fassade weist Reste der alten Stuckdekoration auf. Die Türen tragen drei reliefierte Türstürze, alle mit dem Thema ›Sieg des Fürsten über einen Gegner‹.

Lintel 1 (von links nach rechts gezählt) zeigt den Sieg des Muan über einen Gegner unbekannter Herkunft. Der Fürst trägt eine Lanze und greift dem vor ihm liegenden Gegner, mit dem flexiblen Schild am linken Arm, in die Haare (787). Auf **Lintel 2** ließ der Fürst, der auch verantwortlich für die Anlegung der Malereien gewesen sein dürfte und im 9. Jh. sogar Yaxchilán kontrolliert haben soll, in der gleichen Weise einen weiteren Sieg über einen Gegner abbilden. **Lintel 3** berichtet in Wort und Bild vom Sieg (750) des Großvaters, Knoten-Jaguar oder Kax-Chakal (›Bündel Großer‹) genannt, der auch den Nachbarort Lacanhá beherrscht hat. Der Bauherr hat hier also seinen eigenen Sieg zusammen mit den Triumphen seiner Vorfahren verherrlichen lassen.

Im **ersten Raum** wird auf den erhaltenen Glyphentexten die Inthronisation des letzten Herrschers im Jahr 815 gefeiert. Im unteren Register erscheinen Fruchtbarkeitsgötter mit meist tierischen Köpfen unter dem Hörnerklang, dem Rumbarasseln und dem Scheppern von geschlagenen Schildkrötenpanzern der begleitenden Musiker vor dem neuen Herrscher mit seinen Beamten (in der Mitte). Von rechts nähern sich die geladenen Adligen, denen Fächer und Sonnenschirme Kühlung verschaffen. Im oberen Register läßt der neue Herrscher seinen noch im Babyalter befindlichen Erben vorführen, während im Hintergrund die Palastmusiker für feierliche Stimmung sorgen. Im zweiten Raum tobt links eine wilde Schlacht unter den

Bonampak, die Einführungsszene des Thronerben in Raum 1: Links die Fruchtbarkeitsgötter mit tierischen Zügen, die den vor ihnen schreitenden Musikern zum Herrscher folgen. Darüber die Vorstellung des Erben durch den Herrscher.

flatternden Bannern der Standarten, die Anführer kämpfen inmitten ihrer Krieger. Rechts haben die erfolgreichen Kämpfer ihre Gefangenen auf die Stufen des Palastes geworfen. Der unterliegende Fürst umfaßt um Gnade bittend die Lanze des siegreichen Herrschers von Bonampak, hinter dem ein Fürst von Yaxchilán mit seiner Frau steht. Im letzten Raum werden einige Gefangene gebunden vor den Herrscher auf der Plattform geführt, der von seinen Höflingen umgeben die Siegestänze auf den Stufen des Palastes beobachtet.

Das Können der Maler, die auf den weißen Verputz zunächst in Rot vorgezeichnet haben, dann die Farbflächen anlegten und zum Schluß schwarze Randlinien auftrugen, zeigt sich besonders in der Lebendigkeit der Kampfdarstellung, der realistischen Wiedergabe der hingeworfenen Gefangenen und der eleganten Gestik der Hände. Eine Reproduktion des Gebäudes 1 mit den Malereien ist im Garten des MNA in Mexico City aufgestellt.

Izapa

Abseits der Touristenwege liegen an der südöstlichen Pazifikküste Mexikos die Ruinen des Zeremonialzentrums Izapa. Die Träger der gleichnamigen Kultur (600 v. Chr.–600 n. Chr.) haben mit den führenden Kulturen Mittelamerikas in Verbindung gestanden und Ideen und Motive von den Olmeken, Zapoteken, Teotihuacanos und Maya übernommen und verarbeitet; sie mögen sogar für die Entwicklung des heiligen Kalenders von 260 Tagen verantwortlich gewesen sein, weil hier auf dem 15. Breitengrad die Sonne alle 260 Tage im Zenit steht. Dicht an der Straße zur Grenze, 16 km östlich von Tapachula mit dem örtlichen Museum, liegt **Grupo F** mit der Pyramide 125, ein

Zentrum für Zeremonien, das um 200 erbaut und bis 800 benutzt worden ist. Die Plattformen und Pyramiden, aus einem Erdkern mit einer Verkleidung aus rundgeschliffenen Flußsteinen bestehend, trugen ursprünglich einen Verputz und sind mit skulptierten Steinmonumenten bestückt.

Vom steinernen Thron am Ostende des **Ballspielplatzes** hat wohl der Schiedsrichter oder Fürst dem Spiel zugesehen. In den Mauern der Spielfeldböschung sind Fragmente älterer Stelen wiederverwendet worden; sie stammen vielleicht von älteren Teilen der Ruinen im Süden. Die nur teilweise erhaltene Stele 60 am Ostende zeigt über einem Himmelszeichen, auch als Symbol der Dualität Mann – Frau interpretiert, einen Greifvogel und eine menschliche Gestalt. Am Rand rechts steht ein Räuchergefäß, das gleichzeitig das Datum 2 Geier anzeigen könnte.

Auf der Plattform im Norden wirkt der Steinpfeiler mit den umgebenden Platten wie ein Symbol der mexikanischen Weltvorstellung mit einem Ceiba-Baum im Zentrum. Den nördlichen Teil der Hauptplattform 125 nimmt die große Pyramide ein, auf deren Spitze wohl ein Tempel aus Holz und Stroh gestanden hat. Am Fuß der Treppe hat man Stele 61 gefunden, in den anderen Pyramiden auf der Plattform an die 60 Gräber mit teils sehr kostbarer Importkeramik aus dem Maya-Gebiet. Exportprodukt von Izapa soll Kakao gewesen sein, dessen Bohnen sogar als Zahlungsmittel fungierten.

Im Süden, jenseits der Straße, liegen Grupo A und Grupo B, deren sehr viel frühere Architektur wie eine Hügellandschaft wirkt, zwischen der die nur mit lokalem Führer zu findenden schönsten Steinmonumente stehen. In **Grupo A** postierte man vor der Pyramide 56 nicht nur sechs Stelen, sondern auch fünf Rundaltäre. **Stele 5** behandelt das Thema des ewigen Todes und der Wiedergeburt in der Natur am Beispiel von zwei Familien zu Füßen des Weltenbaumes. Der Baum ist auch auf **Stele 25** zu finden, wo seine Wurzeln als Krokodil (das Erdmonster) ausgeführt sind und in seinen Zweigen ein Vogel zu sehen ist. Der Mann davor hält eine Standarte, auf der ein Göttervogel sitzt. Auf **Stele 27** hockt ein Canide zwischen zwei Menschen unter einem Baum. Ein Datum scheint ebenfalls angegeben zu sein, und im Himmel hocken die Vorfahren, ganz wie auf klassischen Maya-Stelen. Das Gebet der Menschen läßt einen geflügelten Gott auf **Stele 2** vom Himmel herabstürzen, um das Wachstum der Pflanzen zu fördern. Diese Stele vor Pyramide 58 zeigt also, daß die künstliche Bewässerung, wie sie hier nachgewiesen ist, nicht allein zum Heranwachsen der Nutzpflanzen ausreichte. Weitere Reliefs, ein Thron, Rundaltäre und sogar eine vollplastische Figur sind in **Grupo B** aufgestellt worden. Steinsäulen mit daraufgesetzten großen Kugeln mögen die Sonne symbolisieren, in einem Fall stehen Säule und Kugel direkt hinter dem Thron eines Herrschers.

Im MNA in Mexico City sind die **Stelen 21 und 50** ausgestellt. Auf Stele 50 wird der Tod, ein Skelett mit Götterkopf, von einem Menschen am Seil nach oben gezogen. Stele 21 zeigt nicht nur ein Menschenopfer, sondern auch einen Herrscher in seiner Sänfte, der die Köpfung beobachtet.

Tabasco

Villahermosa

Die ›Schöne Kleinstadt‹, Hauptstadt des Bundesstaates Tabasco und der Off-shore-Ölförderung in Mexiko, hat zwei große Attraktionen zu bieten: ein archäologisches Museum und den La Venta-Park, ein Freilichtmuseum. Im modernen Bau des **Centro de Investigacion de las Culturas Olmeca y Maya**, abgekürzt CICOM, ist nicht nur ein Zentrum für die Erforschung der Olmeken- und Maya-Kultur, sondern auch die Sammlung des Poeten und Anthropologen Carlos Pellicer Cámara, ›Vater‹ des Parque-Museo de La Venta untergebracht.

In der Eingangshalle sind steinerne Großplastiken der Olmeken ausgestellt, aber auch kleine Ritualgegenstände aus Jadeit und Serpentin. Aus den Küstengebieten nördlich der Stadt kommen die großen Tonstatuen von Menschen und Göttern. Als außergewöhnlich gelten die Maya-Stelen aus Tortuguero, südöstlich von Villahermosa, die Keramik mit farbigen Darstellungen vom höfischen Leben der Maya-Fürsten und das Räuchergefäß oder die Urne von Teapa. Eine Stele zeigt einen Maya-Fürsten beim Niederschlagen seines Gegners, und die lange Inschrift beginnt mit dem Langzeitdatum 9.16.05.00.00. = 8 Ahau 8 Sots, das 756 entspricht. In anderen Räumen sind Objekte aus dem zentralen Hochland, etwa Teotihuacán-Masken, und Funde von der Westküste ausgestellt.

Der **Parque-Museo de La Venta**, direkt im Zentrum der Stadt, präsentiert in einem gut gepflegten Urwaldpark nicht nur große Steinmonumente der olmekischen Kultur, sondern auch einige der in dieser Region heimischen Tiere wie Krokodile, Affen und Ameisenbären. In der neuen Einführungshalle, direkt hinter der Kasse, werden gute Erklärungen zur Kultur der Olmeken gegeben (s. S. 22). Von hier aus folgt man dem markierten Weg, der an allen Exponaten vorbeiführt. **Stele 3** zeigt ein historisches Treffen von zwei prächtig gekleideten Fürsten. Ihre sie umringenden Untergebenen sind, um Überschneidungen zu vermeiden, wie fliegend über ihnen dargestellt. Einer trägt sogar einen jungen Jaguar als Geschenk heran, wie es auch aus viel späteren Maya-Malereien belegt ist.

Monument 3: Der eine Fahne tragende Mann mit dem Fußabdruck hinter sich und drei Glyphen vor sich – der sehr frühe Schriftbeleg enthält auch einen Vogelkopf – wird Botschafter genannt. Zwei Mosaiken aus flachen Steinen, die unter der Plaza von La Venta vergraben waren, werden als stilisierte Jaguare bezeichnet. Es könnte sich aber auch um abstrahierte Krokodilköpfe handeln; dann wären die vier Aussparungen über dem Maul die Nasenlöcher bzw.

*Der Haiträger auf
Monument 63 im
La Venta-Park von
Villahermosa*

Augen und die Rhomben oben die Höcker auf dem Rücken. **Monument 7** ist eine Grabkammer aus Basaltsäulen, die in La Venta gefunden worden ist.

Die ›Babyfaces‹, monolithische Köpfe mit dicken Lippen und herabgezogenen Mundwinkeln, dürften wohl Mitglieder von Herrscherfamilien darstellen, die an einer Erbkrankheit (Dysplasia) litten (Monument 4 und Monument 1). **Altar 5** zeigt einen Fürsten mit seinem Kind auf dem Schoß, der vor seiner Hütte hockt, an deren Seitenwänden drei Frauen mit Kindern sitzen, deren Schädel absichtlich deformiert worden sind. Diese damals übliche Mode hatte sicher religiöse Hintergründe. **Monument 59** ist ein Jaguar mit menschlichem Kopf und Olmeken-Zügen, der vielleicht als Thronbank gedient hat. **Altar 4** zeigt einen Fürsten im Eingang seiner Hütte. Das Dach ist mit einem Jaguarkopf verziert, und an einem Seil hält der Herrscher Gefangene in Schach. **Monument 19** zeigt einen mit Jaguarhelm bekleideten Fürsten auf einer Klapperschlange sitzend, vielleicht ein Symbol für Fruchtbarkeit. **Monument 77** ist ein olmekischer Herrscher, der im Schneidersitz und mit Mantel über der Schulter abgebildet ist.

Auf **Stele 2** empfängt ein mit Keule bewaffneter Herrscher von allen Seiten die Respektbezeugungen seiner Krieger, oder es soll ein Überfall auf den Fürsten gezeigt werden. Auf **Monument 63** trägt ein Spitzbärtiger mit ausgestreckten Händen eine Standarte in Form eines Hais. **Altar 3** hat die Form einer Hütte und zeigt einen Herrscher in der Türöffnung sowie zwei in ein Gespräch vertiefte Adlige auf der Seitenwand. Ein ganz frontal dargestellter Mann steht auf **Stele 1** in einem Türeingang oder einer Nische.

Comalcalco

Nordwestlich von Villahermosa haben Maya zwischen 500 und 800 auf einem künstlich erweiterten Hügelrücken Comalcalco, das bisher einzige bekannte ganz aus gebrannten und luftgetrockneten Ziegeln bestehende Kult- und Herrschaftszentrum, errichtet. Vor kurzem hat man das untere Teilstück einer frühklassischen Steinstele gefunden (um 500), was beweist, daß der Ort schon zu dieser Zeit von einem Herrscher kontrolliert wurde. Die Ziegel sind über einem offenen Holzkohlenfeuer gebrannt worden und dürften Teil der Abgaben gewesen sein, welche die Bauern der Umgebung an ihre Herrscher entrichten mußten. Kleine Ritzzeichnungen auf vielen Backsteinen, sie ähneln Gravuren auf Ziegeln aus Peru und Mesopotamien, scheinen eine Art Herkunftsangabe gewesen zu sein. Die linearen Bilder werden aber auch für eine Art magische Zeichen gehalten, die das Baumaterial schützen sollten. Glyphen, Tiere, Krieger und Gefangene sind manchmal recht natürlich dargestellt.

Im kleinen Museum am Eingang sind Beigaben zu Bestattungen einfacher Leute ausgestellt und Fragmente von Stuckreliefs, mit denen die Wände der Gebäude bedeckt waren. Am nördlichen Hof erhebt sich die große Pyramide des **Templo I.** An der Basis sind Teile der Stuckdekoration erhalten, z. B. eine Kröte an einer Ecke. Unter der Cella mit Pfeilervorhalle legte man zwischen den Treppen den Eingang zu einer Grabkammer an. Eine ganz ähnliche Kammer befindet sich auch im **Templo II** im Norden des Hofes. Leider sind beide leer aufgefunden worden. Die **Akropolis** im Süden davon ist ein künstlicher Berg, auf dem in unterschiedlicher Höhe Galerien, Tempel und Gräber angelegt worden sind. Die Galerie oben besteht wie in Palenque aus zwei langen, parallelen Räumen. Nur im Osten und Westen sind zahlreiche Türen eingebaut. Die Westseite diente wohl als Audienzhalle und die Ostseite war Teil des Palastes, der sich an dieser Seite auf etwas tieferem Niveau anschloß.

An der Südwestecke der Basis des **Templo IV** entdeckte man eine ausgeraubte Grabkammer mit Stuckreliefs an den Wänden. Wie im Grab des Pakal von Palenque sind hier neun Männer dargestellt, die man als die neun Herren (Götter) der Unterwelt interpretiert. Die Glyphentexte berichten aber nur von der Herrschaft und der Abfolge der Fürsten *(ahau)*, und besonders göttlich sehen die Gestalten auch nicht aus. Auf den vier Sockeln in der Mitte der Kammer hat wahrscheinlich ein Sarkophag aus Holz gestanden, der längst verschwunden ist. Fragmente der schönsten Stuckreliefs des Ortes, eine Reihe sitzender Männer mit einer Schlange darüber und ein Kopf, der wohl den Sonnengott Kinich Ahau/Kakmo darstellt, sind am **Templo VI** und am **Templo VII** in der Nordwestecke der Akropolis erhalten. Weitere Gebäude im Südwesten und ganz im Osten könnten von Adligen und Handwerkern benutzt worden sein.

Die Halbinsel Yucatán

Yucatán – Zentrum der Maya-Kultur

Landschaftlich ist Yucatán sicher nicht so abwechslungsreich wie der Rest des Landes, doch idyllische Seen und die kilometerlangen herrlichen Sandstrände haben durchaus ihren Reiz. Wenn dazu noch gut erhaltene und restaurierte Bauten aus der Vergangenheit kommen, befindet man sich im idealen Urlaubsland.

Viele Besucher Yucatáns, die als Badeurlauber nach Mexiko gekommen sind, starten ihre Besichtigungstour per Bus oder Auto meistens von den Badeorten an der Ostküste aus, unter denen Cancún, Islas de las Mujeres und Cozumel sicher die bekanntesten und attraktivsten sind. Studienreisen, welche meist im Hochland von Mexiko beginnen, dringen über die Straße von Villahermosa/Palenque in die Halbinsel vor oder landen per Flugzeug in Mérida. Die gut ausgebauten Straßen erlauben eine Rundreise innerhalb der Halbinsel, die an den wichtigsten Besichtigungsorten vorbeiführt, ohne daß man längere Strecken mehrmals befahren muß. Da die wichtigste Straßenverbindung zum restlichen Mexiko im Südwesten über Escarega nach Tabasco führt, beginnt die Beschreibung der Monumente im Westen bei Campeche, folgt dem Rundkurs und endet in der Nähe von Escarega.

Die Route erlaubt es nacheinander die verschiedenen Gebiete der regionalen Architekturstile Chenes, Puuc und Rio-Bec zu besuchen – so werden die Unterschiede bzw. die Gemeinsamkeiten leichter erkennbar (s. S. 34). Wegen ihrer großen Zahl konnten nicht alle wichtigen Monumente beschrieben werden. Deshalb wurden leicht erreichbare bedeutende Plätze bevorzugt, außerdem sollte die Vielfalt der zeitlich und stilistisch sehr unterschiedlichen antiken Stätten verdeutlicht werden. Innerhalb der Ruinenanlagen werden die einzelnen Monumente in einem Rundgang beschrieben, der nicht immer alle, aber doch die wichtigsten Attraktionen umfaßt.

Campeche

»Wenn Yucatán sich durch die Vielzahl, Größe und Schönheit seiner Bauwerke einen Namen machen und Berühmtheit erlangen sollte, wie andere Teile der Indias es mit Gold, Silber und Schätzen erreicht haben, so hätte sich sein Ruf so sehr wie jener Perus und Neuspaniens verbreitet…«.
Diego de Landa, 1566

Beim kleinen Ort Kan Pech (›Gelbes Insekt‹), dessen Name in dem heutigen Begriff Campeche weiterlebt, landete 1517 der spanische Conquistador Francisco Hernández de Córdoba. Der Eroberer Yucatáns, Francisco de Montejo, gründete hier die fünfte Stadt des Namens Salamanca. Er schickte Alfonso Dávila auf Eroberungen ins Landesinnere bis nach Honduras. Montejo gab Salamanca nach einem Angriff der benachbarten Ah Kanul auf. Sein Sohn, der zweite Francisco de Montejo, gründete sie 1540 unter dem Namen San Francisco neu und begann von hier seine Eroberung Yucatáns (bis 1546). In der Folgezeit wurde der Haupthafen der Halbinsel immer wieder von Piraten angegriffen, und noch während der Bauarbeiten

◁ *Karibischer Traumstrand bei der Ruinenstätte Tulum*

Regionalplan:
Die Yucatán-Halbinsel

0   N   50 km

Progreso
Sisal
Dzibilchaltún
Hunucmá
Mérida
Umán
Celestún
La Costa
Mayapán
Oxkintoc
Muna
Ticul   Man
Uxmal
Loltún
Caikini
Kabáh
Labná
Sayil   Xlapak
Bolonchén
Campeche
Chencoyi
Hopelchén
Bahía
Dzibiltun
de Campeche
Edzná
Iturbide
Tabasqueno
Hochob
Dzibilnocac
Sihochac
Dzibalchén
Champotón
Chenco
CAMPECHE
Xmaben
180   261
Xcabacab   Chaccheito
Isla
Aguada
Balanku
Ciudad del
Becán
Carmen   Laguna
Zacatal   de Términos   Chicanná   Xpujil
Francisco
Mamantel   Escárcega   Hormiguero   Río Bec
186
El Corozal
Calakmul
Laguna
Misteriosa
El Triunfo
GUATEMALA
Villahermosa

Holca
(Merida
Libre)

Die Kathedrale von Campeche mit ihrer barocken Retablo-Fassade krönen zwei Türme, deren zwiebelförmige Dächer an Glocken erinnern.

an den Stadtbefestigungen (1668–1704) schlachteten Freibeuter unter der Führung von Laurent de Gaff große Teile der Bevölkerung ab (1685). Erst 1777 erhielt Campeche von Karl III. von Spanien das Stadtrecht.

Besuchenswert wird die Stadt durch den kleinstädtischen Charme ihrer Innenstadt, durch die Festungsanlagen, die als die besterhaltenen des Kontinents gelten, und durch das **Museo Regional** (Casa Teniente del Rey, Nr. 36 in der Calle 59) mit seinen archäologischen Objekten, besonders denen aus Calakmul. Die nur von zwei Stadttoren, Puerta del Mar und Puerta de Tierra, durchbrochene **Wallmauer** ist an den Ecken mit Bastionen *(baluarte)* verstärkt, in denen sich heute kleine Museen befinden. Im Baluarte de San Carlos findet man ein Modell der Festungsanlagen, im Baluarte de San Pedro eine Ausstellung über Kunsthandwerk und im Baluarte de la Soledad steinerne Maya-Stelen und Reliefs aus Edzná und anderen Orten.

Bei der zwischen 1540 und 1705 mehrfach neu errichteten und umgebauten **Kathedrale de La Concepción** an der **Plaza Principal** ist lediglich die recht schlichte Barockfassade mit den eleganten Türmen sehenswert. In der aus dem 16. Jh. stammenden ehemaligen Klosterkirche **San Francisquito** ähneln die späteren barocken Holzaltäre mit ihren weiß bemalten, sehr flachen Ornamenten auf rotem Hintergrund eher Stuckarbeiten als Holzschnitzereien. Eine kleine Steinsäule rechts des Eingangs markiert die Stelle, an der die erste christliche Messe auf dem Kontinent gefeiert wurde. Als Ende des 19. Jh. viel Geld durch den Export von *palo de tinto,* einem von einem heimischen Baum gewonnenen roten Textilfarbstoff, in die Stadt floß, erbaute man zahlreiche palastähnliche Privathäuser.

Campeche ist ein idealer Ausgangspunkt für den Besuch der Maya-Ruinen im Puuc- und im Chenes-Stil.

Die Chenes-Region:
Türen im Rachen der Ungeheuer

Edzná

In Cayal – Reliefschmuck aus dem Ort ist im Regionalmuseum von Campeche ausgestellt – rechts abbiegend, erreicht man am schnellsten die bei starken Regenfällen zur Seenplatte werdende Ebene von Edzná (›Haus der Fratze‹). Hier hatten schon vor 2500 Jahren Menschen Ackerbau betrieben, und ihre Nachfahren begannen rund 500 Jahre später, Kanäle und Zisternen zur Be- und Entwässerung anzulegen, die bis ins 9. Jh. erhalten und ausgebaut wurden.

Diese Wasserwirtschaft ist wohl der Grund für das Fehlen von Regengottsymbolen und -bildern, zumal Chak sonst im trockenen Yucatán allgegenwärtig ist. Obwohl Edzná nicht weit von den Chenes-Zentren entfernt liegt, wird es daher nicht zu dieser Stilrichtung gezählt. Die Stätte weist eher Merkmale des Puuc-Stils auf. Der Name wird übrigens auch mit ›Haus der Itzá‹ übersetzt, und sicher war der Ort ein wichtiges Verbindungsglied zwischen den Maya-

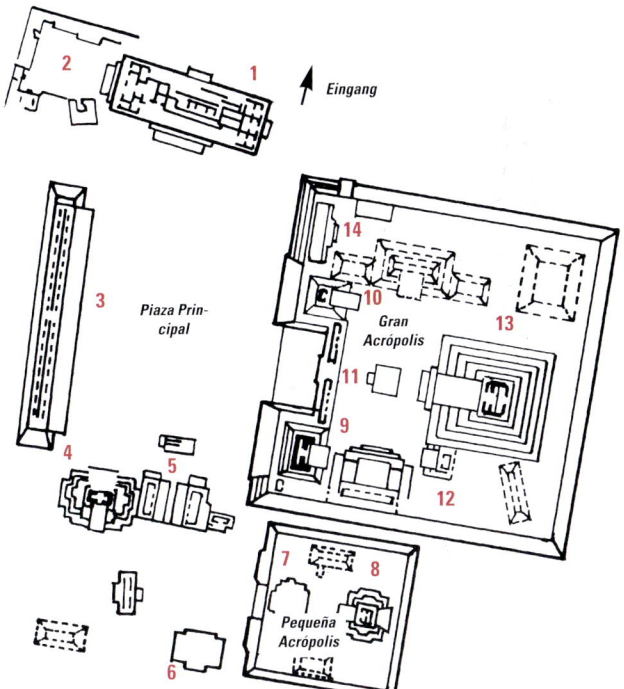

Edzná, Plan der archäologischen Zone:
1. *Plataforma de los Cuchillos*
2. *Anexo de los Cuchillos*
3. *Nohoch-Ná*
4. *Templo del Sur*
5. *Juego de Pelota*
6. *Templo de los Mascarones*
7. *Templo de las Estelas*
8. *Templo de la Escalinata con Relieves*
9. *Templo del Sudoeste*
10. *Templo del Noroeste*
11. *Altar*
12. *Casa de la Luna*
13. *Edificio de los Cinco Pisos*
14. *Patio Puuc*

Stufenpaläste wie der Edificio de los Cinco Pisos von Edzná entstanden in Yucatán am Ende des Klassikums. Sie erwecken den Eindruck mehrstöckig zu sein, bestehen aber meist nur aus Raumreihen, die den gestuften Terrassen jeweils vorgelagert sind.

Städten im Usumacinta-Tal und denen der Puuc-Region im nördlichen Yucatán.

Südlich des Eingangs liegt auf der **Plataforma de los Cuchillos** (›Plattform der Messer‹) eine fürstliche Wohnung (7.–9. Jh.), deren Vorläufer im Westen, der **Anexo,** aus frühklassischer Zeit (ca. 2.–5. Jh.) stammt und später umgebaut worden ist. Die **Plaza Principal** südlich davon wird im Westen vom **Nohoch-Ná** (›Großes Haus‹), einer Plattform mit Pfeilerhallen, begrenzt. Diese einst strohgedeckte Zuschauertribüne (5.–9. Jh.) für Zeremonien auf der Plaza und vor den gegenüberliegenden Tempeln bedeckt einen älteren Vorgängerbau. Den südlichen Rand des Platzes bilden der **Templo Sur** (›Südtempel‹) mit seinen im Petén üblichen eingezogenen Ecken und ein **Juego de Pelota** (Ballspielplatz, um 500) mit überdachten Logen und einem Anbau. Die alte Tempeltreppe befindet sich an der Südseite, und die Pyramidenwände dürften mit Stuckmasken von Göttern verziert gewesen sein, wie sie weiter südlich beim **Templo de los Mascarones** teilweise erhalten sind und sehr dem Schmuck am Tempel in Kohunlich ähneln.

Bei der Plattform **Pequeña Acrópolis,** im Osten davon, führt die Treppe zunächst zum **Templo de las Estelas,** wo die meisten der Stelen des Ortes gefunden worden sind. Die noch lesbaren Texte aus der Zeit 652–810 verherrlichen in Text und Bild die letzten vier klassischen Herrscher des Ortes, u. a. auch eine Frau. Die Stufen des **Tempels 419-3** dahinter schmücken Reliefs von sitzenden bzw. laufenden Menschen und Jaguaren. In den Wänden der späteren Cella (1200–1450 letzte Besiedlung Ezdnás) waren frühklassische Stelen-fragmente (vor 500) verbaut. Es hat den Anschein, als sei die kleine Akropolis ein Heiligtum der klassischen Zeit (500–800) zur Vereh-rung vergöttlichter Herrscher gewesen.

Die große Plattform, **Gran Acrópolis,** aus frühklassischer Zeit bil-det die östliche Begrenzung der Plaza Principal. Ihre zentrale Treppe wird vom **Templo del Sudoeste** und vom **Templo del Noroeste** (200–500) flankiert, und ihren Abschluß bilden zwei spätere Säulen-hallen mit zentralem Durchgang zur Akropolis. In der südlichen Halle richtete man ein Schwitzbad ein, da vor bestimmten religiösen Zeremonien körperliche und geistige Reinigung notwendig war. Das Zentrum des Hofes der großen Akropolis betont ein niedriger Altar mit ›eingepflanzter‹ Steinsäule, die vielleicht mit Glyphen bemalt war und den Herrscher oder den Weltenbaum symbolisiert, welcher nach Vorstellung der Maya den Erdmittelpunkt bildete. An der Süd-seite der Akropolis errichtete man auf der alten Pyramide **Casa de la Luna** (Maya Paal U'Ná, ›Palast der Mondmutter‹) um 700–900 eine neue Cella mit Säuleneingang, und an der Nordwestecke lagen wohl die Priesterquartiere.

Im Osten erhebt sich die kolossale Masse des fünfstöckigen **Edifi-cio de los Cinco Pisos** (8./9. Jh.) über einem älteren Bau, von dem ein Teil an der rechten Ecke (Anexo) sichtbar ist. Glyphen schmücken die unteren Treppenstufen zu dem fünfstöckigen Palasttempel. Das früheste dort angegebene Datum (Tag 12 Ahau, Monat 8 Keh: 652), scheint sich aber noch auf den Vorgängerbau zu beziehen. Gemauer-te Säulen in den Eingängen im Erdgeschoß und monolithische Säulen mit Kämpfern im vierten Stock weisen wie die Profile der Gesimse auf eine spätere Entstehungszeit hin (8./9. Jh.). Die Spitze ziert ein Tempel mit kreuzförmiger Cella und Pfeilervorhalle, über dem ein mächtiger Dachkamm bis zu einer Gesamthöhe von 43 m aufragt. Ursprünglich war diese Crestería mit Figuren und Ornamen-ten aus bemaltem Stuck verziert. Vielleicht symbolisiert der Bau die Hierarchie der Maya-Götter oder der menschlichen Gesellschaft; jedenfalls hat er sicher nicht nur der Götterverehrung, sondern auch zur Repräsentation bei wichtigen Anlässen gedient. Die einzelnen Räume dürften von den Mitgliedern der *multepal* (Oligarchie in nachklassischer Zeit) benutzt worden sein. Vom Cella-Eingang kann man über die Stele im Hof den Sonnenuntergang am 13. August anpeilen, dem Tag, an dem der Maya-Kalender beginnt.

Hochob

Weil die Bauern der Umgebung die Ruinen zur Lagerung ihres Mais benutzt haben, wurde der Ort, dessen antiker Name unbekannt ist, ›Maislager‹ genannt. Von Chetumal aus erreicht man Hochob über Hopelchén und Dzibalchén. Sein schönstes Gebäude, Estructura 2,

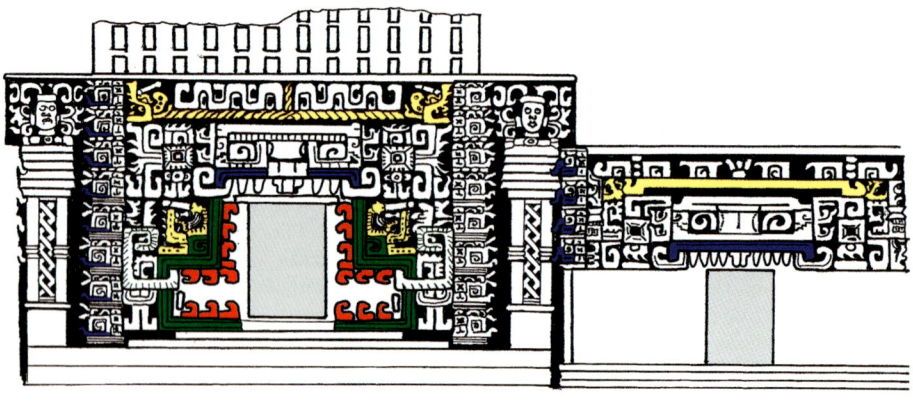

🟥 *Zähne*

🟨 *Schlangen*

🟩 *Lippen der Türschlangen*

🟦 *Lippen des Regengottes*

ist hinter der Sala Maya im MNA mehr schlecht als recht nachgebaut worden.

Auf einem künstlich abgeflachten Hügel errichtete man in klassischer Zeit (600–800) um einen rechteckigen Hof mit zentralem Altar mehrere Gebäude, deren Eingänge und Fassaden auf fast barocke Art mit Masken und Symbolen verziert sind. Nach der Region nennt man diesen Stil Chenes.

Der zentrale Durchgang von **Estructura 1,** rechts und links von zwei Räumen flankiert, führte wohl vom Zeremonialhof zum Wohnbezirk dahinter. Von dem riesigen Maul, dem Rahmenschmuck der Mitteltür, ist heute nur noch die Basis erhalten; doch zeigen die Ausgrabungen, daß die große Stufe davor als Unterkiefer des Rachens gearbeitet war. Auf der Bank in einem der Räume hockten wohl einst die Wächter. Beim Riesenrachen in umgekehrter T-Form sind noch gebogene Zähne zu erkennen, horizontale Balken in den Mundwinkeln, welche wohl die Zunge symbolisierten, und an den Ecken Chak-Masken. Teilt man den Rachen in der Mitte, erhält man zwei geöffnete Schlangenrachen in Seitenansicht; es handelt sich hier also um eine Art Vexierbild (um 750).

Estructura 2 im Norden ist viel besser erhalten und gilt als ein Musterbeispiel des Chenes-Stils. Der an sich schon imposante Steinschmuck war ursprünglich noch mit einer Stuckschicht überzogen und bemalt. Auch hier rahmen Masken des Regengottes Chak die als Riesenmaul gestaltete Fassade; doch sind außerdem noch zwei Pfeiler mit Flechtwerk und Strohdachimitation angesetzt, die von großen menschlichen Masken gekrönt werden. Zwei Schlangen schmücken die Mundwinkel des Riesenrachens, und die Augen des Monsters bilden zusammen mit den federgeschmückten Ohrpflöcken eine Art Chak-Maske unter der doppelköpfigen Himmelsschlange. Die mächtige Crestería zierten einst Menschenreihen aus Stuck. Auf den breiten Bänken in den drei Räumen konnte man schlafen, wenn die Feiern zu lange dauerten.

Vom gegenüberliegenden **Südkomplex** (Estructura 5, Estructua 6 und Sub-P-5) ist der mittlere Teil (Sub-P-5) mit seinen sechs Räumen zuerst errichtet worden, und erst später fügte man die beiden Tempeltürme im Osten und Westen an. Das Ganze wirkt wie eine etwas unglückliche Kopie des Rio-Bec-Stils. Die beiden Tempeltürme sind unterschiedlich hoch; der östliche weist an den Treppen Alfardas auf und zwei Scheintüren an den Außenwänden der Cella. Beide Tempel hatten einen zweiten Raum mit dazugehöriger Treppe auf der Südseite und waren in den Dachzonen und an der Crestería mit menschlichen Stuckfiguren verziert. Die zum Fürstensitz gehörende Bevölkerung dürfte in den typischen Strohhütten *(choza)* in der Umgebung gelebt haben.

Dzibilnocac

In diesem bei Iturbide nordwestlich von Dzibalchén gelegenen Ort kann man mit dem Wagen bis an die Ruinen fahren. **Estructura 1** in Dzibilnocac (›Schildkröte mit Schrift‹) ist wie die Südgebäude in Hochob zunächst ein flaches Gebäude gewesen, dem später an den Schmalseiten zwei Pyramidentempel mit gerundeten Ecken angefügt wurden. Die turmartigen Pyramiden, eine ist gut erhalten und restauriert, ähneln den Scheinpyramiden des Rio-Bec-Stils. Alle vier Wände des Hochtempels sind mit Chak-Masken verziert, und die Südtür sowie die drei Scheinportale an den anderen Seiten sind als Mäuler von Ungeheuern gestaltet. Die Seitenrahmen der Tür sind hier ganz deutlich als Profile von geöffneten Schlangenmäulern zu identifizieren. Die zahlreichen Paläste und Pyramiden des antiken Ortes sind leider bisher nicht ausgegraben und restauriert worden.

Ein weiterer Ort mit ähnlichen Ruinen ist **Tabasqueño** bei Dzibalchén, den man aber nur mit lokalem Führer besuchen sollte.

Die Puuc-Region

Kabáh

Die Asphaltstraße nach Mérida durchschneidet das riesige Ruinenfeld von Kabáh (›Starker Mann‹) direkt im Zentrum, und so sind die wichtigsten Gebäude sehr leicht zugänglich. Parallel zur Straße erstreckt sich auf hoher Plattform die unvergleichliche (wenn auch übermäßig verzierte) Fassade des **Templo de las Máscaras,** dessen gesamte Front mit 260 Chak-Masken geschmückt worden ist. Die Zahl wäre ein Hinweis auf die Länge des religiösen Festkalenders. Vor dem Gebäude liegen auf der Plattform, zwischen den Resten einer Pyramide im Süden und den spärlichen Mauerspuren im Norden, ein großer Chultún und ein mit Glyphen beschriebenes Podest,

Fürstenfigur von der Rückseite des Templo de las Máscaras

das Informationen über die Herrscher des Ortes enthält. Leider fehlen Textteile, und manche Blöcke liegen nicht an ihrem ursprünglichen Ort, so daß der Text noch unübersetzt ist. Es gibt Hinweise auf das benachbarte Uxmal, auf Frauen, Erben und Herkunft – doch leider kein Datum. Die Göttermasken mit ihren langen eingerollten Rüsseln sind aus 30 Teilen fast mosaikartig zusammengesetzt worden. Einige Köpfe dienen mit den eingerollten Nasen sogar als Stufen zu den Innenräumen. Stirn, Augenbrauen und Rüssel sind ornamental verziert. Die deformierten Zähne scheinen Abschleifungen anzudeuten, wie sie bei den Maya früher üblich waren. Die Voluten über und unter den eckigen Ohrpflöcken mit Blütendesign können als *chak* gelesen werden, was ›Regengott‹ oder ›groß‹ bedeutet. Viele Indizien deuten also an, daß sich hier die Mitglieder der Herrschergruppe *(multepal)* zu bestimmten Gelegenheiten dem Volk präsentierten. Zwei beschriebene Türstürze im Innern wurden von Sir Eric J. Thompson, einem berühmten Maya-Forscher, auf 879 datiert; der schlichte Dachkamm ist aber wohl später aufgesetzt worden.

Die Gebäuderückseite ist mit Gittermustern und Halbsäulen, beides wohl Nachbildungen von Flechtwerk und Stockwänden der einfachen Bauernhütten *(choza),* sehr viel schlichter ausgefallen; doch hat man über den Eingängen sieben riesige vollplastische Männerfiguren angebracht, deren Federschmuck als Relief angedeutet ist; zwei sind heute noch *in situ.* Die Fürsten wirken etwas plump, besonders ihre Hände, und die Krone besteht unten aus dem toltekischen ›Zylinder‹ mit menschlichem Gesicht im Vogelschnabel als Emblem und einem Maya-Götterkopf darüber. In den Gesichtern der Fürsten verläuft eine Perlenschnur, wohl eine Tätowierung andeutend, von der Unterlippe zum linken Auge: Das mag *ich* (›Auge‹) und *ak* (›Zunge‹), zusammengezogen *ichak* (›Pranke‹) bedeuten und der Hinweis auf einen Herrscher namens Ichak sein,

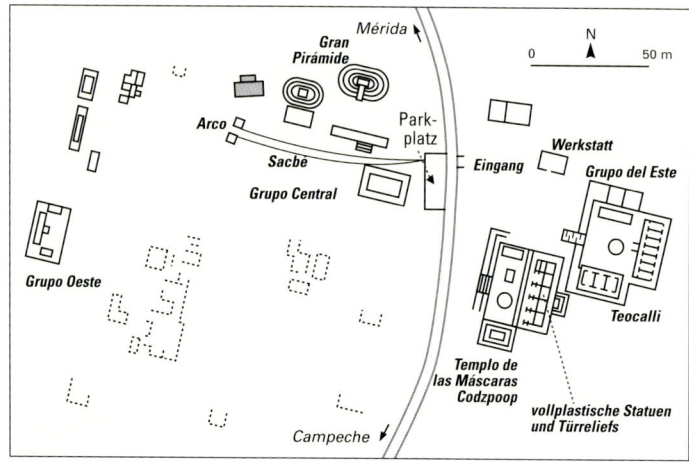

Kabáh, Plan der archäologischen Zone

womit auch die merkwürdigen Fürstenhände erklärt wären. Die Synthese von Maya- und Tolteken-Stil, wie sie sich hier zeigt, ist wohl kaum vor 850 zu datieren und findet sich auch in den vier Reliefs des Türrahmens. Tolteken mit Federhelmen kämpfen oben gegen Jaguarkrieger (?), und in den unteren Reliefs fallen sie gemeinsam über einen Gefangenen her. Zwei kurze Glyphenzeilen trennen die Reliefs im Stil von Chichén Itzá, welche um 1000 anzusetzen sind.

Schauplatz der täglichen Regierungsgeschäfte scheint seit der spätklassischen Zeit das im Nordosten anschließende Palastgeviert **Grupo del Este** gewesen zu sein, dessen schlichter, zweistöckiger Hauptbau die Ostseite einnimmt. Unter dem Vordach der modernen Werkstatt stehen eine der großen Fürstenfiguren und zwei Stelen: Die eine zeigt in ihrem Relief ein Skelett, die andere einen Tänzer, der sich eine Schlange auf die Schultern gelegt hat. Auf der anderen Straßenseite passiert man auf dem alten Sacbé westwärts gehend den großen Schutthügel der **Gran Pirámide** und erreicht den **Arco,** das größte Maya-Tor, das wie ein Ehrenbogen den Weg nach Uxmal überspannt. Die zahlreichen im Urwald versteckten weiteren Gebäude des riesigen Ruinengebiets von Kabáh sind nur für Archäologen interessant.

Sayil

Die Ruinenstätte Sayil (›Platz der Ameise‹) beherbergte in ihrer Blütezeit (9. Jh.) bis zu 12 000 Menschen und bedeckt eine Fläche von 3,5 km². Die ›Stadtgrenzen‹ waren durch kleine Tempel in den vier Himmelsrichtungen angezeigt. Viele heute vom Urwald bedeckte Gehöfte, meist Familienquartiere, bestehen aus Plattformen mit steinernen Häusern und aus Chultunes in einem umfriedeten Garten. Dazu gehören Tempel, Straßen und Paläste, Stelen, Altäre und ein Ballspielplatz.

Nach dem Pförtnerhaus rechts werden die Herrscherreliefs auf den Stelen 3 und 4 (830–880) durch ein Strohdach geschützt. Sie standen ursprünglich mit fünf anderen Stelen auf einer Plattform ganz im Süden der Ruinen. Die große Residenz, **Palacio,** ist ein wahres Meisterwerk der Architektur, obwohl oder gerade weil sie in mehreren Etappen erbaut wurde. Um den massiven Kern legte man in drei Etagen Räume an, deren Fassaden unterschiedlich verziert sind. Das westliche Parterre im frühen Puuc-Stil entstand 650–750, wie auch der abknickende Westflügel. Der östliche Flügel im Colonnette-Stil (›Säulchen‹-Stil) wurde erst 750–830 angelegt. Der erste Stock im Puuc-Mosaikstil folgte dann 830–950, ebenso der zweite Stock. Im Erdgeschoß dominieren Halbsäulen, die Nachbildungen von Stockwänden, als Schmuck. Im ersten Stock zieren Chak-Masken und stürzende Götter zwischen Schlangen die Attika (obere Fassadenhälfte); leider sind von den Stuck- und Steinfiguren über den Türen nur spärliche Reste erhalten.

Der Türrahmen der rechten Tür des verfallenen **Templo del Linteles,** im Wald versteckt, aber leicht zugänglich, weist ein sehr schönes Glyphenrelief auf. Hinter dem **Mirador** mit seinem mächtigen Dachkamm liegt ein von niedrigen Bauten gerahmter rechteckiger Hof, der als Marktplatz interpretiert wird. Ein Pfad führt nach Osten zur Stele 9. Das Relief eines Nackten mit Riesenpenis dürfte wohl ein Hinweis auf den späten Fruchtbarkeitskult in Yucatán sein (950–1250). Ein hervorragendes Beispiel für den Colonnette-Stil ist das **Gebäude 4-B2** im südlichen Palast, wo die Halbsäulchen sogar durch Seile verknotet sind. Zum Gebäude **4-B1** gehört eine Rundsäule mit dem herrlichen Relief eines Kriegers; sie ist zum Schutz mit Steinen abgedeckt. Sehenswert ist auch die Fassade des **Baño de la Reina** (›Bad der Königin‹) mit Zahnfries, Halbsäulchen und einer wunderschönen Chak-Maske als Schmuck.

Stele 5 aus Sayil zeigt ähnlich wie die Stelen 3 und 4 einen Fürsten, der um 711 regiert hat, mit leicht angehobenem rechten Hacken in der sogenannten Tanzhaltung. In der Rechten trägt er das Zepter des Bolon Tsakab, in der Linken den Schild und auf dem Kopf eine riesige Federkrone (das Relief ist nicht mehr vor Ort).

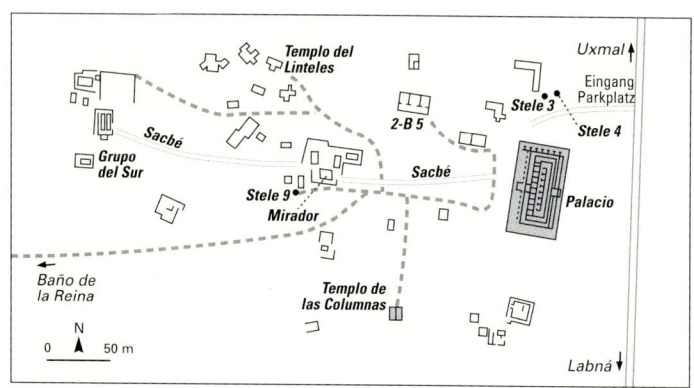

Sayil, Plan der archäologischen Zone

Auf dem Weg nach Labná kommt man an dem gut restaurierten Gebäude von **Xlapak** (›Alte Mauer‹) im Puuc-Mosaikstil vorbei.

Labná

Der **Palacio** von Labná (›Ruinenhaus‹) ist wie der von Sayil in mehreren Etappen errichtet worden. Zuerst erbaute man den nach Süden vorspringenden schlichten Flügel (650–750), durch die Vor- und Rücksprünge der späteren Anbauten im Mosaikstil (830–950) entstand dann ein kleiner Audienzhof. Als nächstes errichtete man den linken Teil des Hauptbaus mit seinem Schmuck aus Halbsäulchen mit Knoten, Voluten und Chak-Masken. Der rechte Flügel dürfte kurze Zeit später entstanden sein und weist andere Chak-Masken, Zahnfriese und vollplastische Figuren als Schmuck auf. In der Eckmaske des Regengottes an der Attika ist ein Schlangenmaul mit menschlichem Gesicht darin eingesetzt. Auch der Unterleib einer vollplastischen Herrscherfigur ziert noch die Attika. Am Rüssel eines Chak sind Glyphen eingearbeitet, die einen Erben erwähnen, und an der Unterseite ist das Datum 13 Tun (Jahre) und 3 Kuch/ Ahau (Herrschaft) vermerkt, entweder ein Hinweis auf das 13. Jahr der dritten Herrschaft oder das 13. Jahr im Katun 3 Ahau (862).

Der Palast ist zwar nicht so imposant wie die Residenz im benachbarten Sayil; dafür legte man aber mehr Wert darauf, durch variantenreichen Fassadenschmuck die unterschiedliche Stellung der Personen, die die einzelnen Räume benutzt haben, anzuzeigen und fand einige interessante Detaillösungen wie das Tor mit der Treppe zum Obergeschoß, wo sich neben den recht verfallenen Bauten auch noch ein *chultún* (s. S. 297) befand.

Ein breiter Sacbé führt vom Palast direkt nach Süden zum Tempel
Mirador (›Aussichtspunkt‹, 8. Jh.). Sein hoher Dachkamm sitzt
nicht wie üblich über der Längsachse des Gebäudes, sondern über
seiner Fassade. Die drei Räume auf der Spitze sind nur zur Hälfte
erhalten. Die Crestería schmückten Darstellungen von Fürsten, höfi-
schem Leben und einem Ballspiel aus Stuck- und Steinfiguren, von
denen nur noch ein Unterleib *in situ* zu sehen ist. Neben der Treppe
zur Spitze sind die Reste eines inkorporierten Vorgängerbaus sichtbar. Die beiden anschließenden Zeremonialhöfe verbindet der **Arco,**
das wohl schönste Torhaus ganz Yucatáns, miteinander. An der
Westseite hockten in den Türen der beiden strohgedeckten Häuser
rechts und links der Bogenspitze zwei Fürsten, deren Federschmuck
als bemalte Reliefs noch sichtbar sind. Der Dachkamm könnte die
Stufenspitzen des El Palomar in Uxmal aufgewiesen haben. Auch die
anderen Gebäude des Hofes sind im Puuc-Mosaikstil verziert, weisen aber noch eine starke Verbindung zum Colonnette-Stil auf.
Zahlreiche Sonnen-, Stern-, Himmels- und Knotensymbole sind
rechts und links der Türen eingeritzt und deuten eine Datierung um
830 an. Am Weg zum Eingang findet man bei einem Grabungshaus
rechts des Weges unter einem Elefantenohr-Baum steinerne Phalli,
Reliefs von Kriegern und pausbäckige, fast olmekoide Menschenköpfe, die teilweise zu den Figuren des Palastes gehörten.

Loltún

Die Bezeichnung ›Steinblume‹ für eine Tropfsteinhöhle mag zwar
etwas poetisch sein, trifft aber durchaus den Kern. Bei der Kasse (in
Nohcab, einige Kilometer südwestlich von Oxkutzcab) sind ein Stein-

phallus und einige Reliefs mit Glyphen (8./9. Jh.) aus dem benachbarten Yaaxhom aufgestellt. An der Felswand links des Grotteneingangs zeigt ein rund 2000 Jahre altes Felsrelief einen Krieger oder Gott mit Keule und Messer in den Händen und einigen Glyphen vor dem Kopf.

Sicherlich war das an vielen Stellen austretende Sickerwasser zusammen mit dem Schutz, den die Höhle bot, der Grund für die Nutzung durch frühe Jäger und Sammler (um 2000 v. Chr.), bis in die Kolonialzeit wurde es auch für profane Zwecke verwendet. Sowohl um 200 v. Chr. als auch in der spätklassischen Zeit (600–900), als die Höhle am stärksten genutzt wurde, diente der heilige Ort vornehmlich religiösen Zwecken. Neben einer Vielzahl von roten und schwarzen Handabdrücken und gemalten oder eingeritzten geometrischen Motiven findet man auch Maya-Glyphen sowie Menschen- und Tierbilder. Kinderbestattungen in der Höhle sind wohl als Opfer anzusehen, ebenso auch viele der Keramiken. Ein manchmal in das Präklassikum datierter steinerner Menschenkopf ist wohl eher ein sehr spätes Werk (9.–12. Jh.). Diese Funde machen zusammen mit den natürlichen Phänomen, wie riesigen Hallen und Stalaktiten, Loltún besuchenswert.

Relief an der Höhle von Loltún. Der Kriegerfürst mit Keule in der Rechten und Messer (?) in der Linken scheint nach dem Stil der Glyphen um 200 v. Chr. abgebildet worden zu sein. Dazu paßt auch die Darstellung der Beine in leichter Schrittstellung im Profil und der große Götterkopf als Gürtelschmuck.

Uxmal

Schon der Name, ›Dreimal‹, in Maya-Quellen des 16. Jh. erwähnt, weist daraufhin, daß der Ort mehrmals besiedelt worden ist. Doch Bauten, die von den ersten Bewohnern des Ortes in vorchristlicher Zeit errichtet wurden, kann man nicht besichtigen, und die Objekte des kleinen Museums im Eingangsbau stammen aus der Zeit nach 700. Neben Bauschmuck aus Uxmal und Nachbarorten wie Chanchimez (auch Chimez genannt, wenige Kilometer südlich von Uxmal; fünf Inschriftenblöcke) stehen zwei große Stelen aus Uxmal (7./8. Jh.) und einige Vitrinen mit Kleinfunden wie Keramik.

Vom Wärterhäuschen neben dem rekonstruierten *chultún,* einem Wasserreservoir der Maya, das aus einem runden Sammelbecken und einer in der Mitte darunter liegenden Zisterne besteht, fällt der Blick auf die Rückseite der mit 35 m höchsten Pyramide des Ortes, der **Pirámide Adivino.** Diese Pyramide des Wahrsagers oder auch Zauberers wurde gemäß einer lokalen Legende von einem Zwerg mit Hilfe seiner Großmutter, einer Hexe, erbaut. Grund für die unglaubliche Tat war eine Wette, deren Gewinn dem Zwerg die Herrschaft über den Ort einbrachte. Die Sage umschreibt lediglich, daß der oberste Tempel auf vier älteren Bauten errichtet und deswegen unglaublich schnell fertiggestellt wurde. An der Basis der Westseite, der Front, sieht man Reste des ersten Baus mit sehr feinen Reliefverzierungen von liegenden Menschen mit Opferschalen vor Götterköpfen und Tieren. Maya-Schrift und verknotete Schlangen über einem Stufenfries vervollständigen die Zierleiste, zu der auch die

Die ›Königin von Ux-mal‹, heute im Anthropologischen Museum in Mexico City. Das Stirnband aus Jadescheiben und die großen Ohrpflöcke zeigen ihre gehobene gesellschaftliche Stellung an.

Platten mit den Regengottmasken und dem Zeichen für Jahresende als Krone (im Museum) gehörten, die wie in Palenque und andernorts im Süden Einflüsse aus dem nördlichen Hochland dokumentieren. Die berühmte Steinplastik ›Königin von Uxmal‹ (im MNA), ein tätowierter Menschenkopf in einem Schlangenmaul, war über der Mitteltür eingelassen. Nach der C14-Untersuchung wurde der Baum für das Holz eines der Türstürze spätestens 620 gefällt.

Von den Bauten der zweiten und dritten Phase kann man nur einen Innenraum sehen, zu dem ein Archäologentunnel auf halber Höhe der Osttreppe führt. Wer nicht unter Höhenangst leidet und gut zu Fuß ist, sollte die Osttreppe erklimmen; der Blick von oben und der interessante Bauschmuck des vierten Tempels lohnen alle Anstrengung. Riesige Regengottmasken flankieren die extrem steile Westtreppe zum vierten Tempelbau, dessen Eingangsportal, wie im Chenes-Stil üblich, als riesiger Rachen eines Ungeheuers gestaltet ist. Auf dem Treppenabsatz davor, ebenfalls eine Regengottmaske, stand etwa im 8. Jh. ein Räuchergefäß, in dem Baumharz *(copal)* verbrannt wurde, um die Luft von Bösem zu reinigen. Die Tür wird von den Zähnen und dem Rand des Riesenmauls in Form eines umgekehrten T gerahmt. Darüber saß zwischen den Augen des Ungeheuers ein Fürst, von dem nur Teile der Federkrone erhalten sind, auf seinem auf

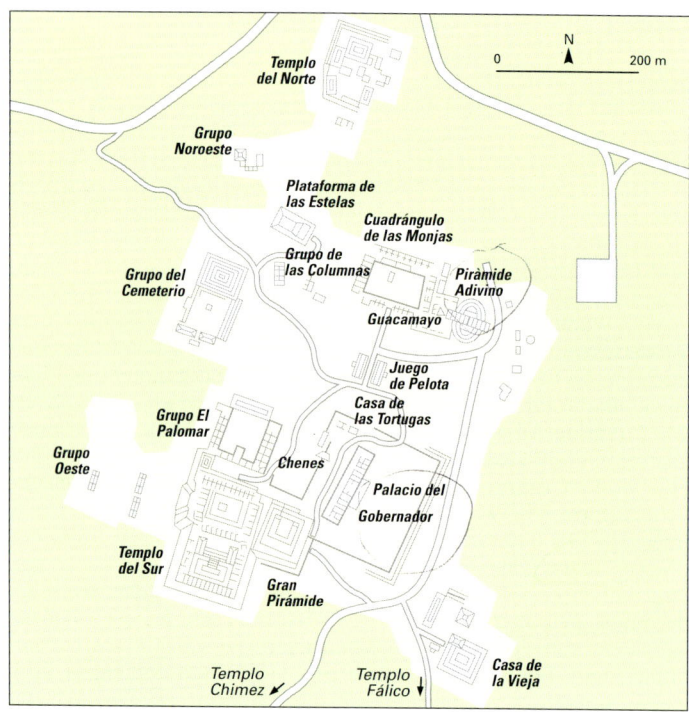

Uxmal, Plan der archäologischen Zone

Die Pyramide des Wahrsagers (Piramide Adivino), auch Zwergenpyramide genannt, fällt durch ihre abgerundeten Ecken und ihren dadurch fast ovalen Grundriß aus dem üblichen Rahmen der Maya-Architektur.

knienden Gefangenen stehenden Thron. Die Ecken des Gebäudes bilden ebenso wie die oberen Seitenwände große Regengottmasken, die hier mit unzähligen dekorativen Details geschmückt sind, u. a. mit der Glyphe 4 Ahau, die wohl ein Hinweis auf die Bauzeit 731 ist.

Die Tür des oberen, sehr viel schlichteren fünften Tempels flankieren Felder mit Gittermustern, vielleicht der Zeichnung von Schlangenhäuten nachempfunden, und plastische nackte Männerfiguren, die wohl als ein Hinweis auf den Spitznamen des Regengottes, ›Der große Pinkler‹, verstanden werden können oder ganz allgemein, wie im 9. Jh. üblich, auf Fruchtbarkeit hindeuten. Auffallend ist, daß in Uxmal trotz späterer Überbauung, anders als im südlichen Maya-Gebiet, Teile der älteren Bauten außen sichtbar blieben. Der erst kürzlich restaurierte **Guacamayo-Hof** an der Westseite der Pyramide, wegen seiner steinernen Papageien an der Dachzone so genannt, ist bis ins 15. Jh. als Wohnpalast und Residenz benutzt worden. In einem Eckraum hat man sogar Hinweise auf eine Küche gefunden. Wahrscheinlich waren es die Xiú-Fürsten, die sich um 1007 in dem verlassenen Gebäude einnisteten und unter dem Thronpodest in der Pfeilerhalle ihre kostbaren Opfergaben aus Jade deponierten. Erst 1447, nach dem Sieg über Mayapán, verließen die Xiú Uxmal und gründeten das nahegelegene Maní.

Durch das zentrale Tor in den Raumgruppen nördlich des Hofes, wo winkelförmige Steinquader die falschen Gewölbe verstärken, gelangt man durch den Dienstboteneingang in das sogenannte **Cuadrángulo de las Monjas,** das ›Nonnenviereck‹. Es gab zwar bei den Maya Frauenverbände, die von den Gattinnen der Fürsten geführt wurden, doch ist der spanische Begriff, basierend auf den zellenartigen Räumen, sicherlich falsch.

Das ›Nonnenviereck‹ im Morgennebel mit Blick auf das Nordgebäude. Bei diesen Bauten fallen die geometrischen Grundformen selbst des figürlichen Schmucks ins Auge, ganz im Gegensatz zu den gewachsenen organischen Formen der Verzierungen an den Gebäuden von Palenque. Der Unterschied beruht sicher nicht nur auf den verschiedenen Materialien, Stein und Stuck, sondern wohl auch auf einem anderen ästhetischen Prinzip, welches meist von der natürlichen Umgebung einer Kultur abhängig ist.

Von den breiten Eingängen des Nordgebäudes konnten die Adligen und Fürsten Uxmals die Tänze und Zeremonien im Hof verfolgen, wobei der reiche Bauschmuck über ihren Häuptern und die hohe Terrasse unter ihnen ihre soziale Stellung betonten. Senkrechte Streifen von vier turmartig übereinandergesetzten Regengottmasken wechseln ab mit niedrigeren Voluten- und Gitterfeldern als Bauschmuck der oberen Palastfassade. Dazwischen betonen unter Chak-Masken angebrachte Abbildungen von Maya-Häusern mit schlangenverzierten Strohdächern und Jaguaren vor der Tür die Räume darunter, welche vielleicht den besten Kriegern vorbehalten waren. Die Zentren der geometrischen Schmuckfelder bildeten plastische Gefangenen- und Vogelfiguren.

Der Hauptzugang zu diesem Palast aus dem 9. Jh. (nur die vorgesetzte Fassade), eine breite Freitreppe, wird beidseitig von Pfeilerhallen flankiert, deren eine wegen ihres Bauschmucks in Form der Glyphe Ek (Stern) Venustempel genannt wird, während man die andere als Regengott/Chak-Tempel oder Y bezeichnet. Das Holz eines der Türstürze vom Chak-Tempel stammt nach seinen C^{14}-Daten von einem spätestens 753 geschlagenen Baum. Die Pfeiler mit

ihren profilierten Basen und Kapitellen gehören also wohl zu den ältesten Gebäuden des ganzen Komplexes, seiner Urzelle. Stele 17, eher eine Thronnachbildung mit langer Inschrift historischen Inhalts und dem Datum 906, notiert vielleicht die Fertigstellung des ganzen Komplexes. Sie markiert die Mitte der Freitreppe und weist auf die Herrscher des Ortes hin, von denen wenigstens einer den Gottesnamen Chak trug.

Das Südgebäude gegenüber der Freitreppe entstand nach dem Nordgebäude und enthält das Hauptportal, welches die Verbindung vom Hof zum davorliegenden Ballspielplatz herstellt. Der Bauschmuck der oberen Fassadenteile besteht aus Gittermustern und Hütten unter Chak-Masken und deutet wohl die niedrigere Stellung der Benutzer dieses Gebäudes an. Als nächstes wurde das Ostgebäude errichtet, bei dem nur die Ecken und die mittlere Tür durch Chak-Masken betont werden. Den Raum dazwischen schmücken nach oben breiter werdende Stapel von acht doppelköpfigen Schlangen, wahrscheinlich Symbole für die verschiedenen Himmelssphären der Maya-Kosmologie. Die Reliefplatten mit den Vogel- oder Götterköpfen dazwischen sind vielleicht als Hinweis auf Götter

Chak-Masken über einem Portal im Nordgebäude des Nonnen-Gevierts. Die unzähligen Göttermasken dienen hier sicher nicht nur als Hinweis auf den Gott, sondern müssen in ihrer Bedeutung chak = groß als Indiz für die gesellschaftliche Stellung der Benutzer angesehen werden. Möglich ist auch ein Bezug auf den Fürsten Chak, der auf Stele 7 im lokalen Museum abgebildet ist.

oder Vorfahren zu verstehen, da der ganze Bau den Priestern vorbehalten war.

Als letztes entstand das Westgebäude mit seinem sehr abwechslungsreichen Fassadenschmuck. Rechteckige Felder aus Voluten und geometrischen Ornamenten werden von zwei teilweise vollplastisch gearbeiteten Klapperschlangen, aus deren Mäulern menschliche Gesichter (Vorfahren?) schauten, miteinander verflochten. Überdachte Throne, Chak-Masken und Häuser mit Strohdach und Regengottkrone betonen die breiten Türen des Gebäudes. Auf dem mittleren Thron sieht man nur einen Kopf über einem Schildkrötenpanzer, dem Zeichen der höchsten Herrschaft und der Thronfolge. Die Chak-Maske darüber weist eine Schlangenstirnbinde auf. Auf den kleineren Nebenthronen, die ebenfalls unter einem konischen Schilfdach abgebildet sind, hocken wohl Fürsten abhängiger Orte. In die Felder mit den geometrischen Motiven sind vollplastische Krieger mit Keulen und Reliefplatten mit Büsten oder Tierköpfen eingelassen. Vermutlich war der Bau den zur Herrschaft berechtigten Erben vorbehalten.

Der **Juego de Pelota** ist mehrmals umgebaut worden, und die Wände des Spielfelds wurden einst symbolisch von großen Schlangenreliefs zusammengehalten (liegen heute am Boden), die auf die großen Torringe ausgerichtet waren. Die durch Kopien ersetzten Originale trugen die Maya-Daten 6 Ix 17 Pop und 7 Men 18 Pop, zwei aufeinanderfolgende Tage des Jahres 905.

Die Nordwestecke der großen Plattform südlich davon krönt das Gebäude **Casa de las Tortugas** (8./9. Jh.). Sein schönster, namengebender Bauschmuck sind Schildkröten am Gesims. Da Schildkrötenglyphen der klassischen Zeit sich auf die Inthronisation beziehen, könnte es das Krönungshaus von Uxmal gewesen sein, wo die Inthronisationsriten begannen, die im danebenliegenden Gouverneurspalast endeten.

In der Mitte des Platzes vor dem **Palacio del Gobernador** steht auf einem kleinen Podest ein doppelköpfiger Jaguarthron (s. Abb. S. 32), der von vier Seiten über Treppen erreichbar war. Unter ihm fand man ein Opferdepot mit 913 Jade- und Obsidianobjekten. Vermutlich empfing hier der neue Herrscher öffentlich seine ersten Tribute und nahm Gehorsamsgelübde entgegen. Zwischen Podest und Mitteltür des Palastes steht eine halb umgestürzte Steinsäule, die manchmal als Penis-Symbol gedeutet wird, wohl aber wie eine Stele ursprünglich eine aufgemalte Inschrift trug, ein Zeichen für die rechte Abstammung des Herrschers. Vom Mittelportal des Gouverneurspalastes läßt sich über Stele und Thron eine gerade Linie bis zu den nächsten Ruinen von Nohpat und Kabáh ziehen, und in der Verlängerung liegt am Horizont der südlichste Aufgangspunkt der Venus. In Kabáh, einer Pflanzstadt, endet auch eine alte Straße *(sacbé)* von Uxmal. Das Hauptgebäude wird durch falsche Bögen mit zwei Seitenflügeln zu einer Gesamtlänge von 100 m erweitert. Die Passagen wurden später (etwa 950) zugebaut und ihr Zugang mit Säulen abgestützt.

Die obere Fassadenhälfte hat man mit einer Art Mosaikrelief aus 20 000 Steinen verziert. Durch die Fläche der Gittermuster zwischen den Eckpfeilern aus Chak-Masken zog man im Zickzack ein Band von weiteren Regengottmasken. Die freien Dreiecke wurden mit diagonal versetzten Treppenvoluten, ein Symbol für Wolken, gefüllt. Die Mitte wird durch neun Schlangen, Symbole der Himmelsschichten, betont, deren Zentrum ein mit Schlangenköpfen verzierter Schalenthron ist, auf dem ein *halach uinic* (›Wahrer Mensch‹), der oberste Maya-Herrscher, mit seiner riesigen Federkrone sitzt. Oberhalb der Außentüren thronen zwei kleinere Fürsten auf Göttersymbolen. Diese Throne zeigen eine etwas niedrigere Stellung an. Das obere Gesims ziert ein mit Seilen umschlungener Stock. Hier sind also in Stein Strohdachbefestigungen nachgebildet worden. Der extensive Schmuck sollte bei Audienzen des Herrschers die Vasallen und Besucher beeindrucken.

Zwischen der Rückseite der Plattform des Palastes und dem im Westen liegenden Geviert **Grupo El Palomar**, wegen seines wie Taubenschläge wirkenden Dachkamms so bezeichnet, liegt eingezwängt der Tempelturm **Gran Pirámide.** Im Norden und Süden führten früher Treppen auf die oberste Plattform, wo die Reste eines Tempels erhalten sind, dessen Wände Chak-Masken und Reliefs von Papageien (?), Symbole für Feuer oder die Sonne, schmücken. Nase und Kopf eines Regengottes bilden die Stufen zum Allerheiligsten, das schon im Altertum mit Schutt aufgefüllt worden ist, um als Basis für eine niemals vollendete Überbauung zu dienen. Eine Datierung ins 8. Jh. erscheint unwahrscheinlich, da der Bau nach der etwas unsymmetrischen Form später als der Gouverneurspalast angelegt worden sein muß.

El Palomar wird im Süden und Norden von zwei weiteren Gebäudegevierten flankiert. Im südlichen Hof sind die Reste einer weiteren Pyramide entdeckt worden. Alle drei Komplexe haben die gleiche Ausrichtung und wirken wie fürstliche Wohnquartiere, denen ein Tempelbezirk beigefügt ist. Hier sollten die Herrscher gelebt haben, die für den Ausbau Uxmals im 8. und 9. Jh. verantwortlich waren. Nördlich der großen Pyramide liegen am Fuß der großen Plattform die Reste eines Chenes-Gebäudes mit dem typischen Mauleingang (7./8. Jh.), den man pietätvoll bei späteren Umbauten stehengelassen hat. Etwa 500 m südlich der großen Pyramide findet man einen kleinen Tempel, dessen Dachzier aus kleinen Steinphalli besteht, und das Gebäudegeviert westlich des ›Nonnenvierecks‹ wird **Grupo del Cementerio** genannt, weil in seinem Hof vier kleine Plattformen mit Steinreliefs von Totenköpfen, Knochen und Glyphen liegen. Die Nordseite der ›Friedhofsgruppe‹ wird von einer Tempelpyramide eingenommen.

Das Zentrum Uxmals weist die mit Abstand eindrucksvollsten Gebäude im Puuc-Stil auf; doch zahlreiche andere Gebäude im weiteren Umkreis gehören auch noch zu diesem imponierenden Herrschersitz, den die Xiú-Fürsten erst im 11. Jh. für sich in Anspruch nehmen konnten.

Im Lande des Sisal

Mérida

Auf den Ruinen und aus den Steinen der alten Maya-Stadt Tihó ließen die Spanier nach der Gründung durch Francisco de Montejo den Jüngeren am 6. Januar 1542 ihre neue Stadt Mérida, die heutige Hauptstadt des Bundesstaates Yucatán errichten. Die nach einer Stadt in der spanischen Provinz Estremadura benannte Millionenstadt trägt wegen ihrer vorwiegend hell bemalten Häuser und der Tracht ihrer traditionell gekleideten Bewohner, weiße buntbestickte Frauenblusen *(huipil)* und weiße plissierte Männerhemden *(guayabera)*, den Beinamen ›Die Weiße‹.

Hier starb 1579 Diego de Landa, der zweite Bischof Méridas, der noch als einfacher Mönch in religiösem Fanatismus die Christianisierung mit Folter und Feuer vorangetrieben hatte. Maya-Priester, Götterbilder und kostbare Maya-Bücher (Codices) fielen den Flammen zum Opfer. Angeklagt vor dem König, verteidigte sich Landa mit einer Beschreibung der Maya-Kultur, der *Relación de las cosas de Yucatán*, noch heute eine wichtige Informationsquelle.

Mit afrikanischen Sklaven wurde das Gelbfieber eingeschleppt, dem 1648 viele Bewohner der Stadt und des Landes zum Opfer fielen. Yucatán beteiligte sich nicht an den Befreiungskriegen, übernahm aber zunächst die neue Verfassung und erklärte sich dann 1840 wegen zentralistischer Tendenzen in Mexiko unabhängig. Die Weißen riefen Mestizen und Maya zu ihrer Unterstützung auf, und letztere wandten sich dann wegen der unerträglichen Zustände auf den Plantagen im Kastenkrieg *(Guerra de las Castas)* gegen die Weißen. Im Angesicht des Sieges kehrten die Indígenas zur Aussaat auf ihre Felder zurück. Diese Atempause verhinderte die Niederlage der Weißen und führte 1901 zu ihrem endgültigen Sieg, als die Rebellenführer Bacalar und Chan Santa Cruz gefangen wurden.

Dank des Absatzes von Agavenfasern auf dem Weltmarkt, nach ihrem Ausfuhrhafen Sisal genannt, erlebten Stadt und Land zwi-

Diego de Landas Informationen über den geschichtlichen Inhalt der Stelen-Inschriften sind erst vor etwa dreißig Jahren bestätigt und von der Wissenschaft akzeptiert worden, nachdem man mehr als hundert Jahre von Göttern und Glauben phantasiert hatte.

Stadtplan Mérida

305

Der Palacio Municipal von Mérida

schen 1875 und 1916 eine Zeit wirtschaftlichen Aufschwungs, in der die meisten der Prachtbauten am Paseo Montejo nördlich vom Zentrum entstanden. Nach dem Zusammenbruch des Marktes wurden viele Plantagen aufgegeben; erst heute wird Sisal wieder vermehrt verarbeitet, da man mit Chemikalien die Fasern weicher und flexibler machen kann.

Der erste Bischof, Tovar, legte 1563 am Zócalo (oder Plaza Mayor) im Zentrum der Stadt den Grundstein zur **Kathedrale,** die 1598 bereits fertiggestellt war. Die hohe Fassade ähnelt den frühen Wehrkirchen der Kolonialzeit und ist nur mit einem Triumphbogen, einem riesigen Wappenschild und skulptierten Türzonen verziert. Im Innern der dreischiffigen Hallenkirche hängt über einer Seitentür das Bild der Kapitulation und Taufe des Maya-Fürsten von Maní, Tutul Xiú, vor Francisco de Montejo im Jahr 1542. Links neben dem Hauptaltar steht in der Capilla del Cristo de las Ampollas (›Christus der Brandblasen‹) eine Christusfigur, die aus einem verbrannten Baum geschnitzt worden sein soll und selbst nach einem Kirchenbrand nur ein paar Blasen geworfen hat. Die Figur, jedes Jahr Anfang Oktober das Ziel von Wallfahrten, befand sich ursprünglich in der Kirche von Ichmul und wurde 1645 nach Mérida gebracht. Der **Ateneo Península** an der südlichen Kirchenseite war früher der Palast des Erzbischofs, zu dem auch ein Kolleg gehörte. Die Statuen von ›Unserer Herrin des Rosenkranzes‹ und von San Ildefonso erinnern daran, daß Schule und Kathedrale der Gottesmutter und dem Heiligen geweiht waren.

An der nördlichen Plaza-Seite leuchtet das helle Beige des **Palacio del Gobierno,** den man 1892 in französischem Stil erbaute. Sehenswert sind die von Fernando Castro Pacheco 1971–74 ausgeführten Wandmalereien in den Hofarkaden, im Treppenhaus und im Empfangssaal. Der Künstler aus Campeche hat moderne Stilrichtungen wie Kubismus und sozialistischen Realismus mit bedrückenden Erd- und Naturfarben verbunden, um seine Bilder der Maya-Kultur, des Kastenkriegs und der neueren Geschichte zu malen.

Eine Filiale der Nationalbank Banamex ist in der **Casa de Montejo** auf der südlichen Platzseite untergebracht. Die Portalzone dieses Stadtpalastes quillt über von barockem Schmuck; das ganze Selbstverständnis eines Conquistadoren kommt hier zum Ausdruck. Der Türrahmen zwischen zwei Säulen ist mit Medaillons, Pflanzenpaneelen und Büsten verziert. Ein gebückter Mensch trägt die Konsole des Balkons für Ansprachen an das Volk. Zwei mit Keulen bewaffnete Riesen stehen wie im Habsburgerwappen neben Conquistadoren-Statuen, wohl den beiden Montejos. Der Rahmen der Balkontür wirkt fast wie die Kopie eines Türmauls im Chenes-Stil, im Rankenfeld darüber ist das Familienwappen eingearbeitet. Das spanische Wappen zwischen zwei Löwen im Giebelfeld löschte man, als Yucatán Teil der mexikanischen Republik wurde. Auf der westlichen Plaza-Seite liegt das Rathaus, der **Palacio Municipal** aus dem 16. Jh.

Im Palast des Generals Cantón, Ecke Paseo de Montejo/Calle 43 – die Straßen sind in Mérida numeriert –, ist das **Museo Arqueológico** (auch Museo de Antropología) untergebracht. Reisende, die nur nach Yucatán kommen, sollten es auf jeden Fall besuchen, denn es gibt eine hervorragende Einführung in die Maya-Kultur. Da viele Exponate in Englisch und Spanisch erklärt sind, wird hier nur auf einige wichtige Objekte hingewiesen.

Bei der Keramik stechen die herrlichen Pfeifenfiguren aus den Gräbern der Insel Jaína hervor, die Einblick in die sozialen Schichten und die Kleidung der klassischen Zeit bieten. Ein zylindrisches Gefäß aus Becán, in der Form den Teotihuacán-Keramiken ähnlich,

Das Gemälde ›Mensch und Mais‹ von Fernando Castro Pacheco im Palacio del Gobierno von Mérida

307

ist mit Bildern von Maya-Göttern verziert. Es enthielt eine Teotihuacán-Statuette, in der weitere kleine Figurinen steckten, die wohl Kinder symbolisieren sollten. Beachtenswert ist auch der Schmuck aus Jade oder Nephrit (Ohrpflöcke, Pektorale, Ketten und Röhrenperlen) – beides wegen ihrer Farbe beliebte Materialien, da Grün wie Blau Symbole für das lebensspendende Süßwasser waren. Unter den Steinmonumenten sind die Reliefs von Oxkintok, wo ein Türsturz mit einer der frühesten Inschriften Yucatáns (475) gefunden worden ist, hervorzuheben, sowie Atlanten und ein Fürst mit Götterkrone aus Chichén Itzá (9.–11. Jh.). Daneben verdienen die Wandmalereien aus Mul-Chik mit einer Kampfdarstellung Erwähnung und die Kopien der Fresken aus Tulum und Chacmultún (Götterbilder). Zu beachten sind auch die Exponate von Urnenbestattungen, meist Kinder, die häufig in ausrangierten Küchentöpfen beigesetzt wurden, und die Schädel, deren Zähne schon zu Lebzeiten in unterschiedlichen Formen angeschliffen worden sind.

Kirchenarchitektur in Yucatán

Auf der Halbinsel findet man die typischen reichverzierten Barockkirchen (17./18. Jh.) des Hochlandes kaum; dagegen sind eine ganze Reihe der schlichten, mächtigen Wehrkirchen des 16. Jh. bis heute in Gebrauch und meist später nur um Glockentürme ergänzt worden. So auch die Dorfkirche von **Muna.** Sie besitzt eine heute noch genutzte Freiluftkapelle, wie sie ähnlich auch in den Ruinen von Dzibilchaltún zu finden ist. Ein etwas schmuckvolleres Beispiel ist die Kirche von **Valladolid,** die zwischen 1552 und 1560 als Teil eines Franziskanerklosters gebaut wurde.

In **Izamal** errichteten die Spanier auf der Plattform des Tempels des Maya-Hauptgottes Itzamná (›Eidechsenhaus‹) die Kirche Santuario de la Virgen de Izamal mit einem Atrium, das fast so groß wie der Platz vor dem Petersdom in Rom ist. Die aus Guatemala stammende wundertätige Statue der Madonna wurde 1892 durch einen Kerzenbrand zerstört und durch eine Kopie ersetzt. Im Innern findet man auch das für das 16. Jh. übliche Kreuzrippengewölbe. Neben Resten von Pyramiden weist der Ort auch noch das Franziskanerkloster San Antonio de Padua auf, welches wohl zwischen 1553 und 1561 unter der Leitung des Mönchs Juan de Mérida, der auch für die Kirche von Valladolid verantwortlich zeichnete, errichtet wurde.

Dzibilchaltún

Nur 15 km nördlich von Mérida liegt Dzibilchaltún (›Beschrifteter flacher Stein‹), das größte Trümmerfeld auf der Halbinsel. Die über 20 000 Ruinen bedecken eine Fläche von 50 km^2, die in der Blütezeit (um 900) von ca. 40 000 Menschen bevölkert wurde.

Kirche bei Chumayel.
Die erhöhte Stirnwand
mit den Durchbrüchen
zur Aufhängung der
Glocken wird Espa-
daña genannt. Diese
Form war im 16. Jh. in
der amerikanischen
Architektur des spani-
schen Kolonialreiches
besonders häufig und
läßt sich auf mittel-
alterliche verzierte
Treppengiebel zurück-
führen.

Die Kleinfunde im hübschen neuen **Museum** am Ort dokumentieren menschliche Besiedlung schon in vorchristlicher Zeit; doch Bauten dieser Periode liegen weit außerhalb des Zentrums und sind eine Besichtigung kaum wert. Interessant sind die sieben Tonpüppchen (1250–1400) aus Tempel 1, Grabbeigaben und Funde aus dem Cenote Xlakah (›Alter Ort‹). Einige der ca. 30 Stelen von Dzibilchaltún tragen Reliefs von Fürsten und Glyphenbeischriften. Stele 9, die häufig auf 327 datiert wird, zeigt einen Herrscher mit Götterkopf als Krone und einem Beil in der Hand. Die Glyphen enthalten jedoch die Angabe ›sein 10. Jahr im Katun 5 Ahau‹, also 683. Der Begriff *katun* bedeutet sowohl ›20 Jahre‹ als auch ›Krieger‹, und Krieg wurde häufig mit dem Zeichen der Venus, Ek oder Ek Kan, geschrieben. Auf Stele 19 ist ein Fürst mit Schild in der Linken und *manikin*-Zepter in der Rechten abgebildet, welches ein Symbol für den Gott Bolon Tzakab ist. Der Herrscher trägt als Kopfbedeckung eine Chak-Maske, sein Oberkörper ist leicht vorgebeugt, als schaute er auf seine Untertanen herab. Die Beischrift der Stele (7./8. Jh.) nennt den Erben des Fürsten »geborener Krieger« und »Sohn des Höchsten« (?). Da der Fürst auf Stele 18 einen Vogelkopf als Krone trägt, sollte sein Name eine Vogelbezeichnung enthalten; doch leider ist die Inschrift stark erodiert und unvollständig. Interessant sind auch die Funde aus der Kolonialzeit, als der Ort noch besiedelt war (16. Jh.), u. a. ein Wappen und Statuen.

Die Paläste und Tempel Dzibilchaltúns sind recht unscheinbar und nicht mit den Ruinen von Uxmal oder Chichén Itzá zu vergleichen; außerdem hat man in den letzten Jahrhunderten die Steine der Gebäude für Neubauten in der Umgebung, ja sogar in Mérida wiederverwendet und zu Schotter für den Bau von Straßen zerschlagen. Archäologisch Interessierten geben sie aber einen guten Einblick in die Entwicklung einer Maya-Stadt. Bei **Estructura 38** hat man ein klassisches Gebäude auf einer flachen Plattform rund 100 Jahre später mit einer mehrstufigen Pyramide überbaut. Der kleine dazugehörige Hof wird im Süden von **Estructura 385** und im Westen von **Estructura 384** begrenzt. Etwas weiter südöstlich liegt am Hauptplatz **Estructura 39,** eines der wenigen Gebäude aus dem 10. Jh. Die

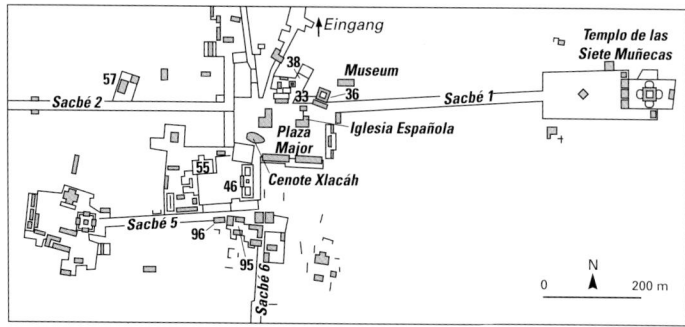

Dzibilchaltún, Plan der archäologischen Zone

große Pyramide daneben, **Estructura 36** aus dem 8. Jh., weist an den Originalfundplätzen Kopien der Stelen 18 und 19 auf; es handelt sich also wohl um ein Ahnenheiligtum, mit dem die Herrscher ihre Abstammung dokumentierten. Auf dem Hauptplatz befindet sich auch eine Capilla Abierta, eine nach der Inschrift um 1593 geweihte Freiluftkapelle. Die Errichtung des von Zinnen gekrönten Steinbaus beweist, daß es noch im 16. Jh. zahlreiche Bewohner im Ort gab. Die Kapelle beherbergte den Altar, und die Gemeinde wurde durch vorgesetztes Strohdach beschattet. Im **Cenote Xlakah** an der Südwestecke der Plaza darf gebadet werden, allerdings nicht nackt. Tausende von Scherben und ein paar Fragmente von Tonfigürchen, die am Grund gefunden wurden, beweisen nicht unbedingt, daß hier geopfert wurde, sondern eher, daß die Doline zur Wasserversorgung diente. Selbst die Knochen von acht Skeletten müssen nicht zu Opfern gehören, sondern können von Ertrunkenen stammen, denn es fehlen Kostbarkeiten aus Jade oder Metall, wie man sie z. B. im heiligen Cenote von Chichén Itzá fand.

Südlich davon liegen hinter der **Plaza Sur** die Gebäude eines Palastbezirks, **Estructura 95** und **Estructura 96,** der nach seinem mit Glyphen skulptierten Bauschmuck im Katun 1 Ahau, also 869–889, angelegt worden ist. Auf der Spitze der Pyramide **Estructura 46,** an der Ostseite der Plaza Sur, standen einst zwei separate Gebäude aus der spätklassischen Zeit. Der Sacbé 5 führt von hier nach Westen zu einem weiteren Platz, dessen Hauptpyramide, wegen ihrer Treppen an allen vier Seiten, ins 10. oder 11. Jh. datiert werden kann. In **Estructura 57** am Sacbé 2 hat man ein Grab (820–950) gefunden. Der Tote war gestreckt liegend mit zahlreichen Keramikgefäßen in einer steingesäumten Grube bestattet worden.

Der **Templo de las Siete Muñecas,** die Hauptattraktion des Ortes, liegt am Ende eines Sacbé, der vom Hauptplatz nach Osten verläuft. Die alte Maya-Straße führt zu einer riesigen künstlichen Terrasse, in deren Mitte auf einer kleinen Plattform ein Monolith steht, der wohl ursprünglich bemalt gewesen ist. Die Ostseite der Terrasse flankieren drei Gebäude, die Türöffnungen nach Osten und Westen aufweisen und wie eine Passage am Zugang zum dahinterliegenden Tempel wirken. Dieser wurde, wie er heute zu sehen ist, um 500 erbaut. Um 1000 hat man einen größeren Tempel darüber gesetzt, dessen Basis beim Abräumen der Trümmer von den Archäologen stehengelassen wurde. Zwischen 1200 und 1450 hat man einen Teil des alten Tempels wieder freigelegt, in die Cella einen stufenförmigen Altar eingebaut und sieben kleine Statuetten als Opfergabe vergraben (daher der Name ›Tempel der sieben Puppen‹). Die Figurinen stellen u. a. einen Buckligen und eine Schwangere dar, und man vermutet, daß der Tempel für Heilrituale genutzt worden ist, oder der Mondgöttin geweiht war. Nach seinen Masken in der gerahmten Dachzone und den Resten von Stuckornamenten, die man gefunden hat, sollte der Tempel ursprünglich dem Regengott geweiht gewesen sein, da die Maske an der Front einen Knoten als Stirnemblem getragen hat. An

Wie so oft sind spätere Überbauung und eine Art rituelle Bestattung der Architektur der Grund dafür, daß ältere Gebäude bei Ausgrabungen in hervorragendem Zustand freigelegt werden konnten.

der Nordseite sollen nach alten Fotos auch Fische und Pelikane in Stuck abgebildet gewesen sein. Ungewöhnlich ist der Tempel wegen seines Grundrisses, der vier Türen entsprechend der Himmelsrichtungen und der echten Fenster an zwei Seiten. Der Dachkamm, ein Pyramidenstumpf, ähnelt entfernt einem Aufsatz am Tempel auf Cozumel.

Chichén Itzá

Die bekannteste und meistbesuchte Ruinenanlage Yucatáns zeigt am deutlichsten von allen Maya-Stätten die Verbindung zu den Kulturen im Hochland von Mexiko. Die imponierenden Gebäude und der Mythos, der sich schon in der Kolonialzeit um den Ort ›Am Rand des Brunnens der Itzá‹ gebildet hatte, machen die Ruinen zu einer der Hauptattraktionen Amerikas, wo selbst Pavarotti schon gesungen hat. Im modernen Eingangsgebäude gibt es einen Ausstellungsraum mit Exponaten, die allerdings der Bedeutung des Weltkulturerbes nicht annähernd gerecht werden.

Nach verschiedenen kolonialzeitlichen Maya-Büchern wie dem Chilam Balam von Chumayel sollen die Itzá diesen Ort um 500 gegründet und rund 200 Jahre später wieder verlassen haben, um sich an der Küste in Campeche anzusiedeln. Die Itzá kehrten später, aus dem Petén (Guatemala) kommend, an ihren Brunnen zurück und kontrollierten im 9. Jh. größere Teile der nördlichen Halbinsel. Ende des 10. Jh. soll der toltekische Herrscher Quetzalcóatl, den die Maya Kukulcán nannten, mit seinen Anhängern, zu denen wohl auch Itzá aus Campeche gehörten, das Land und die Hauptstadt der Itzá erobert haben. Kukulcán soll zwölf Jahre später die Halbinsel wieder verlassen haben, und tatsächlich gibt es in Tula eine Stele, die gewisse Maya-Züge aufweist; doch viele Tolteken dürften als regierende Oberschicht in Chichén Itzá geblieben sein. Diese setzten wohl die Einführung des neuen Stils in der Architektur durch, verzichteten weitgehend auf die Maya-Schrift an ihren Monumenten, verherrlichten ihren Sieg über die Maya und ihren vergöttlichten Herrscher in Bildern und benutzten gleichzeitig im täglichen Leben die gleichen Gebrauchsgegenstände wie ihre Maya-Untergebenen. Das Maya-Geschlecht der Cocom aus Chichén Itzá siedelte sich in Mayapán an, vielleicht um der Fremdherrschaft zu entgehen. Später bildeten die Cocom von Mayapán, die Xiú von Uxmal und die Itzá – die Tolteken dürften damals längst in der Maya-Bevölkerung aufgegangen sein – aus Chichén Itzá eine Allianz, die 1185 oder 1194 zerbrach und mit der Vertreibung der Itzá endete. Nach der Zerstörung bei der Eroberung und der Vertreibung der meisten Bewohner aus Chichén Itzá verfielen auch die intakten Gebäude später mehr und mehr.

Der Weg führt direkt zum Zentrum der Stadt, dem berühmten **Castillo** (›Festung‹) – eine spanische Bezeichnung, die absolut irre-

»Hier regierten drei Herrscher gemeinsam, drei Brüder, die aus dem Westen kamen. Sie sammelten viel Volk um sich und herrschten einige Jahre in Frieden und mit großer Gerechtigkeit. Sie verehrten ihren Gott sehr und errichteten ihm beeindruckende Gebäude«.
Diego de Landa, 1579

führend ist. Von den vier Seiten führen Treppen, deren Ränder als gefiederte Schlangen verziert sind, zum Tempel auf der Spitze. Die Stufen ergeben zusammen mit dem Sockel der Cella die Anzahl der Tage eines Sonnenjahres, also 365. Die leicht abgesetzten Rechteckfelder auf den Schrägwänden der neun Pyramidenabsätze, 52 an jeder Seite, symbolisieren wohl die 52 Jahre eines großen Zyklus, den Zeitabstand, in dem Venus und Sonne die gleiche Stellung zueinander haben. Eine ähnliche Wandgliederung ist auch am Tempel der Venus in Tula zu finden. Die Cella auf der Spitze – ihr Flachdach ruht auf zwei Pfeilern mit Kriegerreliefs – ist auf drei Seiten von einem Gang mit falschem Gewölbe umgeben. Die Türstürze des

Zur Tagundnachtgleiche am 21. März und am 23. September fällt der Schatten der Pyramidenecken des Castillo am Nachmittag so auf die Treppenränder, daß der Eindruck entsteht, die gefiederte Schlange krieche von der Cella die Treppe hinab. Am nächsten Tag kriecht die Schlange bzw. der Schatten wieder herauf.

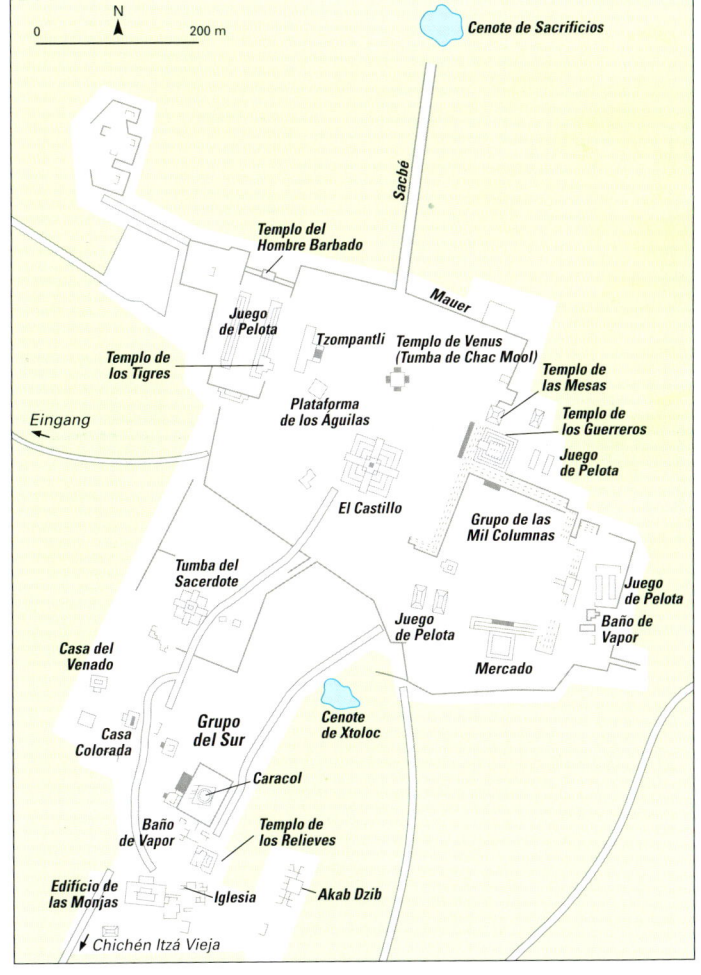

Chichén Itzá, Plan der archäologischen Zone

313

Haupteingangs der Vorhalle im Westen werden von zwei Schlangensäulen getragen, eine toltekische Erfindung. Auf den Seiten der Platten, auf denen die Türbalken ruhen, sieht man Reliefs der vier Bacabs, der Maya-Götter, welche den Himmel tragen. Jeder Gott wird mit einer anderen Farbe und einem anderen Tier verbunden. Sie tragen auf dem Rücken ein Spinnennetz, ein Schneckenhaus, einen Gürteltier- und einen Schildkrötenpanzer. Zu den wenigen typischen Maya-Zügen des Tempels gehören auch die Chak-Masken an der Front über den Türen. Die Dachzinnen, in der Form stilisierter Querschnitte eines Caracol, dem Symbol des Quetzalcóatl/Kukulcán, sind im Hochland üblich. Die neunstufige Tempelpyramide, welche die neun Schichten des Himmels symbolisiert, und der dem Kukulcán geweihte Tempel auf ihrer Spitze sind wohl im 11. Jh. über einem älteren Tempel erbaut worden, dessen Cella durch einen engen, feuchtheißen unterirdischen Gang erreicht werden kann. In den zwei Gewölberäumen des älteren, eher typischen Maya-Tempels (10. Jh.), stehen ein Götterbote Chac Mool vom Hochlandtyp und ein rotbemalter Jaguarthron mit Grünsteineinlagen.

Weiter im Westen erhebt sich hinter einem Pfeiler- und Säulenwald, der sein Pendant in Tula hat, der **Templo de los Guerreros** (›Tempel der Krieger‹). Die Pfeiler der Vorhalle tragen auf allen Seiten Reliefs von Kriegern, Priestern und wohl auch Frauen, auf die gefallene Krieger aus Sternen oder Sonnenscheiben herabschauen. Die Basis bilden wie in Tula Erdmonster mit Federn, Schlangenzunge, Krokodilbeinen und Menschenköpfen im Maul. Die einst bemalten Reliefs verewigen eine Siegesprozession, in der Gefangene vor den Herrscher gebracht und anschließend geopfert wurden, was vermuten läßt, daß der Tempel die Siegeshalle der Fürsten war. Die Pfeiler trugen über Balken falsche Steingewölbe und bildeten so eine Vorhalle, die sogar das erste Drittel der Pyramidentreppe überdeckte. Am oberen Ende der mit gefiederten Schlangen verzierten Alfardas stehen zwei typisch toltekische Standartenträger, und die Wände der Pfeilerhalle oben (heute gesperrt) schmücken an den Ecken Stapel von Chak-Masken im Puuc-Stil. Die Flächen dazwischen zieren gefiederte Schlangen mit Menschenköpfen im Maul. An der Rückseite des Hauptraums tragen toltekische Atlanten die große Platte eines Thronpodestes. Die Halle mit flachem Dach zeigt also neben toltekischen Elementen auch einige Maya-Details. Ein Archäologentunnel (gesperrt) führt zu einem älteren identischen, aber kleineren Tempel im Innern der Pyramide.

Der Hof mit seinen riesigen Säulenhallen, **Grupo del las Mil Columnas** (›Tausendsäulensaal‹), südlich davon, war der Versammlungsort der Krieger. Die Wandbänke und Thronpodeste tragen jedenfalls wie in Tula Reliefs von Waffenträgern. Auf den drei dazugehörigen Ballspielplätzen hat man wohl für die echten Spiele trainiert und sich danach im Schwitzbad gereinigt. Der sogenannte Mercado (›Markt‹) dürfte weit eher die Halle des Generalstabs gewesen sein. Im Norden des Kriegertempels schließt sich sein kleineres

Pendant, der heute gesperrte **Templo de las Mesas,** an. Vor seiner Treppe schmücken typisch toltekische Jaguar- oder Pumareliefs eine Mauer mit Schneckenzinnen.

Die große Plattform, auch **Tumba de Chac Mool** genannt, weil hier die Steinstatue eines liegenden Götterbotens gefunden wurde, scheint nach ihren Reliefs der Venus geweiht gewesen zu sein. Das Gesims zieren Reliefs von Schlangen zwischen Muscheln und Fischen; die Tafeln darunter tragen Reliefs mit Sternsymbolen und Bündel von Stäben unter dem Symbol für Jahresende. Ganz augen-

scheinlich wird hier das Ende einer 52-Jahre-Periode dokumentiert. Vielleicht wurde auf dieser Plattform das Neue Feuer, das Symbol des nächsten Zyklus, entzündet.

Der von hier nach Norden führende Sacbé durchschneidet die Stadtmauer und endet am **Cenote de los Sacrificios,** wo der Überlieferung nach ›Jungfrauen‹ geopfert wurden. Reste von Plattformen und einem kleinen Gebäude sind an seinem Steilrand erhalten. E. H. Thompson, der amerikanische Besitzer der Hacienda von Chichén Itzá, hat 1904–07 den 30 m tiefen Brunnen, dessen Boden mit einer 3 m dicken Schlammschicht bedeckt war, ausgebaggert, und Taucher haben ihn 1961 erneut untersucht. Hunderte von Stoffresten, Holzidolen, -zeptern, Jadeschmuckstücken, Goldplaketten und Kupferglöckchen wurden neben Skelettresten gefunden. Die geborgenen Knochen gehörten 13 Männern, acht Frauen und 21 Kindern im Alter zwischen eineinhalb und 13 Jahren. Jungfrauen konnten nicht nachgewiesen werden; ein alter Mann dürfte wohl aus Versehen hineingefallen sein. Die Funde bestätigen die bis zur Kolonialzeit üblichen Kinderopfer im Falle höchster Bedrängnis und Opferungen von Objekten vom 7. Jh. bis zur Kolonialzeit. Napot Xiú, der Fürst von Maní, soll hier 1536 bei einer Pilgerfahrt ermordet worden sein. Die meisten der Funde befinden sich heute im Peabody Museum der

Das sogenannte Observatorium von Cichén Itzá, im Hintergrund erkennt man den Castillo.

Harvard University. Einige Jade-Objekte mit Inschriften der Dynastie von Palenque (690) und eines Fürsten von Piedras Negras am Usumacinta (706), also mit Daten, die 200 Jahre vor den ersten Inschriftendaten in Chichén Itzá selbst liegen, sind sehr rätselhaft. Waren es Erbstücke, die im Lauf von Jahrhunderten von einer Hand zur anderen gegangen sind, bis sie als Opfer im Brunnen landeten, oder stammten Adlige des Ortes von den alten Dynastien im Süden ab? Die Kupferglöckchen dürften Importartikel aus dem Hochland (12.–15. Jh.) gewesen sein, und Material aus dem südlichen Mittelamerika ist für die goldenen Reliefbleche verarbeitet worden. Viele Opfergaben sind, bevor man sie in den Brunnen warf, zerbrochen oder durchbohrt, d. h. rituell getötet worden, und die Geber baten wohl um Wasser, aber auch um Vorhersagen für die Zukunft. Zwei andere Cenotes (Dolinen) lieferten das Wasser für die Bevölkerung der Stadt.

In der Nordwestecke des Hauptplatzes ist das Schädelgerüst (Náhuatl *tzompantli)*, wo die Köpfe der Geopferten ausgestellt wurden, mit einem Anbau versehen, dessen Seitenreliefs neben herzenfressenden Adlern einen toltekischen Krieger zeigen, der an seiner Sonnenscheibe auf dem Rücken und dem Helm mit Schmetterlingssymbol zu identifizieren ist. Es scheint sich um einen Geopferten zu

*Blick über den nörd-
lichen Ballspielplatz
(Juego de Pelota) von
Chichén Itzá; rechts
ein Jaguar vom
Templo de los Tigres,
im Hintergrund der
Templo del Hombre
Barbado.*

handeln, denn seine Beine sind fleischlos dargestellt, und aus seinem Körper wachsen neben Voluten auch Schlangen, beides Symbole für Blut. Solche Schädelgerüste sind im zentralen Hochland üblich gewesen, nicht aber bei den Maya. Die Ritualplattform daneben, auf der mit Papierwaffen ausgestattete Opfer in Schaukämpfen von einem Krieger mit echten Waffen abgeschlachtet wurden, wird **Plataforma de los Águilas** (›Plattform der Adler‹) genannt. Unter Reliefs von liegenden Kriegern sind hier herzenfressende Jaguare und Adler abgebildet, Symbole der Elitekrieger der Tolteken.

Die beiden letzten Gebäude gehören in ihrer Funktion zum **Juego de Pelota** daneben, dem größten und sicher schönsten Ballspielplatz Amerikas. Der untere kleine Bau mit seinem Jaguarthron ist zuerst angelegt worden (11. Jh.), der Rest der Arena später. Die Wände und Pfeiler der Halle, die auch einen Jaguarthron enthält, sind ganz mit ursprünglich bemalten Reliefs verziert. An den Pfeilern stehen auf Göttermasken, welche nach den beigefügten Schildkröten und Vögeln die Erde symbolisieren, reichgekleidete Männer und Frauen, um die sich gefiederte Schlangen winden. Wahrscheinlich sind hier Familienmitglieder des Herrschers abgebildet, der von hier dem Verlauf der Zeremonien auf dem *tzompantli* und der Adlerplattform folgen konnte. Die Wände zeigten – heute kaum noch erkennbar – Priester, Fürsten und Krieger beim Opfer für das Wachstum der Pflanzen vor dem Jaguarthron eines Herrschers im Sonnenkranz. Ein Ballspieler vor dem Altar ist nach der gefiederten Schlange hinter ihm ebenso wie die Krieger ein Tolteke gewesen. Der Tempel hoch über dieser kleinen Halle wird wegen der Reliefs von Jaguaren zwischen Schilden (an seiner Dachkante) **Templo de los Tigres** genannt. Der Zugang zu ihm ist heute leider gesperrt. In seinem Innern befinden sich, neben den üblichen Kriegerreliefs, an den Wänden auch bunte Fresken, welche an der Küste Yucatáns Landung und Sieg der Tolteken unter ihrem Anführer Kukulcán über die Maya unter dem Sonnenfürsten verherrlichen.

Die Talud-Basis der Spielfeldwände wird oben durch steinerne Schlangen abgeschlossen, und sechs fast gleiche Reliefs erzählen vom Schicksal der Verlierer: Vor dem mit einem sprechenden Schädel verzierten Ball, Symbol für den Tod, kniet der enthauptete Spielführer der Verlierer, wie sein Team hinter ihm noch in Spielkleidung und den Schläger oder Armschutz vor der Brust hinter den Gürtel gesteckt. Aus seinem Rumpf spritzt das Blut, auch in Form von Schlangen, und wächst eine Pflanzenranke, Symbol für das Wachstum der Vegetation. Der siegreiche Spielführer steht ihm mit seiner Mannschaft im Rücken gegenüber, das Opfermesser und das abgeschnittene Haupt des Verlierers in den Händen. Die senkrechten Spielfeldwände, der Grundriß, die extrem hohen Torringe, die Größe des Feldes und die große Zahl der Spieler sind atypisch für die Maya der klassischen Zeit. Heute spielen bei den Turnieren aber auch Maya. Das doppel-T-förmige Spielfeld wies an der Südseite eine überdachte Zuschauerhalle auf, und im Norden findet man den kleinen **Templo del Hombre Barbado,** an dessen Treppenrändern der Weltenbaum mit Tieren eingearbeitet ist. Die anderen Reliefs im Innern, vor allem der namengebende Bärtige, vielleicht der Herrscher Ah Meex Kuk (›Bärtiger Vogel?‹), sind heute kaum noch zu erkennen.

Im Süden des Hauptplatzes überwiegen typische Maya-Bauten. Auf dem Weg dorthin erreicht man aber zuerst die Pyramide, **Tumba**

Eines der Reliefs vom Ballspielplatz. Dargestellt ist die Enthauptung des Verlierers, dessen Kopf der Sieger (links) in der Hand hält, während aus dem Rumpf des Unterlegenen (rechts) Blut in Form von sechs Schlangen spritzt. Noch ungeklärt sind die Bedeutung bzw. Funktion der beiden unterschiedlichen Schuhe der Spieler.

del Gran Sacerdote, eine kleinere Ausgabe des Castillo. Die kürzlich beendeten Restaurierungen deckten aber einige Unterschiede auf: Die Pyramidenwände waren mit kaum noch erkennbaren Tierreliefs geschmückt, und an der Südseite aufgestellte steinerne Chak-Masken scheinen zu einem Vorgängerbau gehört zu haben, wie auch die Fragmente einer Stele mit Teilen des Fürstennamens Kakupakal. Vor der Osttreppe hat man ein rundes Podest, eine Venusplattform und ein halbunterirdisches Gebäude unbekannter Funktion gefunden. Der Rundbau könnte als Tanzpodium gedient haben. Unter der Pyramide gibt es eine natürliche Höhle, die über einen Schacht von der Cella aus erreichbar war. Hier hat man die Knochenreste von sieben Bestattungen gefunden mit Beigaben wie Keramik, Rochenschwänzen und Obsidian. Da die Stacheln als Nadeln für Blutopfer aus Lippe, Ohr und sogar Penis benutzt worden sein sollen, erklärte man einen der Toten zum Priester und gab der Pyramide die Bezeichnung ›Grab des großen Priesters‹. Ein Cella-Pfeiler trägt neben dem Relief eines Gefangenen das Datum 11. Tun (Jahr) im Katun (20 Jahre) 2 Ahau mit dem Tag 2 Ahau und der Monatsangabe 18 Mol, was der Langzeitangabe 10.8.10.11.0. = 998 entspricht. Schele und Freidel postulierten 1990 das Datum 842, welches allerdings nicht auf einen 11. Tun in Katun 2 Ahau fällt. In nachklassischer Zeit notierten die Maya kaum noch Langzeitangaben, sondern beschränkten sich neben dem Datum auf den Hinweis darauf, mit welchem Tag der nächste Katun beginnen würde.

An der **Casa Colorada** (›Rotes Haus‹) vorbei, einem Tempel im Puuc-Stil mit zwei Glyphendaten (869, 870), führt der Weg zum **Observatorio,** wegen seiner Wendeltreppe im Innern auch **Caracol** (›Meeresschneckenhaus‹) genannt wird. Der Rundbau ist ungewöhnlich, aber nicht einmalig, wie oft behauptet wird. Die Fenster oben dienten zur Beobachtung der Sterne; sie sind auf die höchste Sonnenpositionen bei Tagundnachtgleiche, den Äquinoktien, ausgerichtet. Ein heute fehlendes Inschriftenband und eine Stele geben Daten und Namen von Fürsten aus dem 9. Jh. an. Später hat man die innere rechteckige Ummantelung hinzugefügt und Fackelhalter in Form von toltekischen Steinköpfen auf der Außenkante angebracht. Die Fackeln könnten Hilfspunkte für die Beobachtung der Sterne gewesen sein. Als nächstes legte man die untere Plattform an und zuletzt die vorgelagerte Säulenhalle an der Westseite.

Der mächtige Block des **Edificio de las Monjas** (›Nonnenhaus‹) – hier sollen nach spanischer Vorstellung die ›Jungfrauen‹ vor ihrer Opferung gewohnt haben – ist in mehr als drei Etappen errichtet worden. Dies hat nicht zuletzt der Franzose Le Plongeon mit der Sprengung der Ostseite bewiesen. Das von ihm geschaffene Riesenloch zeigt deutlich die Anbauten an der rechten Seite. Im Gebäude des ersten Stockwerks (gesperrt) trugen die Türstürze Glyphenreliefs mit Daten und dem Namen des Fürsten Kakupakal (9. Jh.), über den später das Chilam Balam berichtet. Den Texten nach handelt es sich bei Las Monjas um die Manifestation der Herrscherfamilie, die hier

mit den wichtigsten Führern *(multepal)* und deren Müttern angeführt ist. Bei dem Obergebäude sind auch die unteren Teile der
Außenwände verziert, was Anklänge zum Chenes-Stil zeigt. Die
Ergänzungen im Erdgeschoß sind recht schmucklos und wie der
erste Bau im Puuc-Stil ausgeführt (8. Jh.?), mit Ausnahme des Anexo
del Este, eines Anbaus an der Ostseite.

Das kleine Gebäude daneben, fälschlicherweise **Iglesia** (›Kirche‹)
genannt, ist ein Meisterwerk im Mosaikstil (9. Jh.) mit einer Crestería
aus Chak-Masken, wie in Labná über der Front. Das Zickzackband
des Dachgesimses endet auf den Ecken in Schlangenköpfen, und
darunter sitzen zwischen drei Chak-Masken die vier Himmelsträger
(Bacabob).

Der schon erwähnte **Anexo del Este** ist an der ganzen Front mit
Chak-Masken dekoriert. Die Tür umgeben Chak-Rüssel, die an die
Zähne eines Rachens aus dem Chenes-Stil erinnern. Darüber hockt
ein prächtig gekleideter Fürst auf seinem Thron, und den Lintel ziert
ein Totenkopf zwischen sehr späten Glyphen, die nicht mit den sonstigen Inschriften am Ort zu vergleichen sind. Im Text wird der 10.
Kan Ek erwähnt, entweder ein Aspekt des Venusgottes oder ein
Titel, wie er noch zur Kolonialzeit von den Itzá am Petén-See in
Guatemala benutzt wurde. Das Datum 928 scheint das jüngste von
allen Inschriften in Chichén Itzá zu sein. Der kleine Hof wurde im
10. Jh. um eine Säulenhalle ergänzt und wohl für weltliche Belange
benutzt; der Anbau wirkt wie eine kleine Residenz.

Front des Anexo del Este bei der soge-nannten Iglesia von Chichén Itzá. Die Fassade ist mit Chak-Masken in Mosaik-technik verziert. Gut erkennbar die Rüssel-nasen des Regengot-tes, die gleichzeitig als Zähne im Monster-maul fungieren. Nach dem weiteren Schmuck handelte es sich um ein Gebäude für die öffentlichen Audienzen eines Kan Ek (Fürsten) der Itzás.

Etwas abseits liegt das Gebäude **Akab Dzib** (›Dunkle Schrift‹). Die beiden Flügel wurden später als der Kernbau angelegt, sind aber im gleichen schlichten Stil ausgeführt. Auf einem Türsturz in der Südkammer ist der Fürst Starke-Eidechse auf einem Kissen vor einem Räuchergefäß sitzend abgebildet. Es ist der gleiche Mann, der schon in der Cella-Inschrift der Casa Colorada einige Jahre früher erwähnt wird (880 hier).

Weiter im Süden liegen die Ruinen von **Chichén Itzá Vieja,** die für Glyphenliebhaber interessant sind, aber nur mit einem Führer besucht werden dürfen. Zu den im Urwald versteckten Ruinen gehören der Tempel der Phalli mit entsprechenden Steinidolen im Innern und der Tempel der Langzeitangabe dahinter, ein Türsturz mit Datum (879), welcher von zwei Atlanten getragen wird. Noch weiter südlich hat man in klassischer Zeit den Templo de los Tres Linteles und den Templo de los Cuatro Linteles erbaut, deren Türstürze Inschriften und Tierreliefs tragen. Von ersterem sind eigentlich nur die Türen erhalten (869). Der zweite Tempel ist restauriert und ein hervorragendes Beispiel des Puuc-Stils (881).

9 km östlich von Chichén Itzá weist ein Zeichen am Straßenrand auf die Höhlen von **Balancanchén** hin, wo ein unterirdischer Cenote von den Maya als Kultstätte für den Regengott genutzt wurde.

Im Osten der Halbinsel Yucatán

Cobá

Im dichten Urwald zwischen fünf Seen gelegen, besteht Cobá (›Bewegtes Wasser‹) aus mehreren Stadtteilen mit Häusern, Pyramiden und Ballspielplätzen. Ständig wird hier gegraben, konsolidiert und restauriert, und noch finden nur wenige Besucher den Weg hierher.

Vom 5.–9. Jh. legten die Bewohner zwischen den vielen Zentren der Stadt 47 Sacbeob (Straßen) an, die sogar bis zur 100 km entfernten Satellitenstadt Yaxuná führten. Aus der gleichen Zeit stammen die hohen, steilen Pyramiden im Stil von Petén (Guatemala), die in vielen Fällen später überbaut und umgebaut worden sind. Aus klassischer Zeit (613–780), als das einheimische Herrscherhaus eng mit Naranjo (Belize) in Verbindung stand, stammen die 34 skulptierten Stelen und Altäre, die man in den einzelnen Stadtzentren und an ihren Straßen aufstellte. Im 9. Jh., als Cobá zu den größten Städten auf der Halbinsel gehörte, scheint mit einem Kampf gegen Chichén Itzá der Niedergang begonnen zu haben. Fürst Ah Mex Kuk verließ seine Stadt Chichén Itzá und zog ca. 1027 im Haus eines Priesters von Cobá ein, und im 13. Jh. soll die Stadt wie viele andere Zentren Yucatáns zerstört worden sein. Die Überlebenden und ihre Nachfahren dürften noch etwa 100 Jahre in den Ruinen ihrer ruhmreichen Vorfahren gelebt haben.

Gleich am Eingang liegt der Kern der Stadt, **Grupo Cobá,** ein großer von Gebäuden umgebener Platz, an dessen Nordostecke die steile Pyramide **La Iglesia** aufragt. Sie wird Kirche genannt, weil die Indígenas vor Stele 11 (mit langem, leider erodiertem Glyphentext) seit etwa 30 Jahren zu einer Göttin Colebi beten und ihr opfern. Die Pyramide (gesperrt) und ihre Cella, in der man ein Opferdepot mit einer Jadefigur des Regengottes Chak gefunden hat (6./7. Jh.), stammen aus der klassischen Zeit. Der untere Treppenteil mit den zwei flankierenden Gebäuden ist später angebaut worden (8./9. Jh.). Die Fassaden der Räume waren ursprünglich mit Stuckreliefs verziert, von denen Fragmente gefunden worden sind. Der Ballspielplatz im Nordwesten ist über eine Treppe mit Kan-Zeichen und Totenköpfen mit der Pyramidenplattform verbunden. Dies war wohl der Weg, den die Verlierer auf ihrem Weg zum Opfertod nahmen. In die Schrägwände des Spielfeldes sind – bisher einzigartig bei den Maya – große Reliefs von Fürsten oder Spielern eingesetzt. Der zur Gruppe gehörende Palast liegt hinter der Pyramide im Osten.

Der Weg nach Osten folgt mehr oder weniger einem alten Sacbé und wurde mit bis zu 5 t schweren Steinrollen gewalzt. Über die zweite Abzweigung links gelangt man zum **Grupo Las Pinturas.** Die aus groben Steinen recht nachlässig konstruierte Pyramide stammt ebenso wie die Säulenhalle davor aus dem 12./13. Jh. Fresken über der Tür der heute gesperrten Tempel-Cella erinnern an die Wandmalereien von Tulum und zeigen verschiedene Götterbilder mit Beischriften. Bei den kuriosen Steinkisten der Säulenhalle unten hat man die Reste einer eher armseligen Bestattung oder eines Menschenopfers gefunden – ein Beweis für den Niedergang der Stadt in dieser Zeit.

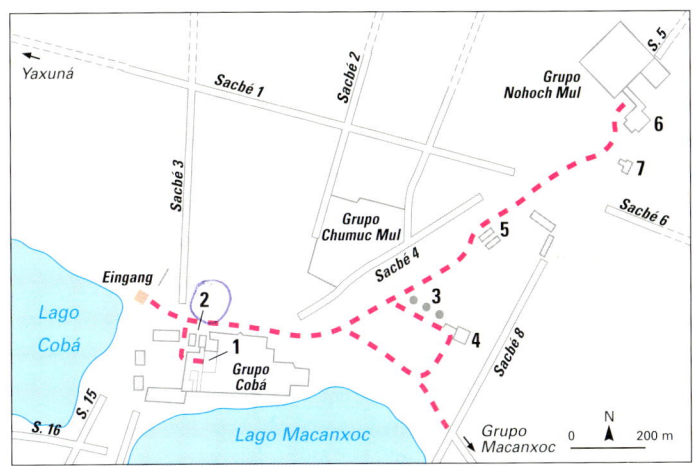

Cobá, Plan der archäologischen Zone:
1 *La Iglesia/Stele II*
2 *Juego de Pelota*
3 *Stelen*
4 *Las Pinturas*
5 *Grupo D*
6 *Pirámide Nohoch Mul*
7 *Stele 20*

*Die La Iglesia genann-
te Pyramide von Cobá
mit Stele 11 unter dem
Schutzdach*

Ein schmaler Saumpfad, von mehreren Stelen gesäumt, führt nach
Westen zurück zum Weg zur Pyramide Nohoch Mul. In typischer
Cobá-Art stellen die Stelenreliefs Fürsten des Ortes zwischen Gefangenen oder auf ihnen stehend dar (7./8. Jh.). Der weiche Kalksandstein ist sehr stark erodiert; von den langen Inschriften, die meist mit
einer Langzeitangabe oben links beginnen, ist kaum noch etwas zu
lesen. Daher konnte keine Herrscherliste des Ortes erstellt werden.

Ein Seitenpfad rechts erlaubt einen kurzen Abstecher zum nicht
ausgegrabenen **Grupo D,** wohl ein Ballspielplatz, mit Reliefs von
einem gebundenen bärtigen Verlierer (Panel 2), einem Sieger mit
Kreuzzepter (Panel 4) und einer Frau, die ein Baby im Arm hält
(Stele 30). Die gleiche Dame ist auf einer Platte beim Nohoch Mul
erwähnt, wozu diese Gruppe wohl gehört hat (7. Jh.). Kurz vor dem
Nohoch Mul (›Hoher Berg‹) steht die Stele 20. Der abgebildete Fürst
hält ein Bündel mit Schlangenköpfen an den Enden, das Zeichen
der Herrschaft und Vaterschaft, diagonal vor die Brust. Köpfe am
Gürtel zeigen an, daß es sich um einen *ahau* (›Herr‹, ›Fürst‹) handelt, der, wie die Gefangenen zu seinen Füßen zeigen, auch erfolgreich war (730?).

Vom **Nohoch Mul,** der höchsten Pyramide Yucatáns (42 m), hat
man eine gute Aussicht über die Seen und die grüne Waldfläche, aus
der nur die Spitzen der Pyramiden hervorragen. Der Bau wurde im
7. Jh. errichtet und dann mehrfach umgebaut; der Tempel oben, mit

dem Stuckrelief eines herabstürzenden Gottes über der Tür, ist wohl erst im 13. Jh. verziert worden. Stelenliebhaber sollten einen Abstecher zum **Grupo Macanxoc** machen, wo zwischen Palasttrümmern acht Stelen der klassischen Zeit gefunden worden sind.

Tulum oder das Ende der Maya-Architektur

Tulum (›Mauer‹, ›Festung‹) – ihr ursprünglicher Name lautete **Zama** (›Morgenröte‹) – liegt als einzige der größeren Maya-Ruinen direkt am Meer und bietet daher mit Tempeln, Klippen und Hafenbucht, heute der Badestrand, eine malerische Ansicht unter dem meist strahlend blauen Karibikhimmel (s. Abb. S. 283). Es ist der einzige Maya-Ort mit vollständig erhaltener Stadtmauer. Wie die Ecktürme und die engen Eingänge andeuten, diente sie zur Verteidigung, aber auch zur symbolischen Abgrenzung des religiösen Zentrums und Herrschaftssitzes innerhalb der größtenteils aus Hütten *(choza)* bestehenden Stadt. Nach außen geneigte Wände aus grobem Mauerwerk sowie Malereien und Stuckreliefs als Gebäudeschmuck sind die typischen Merkmale dieser spätklassischen Stadt (11.–15. Jh.).

Das interessanteste Gebäude ist der **Templo de los Frescos,** welcher in drei Etappen errichtet wurde. Die innere Kammer wurde zunächst mit einer Säulenvorhalle versehen und später um den Oberbau ergänzt. Die Ecken der Dachzone schmücken zwei Köpfe des Itzamná, des Göttervaters der Maya. In der Mittelnische dazwischen ist der ›Herabstürzende Gott‹, wohl der Bienengott Muzencab, abgebildet, und die Zwischenräume zieren menschliche Gestalten in Knoten oder Schlangen. Der Bienengott war wichtig, da für die Herstellung des berauschenden Ritualgetränks Balché Honig benötigt wurde. Im Obergeschoß saß in der Nische über der Tür ein Herrscher aus Stuck. Die Wände des ersten Baus innen sind ganz mit Fresken geschmückt gewesen. Thema der Abbildungen in fast mixtekischem Stil ist die Götterwelt der Maya – Ix Cheel, die alte Mondgöttin, ist noch am besten zu erkennen. Vor dem Eingang steht die heute unlesbare Stele 2. In der **Plataforma del Entierro,** neben einer kleinen Villa, ist ein Grab gefunden worden.

Palastartige Häuser mit Säulenvorhallen wie der **Gran Palacio** und die **Casa de las Columnas** sind wohl Residenzen von Adligen gewesen. Wegen der schönsten Darstellung des ›Herabstürzenden Gottes‹ wird der Gran Palacio für das Haus eines Priesters gehalten. Eine mehr symbolische Abgrenzung stellt die Mauer vor dem heiligen Bezirk mit dem **Castillo** und seinen Nebengebäuden dar (heute gesperrt). Den Haupttempel – er erinnert mit seinen Schlangensäulen in der Vorhalle an Chichén Itzá – hielten die Spanier 1518, von weitem gesehen, für einen Turm. Die Plattform davor wurde wohl für religiöse Tänze und Opfer benutzt; im kleinen Vierpfeilerbau daneben könnte das heilige Feuer, Symbol eines neuen Zeitzyklus, gebrannt haben.

In Verbindung mit der Stele, dem Grab und dem Palast auf der anderen Straßenseite könnte der Tempel der Fresken als Heiligtum eines verstorbenen Herrschers, vielleicht dem Gründer des Ortes geweiht, gedient haben.

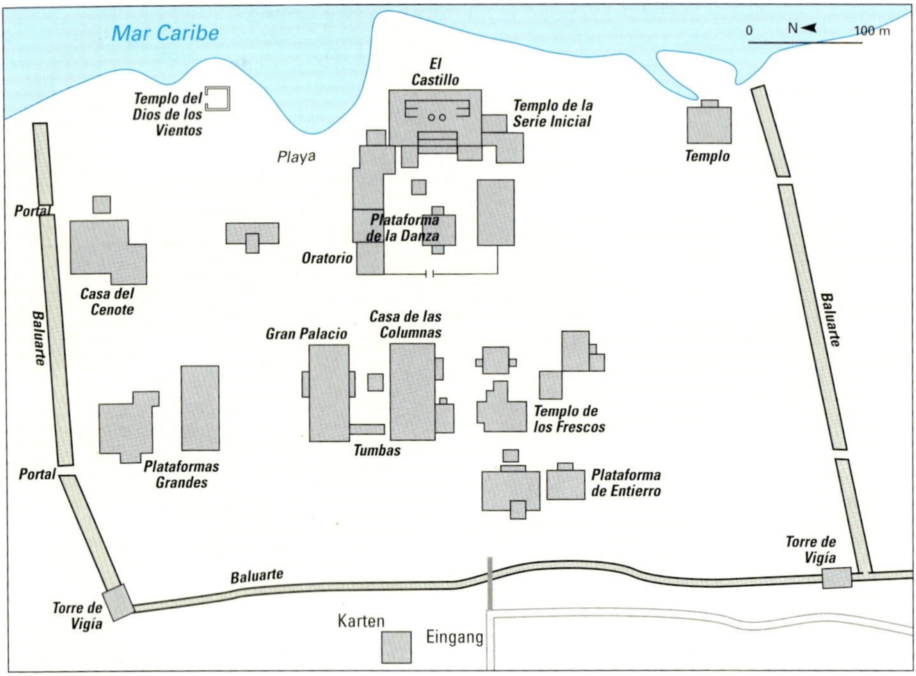

Mar Caribe

El Castillo

Templo del Dios de los Vientos

Templo de la Serie Inicial

Playa

Templo

Portal

Plataforma de la Danza

Oratorio

Casa del Cenote

Gran Palacio

Casa de las Columnas

Baluarte

Baluarte

Templo de los Frescos

Plataformas Grandes

Tumbas

Portal

Plataforma de Entierro

Torre de Vigía

Baluarte

Torre de Vigía

Karten

Eingang

Tulum, Plan der archäologischen Zone

Der **Templo de la Serie Inicial** (Edificio 9) ist nach der Langzeitangabe auf Stele 1 benannt, die heute im British Museum in London ist. Ihr Datum (564) läßt vermuten, daß die Gründer des Ortes ihren Stammbaum, also diese Stele, aus ihrem Heimatort Cobá oder Tancah hierher verpflanzt haben. Zwischen dem Castillo und dem kleinen Tempel im Süden, dem Windgott zugeschrieben, liegt die Hafenbucht von Tulum. Die Stadt, deren Straßen wie in europäischen Hafenstädten des Mittelalters parallel zur Küste verlaufen, lebte von der Seefahrt und dem Handel mit dem Hinterland.

Weitere, sehr kleine Ruinen können entlang der Küste bis nach Cancún und auch auf der Insel Cozumel besichtigt werden: Bei **Cancún** mit seinem Museo de Antropología liegt El Rey, an der Küste südlich der Touristenstadt Playa del Carmen finden sich die Stätten Xcaret, Xelhá, Tancah und Muyil. Auf **Cozumel** kann man außer dem Museum in San Miguel die Ruinen El Rey (auch El Castillo Real genannt) und El Caracol besuchen.

Chetumal

Die Hauptstadt des Bundesstaates Quintana Roo, deren Name vom alten Maya-Ortsnamen Chactemal (›Rotholzplatz‹) abgeleitet wurde, ist nicht gerade attraktiv zu nennen, aber ein guter Ausgangspunkt für die Besichtigung der Ruinen des Rio-Bec-Stils, und trotz der meist unerträglichen Hitze sollte man das örtliche **Museo de Antropología** besuchen. Die Statue des Gonzalo Guerrero, des Spaniers, der zum Maya wurde (s. S. 71), steht am Stadtausgang an der Ausfallstraße.

Kohunlich

Der Name der Ruinen, ›Palmenhügel‹, ist von den Corozo-Palmen und den Hügeln, auf dem sie zwischen den alten Gemäuern wachsen, abgeleitet. Nach den Keramikfunden und der Architektur war diese in ihrer Ausdehnung nur mittelgroße Stadt hauptsächlich in der Zeit von 450 bis 600 und dann nach einer Unterbrechung von 200 Jahren bis zum 11. Jh. besiedelt und ausgebaut worden.

Die Nordgruppe, links des Weges zum Zentrum, wurde zunächst recht großzügig geplant, doch hat man später kleine Häuser hinzugefügt. Wegen der Kleinfunde, der Gebäudeform und der Schlafbänke in manchen Räumen wird diese Anlage für den Wohnpalast der Mitglieder des herrschenden Geschlechts gehalten. Südlich davon wird die linke Seite eines Platzes von der **Akropolis** eingenommen, wo nach den erodierten Stelen auf der Treppe der Herrscher regiert haben sollte; außerdem hat man hier weder Gebrauchskeramik noch Hinweise auf Bestattungen gefunden. Der sehr enge Zugang läßt fast vermuten, daß es unsichere Zeiten waren, als die Fürsten von dieser Residenz aus ihr kleines Reich verwaltet haben (9.–11. Jh.). Mehrere Etappen von Aus- und Umbauten lassen sich

Prachtvolle Strände säumen die Küste der Yucatán-Halbinsel.

327

nachweisen, und die Basisplattform überdeckt einen Vorgängerbau. Runde Türleibungen, Scheintürme und Ecksäulen entsprechen den Kriterien des Rio-Bec-Stils.

Auf der anderen Platzseite erhebt sich ein Tempel, und dahinter liegt der ehemals dichtbebauteste Teil des Ortes, das **Handwerkerviertel.** Eine Spezialität der Bewohner war die Verarbeitung von Muschelschalen zu Schmuck. Im Nordosten der Plaza liegt der **Ballspielplatz** (10. Jh.), bei dem Steinbälle gefunden worden sind, die wohl wie die steinernen Nachbildungen der Armschützer Weihgaben gewesen sind.

Das Juwel von Kohunlich ist die **Pyramide der Masken** (5. Jh.), deren spätklassische Überbauung (um 800) die Stuckreliefs der ersten Fassade vor der Zerstörung bewahrt hat. Die Wände der Pyramidenabsätze zieren menschliche Köpfe, die oben und unten von glyphenartigen Götterköpfen begrenzt und mit ganz unterschiedlichem Ohrschmuck versehen sind (s. Abb. S. 34). Ähnliche Köpfe sind in Lamanai (Belize) gefunden worden. In die Augen sind die Symbole Uinal und Kin (20 Tage und Sonne, Tag) eingeritzt, und den Mund ziert eine Art Bart, ähnlich einer Glyphe und dem Kopf des jungen Maisgottes Yum Kax (›Bündelvater‹). Die einzelnen Zähne sind, wie beim Sonnengott häufig zu sehen, T-förmig zum Zeichen Ik (Maya-Glyphe und Wort für Seele und Wind) geformt und tragen unterschiedliche Glyphengravuren. In den Nasenlöchern stecken Riechkügelchen aus Ambra. Die Substanz kommt von Pottwalen, ist auch heute noch Grundstoff von Parfüms und wurde schon von den Maya-Adligen benutzt. Die quadratische, abgerundete Zierplatte der Ohrpflöcke enthält die Glyphe Pakal (›Gründung‹, ›Schild‹), der Tierkopf darüber kann *xok* (›gehorsam‹) gelesen werden, der zoomorphe Kopf darunter *kul* (›Fürst‹). Dazwischen sind die Zeichen *kax* (›Bündel‹) eingearbeitet. Die Abbildungen sind also nicht nur als Hinweise auf die Götter zu verstehen, sondern auch als eine Manifestation der vergöttlichten Herrschervorfahren. Es handelt sich also wohl um eine Art Ahnentempel.

Zur Wasserversorgung der Bevölkerung legte man neben den Chultunes auch noch große offene Wasserbecken an. Weiter westlich liegen dicht an der Hauptstraße einige Ruinen im in dieser Region zur spätklassischen Zeit üblichen Rio-Bec-Stil.

Die meisten der frühklassischen Göttermasken an den Wänden der Pyramide der Masken weisen mit ihren Schmuckdetails in Glyphenform auf Herrscher oder einen Gründungsvorgang hin.

Die Rio-Bec-Region

Xpujil

Der Ort der ›Katzenschwänze‹ weist zwar nur eine sehenswerte Gebäudegruppe auf; aber die ist mit ihren hoch aufragenden Scheinpyramiden direkt an der Asphaltstraße nicht zu übersehen und auf jeden Fall einen Stopp wert.

Estructura 1, die auf einer niedrigen Plattform steht, scheint eine fürstliche Residenz gewesen zu sein, deren sechs zentrale Haupträume links und rechts von Tempeltürmen mit gerundeten Ecken gerahmt werden. Die Stufen haben fast keine Tiefe, und die Eingänge zu den Cellae auf der Spitze sind Scheintüren; die Türme waren also nur Symbole für Tempel. Die Mitteltür flankieren Reihen frontaler Göttergesichter und die Seitentüren Götterköpfe im Profil. Über diesen Türen der Ostseite saßen die auch im Chenes- und im Puuc-Stil üblichen Regengottmasken. Göttermasken-Absätze in den Treppen der Türme symbolisieren Opferplattformen, und die Türen der Scheintempelchen auf den Turmspitzen rahmen die ›Drachenmäuler‹ des Chenes-Stils. Der dritte Turm in der Mitte hinter den zentralen Räumen wird an der Westseite, seiner Front, von zwei Räumen flankiert. Seine Front ist am besten erhalten; aber auch die Rückseite, die Front des Gesamtgebäudes, war mit den gleichen Götterköpfen verziert.

An der südlichen Schmalseite ist die schmale Passage eines Lieferanteneingangs erhalten und innen eine Treppe zum Dach der zentralen Haupträume, das wohl für öffentliche Ankündigungen genutzt wurde. Die Residenz mit ihrem aus drei verschiedenen Stilen zusammengesetzten Bauschmuck ist wohl ins 8. Jh. zu datieren. Die in der Umgebung verstreut liegenden anderen Gebäudegruppen sind weniger interessant.

Becán

Menschliche Besiedlung ist für Becán (›Graben‹) schon für vorchristliche Zeit nachgewiesen. Der große Graben, mit dem das religiöse und weltliche Zentrum geschützt wurde, ist bisher einmalig und entstand um 250, als die Zeiten sehr unsicher gewesen sein müssen und die Bevölkerung abnahm. Über sieben Dämme gelangte man zu den um vier Plätze gruppierten Gebäuden des Zentrums, das an der Peripherie sicher von den üblichen Hütten umgeben war. In friedlichen Zeiten (6. Jh.) hat man den niemals mit Wasser gefüllten Wehrgraben als Müllkippe benutzt und auch die Gebäude im Rio-Bec-Stil errichtet. 200 Jahre später begann der langsame Niedergang und die Bautätigkeit wurde eingestellt. Ab dem 12. Jh. wurde der Ort nur noch sporadisch zur Verehrung der Götter besucht.

Estructura I mit ihren zweistöckigen Raumreihen an der Südseite und den dahinterliegenden, die Ecken betonenden Scheinpyramiden wirkt wie ein Verwaltungsbau (um 600), wo Würdenträger oder Beamte für die Bewohner der Häuser am rückwärtigen Platz die Abgaben der Untertanen in Empfang nahmen. **Estructura II** an der westlichen Hofseite dürfte mit ihren Doppelräumen an der Front und dem Oberbau auf der Pyramide dahinter von den lokalen Fürsten als Residenz bei Audienzen genutzt worden sein (7. Jh.). Kreuzmotive, Zahnleisten und Gittermuster zieren die Fassade.

*Becán, Zeremonial-
plattform im Hof vor
Estructura III und
Estructura IV (mehr-
stöckig)*

Estructura IV im Norden des Hofes war ein Wohnpalast (um 800), der auf einem älteren, nach Norden ausgerichteten Gebäude (3. Jh.) errichtet wurde, das aber wie in Palenque weiter benutzt wurde, vielleicht von den Dienern oder entfernten Verwandten des Herrschers. Eine kleine Tür im Süden führt zu den um einen kleinen Hof angelegten Räumen auf der Spitze. Der Wandschmuck und selbst einige Stufen sind als Götterköpfe gestaltet (8. Jh.).

Ein Pfad führt in nordwestlicher Richtung über den nächsten Hof, vorbei an **Estructura V** und **VI,** zum dritten Hof mit der großen Pyramide **Estructura IX** an der Nordseite, die sicher ein Tempel war. Im Westen dieses Platzes liegt, gegenüber von Estructura VIII im Osten, die im Chenes-Stil geschmückte **Estructura X** (7. Jh.). Eine Stufe der Zentraltreppe ziert die Glyphe Ahau (›Herr‹, ›Fürst‹), und die Mitteltür oben ist mit dem typischen Drachenmaul des Chenes-Stils verziert. Zusammen mit den zwei Raumflügeln an der Basis hat sie wohl eine beeindruckende Residenz abgegeben (8. Jh.). An ihrer Rückseite liegt der Ballspielplatz, **Estructura XI.**

Es hat ganz den Anschein, als hätten die Fürsten von Becán, ähnlich wie ihre Zeitgenossen in Palenque, im Lauf der Zeit verschiedene Wohn- und Regierungspaläste angelegt.

Chicanná

Die ›Haus des Schlangenmauls‹ genannte Ruinenstätte besteht aus mehreren Komplexen, von denen Grupo A und D die vielleicht schönsten Gebäude der Halbinsel Yucatán enthalten. Südlich von kleinen Höhlen und Chultunes (Wasserreservoirs) bilden die vier Gebäude **Estructuras I–IV** den Hofkomplex des **Grupo A.** Die zentrale Tür von **Estructura II** im Osten rahmen das Drachenmaul, zusammengesetzt aus zwei Schlangenmäulern im Profil, und eine Chak-Maske über dem Lintel, im Detail dem Bauschmuck von Hochob ähnlich (s. S. 289). Die Türen der Seitenräume sind als Abbildungen von Hütten ausgeführt, und die Gesimszone sollte mit Statuen aus Stuck oder Stein verziert gewesen sein. An den glatten Flächen zwischen den Türen sind Reste eines Glyphentextes erhalten, der in Rot auf weißen Verputz gemalt war, und auf dem Dach sieht man die Ansätze der Crestería.

Gegenüber diesem Chenes-Bau (um 750) liegt **Estructura I**, im Rio-Bec-Stil (um 700) mit zwei Scheinpyramiden an den Ecken und senkrechten Friesen von Götterköpfen im Profil zwischen den Türen der zentralen Räume. **Estructura III** an der Nordseite des Platzes mit Halbsäulen als Fassadenzier und einem Tierkopf als Türstufe entstand als letztes Gebäude (850–1050) der Gruppe. Alle Gebäude dürften von Adligen oder Fürsten bei offiziellen Anlässen benutzt worden sein, möglicherweise sogar von verschiedenen Geschlechtern.

Südwestlich von dieser Gruppe befindet sich **Grupo C** mit den frühesten Gebäuden (400–650), die als erstes nach einer Besiedlungspause von 200 Jahren angelegt worden sind. Im Nordosten steht im **Grupo D** mit **Estructura XX** noch ein hochinteressantes, zweistöckiges Gebäude im Chenes-Stil, das in zwei Phasen erbaut worden ist (750–800). Im Innern sind Bänke mit Stuckköpfen verziert und im Campeche-Museum befinden sich drei bemalte Schlußsteine aus diesen Räumen.

Weitere sehr interessante, leider aber recht unzugängliche Ruinen sind in **Río Bec**, **Hormiguero**, **Calakmul** und **Balamku** zu finden. Die frühklassischen Stuckfassaden von Balamku mit Tieren, Göttern und Symbolen sind erst vor ein paar Jahren entdeckt worden.

Glossar der Fachbegriffe

Adobe luftgetrockneter Lehmziegel

Adoratorio kleine, niedrige Plattform für Opfer- und Tanzzeremonien

Akropolis Stadtburg; Elite- und religiöses Zentrum mittelamerikanischer Ruinenstädte

Alfarda schräge, meist verzierte Randfläche rechts und links von Treppen

Al Fresko Auftrag der Farbe auf feuchten Putz; die so gemalten Wandbilder sind sehr haltbar

Apsis Altarnische

Archaische Erzählweise Handlungen, die zeitlich nacheinander erfolgen, werden nebeneinander abgebildet

Atlanten als Menschen gestaltete Säulen oder Pfeiler, die Türstürze oder Dachbalken tragen

Atrium Vorplatz

Basilika mehrschiffiges Gebäude mit erhöhtem Mittelschiff

Canide Fleischfresser aus der Gattung der Hundeähnlichen

Camarín Umkleidezimmer

Capilla abierta vorne offene Kapelle mit Altar auf dem Vorhof einer Kirche, wo in der frühen Kolonialzeit die Messe für die Indígenas abgehalten wurde, da Eingeborene die Kirche nicht betreten durften

Capilla posa Kapelle an der Ecke von Kirchenvorhöfen, die bei Prozessionen als Kreuzwegstation dienten

Caracol Strombus giga, Meeresschnecke mit großem Gehäuse; in der Amerikanistik Begriff für ein Bauglied in Form des Muschelhauses, (Äußeres oder auch im Schnitt)

Cella Hauptraum im Tempel

Cenote abgeleitet vom Maya-Begriff *dzonot*, eine durch Einbruch einer Höhlendecke entstandene Doline, die oft als Wasserreservoir genutzt wird

Chac Mool liegende menschliche Figur, meist aus Stein, mit Opferschale auf der Brust; sie symbolisiert den Boten, der das Opfer zu den Göttern trägt

Chak-Maske Frontal- oder Seitenansichten eines Götterkopfes mit Rüsselnase, die von den Maya oft als Bauschmuck verwendet wurde

Chenes spätklassischer Architektur-Stil im Gebiet von Hochob (Yucatán), bei dem Eingänge als Tier- oder Monster-Rachen gestaltete wurden

Chultun Maya-Begriff für eine flaschenförmige künstliche Aushöhlung im Erdboden, die als Magazin oder Wasserreservoir genutzt wird

Churrigueresker Stil spätbarocker Architekturstil, der sich besonders durch Pfeiler in Form von auf den Kopf gestellten Obelisken auszeichnet

Codex (Pl. Codices) vorspanische Handschrift aus Mittelamerika

Colonnette-Stil Maya-Architekturstil (750–850), dominierendes Element des Bauschmucks sind aneinandergereihte Halbsäulen

Creole (Kreole) von romanischen Einwanderern und Indígenas abstammender Mittelamerikaner

Cresterΐa span. Kamm, Dachkamm auf einem Maya-Gebäude, der es wie eine Scheinfassade höher erscheinen läßt und häufig mit Skulpturen- und Stuck-Schmuck verziert war

Cristeros Parteigänger der Kirche in Mexiko

Devise auf dem Rücken eines Kriegers mit einer Stange befestigtes Feldzeichen

Dorisches Kapitell oberer Abschluß von Säulen oder Pfeilern, der durch einen schlichten Ringwulst gebildet wird

Encomienda span. Komturei, im spanischen Kolonialreich das Recht, in einem bestimmten Gebiet von der Bevölkerung Tribut und Fronarbeit einzufordern

Encomendero Besitzer einer Encomienda

Estípite kunstgeschichtlicher Begriff für auf den Kopf gestellte obeliskenförmige Pfeiler, wie sie im Ultrabarock und churrigueresken Stil üblich waren

Gachupines spanische Verwaltungsbeamte oder Offizielle in Mexiko

Hacha span. Axt; Nachbildung eines Knieschutzes für Ballspieler

Hacienda Plantage

Haciendero Plantagenbesitzer

Hämatit Eisenoxyd-Mineral

Hallenkirche ein- oder mehrschiffige Kirche mit überall gleichhohem Dachstuhl

Herme menschliche Halbfigur auf rechteckigen Schaft als Atlante verwendet

Ionisches Kapitell oberer Abschluß von Säulen oder Pfeilern, mit Doppelvolute als Schmuck

Jadeit Mineral Sodium-Aluminium-Silikat, Farbe meist grün (schwarz auch möglich) mit weißen oder grauen Streifen.

Karyatide weibliche Trägerfigur (Atlante)

Kielbogen Bogen in Form eines Bootprofils

Kiva halbunterirdischer, meist runder Versammlungsraum für die Männerbünde nordamerikanischer Indianer

Kompositkapitell oberer Abschluß von Säulen oder Pfeilern, dessen Schmuck aus Akanthus (Distel)-Blättern und Ionischer Doppelvolute besteht

Konsole aus der Mauer vorspringender Tragstein

Korinthisches Kapitell oberer Abschluß von Säulen oder Pfeilern in Form von Akanthus-Blättern (einer Distelart)

Langzeitdatierung Zeitangabe bei den Maya ab 3114 v. Chr. bis zum angegebenen Datum

Lateinisches Kreuz Kreuz mit einem längeren Arm

Lienzo Handschrift der Indígenas Mexikos aus der spanischen Kolonialzeit

Lintel Tür- oder Fenstersturz

Lisene senkrechter, pfeilerähnlicher Mauerstreifen ohne Kapitell und Basis

Malteserkreuz Kreuz mit vier schwalbenschwanzförmigen, gleichlangen Armen

Mapa siehe lienzo

Mariachi typische mexikanische Musik mit Blech- und Saiteninstrumenten, während der Revolutionszeit entwickelt

Mäander Wellenband

Mehrpaßbogen Bogen, der sich aus mehreren Kreisausschnitten zusammensetzt

Merlon meist stufenförmige Dachzinne

Mestizo Mischling von Weißen und Indígenas

Metopen Bildfeld in der ornamentalen Gebälkzone eines Gebäudes

Mika silbrig weißes, hochglänzendes schieferartiges Mineral

Mudéjar Bezeichnung für arabisch inspirierte Motive, Ornamente und Techniken in der spanischen Baukunst aus der Zeit nach der Reconquista 16. Jh.

Muse Göttin der Kunst

Muschelkalotte Kugelkappe als geöffnete Muschel verziert

Nagelkopf/Nagelfigur Kopf oder Figur mit Steinzapfen an einem Ende zum Einsetzen in eine Gebäudewand

Oligarchie Herrschaft einer kleinen Gruppe

Oratorio Bethaus, Hauskapelle

Palma span. Hand; Nachbildung eines Arm- und Handschutzes für Ballspieler

Parroquia Pfarrkirche

Pfefferbüchse Türmchen in zylindrischer Form für Scharfschützen auf Mauerkronen

Piano nobile Repräsentationsraum

Plateresker Stil Ornamentik in Stuck, Stein oder Holz, welche Silbertreibarbeiten imitiert

Plaza span. Platz; in Ruinenanlagen jeder größere Platz, der auf drei oder mehr Seiten von Gebäuden begrenzt wird

Propyläen Vorhalle

Puuc-Mosaik Architektur der Maya in Yucatán, die aus vielen kleinen Steinen zusammengesetzt wurde

Pyrit Mineral, Eisendisulfid, oft mit Nickel- oder Kobaltanteilen, hochpoliert reflektierend wie ein Spiegel

Refektorium Speisezimmer in Klöstern

Rio-Bec-Stil Architektur der Maya in Yucatán, die mit Scheinpyramiden arbeitete

Risalit vorspringender Gebäudeteil

Rosario Rosenkranz-Kapelle

Retablo Altar

Sacbé künstlich angelegter, befestigter Weg der Maya (weißer/künstlicher Weg)

Sagrario Sakramenthaus

Salomonische Säule Säule mit gedrehtem Schaft

Serpentin Mineral, Magnesium-Silikat, oft olivgrüne Farbe

Schlußstein Stein im Scheitelpunkt eines Bogens oder Gewölbes

Stele freistehender monolithischer Stein, oft auf einer oder mehreren Seiten verziert

Sternrippengewölbe Rippengewölbe (aus vorspringenden Rippen) in Form eines Sternes

Tablero funktionaler und dekorativer senkrechter, häufig gerahmter, oberer Teil von Plattform- oder Pyramidenwänden

Talud schräge Wandbasis, meist ist der Tablero darauf gesetzt

Tequitqui frühkoloniales Kreuz ohne den Körper Christi, aber mit ikonographischen Hinweisen auf seine Kreuzigung

Tezontle Náhuatl: Vulkanstein

Theokratie Priesterherrschaft

Tianguis Náhuatl: Markt

Triglyphen drei senkrechte Streifen zwischen den Metopen

Tzompantli Náhuatl: Schädelgerüst

Villa, befestigte italienischer Landhaustyp der Renaissance mit verstärkten Ecken

Volador span.: Flieger s. S. 209

Yugo span. Joch, Bezeichnung für steinerne Nachbildungen von Schutzgürteln für das altmexikanische Ballspiel

Zackenbogen Bogen mit nach innen vorspringenden Spitzen

Ausgewählte Literatur

Belletristik

FUENTES, Carlos: La Campana, Hamburg 1990; Chac Mool, München 1982; Der vergrabene Spiegel, Hamburg 1992

PAZ, Octavio: Das Labyrinth der Einsamkeit, Frankfurt 1974

Ausstellungskataloge

Die Welt der Maya, Eggerbrecht, Eva und Arne, Grube, Nicolai Hg., Zabern, Mainz 1992

Glanz und Untergang des Alten Mexiko, Eggebrecht, Arne, Hg., Zabern, Mainz 1986

Jaguarmenschen und Adlerkrieger, Museum für Völkerkunde, Berlin 1991

Lebende Tote, Ganslmayr, Herbert, Hg., Eichborn, Frankfurt/M. 1986

Natur, Geschichte und Kultur

ANDERS, F. und JANSEN, M.: Schrift und Buch im alten Mexiko, Graz 1988

ANZENEDER, Robert u. a.: Pflanzenführer Tropisches Lateinamerika, Goldstadt 1993

BAUDEZ, Claude-Françoise und P. Bequelin: Die Maya, München 1985

BAUDEZ, Cl.-F. und PICASSO, S., Versunkene Städte der Maya, Ravensburg 1990

BORIS, Dieter: Mexiko im Umbruch, WBG, Darmstadt 1996

BOTTINEAU, Yves: Architektur der Welt, Barock Westeuropa und Lateinamerika, Office du Livre, Fribourg, 1969

BRIESEMEISTER, Dietrich und ZIMMERMANN, Klaus, Hg.: Mexiko heute – Politik, Wirtschaft, Kultur, Frankfurt 1996

EWALD, Ursula: Mexiko, Kohlhammer, Stuttgart 1994

HAFKEMEYER, J.: Mexiko. Zwischen Maya und Moderne, Westermann, Braunschweig

HELLMUTH, Nicholas M.: Monster und Menschen in der Maya-Kunst, Graz 1987

FREIDEL, David und SCHELE, Linda: Die unbekannte Welt der Maya, München 1991

GOCKEL, Wolfgang: Die Geschichte einer Maya-Dynastie, Zabern, Mainz 1988

LANDA, Diego de: Berichte aus Yucatán, Lebensweise und Kultur der Maya, Hg. Carlos Rincón, Leipzig 1990

LINDEN, H.: Das Ballspiel in Kult und Mythologie der mesoamerikanischen Völker, Hildesheim 1993

MALER, Teobert: Auf den Spuren der Maya, Graz 1992

HEINRICH, Walter: Altamerikanische Kalender, Inti-Verlag, Trier 1993

PREM, Hanns J. und DYCKERHOFF, Ursula, Hg.: Das alte Mexiko, Bertelsmann, München 1986

RÄTSCH, Christian, Hg.: Chactun – Die Götter der Maya, Köln 1986

SARTORY,. Gertrude: Früh-welkende Blumen, Aztekische Gesänge, Herderbücherei, Freiburg 1983

SCHELE, Linda und FREIDEL, David (Hg.), Die unbekannte Welt der Maya, München 1991

SOUSTELLE, Jacques: Die Olmeken – Ursprünge der mexikanischen Hochkulturen, Zürich 1980

STEPHENS, John Lloyd: In den Städten der Maya – Reisen und Entdeckungen in Mittelamerika und Mexiko 1839–42, Köln 1980,

STIERLIN, Henri, Die Kunst der Maya, Taschen, Köln 1994

STIERLIN, Henri, Maya. Paläste und Pyramiden im Urwald, Taschen, Köln 1997

WESTPHAL, Wilfried: Die Maya, Volk im Schatten seiner Väter, Bindlach 1991

Europäische Entdecker vor dem heute mit einer Kirche überbauten Tempel des Maya-Gottes Itzamná beim Dorf Izamal auf der Yucatán-Halbinsel, Stich von Catherwood, 1839–41

Praktische Reise-Informationen

Hinweise für die Reiseplanung

Informationen für unterwegs

Nützliche Informationen von A bis Z

Hinweise für die Reiseplanung

Auskunft

Da die staatlichen mexikanischen Verkehrsämter im Ausland 1998 geschlossen wurden, kann man sich über Land, Leute und Kultur nur in der Literatur informieren oder eines der vielen Reisebüros besuchen, die Reisen nach Mexiko anbieten.

In Mexiko erteilen die mexikanischen Tourismusbüros Auskunft in mehreren Sprachen. Secretaría de Turismo, Presidente Masaryk 172, Col. Polanco/Chapultepec, 11587 México D. F, Info allgemein ✆ 5/2 50 81 58, Touristeninform. ✆ 2 50 01 23, über die Hauptstadt in Englisch ✆ 5/5 25 93 80. Überall im Land unter ✆ 91/800/9 03 92, rund um die Uhr und kostenlos.

Bei Beschwerden und Notfällen wenden Sie sich an das Department of Tourist Security, ✆ 250 01 51 und 250 05 89.

Reisepapiere

Für die Einreise werden ein noch mindestens sechs Monate gültiger Reisepaß und eine Touristenkarte benötigt. Bei einem Aufenthalt von über 90 Tagen braucht man ein Visum. Die Touristenkarte wird im Flugzeug, vom Reiseveranstalter oder bei der Paßkontrolle ausgehändigt und bei letzterer auch gestempelt. Ein Durchschlag der Karte bleibt im Paß und muß bei der Ausreise abgegeben werden. Bei Verlust der Karte muß man eine Gebühr entrichten und eine neue Karte ausfüllen.

Diplomatische Vertretungen

In Mexico City
Embajada de Alemania,
Lord Byron 737
Del. Miguel Hidalgo,
Col. Polanco
11580 México D. F.
✆ 5/2 80 54 09
Fax 5/2 81 25 88

Embajada de Austria
Sierra Tarahumara 420
Col. Chapultepec, Del. Hidalgo
11000 México D. F.
✆ 5/2 51 97 92
Fax 5/2 45 01 98

Embajada de Suiza
Torre Óptima, 11. Stock,
Paseo de las Palmas 405
Col. Lomas de Chapultepec
11050 México D. F.
✆ 5/5 14 17 27

In Cancún
Consulado de Alemania
36 Punta Conoco, SM 24, DT.,
✆ 98/84 12 25

Consulado de Austria,
4 Cantera St., SM 15, DT.,
✆ 98/84 75 05

Consulado de Suiza
Caesar Park Golf
& Beach Resort, HZ.
✆ 98/81 80 00
Fax 98/81 80 80

In Deutschland

Mexikanische Botschaft
Adenauerallee 100
53113 Bonn
☎ 0228/48 60
Fax 0228/14 86 19
Generalkonsulate gibt es in Berlin, Hamburg und Frankfurt/M., Honorarkonsulate in Bremen, Hannover, München und Stuttgart.

In Österreich

Mexikanische Botschaft
Türkenstr.15
1090 Wien
☎ 0222/3 10 73 83
Fax 0222/3 10 73 87

In der Schweiz

Mexikanische Botschaft
Bernastr. 57
3005 Bern
☎ 031/3 51 18 75
Fax 031/3 51 34 92
Honorarkonsulate gibt es in Basel, Genf und Zürich.

Reisezeit

Die angenehmsten Temperaturen und wenigsten Niederschläge sind in den Monaten September bis November und Februar bis Mai zu erwarten. Die Sommermonate sind für die meisten Europäer zu heiß. Im Hochland liegen die Tagestemperaturen im Durchschnitt bei 20–25 °C und in der Nacht um 15 °C. Während der Regenzeit von Juni bis Anfang September kommt es am Spätnachmittag regelmäßig zu heftigen Schauern. Auf der Halbinsel Yucatán und im südlichen Tiefland ist ganzjährig mit Temperaturen von 27 °C und mehr zu rechnen. Eine besonders hohe Luftfeuchtigkeit wird vor allem in Palenque und Villahermosa gemessen.

Gesundheitsvorsorge

Für alle Reisenden sind Polio- und Tetanus-Schutz anzuraten. Wer billig ißt und wohnt, sollte auch Hepatitis- und Typhus-Vorsorge treffen. Für die Golfküste und das tropische, südliche Tiefland empfiehlt sich zudem eine Malaria-Prophylaxe. Fast jeder Mexiko-Besucher benötigt früher oder später ein Mittel gegen Durchfall (Moctezumas Rache, auch *El Turista* genannt), vor allem wenn er die Swimmingpools benutzt. Gegen den Flüssigkeitsverlust bei Durchfall sollte man Salztabletten oder Elektrolytpulver einnehmen. Bei Einreise aus einem anderen tropischen Land sind die entsprechenden Impfvorschriften zu beachten.

Devisenvorschriften

Devisen sind frei konvertierbar und können bis zum Betrag von 15 000 US-$ undeklariert eingeführt werden. Höhere Summen müssen in der Zollerklärung angegeben werden.

Zollvorschriften

Zollbestimmungen und Zollkontrollen sind für Touristen sehr großzügig geregelt. Gegenstände des persönlichen Gebrauchs sind frei. Dazu gehören auch bis zu 3 l Alkohol, 400 Zigaretten und 24 Filme, aber keine Drogen.

Anreise

Fast alle großen europäischen und amerikanischen Fluglinien bieten Verbindungen von Europa nach Mexiko an. Dies gilt auch für einige Chartergesellschaften wie Condor (Flüge nach Cancún) und die beiden mexikanischen Fluglinien Aeroméxico (Lersnerstr. 23, 60322 Frankfurt/M., ✆ 069/55 76 79) und Mexicana (An der Trift 65, 63303 Dreieich, ✆ 06103/ 98 79 31).

Pauschalreisen nach Mexiko kann man bei vielen Veranstaltern buchen. Echte Studienreisen findet man weniger häufig und viele werden dem Land nicht gerecht. Um bösen Überraschungen und Enttäuschungen vorzubeugen, sollte man die jeweiligen Programme genau studieren und vergleichen. Von den USA aus kann man mit dem Flugzeug, der Eisenbahn, dem Bus oder dem Auto nach Mexiko reisen, von Belize und Guatemala aus nur per Bus, Auto oder Flugzeug.

Ankunft in Mexico City

Die Fahrscheine *(boleto)* für die Touristentaxen vom Flugplatz (im Osten) in die Innenstadt kauft man im Flughafengebäude; ›wilde‹ Taxis sollte man wegen der Gefahr von Raubüberfällen auf keinen Fall benutzen. Auf der Insurgentes und der Reforma verkehren die Busse der Linie 100 und Sammeltaxis *(colectivo)*, meist VW-Käfer, denen man sein Fahrtziel zuruft. Sie arbeiten wie alle offiziellen Taxen mit Taxameter; man zahlt aber nur die Differenz zwischen Ein- und Ausstiegsanzeige.

Informationen für unterwegs

Verkehrsmittel

Mexiko verfügt über ein gut ausgebautes Straßennetz mit einer Länge von 80 000 km, das etwa zur Hälfte geteert ist. Die großen Überlandverbindungen sind autobahnähnlich ausgebaut und gebührenpflichtig *(cuota)*, was sehr teuer werden kann. Meist verläuft die ältere gebührenfreie Straße *(libre)* landschaftlich reizvoller direkt daneben. Die Bundesstraßen *(carretera fe-*

deral) sind auf den Straßenschildern mit MEX und einer Zahl bezeichnet. Die Tankstellen der staatlichen Ölgesellschaft PEMEX sind zwar nicht sehr zahlreich, aber ausreichend. Unangenehm sind die Bodenwellen *(topes)* zur Verkehrsberuhigung. Auskunft und Kartenmaterial bekommt man bei der AMA (Asociación Mexicana Automovilísta), 06700 México D. F., Av. Chapultepec 276, ✆ 5/528 58 11. Sehr hilfreich sind die Ángeles Verdes (›Grüne Engel‹), ein Pannendienst, der zwischen 8 und 20 Uhr auf den Hauptstrecken unterwegs ist.

Wer mit dem eigenen **Auto** aus dem Ausland anreist, benötigt seinen nationalen Führerschein und die USA-Zulassungspapiere. Das Tourist-permit, ein Sticker, der auf die Windschutzscheibe geklebt wird, kostet 12 US-$ (Kreditkarte). Neben den Niederlassungen internationaler Autoverleihfirmen findet man in jeder größeren Stadt auch kleine lokale Anbieter. Man benötigt einen nationalen oder internationalen Führerschein; die Kreditkarte erspart die Hinterlegung einer Kaution. Leihgebühren beginnen bei 30 US-$ pro Tag. Das selbst zu zahlende Benzin ist nur halb so teuer wie in Europa. Der Abschluß einer Versicherung und die Überprüfung des Fahrzeugs sind anzuraten. Beim Verlassen des Hochlandes beginnen die Motoren bei hoher Belastung zu klingeln, und der Vergaser muß aufs Tiefland eingestellt werden.

Auch mit dem **Bus,** dem meistbenutzten Verkehrsmittel, kann man jeden wichtigen Ort erreichen. Der zentrale Busbahnhof *(terminal de autobuses)* befindet sich meist am Stadtrand; in Mexico City sind es vier Bahnhöfe, entsprechend den Zielen in den Haupthimmelsrichtungen. Es gibt zahlreiche private Busunternehmen der 1. und 2. Klasse. Die der 2. Klasse *(segunda clase)* sind meist sehr voll und halten an jeder Ecke. Busse der ersten Klasse *(primera clase, rápido und lujo)* haben Platzreservierung und sind schnell und bequem. Zwischen allen Städten bestehen täglich mehrere Verbindungen. Die Linien fahren häufig an verschiedenen Plattformen *(andén* oder *puerta)* ab.

Mit der **Eisenbahn,** dem billigsten und langsamsten Verkehrsmittel, gelangt man in die wichtigsten Städte. Die verschiedenen Betreiber verfügen über Wagen der 1. und 2. Klasse. Informationen erhält man an den Bahnhöfen *(estación de ferrocarriles),* vor allem in Mexico City bei der Estación Buenavista, Avenida Central 140, ✆ 5/5 47 10 84.

Mit dem **Flugzeug** lassen sich die meisten Großstädte des Landes zu relativ günstigen Preisen erreichen. Neben den beiden großen mexikanischen Gesellschaften Mexicana und Aeroméxico sind auch zahlreiche kleinere Unternehmen auf den verschiedenen Strecken vertreten. Bei Inlandflügen ist eine Flughafensteuer zu entrichten.

Reisebüros

Unzählige Reisebüros bieten überall im Land ihre Dienste an. Preisvergleiche zeigen schnell, welche Firmen als seriös einzustufen sind. Deutschsprachig ist man bei South American Tours, Av. Pedro Antonio de los Santos, Col. San Miguel Chapultepec, 11850 México D. F., ✆ 5/2 11 76 00, Fax 5/2 11 31 71. Große Erfahrung hat man bei Grey Line Tours Agency, Av. Londres 166, 06600 México D. F. (Zona Rosa), ✆ 5/2 08 11 63 und 5/2 08 28 38.

Reise- und Besichtigungsvorschläge

Allein für Mexico City braucht man wegen der großen Entfernungen und des dichten Verkehrs zwei Tage: Wichtigste Besichtigungsgebiete sind die Innenstadt vom Alameda Park bis zum Zócalo, der Chapultepec-Park mit dem Nationalmuseum, die Universität und Xochimilco. Viele wichtige Ruinen, Kirchen und Städte im Hochland kann man in Tagesausflügen von der Hauptstadt aus erreichen.

Einen Tag benötigt man für den Besuch von Teotihuacán. Auf dem Weg dorthin kann man das Kloster von Acolman und das Heiligtum der Jungfrau von Guadalupe besichtigen.

Für einen Ausflug nach Tula, der auch den Besuch des Klosters von Tepotzotlán und der Pyramide von Tenayuca einschließt, sollte man ebenfalls einen Tag einkalkulieren.

Ein Tagesausflug ist auch nach Taxco über Cuernavaca möglich. Wenn man aber noch nach Xochicalco möchte, muß man mit zwei Tagen rechnen.

Auch Puebla oder Tlaxcala können an einem Tag besichtigt werden, doch bleibt dann keine Zeit für die anderen Sehenswürdigkeiten im Osten der Hauptstadt.

Auf Rundreisen von jeweils einer Woche können der Westen, der Osten und der Süden des Landes sowie die Halbinsel Yucatán besucht werden.

Tour in den Westen

1. Tag: Tenayuca, Tepotzotlán, Tula und Querétaro
2. Tag: San Miguel de Allende und Guanajuato
3. Tag: León und Guadalajara
4. Tag: Pátzcuaro
5. Tag: Morelia, Cuitzeo, Calixtlahuaca, Toluca
6. Tag. Teotenango, Malinalco, Cuernavaca und Mexico City

Tour in den Osten

1. Tag: Heiligtum der Jungfrau von Guadalupe, Acolman, Teotihuacán, Epazoyucan, Tulancingo
2. Tag: El Tajín, Veracruz
3. Tag: Veracruz und Cempoala
4. Tag: Über Jalapa oder Orizaba nach Puebla
5. Tag: Puebla und Umgebung (Cholula, Acatepec, Tonantzintla)
6. Tag: Cacaxtla, Tlaxcala, Mexico City oder Puebla

Tour in den Süden

Sowohl von Mexico City als auch von Puebla aus kann man per Eisenbahn, Flugzeug oder Auto nach Oaxaca reisen.
1. Tag: Besichtigung von Oaxaca und Monte Albán
2. Tag: Besichtigung von Mitla, Yagul und Dainzú
3. Tag: Besichtigung von Zaachila, Cuilapan, Yanhuitlán und Huijazoo
4. Tag: Flug nach Villahermosa und Fahrt nach Palenque oder Weiterfahrt nach Tehuantepec (Guiengola) oder Tuxtla Gutiérrez
5. Tag: San Cristóbal de las Casas
6. Tag: Weiterfahrt über Ocosingo und Toniná, Agua Azul nach Palenque. Von dort kann man über Villahermosa mit der Bahn, dem Bus oder dem Flugzeug nach Mexico City zurückkehren.

Halbinsel Yucatán

Rundreise, die hier in Palenque beginnt und in Chetumal endet, aber auch als Rundtour von Cancún aus organisiert werden kann.

1. Tag : Von Palenque nach Chetumal mit Besichtigung von Edzná
2. Tag: Von Chetumal über die Chenes- und Puuc-Ruinen nach Uxmal
3. Tag: Uxmal und Mérida
4. Tag: Mérida und Chichén Itzá
5. Tag: Chichén Itzá und Cancún oder Cobá
6. Tag. Cobá, Tulum, Chetumal oder Cancún
7. Tag: Chetumal und die Río-Bec-Ruinen, Rückflug nach Mexico City oder Weiterfahrt nach Palenque

Wer nicht so viel Zeit für den Besuch von Mexiko zur Verfügung hat, kann sich aus diesen Vorschlägen seine eigene Route zusammenstellen.

Weiter- und Rückreise

Von Chetumal kann man über Belize auf dem Landweg nach Guatemala weiterreisen oder nach Mexico City zurückfliegen. Auch von San Christobal de las Casas kann man über Ciudad Cuauhtémoc nach Guatemala einreisen.

Hotels und Restaurants

Acapulco
Vorwahl: 74
Information für den Staat Guerrero: Costera M. Alemán 187,

✆ 86 91 64, Fax 86 45 50, für die Stadt: Privada de Roca Sala 19, ✆ 84 05 99, Fax 84 81 34
Touristen-Polizei: ✆ 85 04 90
Konsulate: Consulado de Alemania, Antonio de Alaminos 46, Fraccion Costa Azul, ✆ 84 18 60; Consulado de Austria, J. R. Escudero 1, ✆ 82 55 51; Consulado de Suiza, Werni Eisen c/o Hotel las Brisas, ✆ 84 16 50.
Hotels:
Acapulco Princess***,** moderne Pracht einer amerikanischen Soap Opera, Playa Revolcadero, ✆ 84 31 00, Fax 69 10 15.
Plaza Las Glorias (El Mirador)**,** ✆ 83 11 55, Fax 82 45 64, seit 1933 Hotel mit internationalem Standard, beim La Quebrada-Felsen gelegen, mit schönem Meerblick.
Acapulco Malibu*,** Costera M. Alemán 20, ✆ 84 10 70, Fax 84 09 94. Klein aber fein.
Restaurants:
Einen herrlichen Ausblick und gute Küche bietet das **Miramar,** Carr. Escénica, ✆ 84 78 74; das gleiche gilt für das **Los Rancheros,** Carr. Escénica 38, ✆ 84 19 08.
Campeche
Vorwahl 981
Hotels:
Ramada**,** modernes, ansprechendes Haus direkt an der Strandpromenade vor den Toren der Altstadt. Av. Ruiz Cortines 51, ✆ 6 44 11 und 6 22 33. Hier erhält man auch Informationen für eine Tour in die Río Bec-Region.
Hotel Baluartes*,** südlich vom Ramada und etwas preiswerter, ✆ 6 39 11 und 6 24 10.

Hotel Colonial**, wo die Frau des Gouverneurs Don Miguel de Castro im 18. Jh. lebte, ist ein einfaches, aber sauberes Haus mit hohen Zimmern und Ventilatoren. Calle 14 Nr. 122, ℘ 6 22 22.

Restaurants:

Restaurant-Bar **Familiar La Parroquia,** Calle 55 Nr. 9, bietet gute und preiswerte Küche. Gut ist auch das **Miramar,** Calle 8/Calle 61.

Cancún

Vorwahl 98

Hotels:

Das bekannteste Luxushotel ist das **Camino Real Cancún******* an der Punta Cancún, ℘ (83 01 00), Fax. 83 17 30. Das hiesige **Sheraton****** rühmt sich sogar einer eigenen Maya-Ruine. ℘ 83 19 88, Fax 83 16 60. **Krystal Cancún*****, ist etwas weniger komfortabel und günstiger, ℘ 83 11 33, Fax 83 17 90.

Restaurants:

Captain's Cove*** am und auf dem Bootssteg im Jachthafen der Lagune Nichupté, gut und teuer. Versuchen sollte man die Meeresschnecke Caracol, die nur noch selten angeboten wird. **Mi Ranchito**** in Downtown, Av. Tulum 232, bietet alles, was der Tourist begehrt, typische mexikanische Speisen zu Folkloreklängen, ℘ 84 29 03. **La Habichuela** mit guten Meeresfrüchten und schönem Garten. Spezialität des Hauses sind Cocobichuela, frische Lobster mit Curry-Soße in einer Kokosnuß serviert, Margaritas 25, ℘ 84 31 58.

Chetumal

Vorwahl 983

Hotels:

Das beste Haus der Stadt ist das **Continental Caribe******, Av. Héroes 171, ℘ 2 10 50.

Die Zimmer im **Los Cocos***** sind akzeptabel, doch der Service läßt zu wünschen übrig. Gut ist jedoch das Straßenrestaurant des Hotels. Av. Héroes 134, ℘ 2 05 44.

Chicanná

Hotel:

Ramada Chicanná Ecovillage Resort, der Name der 800 m von den Ruinen entfernten Unterkunft spricht für sich selbst. ℘ in Mexico City 5/7 05 39 96 oder 5 46 35 25, Campeche ℘ 981/6 22 33 und 6 46 11.

Chichén Itzá

Vorwahl 985

Auf der Ostseite der Ruinen liegen zwei empfehlenswerte **Hotels:** das **Villa Arqueológica*****, ℘ 6 28 30, das zum Club Mediterranée gehört, und das frisch renovierte **Hotel Mayaland***** mit guten Zimmern im Haupthaus und traumhaften Bungalows im Maya-Stil im Garten, ℘ 23 02 75 (in Mérida ℘ 99/25 06 21, Fax 99/25 00 87).

Weitere Hotels und Restaurants findet man im modernen Dorf westlich der Ruinen.

Cholula

Vorwahl 22

Hotels:

Die malerische Anlage des **Villa Arqueológica***** außerhalb der Stadt ist die schönste und angenehmste Unterkunft (ein Haus des Club Mediterranée),

2 Poniente 601, ✆ 47 19 66, Fax 47 15 08.

Zentrale Lage am Zócalo und einen malerischen Innenhof bietet das **Calli Quetzalcóatl****, Portal Guerrero 11, ✆ 47 15 33.

Cobá
Vorwahl 987
Hotel:
Villas Arqueológicas (Club Mediterranée)***, ein romantisches Haus in herrlicher Lage am See (Vorsicht, Krokodile!), ✆ 4 20 87, Fax 4 20 87

Cocoyoc
siehe Tepoztlán

Cuernavaca
Vorwahl 73
Hotels:
Koloniale Gebäude in herrlichem Garten bilden das **Las Mañanitas*****, Ricardo Linares 107, ✆ 14 14 66, Fax 18 36 72.

Ein Kolonialbau, in dem einst Emiliano Zapata wohnte, ist die **Hostería Penalba****, Calle Matamoros 304, ✆ 2 41 66.
Restaurants:
Mehrere gute Restaurants findet man gegenüber der Kathedrale und dem Palacio de Cortés. Beste Speisen in kolonialem Ambiente bietet das **Hotel-Restaurant Hacienda de Cortés** am nördlichen Stadtrand, ✆ 5 88 44.

Guadalajara
Vorwahl 3
Hotels:
Schönster Kolonialstil umgibt den Gast des **Quinta Real******* am westlichen Stadtrand, Av. México 2727, ✆ 6 15 00 00, Fax 6 13 55 39. In der Nähe des Zócalo liegt das klassizistische

Haus **Posada Regis*****, Corona 171, ✆ 6 14 86 33, Fax 6 13 30 26.

Mitten im Zentrum und ebenfalls im Kolonialstil errichtet ist das **de Mendoza*****, Venustiano Carranza 16, ✆ 6 13 46 46, Fax 6 73 13 10.
Restaurants:
Beste französische und mexikanische Küche erhält man täglich außer sonntags bei **Chez Pierre,** Av. España 2095, ✆ 6 52 22 12. Gute mexikanische Speisen serviert man auch in den Restaurants bei der Plaza de los Mariachis.

Guanajuato
Vorwahl 473
Hotels:
Das beste Hotel im Ort ist das **Real de Minas******, Nejayote 17, ✆ 2 25 10.

Ein wenig kitschig wirkt die nachgebaute Mittelalter-Burg **Castillo de Santa Cecilia*****, Carr. Guanajuato – Dolores bei Km 1, ✆ 2 04 85.

Klassizistisch und traditionsreich wohnt man in der **Posada Santa Fe** am Hauptplatz Jardín de la Unión 12, ✆ 2 00 84, Fax 2 31 14.
Restaurants:
Am Hauptplatz servieren die **Casa Valadez** und das **Casino de Guanajuato** mexikanische Gerichte. Das **El Chupy** und das **El Mexicano,** beide in der Benito Juárez (220 und 210), sind ebenfalls zu empfehlen.

Huajapan de León
Vorwahl 953
Kleiner Ort an der Hauptstraße zwischen Cuernavaca und Oaxaca gelegen, gut geeignet für eine Mittagspause oder als Aus-

gangspunkt für Abstecher in die nähere Umgebung.

Hotels:

Das Hotel und Restaurant **Casablanca**** ist ansprechend und sauber. Amatista 1, Col. Vista Hermosa, ✆ 2 07 79.

Restaurant: Das rustikale **Las Palmas** bietet gute Speisen zu angemessenen Preisen. Carretera Internacional 2 de Abril Nr. 209, ✆ 2 15 35.

Ixkeken

Vorwahl 985

Der Cenote, in dem man auch baden kann, liegt 3 km östlich von Valladolid und wird meist Cenote Dzitnup genannt. Eintritt 1,5 US-\$.

Hotels:

Unterkünfte findet man in Valladolid, wo das **Mesón del Marqués***** am Zócalo mit seinem kolonialzeitlichen Ambiente als bestes Haus der Stadt gilt. Calle 39 Nr. 202, ✆ 6 20 73.

Jalpan

Vorwahl 429

Hotel und Restaurant **Mesón de Fray Junípero Serra** am Zócalo, ✆ 6 01 64, 6 02 55. Einfaches, aber sehr reizvolles Haus aus dem 19. Jh. mit hübschem Innenhof und Swimmingpool. Dicht dabei liegen das kleine Museum zur Geschichte der Sierra Gorda und die reizvolle Kirche von Jalpan.

Mérida

Vorwahl 99

Hotels:

Hyatt Regency****, Calle 60 Nr. 344/Av. Colón, ✆ 42 02 02, Fax 25 70 02. Luxuriöses und bombastisches Gebäude, das

beste Haus der Stadt mit Restaurants, Geschäften und Sportmöglichkeiten. Etwas außerhalb des Zentrums nahe der Av. Montejo gelegen.

Casa del Balam ***, Calle 60 Nr. 488, ✆ 24 88 44, Fax 24 50 11. Günstig nahe beim Zócalo.

Gran Hotel **, Calle 60 Nr. 496, nahe beim Zócalo gelegenes Jugendstilhaus, das auf eine lange Tradition zurückblickt und vor kurzem renoviert wurde. ✆ 24 77 30, Fax 24 76 22

Restaurants:

Koloniales Ambiente und libanesisch-mexikanische Küche bietet das **Alberto's Continental,** Calle 64 Nr. 482/Calle 57, ✆ 28 53 67. Revolutionäres Flair findet man im **Pancho's,** Calle 59 Nr. 509, nahe dem Zócalo. Weitere gute und auch preiswerte Restaurants mit Spezialitäten aus der ganzen Welt liegen entlang dem Paseo Montejo.

Mexico City

Vorwahl 5

Hotels:

Hotel Plaza Florencia ***, angenehme Lage in der Zona Rosa zu gemäßigten Preisen. Florencia Nr. 61, ✆ 2 11 31 89, 2 11 00 64, Fax 5 11 15 42, 5 11 15 06.

Gran Hotel Ciudad de México***, auch Howard Johnson Gran Hotel genannt, ist ein ehrwürdiges Haus mit modernisierten Zimmern in Jugendstil. Av. 16 de Septiembre 82, ✆ 5 10 40 40, Fax 5 12 67 72.

Ein barockes Haus (1780) im Hacienda-Stil Av. Hidalgo 85, ✆ 5 18 21 81, Fax 5 18 34 66, am Alameda-Park ist das **Hotel de Cortés** der amerikanischen

Kette Best Western, zu der auch das **Majestic,** Av. Madore 73, Zentrale, ✆ 5 21 86 00, Fax 5 12 62 62, gehört.

Moderne Luxushotels wie **Nikko, Camino Real** oder **Stauffer Presidente** liegen im Stadtteil Polanco beim Chapultepec-Park. Zu empfehlen sind auch das **Sheraton María Isabel,** ✆ 2 07 39 33, an der Reforma oder das **Westin Galería Plaza** in der Zona Rosa, Hamburgo 195, ✆ 2 11 00 14.

Restaurants:
Rund um den Zócalo und besonders in der Zona Rosa findet man Restaurants für jeden Geschmack. Eine Oase des Friedens ist das Restaurant im Hof des **Hotel de Cortés.** Ruhig ist auch das Restaurant **La Sirena** hinter der Kathedrale. Hervorragende Aussicht auf den Zócalo bietet das Dachrestaurant des **Hotels Majestic.** Fragen sollte man nach dem Nationalgericht Chiles en Nogada, gefüllte Chilischoten, in der **Hostería de Sto. Domingo,** Belisario Domínguez 72. In der Zona Rosa ist das **La Fonda del Refugio** zu empfehlen, Calle Liverpool 166, ✆ 5 25 81 28. Im **Chalet Suizo,** Calle Niza 37, kann man heimatliche Gerichte genießen.

Morelia
Vorwahl 43
Hotels:
Villa Montaña**, Patzimba 201, Col. Vista Bella, ✆ 14 01 79, Fax 15 14 23, ist ein Hotel, das man erlebt haben muß. Unterbringung, Speisen und Service wetteifern in ihrer Klasse mit dem herrlichen Garten und der atemberaubenden Aussicht.

Ein ehemaliges Kloster in der Innenstadt ist die **Posada La Soledad,** Ignacio Zaragoza 90, ✆ 12 18 88, Fax 12 21 11, zu der auch ein gutes Restaurant gehört. In einem klassizistischen Palast ist das **Hotel Virrey de Mendoza** untergebracht, Portal Matamoros 16, ✆ 12 00 45, Fax 12 49 40.

Restaurants:
Einfach und gut ist das **Sandor's,** Madero 427.

Oaxaca
Vorwahl 951
Eine Stadt voller Charme und hervorragender Ausgangspunkt für Tagestouren in die Umgebung. Öffentliche Busse und Tourveranstalter bringen den Besucher zu allen beschriebenen Orten. Wer die Yu'u in den Dörfern besuchen will, wende sich an die Secrctaría de Desarrollo Turístico, Independencia 607, Oaxaca, ✆ 6 21 03, Fax 6 15 00. Informationen zum Besuch etwas unbekannterer Ruinen und kleiner Dorfmuseen erhält man bei der Archäologin Terry Morales, ✆ 5 04 00, Fax 6 57 86 oder 7 63 77.

Hotels:
Im ehemaligen Kloster Santa Catalina ist eines der stilvollsten Hotels Mexikos untergebracht: **Camino Real****, 5 de Mayo 300, ✆ 6 06 11, Fax 6 07 32. Das **Hotel Victoria**** verfügt über eine phantastische Aussicht auf die Stadt und einen herrlichen Garten, Carretera Panamericana Km 545, ✆ 5 26 33, Fax 5 24 11.

Außerhalb des Zentrums, beim Flugplatz, liegt das **Fiesta Inn***,** im Stil einer Hacienda, Av. Universidad 140, ✆ 6 11 22,

Fax 4 79 21. Eine sehr angenehme Atmosphäre findet man im **Parador Sto. Domingo****, M. Alcalá 804, ✆ 4 21 71. Gegenüber der Kathedrale residiert in einem alten kolonialzeitlichen Haus das **Monte Albán****, ✆ 6 27 77, Fax 6 32 65.
Restaurants:
La Casita, im 1. Stock neben dem Hotel **Monte Albán,** bietet bei Musik hervorragende lokale Speisen. Versuchen sollte man die Heuschrecken *(chapulines)* und einen Mescal-Schnaps, Av. Hidalgo 612, ✆ 6 29 17. Etwas außerhalb des Zentrums, aber genauso gut ist das **María Bonita,** Alcalá 706-B, ✆ 6 72 33.

Hervorragende Mittagsbuffets bekommt man im **El Sagrario** hinter der Kathedrale, Valdivieso 120.

Palenque
Vorwahl 934
Hotels:
Ruhig und angenehm ist das **Misión Park Inn*****, Rancho San Martín de Porres, ✆ 5 02 41, Fax 5 03 00. Zu empfehlen ist auch das **Plaza Palenque (Best Western)*****, Carretera a Catazajá Km 3, ✆ 5 05 55, Fax 5 04 89. Etwas billiger ist das **Palenque****, Av. 5 de Mayo 15, ✆ 5 01 03, Fax 5 00 39.
Restaurants:
Einfache Restaurants gibt es im Ort und an der Straße zu den Ruinen.

Pátzcuaro
Vorwahl 434
Hotels:
Ein Haus im Kolonialstil am Stadteingang ist die **Posada Don Vasco,** Av. de las Américas

450, ✆ 2 02 27, Fax 2 02 62. Weitere, einfachere Hotels liegen an der Plaza Vasco de Quiroga, etwa die **Posada de San Rafael,** und an der Plaza de San Agustín, etwa das **Hotel de la Concordia.**
Restaurants:
Empfehlenswert ist das Fischrestaurant **Los Delfines** bei der Anlegestelle für die Ausflugsboote. Spezialität sind die weißen Seefische *(pescado blanco).* In der Stadt bietet sich die **Hostería de San Felipe** an, Av. de las Américas.

Puebla
Vorwahl 22
Hotels:
Sicherlich eines der schönsten Hotels der Stadt ist das **Camino Real** in einem ehemaligen Kloster in der Nähe des Zócalo, 83 R-7 Poniente 105, ✆ 7 20 00, Fax 22 32 902 51. Das **Crowne Plaza,** Blvd. Hernanos Serdán, 141, Col. Amor 72140 Puebla, ✆ 48 60 55, Fax 48 73 44, ist ein modernes Hotel, welches allen Anforderungen gerecht wird. Die **Posada San Pedro*****, 2 Oriente 202, ✆ 46 50 77, Fax 46 53 76, bietet gute Lage im Zentrum und Architektur des letzten Jahrhunderts. Das gleiche kann vom **Palacio San Leonardo****, 2 Oriente 211, ✆ 46 05 55, Fax 42 11 76, gesagt werden.
Restaurants:
Viele Restaurants findet man rund um den Zócalo, an der Av. Juárez, in der Verlängerung der 7 Poniente, z. B. das **Che Garufa****, Juárez 2504, und beim Künstlerviertel das **Chesa Veglia,** 2 Oriente 202.

Querétaro

Vorwahl 42

Hotels:

Casa de la Marquesa****, Madero 41, ✆ 12 00 92, Fax 12 00 98. Im Palast aus dem 18. Jh. bietet dieses Hotel, vollgestopft mit Antiquitäten, eine pittoreske und exklusive Unterkunft.

Mesón de Santa Rosa***, ein stilvolles Hotel in kolonialzeitlichem Ambiente an der Plaza de Armas, ✆ 24 26 23, 24 27 81, 24 29 93, Fax 12 55 22.

Hotel Real de Minas**, Av. Constituyentes 67/Poniente, ✆ 16 11 34, Fax 16 11 34 374. Das saubere und preisgünstige Hotel liegt etwas außerhalb des Zentrums und verfügt über Restaurant und Jacuzzi.

Restaurants:

Das **Los Magueyes** an der Plaza de Armas, Centro Histórico, ✆ 24 07 48, mit angenehmer Bedienung, Straßencafé und abends Musik ist nur eines von vielen an diesem Platz.

San Cristóbal de las Casas

Vorwahl 9 67

Hotels:

Diego de Mazariegos***, 5 de Febrero 1, ✆ 8 18 25, Fax 8 08 27, ist ein hübsches Haus im kolonialzeitlichen Stil mit schönen Innenhöfen und offenen Kaminen in den Zimmern. Das Hotel **Palacio de Moctezuma****, Av. B. Juárez 16, ✆ 8 03 62, Fax 8 15 36, mit Gebäuden aus der Kolonialzeit ist ebenfalls empfehlenswert. Direkt am Zócalo liegt das Hotel **Santa Clara.**

Restaurants:

Viele kleine Restaurants findet man in der Av. General Utrilla (nördlich des Zócalo) und westlich des Zócalo.

San Miguel de Allende

Vorwahl 415

Hotels:

Bestes Haus am Platz ist das **Real de Minas******, Camino Viejo al Panteón 1. Gut sind auch die **Posada La Aldea*****, Ancha de San Antonio, ✆ 2 10 26, und das **Antigua Villa de Santa Mónica*****, Baeza 22, ✆ 2 04 51. Direkt am Zócalo bietet sich die **Posada San Francisco****, Plaza Principal 2, ✆ 2 00 72, an.

Restaurants:

Exklusiv ist die **Casa de Sierra Nevada** (auch Hotel) in der Hospicio 36. Internationale Gerichte werden im **El Campanario,** Canal 34, serviert. Mexikanisch speist man im **Bugambilias,** Hidalgo 42, ✆ 2 01 27.

Sierra Gorda

siehe Jalpan

Taxco

Vorwahl 762

Hotels:

Eine ungewöhnlich schöne Aussicht auf die Stadt und ein O'Gorman-Mosaik am Swimmingpool bietet die **Posada de la Misión*****, Cerro de la Misión 32, ✆ 2 00 63, Fax 2 21 98. Direkt im Zentrum, Plaza Bor-da 4, findet man das **Agua Escondida*****, ✆ 2 11 66, Fax 2 13 06. Schlicht und zentral gelegen ist das **Santa Prisca****, Cena Obscuras 1, ✆ 2 00 80.

Restaurants:

Gibt es in großer Zahl rund um den Zócalo. Eine schöne Sicht auf Santa Prisca hat man vom **Cielito Lindo** im 1. Stock.

Tehuantepec

Vorwahl 971

Hotel Calli, ✆ 5 00 85, Fax 5 01 13, an der Carretera nach Süden ist zu empfehlen.

Tepoztlán

Vorwahl 734

Hotels:

Etwa 30 km westlich des Ortes liegt die wunderschöne **Hacienda Cocoyoc******, ✆ 56 22 11, Fax 56 12 12, wo bloß das Management ausgesprochen arrogant ist.

Posada del Tepozteco**, Calle del Paraíso 3, ✆ 5 00 10, ist die einzige ansprechende Alternative im Ort.

Tequisquiapan

Vorwahl 427

Nördlich von Mexico City gelegener Ausflugsort der Einheimischen, den man über die Straße 51 und die Abzweigung vor San Juan del Río erreicht. Der im neokolonialen Stil nachgebaute Ort ist am Wochenende sehr lebendig und weist zahlreiche Hotels und Restaurants auf.

Hotel:

Das **Maridelfi***** an der Plaza Principal gehört zu den besseren, stilvollen aber preiswerten Häusern des Ortes. ✆ 2 00 52, Fax 3 10 78.

Tlaxcala

Vorwahl 246

Hotel:

Erstklassig und geschmackvoll ausgestattet ist das Hotel **Posada San Francisco****** am Zócalo, Plaza de la Constitución 17, ✆ 2 61 01, Fax 2 68 18. Im glasüberdachten ersten Innenhof ist ein gutes Restaurant untergebracht. Kleine, einfache Pensionen findet man in den Seitenstraßen am Zócalo.

Restaurants:

Hübsche kleine Restaurants findet man rund um die Plaza de la Constitución.

Toluca

Vorwahl 72

Hotels:

Außerhalb der Stadt an der Straße nach Mexico City liegt das **Holiday Inn*****, Paseo Tollacán, ✆ 16 28 56. In der Stadt findet man das einfache **Plaza Morelos****, Achilles Serdan 150, und das **San Francisco****, Rayón Sur 104, ✆ 13 44 15.

Tulancingo

Hotel:

Im Westen der Stadt liegt an der Hauptstraße **La Joya*****, 43 000 Hidalgo, Km 92, Carr. Piámides-Tulancingo, ✆ 775/3 32 00, Fax 775/3 32 97, das während der Woche angenehm ruhig ist und im Restaurant hervorragende Steaks serviert.

Tuxtla Gutiérrez

Vorwahl 961

Hotels:

Camino Real Presidente*****, Blvd. Belisario Domínguez 1195, Col. Santa Elena, ✆ 7 77 77, Fax 7 77 99, hypermoderner Monumentalbau mit nachgebauter Felslandschaft im Innenhof. **Das Flamboyant******, Blvd. Belisario Domínguez, außerhalb des Zentrums, ✆ 5 08 88, Fax 5 00 87, war lange das modernste Haus der Stadt mit Swimmingpool im Innenhof. Das **Bonampak***** im Zentrum, Blvd.

Belisario Domínguez 180, ℘ 3 20 50, Fax 3 34 05, ist in der Empfangshalle mit Kopien der Maya-Wandmalereien aus Bonampak geschmückt.

Uxmal
Vorwahl 99
Hotels:
Villa Arqueológica***, im typischen Stil des Club Mediterranée, ist ausgesprochen angenehm und liegt direkt vor dem Eingang zu den Ruinen, ℘ und Fax 28 06 44.

Nur 100 m weiter befindet sich an der Hauptstraße das Hotel **Hacienda Uxmal*****, im gleichnamigen Stil, ℘ 28 08 40. Rund 3 km entfernt bietet sich auch noch das **Misión Park Inn Uxmal**, ℘ 24 73 08, an.

Valladolid
siehe Ixkeken

Veracruz
Vorwahl 29
Hotels:
Das beste Haus am Platz ist das **Emporio****** am Hafen, Paseo del Malecón 244, ℘ 32 00 30, Fax 31 22 61.

Hübsch und etwas älter ist das **Veracruz***** im Zentrum, Av. Independencia/M. Lerdo, ℘ 31 22 33, Fax 31 53 34.
Restaurants:
Am Zócalo und am Hafen in jeder Klasse und mit durchweg recht guten Speisen, besonders Meeresfrüchten. Zu empfehlen ist der Rotbarsch Huachinango a la Veracruzana mit scharfer roter Soße.

Villahermosa
Vorwahl 93
Hotels:
Hyatt Regency****, moderne Anlage im amerikanischen Stil mit gutem Service, nahe dem La Venta-Park gelegen. Av. Juárez 106, ℘ 13 44 44, Fax 15 12 35.
Restaurants:
El Mesón del Ángel, Av. Méndez 1604, ℘ 15 86 16. Gute spanische Küche. Zu empfehlen ist hier Pejelagarto, ein Süßwasserfisch mit krokodilähnlichem Kopf, der in dieser Region heimisch ist.

Nützliche Informationen von A bis Z

Apotheken

In Mexiko heißen sie Farmacias und verkaufen nicht nur alle gängigen Medikamente rezeptfrei und sehr billig (20 Aspirin etwa 20 Pfennig), sondern haben – wie ein Drugstore – noch andere Waren bis hin zu Haushaltswaren und Zigaretten in ihrem Angebot.

Bademöglichkeiten

Mexiko bietet neben den schönen Stränden am Golf und dem Pazifik auch außergewöhnliche Badeplätze. So sind die Wasserfälle Agua Azul zwischen Ocosingo und Palenque sehr reizvoll, wenn auch nicht ganz ungefährlich. Auch die kleinen Wasserfälle in den Ruinen von

Palenque haben nach der Regenzeit inmitten der reichen Vegetation ihren besonderen Reiz. Eine Erfrischung besonderer Art bietet auch ein Bad im Cenote von Dzibilchaltún oder in der Höhle von Ikkeken. Vor dem Baden an nicht bezeichneten Plätzen sollte man sich bei den Einheimischen über örtliche Gefahren erkundigen. Es gibt nicht nur Stromschnellen in den Flüssen und unerwünschte Tiere im Süßwasser (Seen und Flüsse), sondern auch lebensgefährliche Strömungen und Grundseen zum Beispiel im Golf von Tehuantepec.

Diebstahl

Was Diebstahl betrifft, ist Mexico City ziemlich berüchtigt. Nachts sollte man nur die Taxen vor den Hotels benutzen, und während der Besichtigungen hält man seine Umgebung besser ständig im Auge, alle Taschen verschlossen bzw. seine Fotoapparate und Kameras gut fest. Auch der Polizei kann man nicht immer trauen, und es ist vorteilhaft, sich die Dienstnummer des Polizisten geben zu lassen, wenn man gestoppt wird. Bei Schwierigkeiten informiert man besser die Botschaft. Zu empfehlen ist die Benutzung der Hotelsafes.

Einkäufe und Souvenirs

Den besten Überblick über das Angebot an Kunsthandwerk und Andenken bieten die Märkte in Xochimilco, Toluca, Oaxaca und Mérida. Berühmt sind die Silberarbeiten von Taxco, die Keramik der Dörfer bei Toluca und Oaxaca, die gestickten Blusen von Yucatán und die Baumwollhängematten aus den Gefängnissen, die von Häftlingen geknüpft werden, die sich damit ein Taschengeld verdienen. Daneben sollte man auch die Lederarbeiten und gewebten Stoffe beachten. Typisch sind die auf Rindenpapier (dunkelbraun) gemalten bunten Tier- und Blumenbilder und natürlich die geflochtenen Strohhüte. Fast jeder Souvenirhändler spricht Englisch oder eine andere Fremdsprache – und handeln sollte man auf jeden Fall. Nur in den besseren Geschäften mit Angestellten gibt es Festpreise; dort werden auch alle gängigen Kreditkarten akzeptiert.

Elektrizität

Mexiko hat Wechselstrom mit einer Spannung von 110 Volt und 60 Hertz. Europäische Haartrockner funktionieren daher häufig nicht. Da amerikanische Flachstecker üblich sind, braucht man einen Adapter, den man in den Ferreterías kaufen kann.

Erdbeben

Da Mexiko immer wieder von Erdbeben heimgesucht wird, sollte man sich die Verhaltensregeln durchlesen, die in den Hotels ausgelegt sind. Die meisten Beben sind so schwach, daß man sie kaum spürt. Man sollte sich in seinem Verhalten den Mexikanern anpassen. Bei schweren Beben sollte man auf keinen Fall den Aufzug benutzen, sondern möglichst versuchen, über die Treppe ins Freie zu gelangen. Es ist ratsam, von großen Glasflächen Abstand zu halten und sich in geschlossenen Räumen in den Ecken, am besten unter einem schweren Tisch, zu verkriechen.

Feste und Feiertage

Im Feiern sind die Mexikaner Weltmeister, und dabei spielt der weltliche oder religiöse Hintergrund des jeweiligen Festes nur eine unbedeutende Rolle. Jedes Dorf und jede Stadt feiert ihren Ortsheiligen und weitere lokale Größen. Im ganzen Land gelten folgende Feiertage:
1. Januar Neujahr *(Año Nuevo)* mit Feuerwerk, Volkstänzen und Straßenfesten
6. Januar Heilige Drei Könige *(Día de los Reyes)* mit Geschenken für die Kinder
5. Febuar Tag der Verfassung von 1917 *(Aniversario de la Constitución)*
Im Februar Karneval, besonders schön in Veracruz
21. März Geburtstag des Nationalhelden und ehemaligen Präsidenten Benito Juárez
Im März oder April Die Karwoche *(semana santa)* wird für Familienurlaub genutzt.
1. Mai Tag der Arbeit *(Día del Trabajo)*
5. Mai Tag des Sieges der Mexikaner über die Franzosen bei Puebla 1862
Im Juni Fronleichnam *(Jueves del Corpus)* wird wie in Deutschland gefeiert.

1. September Bericht des Präsidenten zur Lage der Nation *(Día de la Nación)*
15./16. Sepetember Am Unabhängigkeitstag *(Día de la Independencia)* läutet der Präsident die Freiheitsglocke, um an Hidalgos *Grito de Dolores* (1810) zu erinnern.
12. Oktober Tag des Kolumbus *(Día de la Raza)*
1. November Allerheiligen *(Todos los Santos)*
2. November Allerseelen *(Día de los Muertos)*
20. November Tag der Revolution, zur Erinnerung an Maderos Aufruf zu den Waffen (1810)
12. Dezember Fest der Jungfrau von Guadalupe
16.–24. Dezember Weihnachtsvorbereitungen
25. Dezember Der Weihnachtstag wird in der Familie gefeiert.

Fotografieren

Mexikaner lassen sich in der Regel gerne fotografieren, bei Indígenas stößt man dagegen oft auf Ablehnung, die man in seinem eigenen Interesse besser akzeptiert. In den Ruinen ist das Fotografieren ohne Stativ in der Regel erlaubt, für die Benutzung von Videokameras muß man fast überall extra bezahlen.

Geld und Geldwechsel

Die Nuevos Pesos (N$) sind zwar schon seit 1993 im Umlauf, doch tauchen noch immer die alten Scheine auf, bei denen man zwei Nullen streichen muß. Der Peso hat 100 Centavos, und

9 ›Neue Pesos‹ entsprechen in ihrem Wert etwa 1 US-$. Wechseln kann man am einfachsten in den Wechselstuben; bei den Banken ist der Vorgang meist recht zeitraubend. Die meisten europäischen Währungen werden in den großen Städten ebenfalls getauscht, in kleineren Orten oder bei den Händlern werden jedoch meist nur Dollar akzeptiert.

Gesundheit

Die Hotels der höheren Klassen haben meistens einen Hausarzt, der Englisch spricht. Der Arzt wird in bar bezahlt. Die Reisekrankenversicherung ersetzt die Kosten im Heimatland (bei Zahlungsschwierigkeiten hilft die Botschaft). Die Hotelrezeptionen kennen auch die Telefonnummern der Notstationen für ambulante Behandlung in den Krankenhäusern. Bei Durchfall sollte man wegen des Flüssigkeitsverlusts Elektrolytpulver einnehmen

Getränke

Das älteste alkoholische Getränk Mexikos ist wohl der Pulque. Er wurde zunächst nur bei religiösen Zeremonien verwendet, da der Rausch die heilige Trance förderte oder erzeugte. In speziellen Lokalen, den Pulquerías, deren Besuch Frauen nicht erlaubt ist, kaufen sich arme Mexikaner einen billigen Rausch. Das Getränk, frisch vergorener Saft der Maguey-Agave, sieht milchig-trüb aus, riecht leicht säuerlich, und erinnert an Apfelwein und Buttermilch. Mescal und Tequila werden aus dem Saft zerkleinerter, gekochter und vergorener Herzstücke gewonnen und sind destillierte Alkoholika. Zum Mescal, gewonnen aus der Mescal-Agave, gehört der berühmte Wurm in der Flasche, der normalerweise die Agave frißt. Tequila wird stilecht mit Salz und Zitronensaft getrunken oder mit Sangrita, einem scharfen Gemüsesaft. Besonders guten Tequila, etwa Cuervo 1800, kann man im Geschmack durchaus mit Calvados oder Cognac vergleichen. Gemischt mit Saft ist er als Margarita auch nicht zu verachten.

Mordidas

Wer mit dem Auto unterwegs ist, sollte immer genügend Bargeld zur Hand haben. Viele Polizisten halten Autos wegen geringfügiger oder angeblicher Vergehen an, um so an ein *mordida* (Bestechungsgeld) zu kommen.

Museen

Staatliche Museen sind gewöhnlich Di–So 9–17 oder 9–18 Uhr geöffnet und montags geschlossen. An Sonn- und Feiertagen ist der Eintritt häufig frei. Private Museen haben teilweise am Dienstag ihren Ruhetag. Jedes Museum hat eigenn Regeln in bezug auf Fotografieren und Filmen; meist muß dafür extra bezahlt werden. Die Benutzung eines Stativs ist sehr teuer.

Notfall

Als Tourist sollte man sich im Notfall an die Touristenpolizei wenden und auch die Botschaft des Heimatlandes einschalten. Gute Hotels können wenigstens einen englischsprachigen Arzt nennen.

Wichtige Rufnummern
Unfall (Cruz Verde) 06
Rotes Kreuz (Cruz Roja)
5 57 57 57 60
Dept. of Tourist Security
250 01 51 und 250 04 93
(24 Std.)

Öffnungszeiten

Geschäfte sind Mo–Fr 9–13 und 16–20 Uhr geöffnet. Wechselstuben öffnen meist erst um 9.30 und haben bis 20 Uhr geöffnet. Die meisten Geschäfte auf dem Land haben nachmittags während der Siesta 12–16 Uhr geschlossen. Banken sind wochentags 9–13 Uhr geöffnet und die meisten Behörden haben nur vormittags Publikumsverkehr. Telefonämter arbeiten 8–21 Uhr.

Post

Briefmarken bekommt man meist nur in den Postämtern in genügender Zahl. Die Post ist lange unterwegs und kommt häufig auch gar nicht an. Postämter sind Mo–Fr 8–17 Uhr geöffnet und Sa 8–13 Uhr. Luftpost nach Europa kostet pro Karte *(tarjeta)* 3 N\$ und pro Brief *(carta)* 4 N\$. Postlagernde Sendungen werden 10 Tage aufbewahrt.

Sprache

Das Personal im Tourismusgeschäft versteht meist wenigstens etwas Englisch, mit Deutsch hat man dagegen nicht viel Glück. Man sollte sich ein paar wichtige spanische Floskeln und Wörter einprägen, denn schon der Versuch, Spanisch zu sprechen, fördert das Entgegenkommen.

Telefonieren

Die meisten öffentlichen Telefonzellen arbeiten schon mit Telefonkarten, erhältlich für 12, 30 und 50 N\$. Von älteren Telefonen kann man nur noch Ortsgespräche führen. Von den Hotels kann man zwar meist direkt ins Ausland telefonieren, sie verlangen aber in der Regel extrem hohe Preise.

Im Land wählt man für Ferngespräche 91 vor der Ortsnetzkennzahl, bei Gesprächen aus dem Ausland entfallen diese Nummern aber. Für Ferngespräche nach Deutschland wählt man 98 49, dann die Ortsvorwahl ohne 0 und den Teilnehmeranschluß (für Österreich 98 43, für die Schweiz 98 41).

Trinkgeld

Trinkgeld wird von jedem und für alles erwartet. Gepäckträger wollen selbst dann 3 N\$, wenn vom Haus eine Gepäckgebühr erhoben wird. Dem Zimmerservice sollte man pro Tag 4 N\$ geben, denn diese Bediensteten werden sehr schlecht bezahlt. Zwei bis drei Pesos erwartet der Taxifahrer und ab und an auch der Portier des Hotels. In Restaurants gibt man der Bedienung etwa 10–15 % Trinkgeld. Beim Parken sollte man den Straßenjungen ›Wachgebühr‹ zahlen: Der Wagen bleibt am Ort und unbeschädigt. Auch dem Tankwart zahlt man ein Trinkgeld *(propina)*.

Wasser

Das Wasser aus den Leitungen ist grundsätzlich nicht trinkbar und sollte auch nicht zum Zähneputzen verwendet werden. Gute Hotels in der Hauptstadt bilden eine Ausnahme, denn sie verfügen über eigene Wasserreinigungsanlagen. In vielen Hotels wird Trinkwasser unentgeltlich im Badezimmer aufgestellt, nur in den Hotels der Kette Camino Real muß dafür bezahlt werden.

Zeit

Mexiko erstreckt sich über drei Zeitzonen. Die *Hora del Pacífi-* co (MEZ-9 Std.) ist nur im Norden der Baja California üblich, die *Hora de Montaña* (MEZ-8 Std.) im nördlichen Teil der Pazifik-Küste und die *Hora Central* (MEZ-7 Std.) im Rest des Landes. Vom 1. Sonntag im April bis zum letzten Sonntag im Oktober gilt die Sommerzeit (die Uhr wird um 1 Std. vorgestellt).

Zeitungen und Bücher

Deutschsprachige Zeitungen erhält man nur in einigen Läden in Mexico City und in Cancún. Englische Zeitungen und Bücher dagegen werden in den meisten Luxushotels angeboten.

Deutsche Fachbücher sind schwer zu bekommen. Nur in den Buchläden am Eingang zu den Ruinen von Uxmal und Chichen Itzá sowie im MNA findet man einige deutschsprachige Titel. Englische Literatur wird eher in den kleineren Landesmuseen als im Nationalmuseum angeboten.

Abbildungsnachweis

Alle Abbildungen von
Wolfgang Gross, jd Bildagentur (München)
außer
Wolfgang Gockel: S. 13, 25, 30, 35, 49, 60, 92, 102, 116, 127, 135, 137, 138, 139, 179, 183, 207, 218, 231, 234, 241, 243, 249, 257, 259, 268, 277, 288, 290, 292, 330 (einschließlich Nachzeichnungen)

Karten und Pläne:

Berndtson & Berndtson Production GmbH, Fürstenfeldbruck,
© DuMont Buchverlag Köln
Die perspektivischen Stättenpläne S. 22, 94, 170, 182, 210, 258, 263 und 269 basieren auf Zeichnungen des Autors, © DuMont Buchverlag Köln

Register

DUMONT

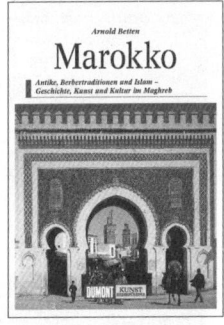

DUMONT

RICHTIG REISEN

»Den äußerst attraktiven Mittelweg zwischen kunsthistorisch orientiertem Sightseeing und touristischem Freilauf geht die inzwischen sehr umfangreich gewordene, blendend bebilderte Reihe ›Richtig Reisen‹. Die Bücher haben fast schon Bildbandqualität, sind nicht nur zum Nachschlagen, sondern auch zum Durchlesen konzipiert. Meist vorbildlich der Versuch, auch jenseits der ›Drei-Sterne-Attraktionen‹ auf versteckte Sehenswürdigkeiten hinzuweisen, die zum eigenständigen Entdecken abseits der ausgetrampelten Touristenpfade anregen.«
Abendzeitung, München

»Die Richtig Reisen-Bände gehören zur Grundausstattung für alle Entdeckungsreisenden.«
Ruhr-Nachrichten

»Zum einen bieten die Bände der Reihe ›Richtig Reisen‹, dem Leser eine vorzügliche Einstimmung, zum anderen eignen sie sich in hohem Maß als Wegweiser, die den Touristen auf der Reise selbst begleiten.«
Neue Zürcher Zeitung

Weitere Informationen über die Titel der Reihe DUMONT Richtig Reisen erhalten Sie bei Ihrem Buchhändler oder beim DUMONT Buchverlag · Postfach 10 10 45 · 50450 Köln · http://www.dumontverlag.de

DUMONT

VISUELL-REISEFÜHRER

»Wer einen der atemberaubenden Reiseführer aus der neuen Reihe ›DUMONT visuell‹ wie unsere Rezensentin in der Badewanne aufschlägt, der sollte sich vorsichtshalber am Rand festhalten, denn was einem in diesen Bänden geboten wird, verführt den Leser geradezu, in das Land seiner Träume einzutauchen.«

Kölner Illustrierte

»Sehfreude wird provoziert, Neugierde geweckt, Leselust angeheizt...«. Rh*einischer Merkur*

»Faszinierend sind die detailgetreu gezeichneten Ansichten aus der Vogelperspektive, die Form, Konstruktion und Struktur von Stadtlandschaften und architektonischen Ensembles auf einzigartige Weise vor Augen führen.«

Hamburger Abendblatt

»DUMONT *visuell* bei Besichtigungen stets bei sich zu haben, bedeutet stets gut informiert zu sein.« *Der Tagesspiegel*

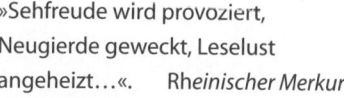

Weitere Informationen über die Titel der Reihe DUMONT *visuell*-Reiseführer erhalten Sie bei Ihrem Buchhändler oder beim DUMONT Buchverlag • Postfach 10 10 45 • 50450 Köln • http://www.dumontverlag.de

Umschlagvorderseite: Chichén Itzá, Blick vom Kriegertempel (Templo de los Guerreros) auf den Castillo
Vordere Umschlaginnenklappe: Die Kirche von Acatepec, ein Meisterwerk des sogenannten Indianerbarock oder Puebla-Stils
Vignette, S. 1: Wandgemälde mit typischem Mexiko-Motiv
Hintere Umschlaginnenklappe: Die Atlanten von Tula
Umschlagrückseite: Blick über das Anthropologische Nationalmuseum (MNA) auf Mexico City (oben);
Perspektivische Rekonstruktion der Stätte von Xochicalco (Mitte);
Olmeken-Kopf im Museum von Jalapa (unten)

Über den Autor: Wolfgang Gockel, geboren 1945, studierte Archäologie und Altamerikanistik; heute lebt er in Finnland und arbeitet als Reiseleiter. Er veröffentlichte bereits eine wissenschaftliche Arbeit zur Interpretation der Maya-Stelen und einen Reiseführer über Syrien; bei DuMont wird 1999 auch ein Kunstreiseführer »Guatemala« erscheinen.

Die Deutsche Bibliothek – CIP-Einheitsaufnahme

Gockel, Wolfgang:
Mexiko: das zentrale Hochland und Yucatán ; von den Stätten der Maya und Azteken zu barocken Kirchen und Konventen / Wolfgang Gockel.
– Köln: DuMont, 1998
(DuMont Kunst-Reiseführer)
ISBN 3-7701-4092-3

© 1998 DuMont Buchverlag, Köln
1. Auflage 1998
Alle Rechte vorbehalten
Redaktion und Satz: Hans E. Latzke Redaktionsbüro, Bielefeld
Druck: Rasch, Bramsche
Buchbinderische Verarbeitung: Bramscher Buchbinder Betriebe

Printed in Germany   ISBN 3-7701-4092-3